JN441538

# 譯註 國朝典禮考

# 역주 국조전례고

## 譯註 國朝典禮考

조선과 중국의 전례논쟁에 대한 정약용의 비평

정약용 지음

박종천 역주 · 해설

심산

# 머리말

● 조선시대를 흔히 현대사회와 구분하여 '전통사회(傳統社會)'라고 부릅니다. 여기서 '전통'이라는 말은 'tradition'의 번역어입니다. 이 용어는 일반적으로 과거로부터 역사적으로 계승되어 온 문화유산을 일컫는 말입니다. 그러나 역사적으로 지속되어 온다고 해서 모두 전통이라고 하지는 않습니다. 폐기해야 할 낡은 '인습(因襲)'까지도 전통이란 이름으로 정당화될 수는 없기 때문입니다. 따라서 전통이란 역사적 지속성의 토대 위에서 특정 공동체 구성원들에게 일정한 '권위'를 지닐 만큼 보편적 가치를 가진 것을 가리킵니다.

그러나 전통이란 용어를 'tradition'을 번역한 의미로만 국한시킨다면, 우리는 전통사회의 중요한 대목을 놓치게 됩니다. '전통'은 본래 '승통(承統)' 혹은 '계통(繼統)'과 짝이 되는 말입니다. '통(統)'을 후대로 전달하는 전통과 '통'을 선대로부터 이어받는 계통 혹은 승통은 연속적이면서도 분명하게 구별되는 것입니다. 전통사회란 '통'을 선대로부터 이어받아서 후대로 전달하는 사회입니다. 따라서 전통사회에서는 '통'의 전달과 계승이 공동체의 유지를 위한 관건이 됩니다.

그런데 그러한 전달과 계승이 늘 정당한 방식으로 이루어진 것은 아닙니다. 그에 따라 전통사회에서는 '통'을 바로잡아 올바른 전달과 계승을 추구하는 '정통(正統)'이라는 과세가 중요하게 부각됩니다. 유교적 전통사회가 자리 잡으면서부터 정통에 대한 강조는 한국문화의 개성으로 분명하게 부각되어 일반화되었습니다. 조선시대 유교문화에서 도학(道學)의 정통성 계승을 놓고 벌어진 도통(道統) 논쟁뿐만 아니라, 현대 한국사회에서 성철스님이 지눌스님을 이단으로 비판한 일, 저명한 기독교 신학자가 일종의 종교재판을 통해 이단으로 낙인찍힌 일이 생길 정도로, 우리나라는 종교문화 전반에서 순수하게 이상을 추구하고자 하는 이상주의(idealism) 혹은 근본주의(fundamentalism) 경향이 강합니다.

종교문화뿐만이 아닙니다. 정치, 사회, 문화 전반에서도 한국만큼 정통에 대한 관심이 높은 나라는 그리 많지 않습니다. 각 공동체는 그 공동체 전체를 대표하는 상징적 인물을 중심으로 과거로부터 현대를 거쳐 미래로 이어지는 역사적 전승의 지속을 '전통'의 과제로 설정하고 그 공동체가 지향하는 방향과 성격에 맞는 이념과 에토스를 전달하고 계승하는 데 많은 노력을 기울이고 있습니다. 그리하여 집안에서는 가부장을 중심으로 가통(家統)을 전승하고, 나라에서는 임금을 중심으로 왕통(王統)을 전승합니다. 불교 승려들은 법통(法統)을 전승하고, 유교 학자들은 도통(道統) 내지 학통(學統)을 전승합니다. 정치인들조차 자신들이 특정한 사람 혹은 계열의 정통성을 계승하고 있다고 열을 올립니다. 그만큼 전통에 대한 강조는 유교가 한국문화에 끼친 심대한 영향을 잘 보여줍니다.

그러나 전승 계보에 대한 의견이 엇갈리게 되면, 전통에 대한 강조는 정통성 논쟁으로 변하게 됩니다. 누가 직계이고 누가 방계인가? 누가 정통이고 누가 이단인가? 누가 정당한 계승자이고 누가 부당한 계승자인가?

이런 물음은 전통사회에서 정통성 논쟁을 일으키면서 역사적 포폄(褒貶)의 중요한 논점이 되었습니다. 흔히 예송(禮訟)이라는 이름으로 널리 알려진 학문적 논쟁과 정치적 갈등이 그 대표적인 사례입니다.

예송은 단순한 당파적 이해관계의 소산이 아닙니다. 그것은 정치적 갈등이기 이전에 학문적 신념을 바탕으로 한 논쟁이었습니다. 전통시대에 유교적 이념은 '수기치인(修己治人)'의 이상에 따라 정치적으로 실현되어야 하는 것이었습니다. 따라서 학문적 신념의 차이는 자연스럽게 정치적 갈등으로 전개될 수밖에 없었습니다. 그것은 서로 각자에게 이익이냐 아니냐를 따지는 '이전투구(泥田鬪狗)'의 살풍경이 아니라 이치〔理〕에 비추어 옳은지 그른지를 분별하는 의리(義理)정신에 따라 경쟁하는 갈등이었습니다. 올바른 가치를 추구하기 위해 학문적으로, 정치적으로 경쟁하는 것은 더럽고 추한 것이 아니라 아름답고 바람직한 것입니다. 물론 예송이라고 불리는 '전례논쟁(典禮論爭)'이 진선진미(盡善盡美)한 것도 아니요, 정치적 권력 투쟁의 측면이 강한 것도 사실입니다만, 유교적 이념에 따라 사상을 정치적으로 실현하기 위해 노력했다는 점에서는 망국(亡國)의 원인이 아니라 오히려 유교문화의 역동적 모습을 잘 보여주는 역사적 사건으로 해석할 필요가 있습니다.

논쟁이 없는 사회는 죽은 사회입니다. 갈등이 없는 사회는 역사상 없었습니다. 구조적 모순이나 갈등을 억누른 채 논쟁 없이 일방통행하는 사회는 희망이 없는 사회입니다. 오히려 논쟁을 통해 구조적 모순을 극복하고 현실의 문제점을 시정하려고 노력하며 이상을 실현하기 위해 분투하는 사회가 바람직한 사회입니다. 전례논쟁은 유교적 전통사회의 구조적 특징과 한계 내에서 이상과 현실의 괴리를 극복하려는 유교적 지식인들의 학문적 분투와 정치적 노력을 잘 보여줍니다.

『국조전례고』는 조선(朝鮮)과 명(明)에서 일어난 전례논쟁을 다산 정약용이 예학적으로 검토한 저술입니다. 이 책을 통해서 우리는 이상적 가치를 온전히 추구할 것인가, 아니면 현실적 상황에 주목할 것인가 하는 물음 사이에서 고민하고 현실과 이상의 간극을 메워 나가는 유학자들의 학문적 노력과 정치적 실천을 만날 수 있습니다. 특히 의리의 이상을 추구하면서 공론(公論) 중심의 정치문화를 일군 조선과 그에 비해 인정의 현실을 앞세우면서 황제 중심의 전제(專制)군주제를 펼친 중국 명나라를 비교할 수 있습니다. 그리하여 조선이 현실적 인정에 굴복하지 않고 이상적 의리를 굳게 지키면서 강력한 현실 권력조차도 사회 전체가 공유하는 가치와 이상으로 견제하는 유교적 전통사회였음을 느낄 수 있을 것입니다.

필자는 이러한 기대를 담고서 여러모로 부족한 줄 알면서도 아직도 다듬을 곳이 많은 역주(譯註) 원고를 단행본으로 출간하려고 합니다. 이 원고는 원래 2004년부터 2007년까지 4년에 걸쳐 연재한 원고를 수정 보완한 것입니다.

출간을 앞두고 보니, 이 원고와 연관된 몇 가지 인연을 새삼 떠올리게 됩니다. 고전 번역의 중요성을 강조하시면서 몸소 그 모범을 보여주셨던 송명호 선생님과 최영성 교수님, 3년 동안 한학의 기초를 닦으면서 번역을 시작한 지곡서당의 고(故) 청명 임창순 선생님, 그리고 어리숙한 필자의 짧은 지식으로 해결할 수 없었던 많은 전고(典故)를 해결해준 지곡서당의 사고전서(四庫全書)가 기억이 납니다. 서당을 졸업한 뒤에도 지금까지 자상한 가르침으로 번역의 어려움을 극복하도록 이끌어주시는 벽사 이우성 선생님과 실시학사의 많은 선배님들, 특히 4년 동안 난삽한 원고를 이모저모로 자세하게 살피면서 기꺼이 교열해주신 인하대 이봉규 교수님께 감사드립니다. 또한 원고의 여러 가지 문제점을 지적해준 고성익, 이동욱 동학의 우정을 기억합니다. 필자의 게으름을 무던한 인내로 견디면서 난삽한 원고를 볼 만한 책으로 출간해주신 최원필 사장님의 배려에도 고마

움의 정을 표합니다. 끝으로 공부하는 남편을 늘 격려해주는 아내와 충분히 놀아주지 못하는 아빠에게 멋진 웃음을 선사하는 아들에게 사랑의 마음을 전합니다.

여러 분들의 많은 도움에도 불구하고 미숙한 원고의 모든 책임은 제게 있습니다. "첫술에 배부르랴!"라는 격언처럼 이제 출발점에 서서 걸음마를 내딛는 아이의 심정으로 첫 번째 번역서를 출간하면서, 많은 분들의 날카롭고 애정 어린 질정을 구합니다.

2010년 정초에

하언재(何言齋)에서

박종천

목차

■ 표 목차



■ 그림 목차

## 범례

1 접근과 인용의 편의성을 고려하여 신조선사 영인본을 번역의 저본으로 삼았으며, 선본(善本)인 규장각 필사본을 대조본으로 삼아 원문을 교감했다. 원문을 교감할 때 신조선사 영인본은 신조선사본(新朝鮮社本)으로, 규장각 필사본은 규장각본(奎章閣本)으로 약칭했다.

2 문맥상 오탈자(誤脫字)가 분명한 경우에는 올바른 본(本)에 따라 교감했다.

3 신조선사본과 규장각본의 글자가 상이한 경우에는 주석에 밝혀두었다. 다만 이체자나 속자인 경우에는 대체로 정자로 표기하고 주석을 생략했다.

4 『국조전례고』 본문과 『국조전례고』에 인용된 저술의 본문이 다를 경우에는 인용된 해당 저술의 원문에 따라 바로잡았다. 다만 인용할 때 의도적으로 축약하거나 표현을 바꾼 경우에는 『국조전례고』 원문을 따르되, 해당 내용을 주석에 밝혀놓았다.

5 『국조전례고』를 제외한 기타 『여유당전서』 본문의 인용은 신조선사본에 따랐다.

6 『국조전례고』는 『국조보감(國朝寶鑑)』과 『명사기사본말(明史紀事本末)』의 해당 기사를 인용한 뒤 그에 대한 다산의 비평적 견해를 덧붙이는 방식으로 구성되어 있다. (이 점을 고려하여 한문으로 된 원문에서는 다산의 비평이 나오는 부분을 『국조보감』과 『명사기사본말』의 본문보다 한 칸 낮추어 들여쓰기 했다. 번역문에서는 이러한 인용 본문을 고딕체로 표시하고, 다산의 비평 부분은 명조체로 표시하여 구분했다.)

7 문단 구분은 기본적으로 원문에 따랐으며, 문단 구분 표시(○)가 있는 곳은 모두 문단을 구분했다.

8 다산이 작은 글자로 본문에 덧붙인 원주(原註)는 【 】로 나타냈다.

9 번역은 경어체로 옮기지 않고 평어체로 옮겼으며, 그에 따라 臣謹案, 臣竊考 등은 '삼가 생각건대', '가만히 살피건대' 등으로 옮겼다.

10 주석은 인명과 사건 및 인용문에 대한 설명을 되도록 상세하게 달되, 다산이 인용하거나 재인용한 원문은 가능한 한 선본(善本)인 판본에서 인용하였다. 경학(經學) 자료로는 선본인 조선시대 관판본(官版本)과 북경대학교출판사에서 간행한 십삼경주소(十三經注疏) 정리본을 주로 참고했고, 중국의 25사(二十五史)는 중화서국(中華書局) 표점본을 사용하였으며, 기타 자료는 표준적인 선본을 구할 수 있을 경우에는 선본을 활용하되, 일반적으로는 고전번역원(민족문화추진회)에서 영인한 〈한국문집총간〉의 문집들과 『사고전서(四庫全書)』를 활용하였다. 그 밖에 한국과

중국의 역사서는 『삼국사기』, 『고려사』, 『조선왕조실록』, 『명실록(明實錄)』 등을 참고했다.

11 번역문에 1:2, 2:33 등으로 표시한 것은 『국조전례고』의 권:항목을 가리킨다. 예컨대, 2:33은 『국조전례고』 2권인 『가정대례의(嘉靖大禮議)』의 33번째 항목을 가리킨다.

12 역주 본문의 출처는 다음과 같다.

신조선사본: 『與猶堂全書』, III-20, 禮集 2, 『喪禮外編』, 卷4, 『國朝典禮考』, 1a-38b(⑫:763-838).

규장각본: 『與猶堂集』 34(奎 11894), 卷200, 『國朝典禮考』, 1a-64b.

13 해제 논문은 필자의 석사학위논문 일부와 「『國朝典禮考』에 나타난 茶山 丁若鏞의 禮論」, 『韓國思想史學』 16집(한국사상사학회, 2001. 6), 117-158쪽에 실렸던 내용을 재구성한 글이고, 역주 원고는 태동고전연구소에서 간행하는 『태동고전연구』 20집부터 23집까지 「『國朝典禮考』 譯註 1-4」로 연재했던 내용을 수정 보완한 것이다.

해설

# 『국조전례고』에 나타난 정약용의 예론

## 1. 유교적 전통사회의 전례논쟁과 『국조전례고』

조선 후기에 흔히 '예송(禮訟)'이라는 이름으로 잘 알려진 전례논쟁(典禮論爭)은 유교적 전통사회의 구조적 문제였다.[1] 전례논쟁은 가족과 국가

---

1 최근 몇몇 소장 철학자들은 전례논쟁이 '親親과 尊尊이라는 유교적 이념들 사이에 내재한 긴장관계를 고심한 결과이며 동아시아 유교적 전통사회의 구조적인 문제'라는 시각을 보여주는 연구들을 제시하고 있다. 이런 관점은 군주와 사대부의 예가 같은지 다른지에 치중하여 예론이 지닌 정치적 함의를 파헤치는 데 집중하는 국사학계의 일반적 시각과 대조적이다. 이봉규, 「규범의 근거로서 혈연적 연대와 신분의 구분에 대한 古代儒家의 인식」(『泰東古典研究』 10, 翰林大學校附設 泰東古典研究所, 1993); 이봉규, 「예송의 철학적 분석에 대한 재검토」(『大東文化研究』 31, 成均館大學教 大東文化研究院, 1996); 이봉규, 「조선후기 禮訟의 철학적 함의 – 17세기 喪服論爭을 중심으로」(『한국학연구』 9, 仁荷大學校 韓國學研究所, 1998); 張東宇, 「茶山 禮學의 研究 – 『儀禮』「喪服」과 『喪禮四箋』「喪期別」의 比較를 中心으로」(延世大學校 박사학위논문, 1997); 張東宇, 「茶山 禮學의 性格과 哲學的 含意 – 禮訟에 대한 비판적 재검토를 중심으로」(『韓國思想史學』 11, 韓國思想史學會, 1998); 최진덕, 「茶山 實學의 構造와 그의 喪服制度論」(『茶山의 사상과 그 현대적 의미』, 한국사상가대계 5, 韓國精神文化研究院, 1998);

를 배경으로 인의(仁義)라는 유교적 이념이 의례적 실천 과정을 통해 극명하게 표출되는 통로였으며, 유교문화의 구조적 성격이 총체적으로 나타난다는 점에서 일시적인 정치적 논쟁이 아니라 유교적 전통사회라면 어디에서나 일어날 수 있는 보편적인 종교문화적 논쟁이었다.

물론 전례논쟁의 정치적 측면을 무시할 수는 없다. 공동체를 구성하는 원리들을 의례적 실천으로 구현한다는 측면에서 전례논쟁은 의례와 정치의 밀접한 관계를 잘 드러내고 있다. 유교적 전통사회에서 정치는 의례적 활동을 바탕으로 하여 이루어진다고 할 수 있다. 유교사회에서 군주는 정치적 수장일 뿐만 아니라 종묘(宗廟)와 사직(社稷)으로 대표되는 국가 공동체의 의례를 거행하는 주체이기도 하다. 군주는 공동체 전체를 대통합하는 의례를 수행하는 주체이기 때문에 언제나 일개 개인이 아니라 공동체 전체를 대표하는 상징적 중심으로서 활동할 수밖에 없다. 군주의 의례적 지위는 국가를 통합하고 그 질서를 유지하는 정치적 권력의 종교문화적 근거가 되며, 군주가 가진 현실적 권력은 군주의 의례적 지위와 상징적 역할에서 비롯된다. 그러므로 전례논쟁의 정치적 측면은 유교적 전통사회의 종교문화적 구조의 일부로 해석할 수 있다.

이러한 전례논쟁의 흔적은 종묘라는 상징적 건축물을 통해서도 쉽게 확인할 수 있다. 종묘는 역대 국왕을 모시는 국가적 의례 장소이다. 따라서 종묘에는 실제로 국왕의 자리에 올랐던 사람들만 들어갈 수 있으며, 그중에서도 정치사회적 업적이나 문화적 발전〔功德〕을 이룩한 국왕들은 그 공(功)과 덕(德)에 따라 각각 조(祖)와 종(宗)의 시호(諡號)를 붙이고 불천위(不遷位)로 지정하여 세대가 변해도 그 신주를 종묘에서 모시면서 제사

박종천, 「조선시대 典禮論爭에 대한 재평가 - 入承大統의 전례문제를 중심으로」(『한국사상과 문화』 11, 한국사상문화학회, 2001) 등 참조.

를 지낼 수 있었다. 그러나 종묘는 실제 왕 노릇을 했던 사람들의 신주(神主)를 정전(正殿)에서 빼내어 좌우(左右) 협실(夾室)이나 영녕전(永寧殿)에 봉안(奉安)하거나 실제 왕위를 계승하지 못한 사람들의 신주를 좌우 협실과 영녕전은 물론, 종묘 정전에도 배치하는 기형적인 형태를 보여주고 있다.[2] 이런 종묘의 기형적인 형태는 바로 적장자(嫡長子) 계승이 무시되거나 현실적으로 불가능한 상황이 발생했을 때 적장자가 아닌 왕가의 자손을 '입승대통(入承大統)'을 통해 새로 왕위를 계승한 왕이 자신의 생부(生父)를 추숭(追崇)하거나 전임 군주들을 낮춘 데서 비롯된 것이다.

다산(茶山) 정약용(丁若鏞, 1762~1836)의 『국조전례고(國朝典禮考)』(1817)[3]

---

2 李康根, 「朝鮮王朝의 神殿 宗廟」(『美術史學研究』 216, 韓國美術史學會, 1997. 12.) 참조.

3 『國朝典禮考』가 완성된 시기를 놓고는 두 가지 설이 있다. 규장각 필사본 『國朝典禮考』 끝에는 "嘉慶二十二年四月二十三日, 書于茶山草菴"이라고 기록되어 있다. 따라서 필사본에 따르면, 『國朝典禮考』는 1817년(嘉靖 22, 丁丑)에 완성된 것이다. 이에 비해 『俟菴先生年譜』(丁奎英 編)에는 『國朝典禮考』를 완성한 일이 '戊寅條'에 실려 있다. 따라서 『俟菴先生年譜』에 따르면, 『國朝典禮考』가 완성된 시기는 1818년(純祖 18)이다. 다산에 대한 대부분의 연구서들은 『俟菴先生年譜』에 따라 1818년설을 지지하고 있다. 그러나 다른 결정적인 증거가 나오기 전까지는 자료적 우월성이 돋보이는 필사본의 기사대로 1817년에 완성된 것으로 보는 것이 합리적이다. 만약 필사본과 『俟菴先生年譜』의 기록이 모두 사실이라고 가정한다면, 다산이 다산초암에서 완성한 초고를 유배에서 풀려난 1818년에 책으로 만들었다는 결론을 내릴 수도 있다. 『國朝典禮考』 1권은 규장각 필사본(奎 11894)에는 『與猶堂集』 34, 卷200, 『國朝典禮考 1』, 1a-27b, 신조선사 영인본에는 『與猶堂全書』(이하 全書로 표시), III-20, 禮集 2, 『喪禮外編』, 卷4, 『國朝典禮考 1』, 1a-16a(⑫:763-793)에 실려 있고, 2권은 규장각본에는 『與猶堂集』 34, 卷200, 『國朝典禮考 2: 嘉靖大禮議』, 28a-64b, 신조선사본에는 全書, III-20, 禮集 2, 『喪禮外編』, 卷4, 『國朝典禮考 2: 嘉靖大禮議』, 16b-38b(⑫:794-838)에 실려 있다. 한편, 다산은 「自撰墓誌銘」에서 『國朝典禮考』를 文集에 배당했으나, 신조선사본은 『喪禮外篇』 4卷으로 편입시켜 禮集으로 분류하고 있다. 이는 규장각본 겉표지에 쓰인 '喪禮外編典禮考'라는 문구에 영향을 받은 것으로 보인다. 그러나 겉표지와는 달리 규장각본의 본문은 『喪禮外編』의 卷數가 표기되어 있지 않고, '洌水 丁鏞 述'로 저술자가 표기된 『喪禮外編』에 속하는 저술들과는 달리 文集의 표기방식에 따라 '洌水 丁鏞 著'로 저자명이 기재되어 있으며, '與猶堂集 卷200'으로 분류되어 있는 것으로 보아 「自撰墓誌

는 조선과 명나라에서 일어났던 전례문제, 곧 '입승대통'에 따라 왕위를 계승한 임금이 자신의 생부를 추숭하는 전례를 둘러싸고 일어난 전례논쟁을 다룬 예서(禮書)이다. 당시 전례논쟁은 대부분 정치적 대립으로 확대되었다. 특정한 정치세력들은 전례논쟁을 통해 자신들의 정치적 이해관계를 관철하려 했는데, 다산은 이런 태도가 유교적 전통사회의 기반을 뒤흔드는 문제점을 포착하고, 유교적 전통사회의 문화구조적 토대를 재검토하기 위해 전례논쟁을 비평하였다. 그것은 국가전례에서 사적인 이해관계를 배제하고 공적인 가치를 실현하기 위하여 '보편적 정당성'과 '현실적 적합성'에 비추어 가장 타당한 인식을 확보하려는 노력이었다.[4]

전례논쟁은 유교적 세계관을 구성하는 고백적 믿음의 전제들이 유교인들 자신의 반성적 인식을 통해 다듬어지는 장이었다. 유교적 전통사회는 혈연적 유대를 기본으로 하는 가족과 사회적 위계질서로 이루어진 국가라는 공동체를 중심으로 구성된다. 유교전통에서 삶의 기반을 이루는 근원은 바로 이러한 공동체 질서의 근원과 합치한다. '선조(先祖, 가깝게는 父母)'와 '성인(聖人, 현실적으로는 君과 師로 나뉜다)'은 바로 유교 공동체를 성립하게 한 근원이다. 그리고 그 존재론적 배경에는 하늘(天 또는 上帝)

---

銘」 체재에 따라 與猶堂集의 文集으로 분류되었던 초기 형태를 보여준다. 따라서 엄밀하게 말하면 『國朝典禮考』는 『喪禮外編』에 속하지 않는다. 다만 신조선사본에서 『喪禮外編』에 편입시켜 禮集으로 분류한 것은 『喪禮四箋』을 제외한 나머지 喪禮 저술들 중 『正體傳重辨』처럼 國家典禮로 보았기 때문이다. 『國朝典禮考』의 서지학적 측면에 대해서는 趙誠乙, 「『與猶堂集』 禮學關聯 著作의 再構成과 年代考證 - 「自撰墓誌銘」 體制에 依據한 『喪禮四箋』·『喪禮外編』·『四禮家式』·『典禮考』의 復元」 (『서지학보』 29, 한국서지학회, 2005) 참조.

4 全書, III-19, 禮集 2, 『喪禮外篇』, 卷3, 「正體傳重辨1」, 13a(⑫:697). "邦之典禮, 唯宜平心講確, 博考詳審, 務歸至當而已."; 全書, III-20, 禮集 2, 『喪禮外編』, 卷4, 『國朝典禮考』(이하 『國朝典禮考』로 표시) 2:2, 17a(⑫:795). "朝廷議禮, 當博採公議, 虛心徐究, 以求至當之理."; 『國朝典禮考』 1:3, 6a(⑫:773). "盍一講究以求至當之道理也?"

또는 천지(天地)가 자리 잡고 있다.[5] 이러한 근본에 대한 보답이야말로 유교적 삶의 토대를 이루며, 보본(報本)의식에 따라 경건한 태도로 의미를 일구며 살아가는 삶이 바로 '예(禮)'였던 것이다.[6] 이처럼 유교적 전통사회는 보본의식에 근거한 종교문화적 토대 위에 세워졌으며, 그 기둥은 효(孝)와 충(忠) 또는 친친(親親)과 존존(尊尊) 등으로 표현되는 전제들이다. 그 대표적인 증거로는 선진유가(先秦儒家)로부터 송대(宋代) 성리학자들을 거쳐 조선시대 내내 정도(正道)를 해치는 이단의 죄목으로 '무부무군(無父無君)'이 거듭해서 등장하고 있는 것을 들 수 있다. 이런 기준들은 결코 의문시할 수 없는 전제들이었지만 그것들을 현실적으로 실현하는 과정에서 서로 충돌하는 문제점이 드러났다. 전례논쟁은 이러한 고백적 믿음을 구성하는 전제들을 어떻게 잘 조화시키면서 의례를 통해 구현할 것인가 하는 것을 두고 서로 다른 인식을 개진하는 과정에서 발생한 것이다.

다산은 친친과 존존이라는 고백적 믿음이 의례를 통해 현실적으로 구현되는 과정에서 서로 충돌하는 문제점을 해결하기 위해서 반성적 인식의 차원에서 그것을 조정하고 합리적으로 정돈하는 작업을 진행하였다. 그는 『국조전례고』를 통해 '친속(親屬)과 군통(君統)의 분리'라는 명제를

---

5 『荀子』, 「禮論」, "禮有三本. 天地者, 生之本也. 先祖者, 類之本也. 君師者, 治之本也. …… 故禮, 上事天, 下事地, 尊先祖而隆君師. 是禮之三本也."; 『大戴禮記』, 「禮三本」, "禮有三本. 天地者, 性之本也. 先祖者, 類之本也. 君師者, 治之本也. …… 故禮, 上事天, 下事地, 宗事先祖而寵君師. 是禮之三本也."; 『禮記』, 「祭統」, "忠臣以事其君, 孝子以事其親, 其本一也. 上則順於鬼神; 外則順於君長, 內則以孝於親."; 『禮記』, 「禮器」, "禮也者, 反本修古, 不忘其初者也." "禮也者, 反其所自生."; 『禮記』, 「郊特牲」, "萬物本於天, 人本於祖, 此所以配上帝也. 郊之祭也, 大報本反始也."; 『禮記』, 「祭義」, "君子反古復始, 不忘其所有生也." 등 참조.

6 이런 의미에서 '禮'는 근대 이전까지 일반적으로 사용해왔던 '종교(religion)'의 용례에 잘 부합하는 말이다. 이에 대해서는 W. C. Smith, *The Meaning and End of Religion* (길희성 역, 『종교의 의미와 목적』, 분도출판사, 1991) 참조.

제시함으로써, 가족과 국가를 중심으로 하는 혈연적 유대관계〔親親〕와 사회적 위계질서〔尊尊〕라는 유교적 전통사회의 기초를 친속과 군통이라는 의례적 범주로 새롭게 재구성하고, 양자가 서로 간섭해서는 안 되는 자율적 의례 영역임을 지적하였다. 이를 통해서 사(私)·공(公), 인정·의리, 인·의, 충·효, 친친·존존, 가족·국가 사이의 긴장관계가 '해소'되어 버리거나 '갈등' 상황으로 치닫지 않고 균형을 이루도록 배려하였다.

이러한 다산의 인식은 구체적인 의례적 맥락에 충실한 맥락적 타당성을 추구함으로써 '보편적 정당성'과 '실천적 적합성'의 균형을 유지하려는 의도를 드러낸 것이다. 이러한 경향은 예론(禮論)의 이론적 근거를 탐색하고 예론을 정치적으로 구현하려 한 점에서도 그대로 드러난다. 전례논쟁을 벌인 당사자들은 입버릇처럼 "천리(天理)에도 걸맞고 인정(人情)에도 알맞아야 한다."는 표현을 사용했다. 그러나 이런 언급은 이상적인 지향일 뿐이고 실제의 예론은 천리와 인정 사이에 놓여 있는 다양한 스펙트럼을 보여주고 있다. 다산은 천리와 인정을 두 축으로 하는 의례적 긴장관계의 역동성을 유지해야 의례의 온전한 의미를 창출할 수 있고, 그것을 통해서 유교적 전통사회의 문화구조적 토대를 굳건하게 유지할 수 있다고 보았다.

이 글에서는 『국조전례고』에 담긴 다산의 예론이 지닌 함의를 간명하게 파악하기 위해 세 단계로 논의를 전개할 것이다. 먼저 『국조전례고』의 소재인 '입승대통'의 전례 상황과 '계승'의 종교문화적 의미를 고찰함으로써 유교전통에서 등장하는 정치와 의례의 상관관계를 검토할 것이다. 이를 통해서 의례를 중심으로 종교문화와 정치가 어떻게 연결되는지를 고찰할 수 있을 것이다. 둘째, 다산이 제시한 전례논쟁 비평의 기준, 곧 '친속과 군통의 분리'라는 명제를 분석할 것이다. 다산은 이 명제를 통해 친속과 군통의 자율적인 의례적 맥락을 확인함으로써, 사적 의례에서 군통이 친속을 침해하지 않고 공적 의례에서 친속이 군통을 간섭하지 않아야 한다고 주장하였다. 다산은 이런 기준을 적용하여, '입승대통'을 '위인후(爲人後)'의 차원에서 이해함으로써 추숭론자들을 비판하였으며, '후사〔後〕'가 되는 것과 '아들〔子〕'이 되는 것이 다르다고 설명함으로써 추숭반대론자들을 반박하였다. 셋째, 다산을 포함하여 대부분의 예학자들이 입버릇처럼 되뇐 '천리'와 '인정'이라는 기준으로 다산과 다른 학자들의 견해를 비교하고, 이러한 예론적 경향이 정치적 구상과 어떻게 연관되는지를 살펴볼 것이다. 이러한 작업을 통해서 예학사를 일별할 수 있는 관점을 제시하고, 그에 따라 다산의 예론이 지닌 예학사적 함의를 평가할 것이다.

## 2. '입승대통'의 전례문제와 '계승'의 종교문화적 의미

『국조전례고』는 '입승대통'의 상황에서 파생되는 국가전례를 다루고 있다. 조선의 전례문제를 다루는 1권에서는 의경세자(懿敬世子)를 덕종(德宗)으로 추숭하는 문제를 둘러싸고 일어난 성종대(成宗代) 전례논쟁, 덕흥군(德興君)의 추숭에 관한 선조대(宣祖代) 전례문제, 정원군(定遠君)의 원종(元宗) 추숭에 관한 인조대(仁祖代) 전례논쟁, 효장세자(孝章世子)와 사도세자(思悼世子)에 대한 정조대(正祖代) 전례문제 등을 다루고 있으며, 명나라 세종(世宗) 가정제(嘉靖帝, 재위 1521~1566) 때 일어난 '가정대례의(嘉靖大禮議)'를 다룬 2권에서는 세종의 생부인 흥헌왕(興獻王)을 추숭하는 문제를 논의하였다.[7]

---

7 전례논쟁에 대한 다산의 구체적인 비평에 대해서는 朴鍾天, 「다산 정약용의 典禮論爭 비평에 대한 연구 - 『國朝典禮考』를 중심으로」(서울대 석사학위논문, 2000), 특히 III장을 참조하라.

원래 왕위는 기본적으로 종법(宗法)에 따라 적장자(嫡長子) 계열로 계승된다. 그렇지만 군주에게 아들이 없어서 왕위를 계승할 이가 아예 없거나 아들이 너무나 어려서 왕위를 계승할 수 없는 상황, 또는 폭군에 맞서 유교적 기본질서를 회복하기 위해서 반정(反正)이 일어난 특수한 상황에서는 현실적으로 적장자의 왕위 계승이 불가능하다. 이때는 왕가 사람들 가운데 군주의 자질이 엿보이는 훌륭한 인물이 전임 군주(반정의 경우에는 폐위된 군주의 전임 군주)의 후계자가 되어, 종묘와 사직의 제사를 주도하고 국가 공동체를 대표하며 공동체 질서를 유지하는 군주의 상징적 지위〔王統/大統〕를 계승하게 된다.

이러한 입승대통의 상황은 필연적으로 후임 군주와 전임 군주, 후임 군주와 생부의 관계를 어떻게 이해할 것인가 하는 문제를 불러일으킨다. 원래 군주가 될 수 없는 사람이 사가(私家)의 혈연적 질서에서 떨어져 나와 왕통을 계승하는 것이 입승대통이었기 때문에, 선왕(先王)의 왕통을 계승한 후왕(後王)은 선왕과 '의례적 부자관계〔父子之道〕'가 성립한다. 이때 군주가 자신을 낳아준 혈연적 부모를 어떻게 대우할 것인가 하는 문제가 발생한다. '추숭(또는 追尊)'이란 생부를 왕통에 편입시킴으로써 혈연적 부모와 의례적 부모를 일치시키는 의례적 조치였으며, 이 때문에 실제 왕위 계승자와 종묘에 봉안된 신주가 일치하지 않는 현상이 일어난다. 따라서 인정에 이끌려서 자신의 생부를 추숭하려 했던 군주와 군주를 지지하는 소수의 세력을 제외한 대다수 예학자들은 추숭에 반대하는 입장을 취했다.

그렇다면 왜 추숭이 문제가 되는가? 이런 물음에 대답하기 위해서 '계승'의 종교문화적 의미를 살펴볼 필요가 있다. 유교전통에서는 '신화'보다 '역사'에 더욱 관심을 기울인다. 그리하여 '태초의 시간'에 대한 신화적 관심보다는 공동체의 역사 속에서 확인할 수 있는 조상이나 성인의

‘공덕(功德)’을 실현하는 데 더욱 큰 관심을 쏟게 된다. 이에 따라 신화의 자리를 역사가 대체한다. 유교전통에서 조상에 대한 제사를 강조하는 것도 ‘지금 이곳에서(*hic et nunc*)’ 구현되는 ‘계승’의 측면에 주목한 결과이다.

유교적 전통사회는 하늘, 성인(聖人, 현실적으로는 군주와 스승으로 나누어진다), 조상에 대한 보본(報本)의식이라는 기초를 바탕으로 성립되는데, 보본의식은 삶의 근본이 되는 대상을 공경하는 마음을 의례를 통해 표현함으로써 구체화된다. 이때 의례의 주체는 의례의 대상이 부여하는 유교적 가치들을 현실적 삶을 통해 구현해야 할 의무를 지니게 된다. 따라서 유교전통에서는 성인이 정립한 삶의 모범, 곧 예(禮)를 반복하는 것이 바람직한 삶의 형태로 설정되고, 예를 실천하는 역할이나 지위가 개인의 삶을 규정하게 된다.[8]

한편, 의례적 지위의 계승은 그 의례에 참여하는 공동체 전체를 상징적으로 대표하며 현실적으로 통합하는 근거가 된다. 종법질서는 이런 사실을 분명하게 보여준다. 유교 공동체는 기본적으로 종법질서에 의해 구조화된다. 종법질서는 혈연적 유대관계로 맺어진 조직망 속에서 하나의 중심을 기준으로 유교 공동체를 통합하는 것이다.[9] 종법은 혈연적 연대감을 공동체로 구성하는 과정에서 하나의 중심을 설정한다. 그 중심을 종자(宗子)라고 한다. 종자를 중심으로 종족은 하나의 유교적 공동체로 결속력을 지닌다. 따라서 종자는 다른 공동체 구성원들과는 달리 종족의 상징적 중

---

8 正名論은 이런 맥락에서 이해할 수 있다.

9 종법에 대해서는 錢玄, 『三禮通論』(南京: 南京師範大學出版社, 1996), 438-459쪽과 盛冬鈴, 「中國古代的宗法制度和家族制度」(『中國古代文化史』 1, 陰法魯 · 許樹安 主編, 北京: 北京大學出版社, 1989), 80-121쪽을, 다산의 종법관에 대해서는 張東宇, 『『儀禮』「喪服」편에 대한 다산의 해석 - 『喪禮四箋』「喪期別」에 나타난 宗法과 立後에 대한 해석을 중심으로」(『茶山學』 창간호, 다산학술문화재단, 2000)를 참조하라.

심으로 대접받는다. 달리 말하면, 공동체의 다른 구성원들과 성별(聖別)된 다고 표현할 수 있다.[10] 유교전통에서는 성별된 상징적 중심의 역할을 수행하는 적장자만이 '공동체 전체를 통합하는〔合宗收族〕' 존재가 될 수 있다. 특정 개인이 종자로 성별되는 것은, 종자가 조상 또는 조상이 구현한 공덕이나 가치를 상징하는 존재이기 때문이다. 이런 점을 의식한 다산은 종자를 조상의 종통(宗統)을 계승하여 조상을 위해 제사를 드리는 권리와 책임〔重〕을 담지하는 존재로 표현했다.[11] 그에 따르면, 아버지가 장자(長子)의 상(喪)에 최고의 상복인 참최복을 입는 것은 (죽은) 장자가 종통을 계승할 사람이기 때문이고,[12] 서자(庶子)(인 아버지)가 (자신의) 장자를 위해 참최복을 입지 않는 것은 (죽은 장자가) 계승할 종통이 없기 때문이다.[13] 따라서 종자는 조상의 종족 대표성, 즉 중심 상징성을 계승한 존재이며, 종법질서에 반영된 종자의 성별은 통시적으로는 상징적 시원(始原) 현현(顯現)으로, 공시적으로는 공동체 전체를 묶는 상징적 중심 역할로 나타난다.

---

10 특정 의례적 영역의 중심은 하나뿐이고, 중심은 주변과의 구별을 통해서 비로소 중심이 된다. 자연에 하늘이 하나뿐이고 국가에 왕이 하나뿐이듯, 집에는 아버지가 중심이 된다. 유교전통에서 어머니보다 아버지에 대한 喪服과 喪期의 정도를 높이는 것이나 장자에 대한 상복의 등급을 다른 아들들보다 높이는 것은 공동체 내부에서 중심과 주변을 구별하기 위한 것으로 이해할 수 있다. 全書, III-10, 禮集 1, 『喪禮四箋』, 卷10, 「喪期別」, 〈母子2〉, 12b(⑪:840). 『禮記』曰: "資於事父以事母, 而愛同. 天無二日, 地無二君, 家無二尊, 以一治之也. 故父在爲母齊衰者, 見無二尊也."〔「喪服四制」〕

11 全書, III-10, 禮集 1, 『喪禮四箋』, 卷10, 「喪期別」, 〈父子4〉, 6a(⑪:827). "長子之所以爲長子, 以祖 · 子 · 孫三世成宗, 承其祭祀也."

12 全書, III-10, 禮集 1, 『喪禮四箋』, 卷10, 「喪期別」, 〈父子3〉, 5a(⑪:825). "父尊子卑, 有如天地, 本無斬理. 特緣傳重一事, 極嚴至重, 仰念祖禰, 俯而服斬, 以明宗統之所在也."

13 全書, III-10, 禮集 1, 『喪禮四箋』, 卷10, 「喪期別」, 〈父子4〉, 5b(⑪:826). "庶子不爲長子斬, 不繼祖與禰故也."〔「喪服小記」〕; 〈父子4〉, 6b(⑪:828). "「大傳」曰: '庶子不祭, 明其宗也.' 庶子不爲長子斬, 不繼祖也. 『儀禮』「喪服」〈父爲長子〉傳曰: '庶子不得爲長子三年, 不繼祖也.'" 〈父子2〉, 3a(⑪:821)도 참조하라.

내가 생각하건대, 예가(禮家)에서는 '중(重)을 전한다〔傳重〕', '중을 잇는다〔承重〕', '중을 받는다〔受重〕', '중을 잡는다〔持重〕'고 말하는데, 중이 어떤 것인지는 아직 분명한 풀이가 없다. 그러므로 유 시중이 작위와 토지를 중으로 생가한 것은 잘못이다. 중이란 무엇인가? 조네(祖禰)의 정통이다. 조네란 무엇인가? 대부(大夫)는 3묘이고 적사(適士)는 2묘이며 관사(官師)는 1묘인 (바로 그 廟인) 것이다. 묘가 있으면 제(祭)가 있고, 제가 있으면 주제자(主祭者)가 있으니, 제사를 주관하는 것〔主祭〕을 '통을 잇는다〔承統〕'고 하고 제사를 주관하는 것을 '중을 받는다〔受重〕'고 한다. 제사를 주관하는 사람이 죽으면 그 장자를 세우고, (장자가) 없으면 그 적손(適孫)을 세우며, (적손도 없으면) 그 차자(次子)를 세워서, 그가 제사를 주관하도록 한다. 이것을 '중을 잇는다'고 하고, 이것을 '중을 잡는다'고 한다. 작위나 토지가 있고 없는 것은 옛날과 지금이 다르긴 하지만 적서(適庶)의 차이〔輕重〕는 위아래가 같은 것이니, 적손승통(適孫承統)의 법을 어떻게 고칠 수 있겠는가? 보잘것없는 풀과 나무도 바른 줄기와 곁가지들이 죽 뻗기도 하고 비스듬히 뻗기도 하면서 서로 이어가는데, 더구나 사람이야 (말할 게 있겠는가)? 비록 벼슬 없는 백성들일지라도 이런 의리는 없앨 수 없는 것이다.[14]

결국 다산의 견해에 따르면, 중(重) 또는 통(統)은 제사권을 의미하고, 후사〔後〕가 된다는 것은 바로 제사 주체〔主祭者〕가 된다는 것을 뜻하며,[15]

---

14 全書, III-11, 禮集 1, 『喪禮四箋』, 卷11, 「喪期別」, 〈承重2〉, 2b(⑫:10). "鏞案, 禮家言傳重·承重·受重·持重, 而重之爲何物, 未有明解. 故庾侍中謬以爵土爲重也. 重者, 何? 祖禰之正統也. 祖禰者, 何? 大夫三廟, 適士二廟, 官師一廟. 有廟則有祭, 有祭則有主祭者, 主祭曰承統, 主祭曰受重. 主祭者死, 立其長子, 無則立其適孫, 無則立其次子, 使之主祭. 是之謂承重, 是之謂持重也. 爵土有無, 古今雖殊, 適庶輕重, 上下攸均, 適孫承統之法, 豈得有改? 草木之微, 而正幹旁支, 有直有斜, 以相承繼, 况於人乎? 雖匹庶之賤, 此義不可蔑也."

15 全書, III-11, 禮集 1, 『喪禮四箋』, 卷11, 「喪期別」, 〈承重1〉, 2a(⑫:9). "後者, 主祭之名."

제사를 주관하는 지위의 '계승'은 '통을 잇는다〔承統〕'거나 '중을 받는다〔受重〕'고 표현된다.[16] 그러므로 후사가 되는 것은 조상에게 제사를 올리는 주체가 되는 것이며, 그것을 통해 같은 조상을 모시는 의례 공동체인 종족을 거느리는 상징적 대표가 되는 것이다. 부자라는 혈연적 상하관계마저 넘어서서 장자를 특별하게 대우하는 것은 장자에게 전해지는 중 또는 종통 때문이다. 이때 중이나 종통을 담지하고 있는 종자는 공시적으로는 종족의 구심점 역할을 하고, 통시적으로는 과거의 조상을 현재에 구현하는 '중심 상징'의 역할을 하는 존재인 것이다. 조상과 제사를 통해 만날 수 있는 제사 주체의 권위는 바로 제사 대상인 조상의 권위와 연계된다. 그러므로 종자의 종족 대표성은 그 종족 공동체를 상징하는 조상의 권위에서 비롯되며, 시원에 대한 경건한 태도는 곧 공동체의 존재론적 근거를 수용하는 종교적 태도라고 할 수 있다.

그리하여 다산은 종법을 "조종(祖宗)을 높이고 공경하여 천하를 다스리는 큰 방법"[17]이라고 정의했다. 종자가 구현하는 공동체의 통합적 질서를 '통(統)'이라고 부른다. '통'은 인간 사회의 질서 속에서 '무질서'의 '혼돈'과 구별되는 '중심의 정립'을 통해서 의미 있는 삶의 토대가 구축된다는 생각이 구체화된 것이다. '의미 있는 삶의 세계〔宇宙〕'를 지향하는 종교인의 존재론적 갈망은 항상 총체적으로 조직된 '세계의 중심'을 지향하는 양태로 나타난다. 그리고 중심은 그런 중심을 공유하는 공동체 구성원들에게만 의미 있는 것인 동시에, 다양한 의미의 동시적 표현, 우주와

---

16 全書, III-11, 禮集 1, 『喪禮四箋』, 卷11, 「喪期別」, 〈承重2〉, 2b(⑫:10). "重者, 何? 祖禰之正統也. 祖禰者, 何? 大夫三廟, 適士二廟, 官師一廟. 有廟則有祭, 有祭則有主祭者, 主祭曰承統, 主祭曰受重."

17 全書, III-11, 禮集 1, 『喪禮四箋』, 卷11, 「喪期別」, 〈出後2〉, 28b(⑫:62). "宗法者, 萬民之所共有也, 誠以尊祖敬宗, 治天下之大法也."

의 연결, 사회에서의 신분 명시라는 기능을 수렴하면서 사회와 우주 안에서 '부분'으로 존재하는 인간을 좀 더 광대한 사회와 우주의 '의미 있는 질서〔宇宙〕' 전체와 '통합(unification)'시키는 '상징'의 기능을 수행한다.[18] 그리하여 '중심의 상징'은 '의미 있는 질서' 자체와 동일시되면서 공동체 구성원을 그 질서 안에 통합시킨다.

종법의 구현, 즉 일원적 중심 정립을 통한 공동체 관계의 정립은 바로 질서의 구현으로 나타나고, 그 질서는 구성원들이 처한 명분에 걸맞은 행위 양식의 구현으로 구체화되어 모든 질서가 확립된다.[19] 따라서 사회 전체는 각 인간관계에서 빚어지는 공동체의 중심을 일원화하고, 각 공동체는 대우주-소우주의 동심원적 배열과 서열화를 통해 더 큰 질서를 구축한다. 유교전통에서 종족 질서를 대종(大宗)과 소종(小宗)으로 나누는 것이 그것을 반영한다. 여기에서 중심이 서야 공동체가 선다는 고백, 즉 중심이 서야 조상과 연계된 초월의 내재화를 지속할 수 있다는 판단을 발견할 수 있다.

이러한 종법은 왕통에도 적용된다. 왕이 된다는 것은 최초로 국가를 세운 왕과 그 계승자들에게 제사를 올리는 주체가 된다는 것을 뜻한다. 따라서 후임 군주는 전임 군주의 후사로 이해할 수 있다. 이러한 의례적 지위를 계승함으로써 군주는 국가 공동체 전체를 대표하는 상징적 중심이 되며 현실적으로 국가질서를 다스리는 존재가 된다. 종자가 조상의 권위에 근거하여 종족 대표권과 종족 치리권을 지니듯이, 군주는 창업군주의

18 M. Eliade, 『종교형태론』(이은봉 역, 한실사, 1996), 566-568쪽.

19 『喪禮四箋』, 卷10, 「喪期別」, 〈母子4〉, 18a(⑪:852). "今使天下之人皆得父在爲其母三年, 而獨使天子 · 諸侯之庶子嚴守古法, 不能無哀恨. 使其如邦人, 則皇皇君父天日之尊, 遂無所厭, 內壞陰陽之義, 外轢天地之分, 人道 · 人文於是乎淪喪矣. 其於妾媵之母, 令有厭降, 則雖於后妃之母, 宜不得無厭也. 其於天子之配, 令有厭降, 則雖於士庶之妻, 宜不得無厭也. 夫然後國無二君, 家無二尊, 君君 · 臣臣 · 夫夫 · 婦婦, 而百度以貞矣."

권위에 근거하여 국가 대표권과 국가 치리권을 가진다. 이때 종묘에 모셔진 전임 군주들은 하늘에 후임 군주와 국가 공동체의 안녕을 빌어주는 존재로 설정된다.

종법질서는 국가질서에도 반영된다. 왕은 종자가 종족 내에서 행하는 역할을 국가 차원에서 구현한다. 유교사회를 비롯해 대부분의 사회에서 왕은 중심축 또는 구심점으로서 공동체 전체를 대표하는 존재이다.[20] 문화권마다 서로 다른 방식으로 강조되긴 하지만, '왕의 지위(kingship)'가 지닌 가장 중요한 측면은 '중심성(centrality)'과 '총체성(totality)'을 상징하는 것이다. 군주는 상징적인 측면에서는 물론 실제적으로도 한 나라로 조직된 사회의 '중심(center)'이다. 그리하여 사회질서를 구성하는 다양한 부분들을 조정하고, 인간 세계와 초월적 세계를 연결하는 '중재자(mediator)'로 대접받는다. 따라서 왕은 국가의 사회적 '질서(cosmos)'를 유지하는 존재인 것이다.

유교전통에서 '중심성'과 '총체성'을 구현하는 왕의 지위는 초월적인 하늘의 권위와 연계되고, 현실 세계에서 부모가 수행하는 역할에 비유된다. 그리하여 하늘-군주, 군주-백성, 부모-자식의 관계는 유비적 관계를 이룬다.[21] 군주는 부모인 하늘을 본받아 자식들인 백성들에게 모범을 보이고 보살펴야 하는 존재인 것이다. 이는 왕이 하늘과 인간 사회를 중재하는 위치에 있었기 때문인데, 중국 고대의 제왕들이 자신을 '여일인(余一人)', '여일인(予一人)', '아일인(我一人)'이라 불렀던 것은 바로 그런 인식에 근거한 것이다. 그리하여 갑골문에서부터 나타나서 『서경(書經)』에서 경전적으로 정착한 '여일인(余一人)' 사상은 왕을 보통 사람과 질적으로

20 Cristiano Grottanelli, "Kingship: An Overview", in Mircea Eliade (ed.), *Encyclopedia of Religion*, vol. 8, (New York: Macmillan, 1987), pp. 313-317.

21 『書經』, 「周書 · 泰誓上」, "唯天地萬物父母, …… 元后作民父母."

구분하여 지상에서 천상의 권위를 구현하며 공동체 구성원들을 대표하는 상징적 존재로 부각시킨다.[22]

이러한 왕의 상징적 권위는 왕이 지닌 정치적 권력의 이념적 근거이고, 왕의 상징적 권위는 국가질서를 상징하는 종묘에 제사를 올리는 권리에서 비롯된다. 달리 말하자면, 왕위 계승은 정치적 권력의 계승이기 이전에 의례적인 지위와 상징적 권위의 계승인 것이다. 따라서 군주가 올바른 제사권 계승을 바탕으로 군주의 상징적 권위를 행사함으로써 국가질서를 통합하지 못하고, 도리어 현실적인 정치적 권력에 근거하여 의례적 지위와 상징적 권위를 계승하는 질서를 어지럽히면, 유교 공동체 내부에서 신랄한 비판을 당하곤 했다.

지금까지 살펴본 것처럼, 종교문화적 맥락에서 '계승'이란 공동체 전체를 대표하여 그 공동체 형성의 시원인 조상 또는 성인에게 제사를 드리는 상징-의례적 지위와 역할을 감당하는 것이라고 할 수 있다. 국가전례에서 추숭이 문제가 되는 것은 각각 혈연적 유대관계〔親親〕와 사회적 위계질서〔尊尊〕로 대표되는 종족 공동체와 국가 공동체를 구분하지 않고 합치시킴으로써 의례적 관계질서를 무너뜨리고 '계승'의 종교문화적 의미를 혼란스럽게 만들기 때문이다. 따라서 (다산을 비롯해) 전례논쟁에서 추숭에 대한 반대가 주류를 이룬 것은 입승대통한 왕의 의례적 관계와 혈연적 관계를 구분함으로써 가족질서와 국가질서를 혼동하지 않도록 하기 위함이었다고 평가할 수 있다.

인간은 그가 속하는 특정 의례질서에 따라 의례적 관계질서가 요구하는 행동을 현실화한다. 예컨대 왕이 특정 사대부 가문의 혈연관계에 따른

---

22 金勝惠, 『原始儒教』(대우학술총서 · 인문사회과학 51, 民音社, 1990), 46쪽. '余一人'에 대한 상세한 고찰은 胡厚宣, 「釋'余一人'」(『歷史硏究』 1957年 第1期)과 「重論'余一人'問題」(『古文字硏究』 6, 1981. 11.)를 참조하라.

의례적 행동을 해서는 안 되며, 그 역도 마찬가지다. 실제로 그런 일이 생길 경우 특정 의례적 행동이 구현하는 특정 공동체 차원의 구별이 무의미해지는 혼란이 발생한다. 그 증거는 그 공동체를 대표하는 상징의 타락으로 나타난다. 그러므로 입후(入後)를 통해 왕위를 계승한 왕이 사가의 아버지를 종통에 편입시키는 '추숭'은, 국가질서를 대표하는 종통의 공적 상징이 혈연적 관계의 사적 상징으로 타락한 현상인 것이다.

이런 맥락에서 전례논쟁은 공동체적 상징의 타락을 방지하기 위한 치열한 노력의 일환이었다고 할 수 있다. 『국조전례고』에 따르면 '추숭'은 역사적으로 상징의 타락이 심화되는 과정에서 나타났으며, 이에 대해 다산은 군주의 생부를 '추숭칭종(追崇稱宗)'하는 것을 비판하고 생부를 종묘에 들일 수 없다는 별묘론(別廟論)을 지지하는 예론을 전개한다.[23] 따라서 다산의 전례 비평은 유교적 전통사회를 이루는 두 가지 기본 관계인 혈연적 친속관계와 사회적 군통관계가 충돌하지 않고 각각 독자적으로 중심 상징의 역할을 수행할 수 있도록 변례(變禮) 상황을 극복하려 한 '상징의 유지' 작업이었으며, 동시에 유교적 전통사회를 원활하게 운영하기 위한 기초 작업이었던 것이다.

결국 유교전통에서 현실적 삶은 의례적 지위의 계승을 바탕으로 하는 것이며, 각각의 영역에서 구현해야 할 가치가 다르기 때문에, 군주의 사회적 지위를 계승하는 것은 조상의 혈연적 지위를 계승하는 것과 다를 수밖에 없다. 그러나 추숭에 따른 친속〔屬〕과 군통〔統〕의 혼동 내지 혼합은 가족〔家〕과 국가〔國〕의 구별을 무의미하게 하여 유교 공동체 질서를 어지럽힌다.

---

23 추숭에 대한 경학적-역사적 고증과 해석학적 반성에 대해서는 朴鍾天, 앞 논문, 38-43쪽을 참조하라.

## 3. 친속과 군통의 분리

일반적으로 '입승대통'한 계통군주는 전임 군주와 생부에 대한 의례를 어떤 원칙에 따라 치를 것인가 하는 문제에 직면해야 했다. 계통군주는 혈연적으로는 생부의 아들이지만 의례적으로는 전임 군주의 후사이기 때문에, 혈연적 부자관계와 의례적 부자관계를 일정한 원칙에 따라 조정할 필요가 있었다. 이런 점을 인식한 다산은 아들과 후사, 즉 혈연적 부자관계와 의례적 부자관계를 철저하게 구분하는 예론을 전개하였다.

『국조전례고』를 분석해보면, 다산은 전례논쟁에서 나타나는 '입승대통'의 상황을 다음과 같은 두 가지 측면에서 파악하고 있음을 알 수 있다. 1) '입승대통'은 '위인후(爲人後)'와 같은가 다른가? 2) '입승대통'을 '위인후'와 같은 것으로 받아들일 경우, '후사'가 되는 것은 '아들'이 되는 것과 같은가 다른가?

### 1) '입승대통'과 '위인후'의 관계

첫째, 다산은 '입승대통'과 '위인후'를 같은 것으로 이해하였다. '위인후'란 아들이 없는 사람이 그 형제나 종형제(從兄弟) 또는 족형제(族兄弟)의 아들을 후사로 삼는 것을 가리키며, 후사를 들이는 측에서는 '후사를 세운다〔立後〕'고 표현하고 후사 측에서는 '후사로 나간다〔出後〕'고 일컫는다.[24] 대체로 전례논쟁에서 군주의 생부를 추숭하고 종묘에 부묘(祔廟)하며 종호(宗號)를 부르려고 하는 측에서는 '입승대통'의 상황을 '위인후'와 다른 것으로 설정하려고 했고, 이에 반대하는 측에서는 같은 것으로 파악

---

24 全書, I-11, 『詩文集』, 卷11, 「立後論1」, 14b(②:230). "人之無子者, 以其昆弟 · 從父昆弟 · 族昆弟之子爲後, 謂之立後."

하여 '위인후'에게 해당되는 의례적 준칙을 적용하려고 했다. 정약용은 후자와 같은 견해를 보인다. 이런 관점에서 보면, '입승대통'이란 제왕가에서 일어나는 '위인후'와 같은 상황이며, 이때 '위인후'는 제왕가의 '입승대통'과 사대부가의 '위인후'를 포함하는 것이다. 다산은 사대부가의 '위인후'가 제왕가의 '입승대통'에서 비롯되어 일반화된 것이라고 보았다.[25] 따라서 '위인후'에 적용되는 의례적 준칙을 사대부들에게만 국한되는 것이 아니라 군주들에게도 적용되는 보편적인 원칙으로 설정하였다.

> 『의례(儀禮)』에서 "남의 후사가 된 사람은 자신을 후사로 삼은 분을 위해 참최복을 입고 자신의 친부모를 위해서는 상복의 등급을 낮춰서 기년복을 입는다."고 한 것은 조상을 존중하기 때문이다. 조상을 존중하기 때문에 '중(重)을 받는다'고 말한다. 중을 받기 때문에 자신의 사적인 인정을 줄인다. 요즈음은 종자(宗子)의 아들이 지자(支子)의 후사가 되어 자신을 후사로 삼은 분을 위해 참최복을 입고 자신의 친부모를 위해서는 상복의 등급을 낮춰서 입는데, 이것을 예에 어긋난다고 한다. 위에 규정된 방식대로 하면, 남의 후사가 된 사람은 조상을 존중하고 종통을 공경하는 의리를 잃지 않을 것이며, (자신을 후사로 삼은 분을 위해) 참최복을 입고 (자신의 친부모를 위해) 상복의 등급을 낮추는 것이 명분과 의리를 모두 갖추게 될 것이다.[26]

25 『國朝典禮考』 2:2, 17a(⑫:795). "入繼大統, 此是爲人後之最大者. 士・大夫爲人後之禮, 本起於帝王家入繼大統."; 全書, III-12, 禮集 1, 『喪禮四箋』, 卷12, 「喪期別」, 〈出後27〉, 14a(⑫:121). "立後之禮, 本起於天子・諸侯. 如大宗立後, 卽因天子・諸侯之禮, 而推廣其法者也."

26 全書, I-11, 『詩文集』, 卷11, 「立後論3」, 16b-17a(②:234-235). "『禮』, 爲人後者爲之斬衰, 而降其父母期者, 以尊祖也. 尊祖, 故曰受重. 受重, 故降其私也. 今以宗子之子後於支庶, 而爲之服斬, 爲之降屈, 此之謂非禮. 苟如上所制, 則爲人後者不失有尊祖敬宗之義, 而其斬・其降俱有名義也."

다산은 『의례』 「상복」편에 의거하여 '남의 후사가 되는 것'은 기본적으로 종통을 주관하는 막중한 지위〔重〕를 계승하는 것이라고 보았다. 그리하여 후사가 되는 것은 혈연적 유대관계가 종법적 질서로 구성된 의례 공동체의 제사 주체가 되는 것을 뜻하며, 제사 주체가 되는 것은 의례 공동체를 거느리는 상징적 권위인 종통을 계승하는 것을 의미한다고 보았다. 이런 인식에 따르면, 결국 후사가 되는 것과 종통을 계승하는 것은 같은 것이라고 말할 수 있다. 따라서 종통을 계승하지 않는 후사는 없으며, 후사가 되지 않고서 종통을 계승하는 방법은 있을 수 없다. 종자 또는 후사는 제사를 통해 종족을 대표하여 조상을 만나고 그러한 제사에서 비롯하는 종통을 통해 현현하는 조상의 권위를 상징적으로 구현하는 존재이기 때문에, 후사가 되는 사람은 직접적인 혈연적 존재 기반인 부모에 대한 의례보다 의례 공동체 전체의 존재 기반인 조상에 대한 의례에 더욱 무게를 두어야 한다. 그러므로 공동체 차원의 의례적 지위나 역할은 혈연관계보다 우선한다.

이러한 인식에 근거하여 다산은 군주의 생부에 대한 추숭을 강행하려는 예론을 비판하였다.[27] 전례논쟁 과정에서 '입승대통'한 군주의 생부를 추숭하려는 움직임을 보이는 사람들이 내세우는 가장 근본적인 논리는 "대통을 계승한 것이지 후사가 된 것은 아니다."는 것이었다. 이러한 논리에 맞서 다산은 "대통을 계승하면서도 후사가 되지 않는 경우는 없다."고 반박하였다. 다산에 따르면, 후사가 되지 않는 군주는 나라를 처음 세우는 창업군주밖에 없고, 계통군주들은 모두 전임 군주의 후사가 되는 과정을 통해서만 대통을 계승할 수 있다. 따라서 다산의 관점에서 보면, 대

27 『國朝典禮考』 2:18, 25a(⑫:811). "臣謹案, 張璁・桂萼謂 '世宗不爲人後', 我邦之相臣崔鳴吉謂 '仁祖不爲人後', 斯皆非禮之言也. 世宗不爲人後, 則將云 '世宗創業而垂統' 乎? 旣云 '世宗入繼武宗之統', 猶云 '不爲人後', 天下有繼統而不爲後者乎?"

통을 계승하면서도 후사가 되지 않는다는 주장은 잘못된 주장일 수밖에 없었던 것이다.

또한 다산은 "대통을 계승한 것이지 후사가 된 것은 아니다."는 논리가 '후사가 되는 것'을 '양자가 되는 것'으로 착각한 데서 생기는 것이라고 지적하였다. 다산은 조상에 대한 제사 주체의 지위를 계승할 때 후사가 되는 것이지, 실제적인 양육을 통해서 양부와 양자의 관계를 형성할 때 후사가 되는 것이 아닌데도, 추숭론자들은 후사가 되는 것을 양자가 되는 것으로 규정하고 양자가 된 적이 없다는 것을 근거로 후사가 되지 않았다고 주장한다고 강력하게 비판하였다.[28] 의례적 계승으로서 '입후'와 사회적 구휼로서 '양자'는 명확하게 구분된다는 것이다.[29]

다산은 양부(養父)가 살아 있을 때 남의 아들을 데려다가 기르는 '양자(養子)'의 풍습과 소후자(所後者)의 죽음을 계기로 종통을 계승할 후사를 세우는 '입후(立後)'의 예제를 분명하게 구분하였다.[30] '후'란 말은 '선'이란 말과 짝을 이루는 개념이며, 두 개념은 죽음을 계기로 종통을 계승하고 계승받는 쌍방을 지칭하는 것이다.[31] 이러한 관점에서 보면, 죽음을 계

---

28 『國朝典禮考』 2:2, 17ab(⑫:795-796). "臣又按, 張璁者, 天下之妄人也. 入繼大統, 此是爲人後之最大者. 士·大夫爲人後之禮, 本起於帝王家入繼大統. 今乃曰 '入繼大統, 非爲人後', 奸諛之誅, 舍此其誰? 璁但知養育如子, 乃爲立後, 而不知入居其位, 卽爲其後, 何以言禮? 武宗遺詔明云 '兄終弟及', 兄終弟及, 非爲兄後乎? 當時議禮之臣並不知世宗爲武宗之後, 每以爲承統於孝宗. 此大本領之大誤處, 畢竟天翻地覆, 七顚八倒, 皆坐於此."

29 Park Jong-Chun, "A Ritual Succession, or a Social Relief? – Tasan's discourse on adoption and fosterage in the late Chosŏn period", *Society and Culture in Tasan's time in Korea and in East Asia (1762-1836)*, The 5th Biennial Tasan International Conference, 1-2 October 2009, Paris, pp. 35-38.

30 『國朝典禮考』 2:6, 20b(⑫:802). "璁之所謂立後者, 今俗之養子, 非古之所謂立後也. 古者, 生不立後. 後者, 繼死之名. 生而不得稱後, 猶生而不得稱先, 死而後稱先考·先祖, 死而後稱立後爲後. 歷觀三禮·春秋傳諸文, 其驗歷然. 【詳見『禮箋』中.】 生而養育者, 是名養子. 死而繼統者, 是名立後."

기로 종통을 계승하면 누구나 예외 없이 후사가 되는 것이며, 양자가 된 적이 없다는 것을 근거로 후사가 되지 않는다는 말은 죽음을 계기로 종통을 계승하는 것이 '위인후'의 진정한 의미임을 제대로 파악하지 못한 결과일 뿐이다. 그러므로 다산의 인식에 따르면, 종통을 계승하는 것과 후사가 되는 것은 서로 필요충분조건이었던 것이라고 할 수 있다.

2) '양자'와 '후사'의 관계

둘째, 다산은 '후사'가 되는 것은 '아들'이 되는 것과 다르다고 보았다. 추숭론자들은 대통을 계승하는 것과 후사가 되는 것을 다르다고 보았는데, 명나라 세종대 전례논쟁에서 장총(張璁)이 내세운 "통(統)과 사(嗣)는 다르다."[32]는 논리가 그 대표적인 예이다. 그런데 장총이 제시한 '후사〔嗣〕'는 사실상 '양자'와 마찬가지 개념이었다.[33] 장총이 '후사'를 '양자'와 같은 개념으로 사용한 것은 '후사가 되는 것'을 '아들이 되는 것'과 동일하게 생각했던 추숭반대론자들의 주장[34]을 겨냥한 것이었다. 추숭반대

---

31 全書, I-11, 『詩文集』, 卷11, 「立後論3」, 17a(②:235). "須父死受重, 方得立後."; 「立後論2」, 16a(②:233). "後者, 對先之名, 死者有後, 生不得有後也. 生而不得有後嗣, 猶生而不得謂先親也."; 「立後論3」, 17a(②:235). "後者, 嗣先之名. 親唯旣死, 而后可稱爲先. 生而立後者, 古未之聞也."

32 『明世宗實錄』, 卷4, 正德 16年 7月 壬子, 5b(164). "夫統與嗣不同, 非必父死子立也. 漢文承惠帝後, 則以弟繼, 宣帝承昭帝後, 則以兄孫繼. 若必奪此父子之親, 建彼父子之號, 然後謂之繼統, 則右有稱高伯祖·皇伯考者, 皆不得謂之統矣."

33 『明世宗實錄』, 卷4, 正德 16年 7月 壬子, 5a(163). "今武宗皇帝嗣孝廟十有七年, 未有儲建, 比于崩殂, 而執政大臣方遵祖訓, 定大議, 以陛下聰明仁孝, 倫序當立, 迎繼大統. 豈非以天下者, 祖宗之天下, 天下之天下也? 故遺詔直曰興獻王長子, 而未嘗著爲人後之義, 則陛下之興, 實所以承祖宗之統, 而順天下之心, 比之預立爲嗣養之宮中者, 親疎異同較然矣."

34 『明世宗實錄』, 卷2, 正德 16年 5月 乙亥, 24a(105). 乙亥, 禮部尙書毛澄等, 復上興獻王主祀稱號之議曰, "『禮』'爲人後者爲之子', 自天子至於庶人一也."; 『明世宗實錄』, 卷4, 正德 16年 7月 甲子, 14ab(181-182). 廷和等退而上疏言, "…… 實以爲人後者爲之子, 旣爲

론자들의 주장의 근거는 "남의 후사가 된 사람은 자신을 후사로 삼은 분의 아들이 된다."는 『춘추공양전(春秋公羊傳)』의 구절이었다.[35] 결국 추숭론자들과 추숭반대론자들은 모두 '후사가 되는 것'과 '아들이 되는 것'을 같은 것으로 보았던 셈이다.

이와 달리 정약용은 후사가 되는 것과 아들이 되는 것을 엄격하게 구분하였다. 명나라 세종대 전례논쟁에서 추숭반대론자들이 『의례』에 나오는 '위인후'를 『춘추공양전』에 나오는 '위지자(爲之子)'와 동일시하는 선택을 한 데 대해,[36] 다산은 '아들처럼 한다〔若子〕'는 것과 '(실제로) 아들이 된다〔爲之子〕'는 것을 구분함으로써, 부자관계를 내세워서 남의 후사가 된 사람을 그의 아들이 되는 것으로 여기는 것은 잘못이라고 비판하였다.[37]

> 그러나 남의 후사가 되는 사람〔爲人後者〕이라고 해서 반드시 모두 그 사람의 아들〔爲人子〕이 되는 것은 아니다. 사가(私家)에서 후사를 세울 때는 반드시 아들이나 조카뻘 항렬에서 선택하기 때문에, 전례를 논의하는 사람들이 마침내 후사를 세우는 것을 아들을 세우는 것으로 생각했던 것이다. 그러나 제왕가에

---

人後, 則不得復顧其私親, 此天地之常經 · 古今之通誼也. 舜禹有天下, 而天子之號不以加諸瞽瞍與鯀, 舜禹豈不孝於其父母者? 盖天下萬世之公議, 誠不可以一人之私情廢也."

35 『春秋公羊傳注疏』, 卷第18, 成公 15年 3月 乙巳, 3b-4a(十三經注疏, ⑦:229). "仲嬰齊者, 何? 公孫嬰齊也. 公孫嬰齊, 則曷爲謂之仲嬰齊? 爲兄後也. 爲兄後, 則曷爲謂之仲嬰齊? 爲人後者爲之子也."

36 『國朝典禮考』 2:25. 28b(⑫:818). "員外薛蕙著『爲人後解』, 以駁璁 · 萼之議曰: '爲人後者爲之子', 雖出『公羊』, 實與『儀禮』相表裏. 旣爲之子, 則當稱父矣, 而可仍曰'伯叔'乎?"

37 『國朝典禮考』 2:25, 28b-29a(⑫:818-819). "臣謹案, 薛蕙之言非也. 豈唯『公羊』然矣? 「喪服傳」曰: '爲人後者, 爲所後者之祖父母妻, 妻之父母昆弟, 昆弟之子, 若子.' 「喪服記」曰: '爲人後者, 於所爲後之兄弟之子, 若子.' 凡禮皆若子, 則其謂之爲之子, 不亦可乎? 故魯僖公爲其弟閔公之後, 而孔子曰: '子雖齊聖, 不先父食, 直取弟兄', 論以父子爲人後者爲之子, 非是之謂乎?"

서 후사를 세우는 법은 소목(昭穆)에 얽매이지 않으니, 더러는 동생이 형의 후사가 되기도 하고〔형이 죽으면 동생이 계승한 은나라 사람들의 경우〕, 더러는 형이 동생의 후사가 되기도 하며〔노 희공의 경우〕, 더러는 조카가 숙부의 후사가 되기도 하고, 더러는 숙부가 조카의 후사가 되기도 하며〔주 효왕과 당 선종의 경우〕, 더러는 손자가 할아버지의 후사가 되기도 하고〔주 환왕의 경우〕, 더러는 종손(從孫)이 종조부(從祖)의 후사가 되기도 한다〔주 이왕과 한 선제의 경우〕.[38]

또한 다산은 사대부가에서는 아들뻘 항렬에서 후사를 선택하여 세우기 때문에 후사를 아들로 혼동하게 되었다고 지적한다. 그러나 제왕가에서 후사를 세울 때는 소목(昭穆)의 순서에 얽매이지 않기 때문에, 사대부가와는 달리 일반적으로는 도저히 부모로 삼을 수 없는 대상의 후사가 되는 경우도 있었다. 다산은 아우나 조카처럼 도저히 아버지로 모실 수 없는 사람을 아버지로 모실 수 있겠느냐고 반문함으로써, 종통을 계승하는 후사가 되는 것이 직접적인 혈연적 유대감에 따라 아들이 되는 것과는 다르다는 점을 뒷받침한다. 따라서 후사가 되는 것, 특히 제왕가에서 후사가 되는 것은 항렬이나 혈연관계에 얽매이지 않기 때문에 (이미 죽은) 소후자(所後者)를 의례적으로 아들이 아버지에게 하듯이 섬기는 관계로 들어가는 것이지, 실제적인 부자관계가 되는 것은 아니다.

다산에게서 '아들'과 '후사'의 구분은 '실제적 부자관계〔父-子〕'와 '의례적 부자관계〔所後者-後(嗣)〕'의 구분을 반영하는 것이며, 현실적으로는

38 『國朝典禮考』 1:1, 3ab(⑫:767-768). "然爲人後者, 未必皆爲人子也. 私家立後, 必取於子姪之列. 故論禮者遂以立後認之爲立子. 然帝王家爲後之法, 不拘昭穆. 或弟爲兄後,【殷人之兄亡弟及】 或兄爲弟後,【魯僖公】 或以從子爲叔父之後, 或以叔父爲從子之後,【周孝王·唐宣宗】 或孫爲祖後,【周桓王】 或從孫爲從祖之後.【周夷王·漢宣帝】"

'호칭〔名〕'과 '도리〔道〕'의 구분으로 나타난다.[39] 비록 혈연적으로는 아버지뻘 항렬인 소후자라도 아버지가 되는 것은 아니라는 지적은 실제적 부자관계와 의례적 부자관계가 다르다는 점을 극단적으로 표명하는 것이다. 그리하여 후사가 되는 것은 아들이 되는 것이 아니기 때문에 소후자도 아버지가 되는 것이 아니라는 점에 근거하여, 소후자와 후사가 혈연적으로 어떤 관계이든지 예외 없이 '아버지와 아들의 도리〔父子之道〕', 곧 의례적 부자관계를 적용하여 상복을 입는 것은 정당하지만, 소후자와 후사에게 무조건 아버지와 아들이란 칭호를 붙이는 것은 타당성이 없다고 주장한 것이다.

> 후사를 세우는 법은 본래 제왕가에서 생겼으나, 제왕가에서는 형제관계나 조손관계라도 얽매이지 않습니다. 무릇 그 통(統)을 계승하면 곧 '후사가 된다'고 말하나니, 꼭 아들이나 조카 뻘 항렬에서 뽑아서 '아들'이라고 부른 뒤라야만 '후사가 된다'고 말할 수 있는 것은 아니다.[40]

실제적 부자관계와 의례적 부자관계의 구분은, 국가전례에서 대통을 계승하는 군주는 의례적 부자관계에 따라 대통을 계승하는 후사가 된 것이지 실제로 아들이 되었기 때문에 후사가 된 것은 아니라는 인식으로 구체화된다. 이러한 인식에 따라 다산은 '입승대통'으로 군주가 된 사람이 자신의 생부에 대한 '부자(父子)'의 호칭을 고치지 않음으로써 실제적 부

---

39 『國朝典禮考』 2:25, 29a(⑫:819). "但立後之法, 不唯子列爲父列之後而已, 或弟爲兄後, 或兄爲弟後, 或叔爲姪後, 或孫爲祖後. 用子道則可矣, 稱子名則不可. 事之如父則可矣, 稱之爲父則不可. 天下有父其兄而母其嫂者乎? 天下有父其弟而母其弟之妻者乎? 天下有父其姪而母其姪婦者乎? 若此類皆不得父母之, 則獨於父列必稱父母, 有是理乎?"

40 『國朝典禮考』 1:9, 14a(⑫:789). "然且立後之法, 本起於帝王家, 帝王家不拘兄弟 · 祖孫. 凡上承其統者, 卽名爲後, 不必取之於子姪之列, 名之曰子, 然後乃名爲後也."

자관계를 지키고, 소후자를 '의례적 아버지〔禰廟〕'로 종묘에 모시고 '부자의 도리'에 따라 참최삼년의 상복을 입음으로써 의례적 부자관계를 존중해야 한다는 견해를 표명한다. 다산이 대통의 상징인 종묘에서 '고(考)-자(子)'라는 '속칭(屬稱)'보다 '선제(先帝)-사황(嗣皇)(제후국에서는 先王-嗣王)'이라는 '통칭(統稱)'을 사용하길 권하는 것도 같은 맥락이다.[41]

결국 다산의 인식은 실제적 부자관계와 의례적 부자관계의 구별에 근거한 것이라고 요약할 수 있다. 정상적인 왕위 계승에서는 실제적 부자관계와 의례적 부자관계가 일치하지만, '입후' 또는 '입승대통'의 상황에서는 혈연적 부자관계와 의례적 부자관계가 불일치하게 된다. 이때는 의례적 부자관계가 혈연적 부자관계보다 더욱 강조된다. 의례적 부자관계를 혈연적 부자관계보다 강조하는 것은 의례 공동체라는 공적 차원이 개인이라는 사적 차원보다 앞서기 때문이다. 의례적 부자관계는 공동 조상을 상징하는 지위를 계승하는 것이기 때문에 혈연적 부자관계보다 앞서는 것이다. 그렇다고 해서 유교적 의례의 기초인 혈연적 부자관계를 부정해서도 안 된다. 문제는 양자를 어떻게 공존 또는 조화시킬 것인가 하는 점이다.

이러한 문제의식을 구체화한 명제가 바로 '친속과 군통의 분리'이다.

---

41 『國朝典禮考』 1:1, 3b(⑫:768). "及其入承也, 又無不斬衰苴杖, 爲君父之服. 及其祭之也, 無不稱 '嗣王臣某'. 然其屬稱, 未必皆 '皇考' 也. 兄者兄之, 弟者弟之, 祖者祖之, 孫者孫之, 奚獨於叔父 · 伯父, 必變其本稱, 改之曰 '皇考' 也? 所後家之稱之爲 '皇考', 猶之可也, 本生家之稱之爲 '皇伯' · '皇叔', 無乃不可乎? 適幸兩家二親, 本係同氣, 稱其本生之父, 曰 '皇伯考' · '皇叔考', 猶之未遠. 若兩家二親, 本係疏屬, 又將柰何堂伯父 · 堂叔父, 族伯父 · 族叔父? 非所以稱於天顯者. 講禮到此, 雖游 · 夏當之, 無以措一辭矣. 聖人者, 制禮立名, 必深思靜究, 期使之博通無礙. 凡窒而不通, 行而有窮者, 非聖人之法也."; 『國朝典禮考』 2:18, 25b(⑫:812). "大抵帝王家宗廟之禮, 宜稱先帝嗣皇而已. 欲擧屬稱, 則往往有窒而不通者. 兄爲弟後者, 將云 '皇弟' 乎? 叔父爲從子後者, 將云 '皇從子' 乎? 從祖爲從孫後者, 將云 '皇從孫' 乎? 凡窒而不通者, 非聖人之法也. 其稱先帝嗣皇, 不亦可乎?"

〔표 1〕 '입승대통'한 군주에 대한 인식의 차이

| | 추숭론자 | 추숭반대론자 | 다산 정약용 |
|---|---|---|---|
| 입승대통과 위인후 | ≠ | = | = |
| 위인후와 위인자 | = | =* | ≠ |
| 생부에 대한 호칭 | 유지 | 강등 | 유지 |
| 생부에 대한 상복 | 유지 | 강등 | 강등 |

* 정이천(程伊川)과 김장생(金長生) 등이 주장하는 '부자지도'는 다산의 '부자지도'와는 달리 상복과 칭호 등 모든 면에서 실제적인 부자관계가 형성되는 것으로 보았으므로, 다른 추숭론자들이 주장하는 '후(後)=자(子)'의 인식과 실제로 같은 효과를 보인다.

다산의 인식에 따르면, 왕통을 계승하는 것은 의례적 후사가 되는 것이며, 의례적 후사가 되는 것은 혈연적 부자관계에 구애받지 않는다. 이 점에서 다산은 추숭론자들을 비판하는 추숭반대론자들과 견해를 함께한다. 그러나 남의 후사가 되었다고 해서 혈연적 부자관계가 완전히 끊기는 것은 아니다. 이 점에서 다산은 추숭론자들의 주장에 귀를 기울인다. 대체로 추숭반대론자들이 군통 위주의 예론을 내세운다면 추숭론자들은 친속 위주의 예론을 주장했다.

다산은 혈연적 유대관계에 따라 설정되는 사적 차원의 의례와 의례적 계승관계에 따라 규정되는 공적 차원의 의례를 분명하게 구별하기 위해서 입승대통의 상황에서 계통군주에게 주어지는 의례적 관계를 '속(屬)'과 '통(統)'이라는 범주로 재구성하였다. 그는 "통은 군통이고 속은 친속"[42]이라고 정의하였는데, 통이란 예제를 제정하고 예제를 통해 공동체를 유지하는 성인(聖人), 즉 군주들끼리 주고받는 군주의 지위〔君統〕이고, 속이란 아버지와 아들이 주고받는 혈연적 전승〔血脈〕을 가리킨다.[43]

---

42 『國朝典禮考』 1:9, 12b(⑫:786). "統者, 君統也. 屬者, 親屬也."

43 『國朝典禮考』 1:1, 3b(⑫:768). "統與屬不同. 聖聖相承, 斯謂之統, 子子相傳, 斯謂之屬."

입승대통한 군주에게는 혈연적 전승에 의해 주어지는 사적 차원의 관계와 군주라는 지위에 의해 주어지는 국가 공동체 차원의 관계가 공존한다. 전례논쟁은 군주의 사적 차원과 공동체 차원의 관계를 의례를 통해 어떻게 규정지을 것인가 하는 문제를 둘러싸고 빌어진 논쟁이었다. 이러한 문제를 해결하기 위해서 다산은 '군주의 지위와 혈연적 전승이 각각 자율적으로 계승되는 것이어서 확연하게 구분되므로 서로 간섭해서는 안 된다'는 논점을 세우고, 그것을 다음과 같이 표현했다.

통은 독자적으로 통이 되고 속은 독자적으로 속이 되니, 사회적 존비관계〔尊尊〕와 혈연적 친소관계〔親親〕 두 가지가 서로 간섭하지 않은 뒤라야 인(仁)이 지극해지고 의(義)가 남김없이 드러나서 그 예(禮)가 찬연해진다.[44]

일반적으로 제왕의 통(統)과 부자의 속(屬)은 그 길이 확실히 다르다. 하나라 계(啓) 이후로는 비록 아버지가 아들에게 통을 전했지만, 실제로는 요(堯)가 전하고 순(舜)이 받은 방식이 본래 통을 전하는 근본 법칙이다. 참으로 천자의 지위〔天位〕는 천하의 공기(公器)이므로 부자관계로 한정해서는 안 된다. 그러므로 제왕의 통은 더러는 형이 동생에게 전하기도 하고 더러는 숙부가 조카에게 전하기도 하며 더러는 할아버지가 손자에게 전하기도 하니, 부자의 속이 아들과 손자를 거쳐 직계로 전해지다가 비록 끊어질지언정 방계로 기울어지지는 않는 것과는 다르다. 그렇다면 제왕끼리 통을 계승하는 것은 통을 주로 하여 속이 간섭하지 못하는 것이며, 부자끼리 속을 잇는 것은 속을 주로 하여 통이 간섭하지 못하는 것이다. 그런 뒤에야 존존(尊尊)과 친친(親親)이 행해지고, 의(義)와

44 『國朝典禮考』 1:9, 12b(⑫:786). "統自爲統, 屬自爲屬, 尊尊 · 親親, 兩不相干, 然後仁至 · 義盡, 其禮粲然."

인(仁)이 지극해지며, 군신관계가 정립되고 부자관계가 분명해진다. 그런 원칙에 입각해서 대례(大禮)의 중대한 논의를 결정하면, 어떤 경우라도 분명하지 않은 경우가 없다. 따라서 종묘 안에서는 일반적으로 친속 호칭〔屬稱〕은 모두 정당하지 않은 것이다.[45]

위와 같은 '통과 속의 분리'는 통과 속을 혼동하는 것을 경계한 것인데, 이런 주장은 두 가지 측면에서 해석할 수 있다. 첫째, 속이 통을 간섭해서는 안 된다는 것이다. 다산은 군주들끼리 주고받는 군주의 지위를 혈연적 부자관계를 내세워서 제한해서는 안 된다고 지적한다. 일반적으로 혈연적 전승〔屬〕은 혈연적 부자관계를 통해 이어지는데, 아들이 없는 경우에는 끊어질 수도 있다. 그러나 군주의 지위는 공동체 전체를 대표하는 상징적인 지위이기 때문에 끊어질 수 없고, 아버지에게서 아들로 이어지는 적장자 계승이 아니더라도 이어질 수 있다는 것이 다산의 생각이었다. 예컨대, 일반인들은 자식이 아무리 모자란 인물이더라도 반드시 아들에게 혈연적 전승을 잇도록 하여야 하지만, 군주는 아들이 너무나도 포악해서 군주가 될 만한 자질이 엿보이지 않으면 조카나 손자, 심지어는 혈연적으로 아주 먼 관계에 있거나 무관한 사람이라도 군주가 될 자질을 갖춘 사람에게 왕위를 계승한다. 다산은 이러한 상황을 염두에 두고 "계승한 내용이 통일 때는 속으로 서로 간섭할 수 없다."[46]고 주장한 것이다.

---

45 『國朝典禮考』 2:18, 3b(⑫:812). "大凡帝王之統與父子之屬, 其道截然不同. 自夏啓以來, 雖以父傳子, 其實堯傳舜受. 原是傳統之本法, 誠以天位者, 天下之公器, 不可限之以父子. 故或以兄而傳弟, 或以叔而傳姪, 或以祖而傳孫, 非如父子之屬, 子子孫孫, 直下直傳, 寧絶而無敍側也. 然則帝王之承統者, 以統爲主, 不以屬干之. 父子之接屬者, 以屬爲主, 不以統干之. 然後尊尊·親親, 義盡仁至. 君臣定父子明, 以之定大禮決大議, 無往而不犁然也. 然則宗廟之內, 凡屬稱皆不宜也."

46 『國朝典禮考』 1:6, 8b, 9a(⑫:778, 779). "所承者統, 不以屬相干也."

실제 전례논쟁을 살펴보면, 입승대통한 군주가 임금의 지위에 오른 적이 없는 생부를 '아버지 자리가 비었다'는 이유를 내세우며 추숭하여 종묘에 부묘하는 일이 자주 있는데, 이런 경우는 부자관계를 내세워서 속으로 통을 간섭한 것에 해당한다. 이는 군통으로 대표되는 국가질서를 일개 개인의 친속 차원으로 전락시킨 것으로 이해할 수 있다. 따라서 다산은 공적인 군통을 계승한 군주는 전임 군주와 의례적인 부자관계가 된다는 정이(程頤, 1033~1107)의 예론을 받아들여서, 속이 통을 간섭해서는 안 된다는 논리로 추숭론자들을 비판한 것이다.[47]

둘째, 통이 속을 간섭해서는 안 된다는 것이다. 다산은 공동체 전체를 대표하는 군주라 하더라도 개인적인 차원에서 출생의 근원인 아버지에 대한 의무를 저버려서는 안 된다고 생각했다. '입승대통'한 군주는 사친에 대한 개인적 의례를 전임 군주에 대한 공동체적 의례에 비해 한 등급 격식을 낮추기는 해도 완전히 폐지하지는 않는다. 이것을 유교전통의 바탕이 되는 '보본의식'의 측면에서 해석한다면, 군주 개인의 근원인 부모보다 공동체 전체의 근원인 창업군주에 대한 보답이 더 중요하기 때문에 사적 의례를 공적 의례에 비해 한 단계 등급을 낮춘 것이지 '보본'이라는 측면에서는 양자가 동일한 것이다.

그런데 실제 전례논쟁을 살펴보면, 추숭반대론자들은 한(漢)나라 정도

---

47 『國朝典禮考』 1:7, 10b(⑫:782). "臣謹案, 帝王之禮, 雖兄第·叔姪, 皆有父子之道. 此天下之正論也. 然宗廟主於統, 以弟承兄, 兄爲禰, 以孫繼祖, 祖爲禰, 固不可曰'考位闕'也. 血脉主於屬, 若使仁祖既於列聖, 無所爲父, 又於本生, 不得父定遠, 則父位之闕, 不可諱也."; 〔宋〕 程顥·程頤, 『河南程氏文集』, 卷第5, 「伊川先生文1·上書」, 〈代彭思永上英宗皇帝論濮王典禮疏〉 (治平二年四月), (『二程集』, 第1册, 台北: 漢京文化事業有限公司, 1983), ①:515-516. "竊以濮王之生陛下, 而仁宗皇帝以陛下爲嗣, 承祖宗大統, 則仁廟陛下之皇考. 陛下仁廟之適子. 濮王, 陛下所生之父, 於屬爲伯. 陛下, 濮王出繼之子, 於屬爲姪. 此天地大義, 生人大倫, 如乾坤定位, 不可得而變易者也."

왕(定陶王)[48]과 송나라 복왕(濮王)[49]의 고사를 거론하면서 정이천의 예론에 따라 '입승대통'을 했기 때문에 사친을 돌아볼 수 없다는 명분을 내세워 전임 군주를 '아버지〔考〕'라 부르고 생부의 칭호는 '백숙부〔伯叔〕'로 강등할 것을 주장하였다. 이에 대해 다산은 입후를 한다고 해도 생부의 칭호를 고치지 않는다는 구양수(歐陽修, 1007～1072)[50]와 증공(曾鞏, 1019～1083)[51] 등의 예론을 받아들여서 '후사가 되는 것은 아들이 되는 것과는 다르다'는 논점에 근거하여 추숭반대론자들을 비판하였으며,[52] 소후자인 전임 군

---

48 『漢書』, 卷11, 「哀帝紀」 第11, 333-339; 『漢書』, 卷86, 「師丹傳」 第56, 3503-3512 참조.

49 『宋史紀事本末』, 卷7, 「濮議」; 『宋史』, 卷13, 「本紀」 第13, 〈英宗〉; 『宋史』, 卷245, 「列傳」 第4, 〈濮王允讓〉; 『宋史』, 卷312, 「列傳」 第71, 〈韓琦〉; 『宋史』, 卷319, 「列傳」 第78, 〈歐陽脩〉, 〈曾鞏〉; 〔宋〕 李燾 撰, 〔淸〕 黃以周 等 輯補, 『續資治通鑑長編』, 第2冊, 宋史要籍彙編, 「英宗」 (上海: 上海古籍出版社, 1986) 등 참조. 濮議의 정치적 배경에 대해서는 이승준, 「濮議(1065-1066)와 臺諫 세력의 대두 – 北宋 舊法黨 형성의 정치적 맥락과 관련하여」, 『學林』 23 (延世大學校史學硏究會, 2002), 59-109쪽 참조.

50 『宋史』, 第30冊, 卷319, 「列傳」 第78, 〈歐陽脩傳〉 (北京: 中華書局, 1985), 10380쪽 참조. "帝將追崇濮王, 命有司議, 皆謂當稱伯父, 改封大國. 脩引「喪服記」, 以爲爲人後者, 爲其父母報.' 降三年爲期, 而不沒父母之名, 以見服服可降而名不可沒也. 若本生之親, 改稱皇伯, 歷考前世, 皆無典據. 進封大國, 則又禮無加爵之道. 故中書之議, 不與衆同." 이러한 歐陽修의 예론은 '濮議'에서 집중적으로 나타난다. 자세한 것은 歐陽修, 『歐陽文忠公集』, 卷120, 「濮議卷第1」, 1a-卷123, 「濮議卷第4」, 12b (王雲五 主編, 四部叢刊正編 45, 影印本, 947c-964b)를 참조하라.

51 曾鞏, 『元豐類藁』, 卷9, 「爲人後議」, 2a-8a 참조.

52 『國朝典禮考』 2:4, 18b-19a(⑫:798-799). "臣謹案, 歐陽脩「議濮王典禮箚子」曰: '皇伯之稱, 考於經史, 皆無所據.' 又曰: '宜稱皇伯者, 是無稽之臆說.' 又曰: '所謂稱皇伯者, 考於六經, 無之. 方今國朝見行典禮及律令, 皆無之. 自三代之後, 秦漢以來, 諸帝由藩邸入繼大統者, 亦皆無之. 可謂無稽之臆說.' 又曰: '禮經有不改父名之義. 『儀禮』 「喪服記」曰, 爲人後者, 爲其父母, 父母之名, 不可改也.' 歐陽脩自亦名儒, 而其論斥如是. 伊川「濮議」, 在當時已有攻伐者, 則何以爲萬世法乎? 皇伯之稱, 揆之天理而不然, 揣之人情而不協. 帝心之怵惕不安, 正在於此二字. 楊廷和手捧此名, 冀其翕受而可得乎? 父子之倫, 非可以人意而朝遷夕改者. 今欲使崇仁來而父之, 叔其本父, 異日皇子生, 又令崇仁去其父稱, 退爲親藩, 視廟祏如傳舍, 改父子如賓客, 崇仁其堪乎? 激世宗使之犯禮者, 楊氏有焉, 璁萼其次律者也."

주에 대해서는 혈연적 관계에서 비롯되는 ‘속칭’보다 군주의 계승관계를 명확히 하는 ‘통칭’을 쓰도록 권유하였다.[53] 다산은 사적인 친속관계가 공적인 군통관계에 간섭해서는 안 되는 것처럼, 공적인 군통관계도 사적인 친속관계를 침해해서는 안 된다고 생각한 것이다. 이런 측면에서 ‘속과 통의 분리’는 ‘통은 속을 간섭해서는 안 된다’는 논리로 구체화된다.

‘속과 통의 분리’는 ‘입승대통’의 상황에서 혈연적 부자관계와 의례적 부자관계가 분리되는 현실을 검토하면서 형성된 반성적 인식이었다. 아버지와 아들의 혈연적 부자관계와 소후자와 후사의 의례적 부자관계는 각각 그것이 반영하는 유교적 가치, 양자 사이에서 계승되는 내용, 양자의 관계를 규정하는 의례적 기준이 서로 다르다. 그리고 이러한 인식은 유교 공동체 질서 속에서 구조적으로 반영된다. 일반적으로 유교적 전통사회의 대표적인 두 축인 가족과 국가는 인(仁)과 의(義)의 가치가 구현되는 곳이며, 각기 혈연적 연대의식〔親親〕과 신분적 분별의식〔尊尊〕이라는 규범적 근거에 기초하여 구성된다.[54]

다산은 혈연적 연대의식과 신분적 분별의식에 기초한 의례적 관계를 각각 속과 통으로 설정하고, 양자가 서로 간섭할 수 없는 독자적 영역임을 강조하였다. 가족 질서를 대표하는 가부장적 지위와 국가 질서를 대표하는 군주의 지위는 계승하는 내용이 다르다는 것이다. 실제로 입승대통한 군주를 중심으로 친속과 군통의 측면에서 이루어지는 계승관계를 따져보면, 그러한 사실을 명확하게 확인할 수 있다.

---

53 『國朝典禮考』 2:18, 25b(⑫:812). “大抵帝王家宗廟之禮, 宜稱先帝嗣皇而已. 欲擧屬稱, 則往往有窒而不通者. 兄爲弟後者, 將云‘皇弟’乎? 叔父爲從子後者, 將云‘皇從子’乎? 從祖爲從孫後者, 將云‘皇從孫’乎? 凡窒而不通者, 非聖人之法也. 其稱先帝嗣皇, 不亦可乎?”

54 李俸珪, 「규범의 근거로서 혈연적 연대와 신분의 구분에 대한 古代儒家의 인식」 참조.

통(統)으로는 태조(太祖), 정종(定宗), 태종(太宗), 세종(世宗), 문종(文宗), 단종(端宗), 세조(世祖), 예종(睿宗), 성종(成宗), 중종(中宗), 인종(仁宗), 명종(明宗), 선조(宣祖)에서 인조(仁祖)에 이르기까지 임금끼리 서로 계승하여 모두 14세(世)이다. 속(屬)으로는 태조, 태종, 세종, 세조, 의경세자(懿敬世子), 성종, 중종, 덕홍대군(德興大君), 선조, 정원군(定遠君)에서 인조에 이르기까지 모두 11세이다.[55]

위의 인용문은 다산이 태조부터 인조에 이르기까지 조선조 왕의 계보를 혈연적 전승과 왕위 계승으로 나누어 파악한 것이다. 여기서 다산은 왕의 계보를 혈연적 친속 중심으로 일원적으로 이해하면 실제 왕위를 계승한 적이 없는 의경세자, 덕홍대군, 정원군 등을 왕가의 계보에 포함시킬 뿐만 아니라 정종, 문종, 단종, 예종, 인종, 명종 등 실제로 통치했던 왕을 왕가의 계보에서 빼버리는 결과를 초래함으로써 친속으로 군통의 위엄을 침해하는 잘못을 범하게 된다고 비판하고 있다.[56] 이런 비판에는 왕통(王統, 君統)의 계보에는 직접 왕위에 올라 국가의 상징적 중심 역할을 한 자만이 포함될 수 있다는 인식이 깔려 있으며, 다산은 그것을 훌륭한 덕을 구현한 자만이 공자로부터 시작되는 도통(道統, 聖統)에 오를 수 있음에 견주고 있다.[57]

그리하여 다산은 친속과 군통이 각각 독자적인 규범적 근거〔親親과 尊

55 『國朝典禮考』 1:9, 12b(⑫:786). "以統則太祖 · 定宗 · 太宗 · 世宗 · 文宗 · 端宗 · 世祖 · 睿宗 · 成宗 · 中宗 · 仁宗 · 明宗 · 宣祖, 以至仁祖, 聖聖相承, 凡十四世也. 以屬則太祖 · 太宗 · 世宗 · 世祖 · 懿敬世子 · 成宗 · 中宗 · 德興大君 · 宣祖 · 定遠君, 以至仁祖, 凡十一世也."

56 『國朝典禮考』 1:9, 12b(⑫:786). "定宗 · 文宗 · 端宗 · 睿宗 · 仁宗 · 明宗, 將以其血脈之無所傳, 而不得爲先聖 · 先王乎?"

57 『國朝典禮考』 1:9, 12b(⑫:786). "君統之不可干, 猶聖統之不可苟. 躬踐大位, 然後得居君統, 身具大德, 然後得居聖統, 文廟之中, 孔子爲祖, 而子思爲宗, 固不得以父位之曠闕, 而議躋伯魚也."

尊〕에 기초하여 독립적이고 정당한 가치〔仁과 義〕를 구현하고 있으며, 그런 자율성을 침해하지 않을 때 친속과 군통의 의례적 구현〔禮〕이 정당성과 적합성을 획득한다는 인식을 표명한다.[58] 상호 자율적 영역인 속과 통 속에서 인과 의리는 가치가 인간의 능동적이고 구체적인 실천〔行事〕을 통해 실현된다는 것이다.[59]

〔표 2〕 다산의 예론에 담긴 속과 통의 분리

| 공동체 | 우선적인 규범의 기준 | 계승 내용 | 계승 관계 | 실현 가치 | 관계의 의미 | 의례의 차원 |
|---|---|---|---|---|---|---|
| 家 | 親親 | (親)屬 | 父-子 | 仁 | 血脈 | 사적 의례 |
| 國 | 尊尊 | (君)統 | 聖-聖 | 義 | 名義 | 공적 의례 |

* 입후(立後)에 의한 후사도 소후자와 '부자지도'라는 이차적으로 구성된 의례적 관계〔名義〕가 성립하고 그에 따라 존존에 따른 종통을 계승한다는 점에서 계통군주와 비슷하다.

지금까지 살펴본 다산의 기본적 인식을 요약하면 다음과 같다. 다산은 혈연적 유대관계에 따라 설정되는 사적 차원의 의례와 의례적 계승관계에 따라 규정되는 공적 차원의 의례를 분명하게 구별하기 위해서 유교적 전통사회에서 발생하는 의례적 관계를 '속'과 '통'이라는 범주로 재구성하였다. 그리고 '속'과 '통'에 적용되는 규범의 근거로는 '친친'과 '존존'을 지목하였으며, 그러한 규범의 근거를 실천적으로 성취할 때 '인'과 '의'라는 가치〔德〕를 구현할 수 있다고 설명하였다. 전례논쟁은 이러한 요소들이 뒤섞여 있는 상황에서 두 가지 중 어떤 것을 우선적으로 고려해야

---

58 『國朝典禮考』 1:6, 9b(⑫:780). "統自統, 屬自屬, 義以尊尊, 仁以親親, 兩不相礙, 一出於正. 惜乎! 其未講於是也."; 『國朝典禮考』 1:9, 12b(⑫:786). "統自爲統, 屬自爲屬. 尊尊·親親, 兩不相干, 然後仁至·義盡, 其禮粲然."

59 全書, II-5, 經集 3, 『孟子要義』, 卷1, 「公孫丑第二」, 〈人皆有不忍人之心章〉, 22a(④:413). "仁義禮智之名, 成於行事之後."

하는지를 놓고 벌어지는데, 다산은 '속'과 '통'이 자율적인 의례적 범주임을 밝힘으로써 양자가 서로 상충되지 않도록 하는 예론을 구상하였다.

〔표 3〕 입후에 따른 호칭과 배향의 분류

| | 계승자 호칭 | 피계승자 호칭 | 종묘 배향 원칙 |
|---|---|---|---|
| 屬 | 子 | 父 | 世次 |
| 統 | 後 | 禰 | 位次(昭穆) |

이렇게 속과 통의 관계를 재구성함에 따라 다산은 왕가에서 이루어지는 사회적 관계의 계승〔君父-臣子〕이나 종묘에 들어가는 소목(昭穆)의 순서〔昭-穆〕, 그리고 피계승자와 계승자의 의례적 관계〔禰廟-繼承者〕에는 혈연관계의 자연적 논리를 적용할 수 없으며 의례적 관계의 독특한 논리를 적용해야 한다고 보았다. 이런 인식을 바탕으로 하면, 입후에 따른 왕위계승 과정에서 혈연적 친속관계와 위계적 군통관계 가운데 어떤 것을 중심으로 하느냐에 따라 계승자와 피계승자의 호칭과 종묘 배향 원칙이 달라진다. 혈연적 아들〔子〕과 종통적 계승자〔後〕, 혈연적 아버지〔父〕와 종통적 피계승자〔禰〕의 호칭 분화와, 세차〔世〕 중심의 신주 배향과 위차〔昭穆〕 중심의 신주 배향 원칙의 분화가 바로 그것이다.[60] 다산에 따르면, 남의 후계자〔爲人後者〕가 된다고 해서 반드시 그 사람의 아들〔爲人子〕이 되는 것은 아니며, 소목의 순서에 얽매여서 후계자를 항상 아들 항렬에서 세우는 사가의 예와는 달리 제왕가의 예에서는 어떤 혈연적 관계라도 상관없이

60 『國朝典禮考』 2:6, 20b(⑫:802). "古者, 生不立後. 後者, 繼死之名, 生而不得稱後, 猶生而不得稱先, 死而後稱先考 · 先祖, 死而後稱立後爲後. 歷觀三禮 · 春秋傳諸文, 其驗歷然. 【詳見『禮箋』中.】 生而養育者, 是名養子. 死而繼統者, 是名立後."; 『國朝典禮考』 2:44, 35b-36a(⑫:832-833). "所謂世者, 父子之世代也. 所謂昭穆者, 先君 · 嗣君之位次也."; 『國朝典禮考』 2:35, 33a(⑫:827). "父不可有二父者, 興獻也. 禰不可有二禰者, 武宗也."

왕위를 계승한 선왕과 후왕 사이에 위차적(位次的) 부자관계가 성립하는 것이다.[61]

다산은 입승대통이 혈연적 전승을 기준으로 하는 친속에 따라 양아버지의 아들이 되는 것이 아니라 왕위의 계승을 표준으로 하는 군통에 따라 소후자의 후사가 되는 것이라고 주장하였다. 다산의 인식에 따르면, 입승대통하여 후사가 됨으로써 왕통을 계승하는 것은 전임 군주와 의례적 부자관계가 되는 것이기 때문에 사적인 차원의 혈연관계는 공적인 차원의 의례적 부자관계보다 의례의 등급을 낮추어야 한다는 원칙에 따라야 하고, 후사가 되는 것은 아들이 되는 것이 아니기 때문에 친부모에 대한 호칭은 유지해야 하는 것이었다. 다산은 전자의 기준에 따라 생부에 대한 추숭을 지지하는 사람들을 비판했고, 후자의 기준에 따라 생부에 대한 추숭을 반대하는 사람들을 비평했다.

다산의 인식에 따르면, 친속과 군통은 역동적 긴장관계를 이루고 있으며, 유교적 전통사회는 이러한 긴장관계를 바탕으로 성립한다. 이런 점을 의식한 다산은 '속과 통의 분리'라는 명제를 제기하였다. 이 명제는 ① 통으로 속을 간섭해서도 안 되고, ② 속으로 통을 간섭해서도 안 된다는 두 가지 측면을 내포하고 있었다. 다산은 이 두 가지 논점에 따라 ① 추숭반대론자들은 통으로 속을 간섭하는 잘못을 범했고, ② 추숭론자들은 속으로 통을 간섭하는 문제점을 노출했다고 주장하였다. 그리고 첫 번째 논점에 근거하여 생부에 대한 칭호를 강등해야 한다고 주장하는 추숭반대론자들을 비판하고, 두 번째 논점에 의거하여 생부에 대한 칭종추숭(稱宗追

---

61 『國朝典禮考』 1:1, 3ab(⑫:767-768). "然爲人後者, 未必皆爲人子也. 私家立後, 必取於子姪之列. 故論禮者遂以立後認之爲立子. 然帝王家爲後之法, 不拘昭穆. 或弟爲兄後, 【殷人之兄亡弟及】 或兄爲弟後, 【魯僖公】 或以從子爲叔父之後, 或以叔父爲從子之後, 【周孝王 · 唐宣宗】 或孫爲祖後, 【周桓王】 或從孫爲從祖之後. 【周夷王 · 漢宣帝】"

崇), 종묘 부묘 등을 주장하는 추숭론자들을 비판했다.

'속과 통의 분리'란 명제는 군주의 사적 차원과 공적 차원을 철저하게 분리하고 각 영역의 자율성을 보장하는 방식으로 구체화되기도 했다. 국가 공동체 질서를 상징하는 종묘에 대한 의례에서는 군통의 계승에 따른 전임 군주와의 의례적 부자관계에 충실하도록 하고, 군주 개인의 사적인 혈연관계를 나타내는 사적 의례에서는 친속의 전승에 따른 생부와의 혈연적 부자관계에 충실하도록 하는 것이 다산 예론의 목표였다. 이러한 목표는 군주가 공동체 차원의 의례에서는 소후자인 전임 군주에 대해 종묘와 통칭을 견지하고, 사적인 차원의 의례에서는 소생자(所生者)인 생부에 대해 별묘(別廟)와 속칭을 유지하는 것으로 구체화되었다.

결국 '속과 통의 분리'란 명제는, '입승대통'의 상황에서 비롯된 혈연적 부자관계와 의례적 부자관계, 사적 친속과 공적 군통, 친친과 존존의 의례 규범과 그것이 실현해야 할 가치인 인과 의 등이 서로 침해하지 않고 공존하는 의례적 관계를 재구성한 것이었으며, 그러한 관계에 걸맞은 타당성을 부여함으로써 보편적 정당성과 실천적 적합성을 조화시키려 한 고심의 결과였던 것이다.

## 4. 천리와 인정의 조화

'속과 통의 분리'라는 명제를 통해서 드러나는 친속과 군통의 긴장관계는 의례의 역동적 긴장관계를 반영한다. 다산은 그의 예학 곳곳에서 나타나는 친친과 존존, 속과 통, 인과 의, 인정과 천리의 팽팽한 긴장관계가 파괴적 갈등으로 치닫지 않게 하면서도 그 긴장관계를 완전히 해소해버리지도 않았다. 따라서 그의 예학은 파괴적 갈등 양상이나 완벽한 조화가 아니라 역동적 긴장 속에서 전개된다고 말할 수 있다.

다산은 기본적으로 예(禮)를 "천지(天地)의 정(情)으로서 하늘을 근본으로 하고 땅을 본받아 그 사이에서 행하는 것인데, 성인(聖人)이 다만 그것을 절제하고 격식화했을 뿐이며, 천지의 정이 사람의 정에 알맞게 어우러져 조화를 이룬 것"[62]이라고 정의한다. 그리하여 천지의 정과 인정(人情)을 의례의 근거로 설정한다. 또한 예를 "천리(天理)에 헤아려보아도 합당하고 인정에 시행해도 적합한 것"[63]이라고 설명하였다. 그만큼 개인이나 공동체가 실천하는 의례 행위는 언제나 천리〔天地의 情〕와 인정이라는 근거에 기준하여 그 정당성을 검증받아야 한다고 본 것이다.

〔그림 1〕 예의 기능과 천리-인정의 관계

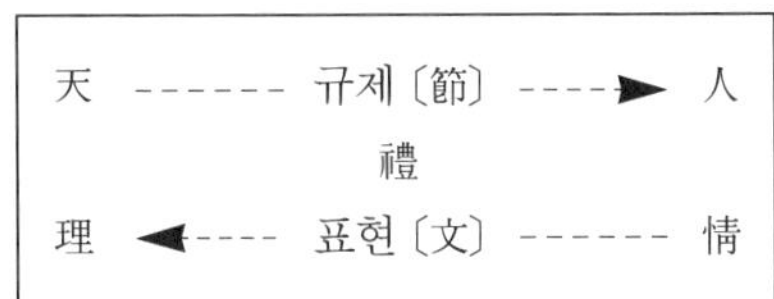


또한 이러한 의례 행위는 온전하게 예의 기능을 발휘해야 타당성이나 적합성을 확보할 수 있다. 인정에 따라 자연적인 정감을 혈연적인 거리에 따라 표현하는 것과 천리의 질서에 맞게 사회적인 지위가 헷갈리지 않도록 행위를 적절하게 규제하는 것이 의례의 기본적 기능이며, 이러한 기능은 '인간의 성정(性情)'을 '절제하는(regulating)' 측면과 '격식화하는(refining)' 측면으로 나누어볼 수 있다.[64] 우리는 이러한 두 측면을 의례의

62 全書, I-12, 詩文集, 「喪禮四箋序」, 35b(②:344); 全書, III-1, 禮集 1, 『喪禮四箋』, 卷1, 「喪禮四箋序」, 1a(⑪:3). "禮者, 天地之情, 本於天, 殽於地, 而禮行於其間. 禮者, 天地之情, 聖人特於是, 爲之節文焉已."

63 全書, I-12, 詩文集, 「邦禮艸本序」, 39ab(②:351-352). "揆諸天理而合, 錯諸人情而協者, 謂之禮."

규제적 기능(regulative function)과 표현적 기능(expressive function)이라고 부를 수 있다. 따라서 천리와 인정의 관계에서 예는 천리에 근거하여 인정을 적절하게 '규제'하여 과도한 욕망으로 치닫는 것을 방지하며, 인정을 제대로 '표현'하여 천리에 부합하게 하는 것이라고 정리할 수 있다.

다산은 예를 인간의 정감을 내적으로 표현하고 인간의 욕망을 절제하기 위한 외적 규정이 공존하는 장으로 보았다. 기본적으로 예는 의미 있는 삶의 근거가 되는 인간의 근본 경험을 표현하는 것이지만, 무절제하게 이루어지는 무례한 행동은 의미를 창출할 수 없기 때문에 적절한 규제를 받아야 한다. 그리하여 천리의 규제 기능은 인정 표현의 한계로 설정된다. 또한 다산은 "예는 효(孝)·제(悌)·충(忠)·신(信)의 실천을 규제하고 형식화하는 방법"[65]이라고 설명하면서, '효·제·충·신'이라는 예의 바탕〔質〕과 의리(義理)라는 규제적 표현 형식〔文〕이 조화를 이루어야 한다고 강조하였다.[66] 따라서 다산의 예론에 따르면, 천리와 인정이 창조적인 긴장을 이루고 예의 내용과 형식이 조화롭게 어우러질 때 비로소 가장 적합한 의례적 실천〔中道〕을 구현할 수 있는 것이다.[67]

대체로 의례의 역동적 긴장관계에서 인정은 표현적 기능과 연결되고

---

64 『禮記注疏』, 卷51, 「坊記」 30:2, 8b(十三經注疏 5, 863d). "禮者, 因人之情, 而爲之節文, 以爲民坊者也."; 馮友蘭, 『中國哲學史』(上篇, 重印本, 北京: 中華書局, 1992), 411쪽 이하; Fung Yu-lan, *A History of Chinese Philosophy* (tr. by Bodde, Derk, vol. I, Princeton, N. J.: Princeton University Press, 1952), p. 338f. 참고.

65 全書, I-11, 詩文集, 「五學論1」, 19b(⑤:88). "禮者, 所以節文乎孝·悌·忠·信之行者也."

66 『禮記注疏』, 卷24, 「禮器」 10:2, 2a(十三經注疏 5, 449c). "先王之立禮也, 有本有文. 忠信, 禮之本也. 義理, 禮之文也. 無本不立, 無文不行."

67 『禮記注疏』, 卷50, 「仲尼燕居」 28:4, 17a(十三經注疏 5, 853a). "夫禮, 所以制中也."; 『禮記注疏』, 卷58, 「三年問」 38:1, 1a(十三經注疏 5, 961a). "'三年之喪, 何也?' 曰: '稱情而立文. 因以飾群, 別親疏貴賤之節, 而不可損益也. 故曰: 無易之道也.'"; 全書, II-11, 經集 4, 『論語古今註』, 卷5, 「先進第十一」, 33b(⑤:426).

천리는 규제적 기능과 연관된다. 따라서 의례는 고백적 믿음의 차원에서 수용되는 전제들을 경험적이고 구체적인 인정을 통해 표현한다는 측면에서 고백을 외면화하는 장인 동시에, 그러한 경험을 반성함으로써 정립되는 인식인 천리를 다시 실천으로 내면화함으로써 구체적이고 경험저인 인정을 규제하는 장이기도 한 것이다.

한편, 인정의 표현 기능과 관련된 고백의 외면화는 천리의 규제 작용을 통해서 보편적 정당성을 확보해야 하며, 천리의 규제 기능을 통해 성취되는 인식의 내면화는 인정의 표현 가능성이라는 기준에 따라 그 실천적 적합성을 확인받아야 한다. 이 과정은 유교 의례라는 구체적 종교 경험의 장에서 끊임없이 그리고 동시적으로 거듭해서 순환하고 있으며, 그런 과정을 통해서 고백은 보편적 정당성을 성취해나가고 인식은 실천적 적합성을 확보해나간다.

구체적인 전례 상황에서 인식의 내면화는 천리의 이념에 의해서 공적으로 규정된 엄중한 사회적 의무를 지키는 것〔守嚴分〕으로 구현되고, 고백의 외면화는 인정에 근거하여 사적으로 느낀 혈연적 감정을 표현하는 것〔伸私恩〕으로 구체화된다.

당시 전례를 논의하던 신하들이 만약 군통의 일원화〔一統〕와 친속의 일원화〔一屬〕가 서로 침해하지 않는 이치를 밝혀서, 우리 성조(聖祖, 仁祖를 가리킴)께서 종묘에 대해서는 엄격한 분수〔分〕를 지키고 본궁(本宮, 定遠君을 가리킴)에 대해서는 사적인 은혜〔恩〕를 펼치게 해서 그 부자의 명칭〔名〕이 끊어지지 않도록 했더라면, 추숭의 논의는 다시금 일어나지 않았을 터인데, 안타깝게도 그들은 이런 점을 이해하지 못했다.[68]

---

68 『國朝典禮考』 1:7, 10b(⑫:782). "當時議禮之臣, 若明'一統'·'一屬'不相罣礙之理, 使我

다산에 따르면, 인정의 고백을 외면적으로 표현하여 천리의 기준에 걸맞은 덕을 성취할 때 인(仁)이라는 가치가 구현되고, 의리 또는 천리의 인식을 내면화하여 자신의 사적인 욕망을 규제할 때 공동체 전체를 위해 의(義)라는 가치가 발현된다. 유교전통에서 인정은 부모에 대한 자연스런 혈연적 유대감을 외면적으로 표현하는 것이며, 천리는 그러한 인정의 표출이 공동체 속에서 적합성을 지니도록 마련된 규범적 인식을 내면화하는 것이다. 양자는 각각 독자성을 지키면서 끊임없이 순환하며 의례의 역동성을 유지한다. 그러나 어느 한쪽으로 지나치게 치우쳐서 양자의 해석학적 순환을 확보하지 못하면 그 순간 의례의 역동성은 무너지고 그에 따라 의례는 적절한 의미 창출에 실패하고 만다. 다산은 전례논쟁자들이 이런 점에 대한 인식이 부족하여 천리와 인정에 합당하지 못한 결론을 내려서 전례의 처리를 그르쳤다고 생각했다.

다산은 통과 속의 분리를 통해 공동체적 의례로 구체화되는 종통의 의리와 사적인 의례로 표현되는 혈연적 은혜의 공존을 도모하였는데, 이런 목표는 인식의 내면화와 고백의 외면화의 해석학적 순환이 원활하게 이루어지도록 하려는 것으로 해석할 수 있다. 원초적 고백을 제대로 드러내지 못하도록 반성적 인식으로 너무 억누르거나 원초적 고백을 지나치게 표출하도록 내버려두는 것은 적절하지 못하다. 마찬가지로 반성적 인식을 너무 강요하거나 그 규제를 무시해도 온당한 의례 창출에 실패하고 만다. '의미' 있는 의례는 원초적 고백과 반성적 인식을 모두 살릴 때, 어느 쪽 하나에 치우치지 않도록 할 때 비로소 구현할 수 있는 것이다. 따라서 통과 속을 서로 간섭할 수 없는 자율적인 의례적 관계로 정립한 다산의

聖祖守嚴分於宗廟, 伸私恩於本宮, 使無絶其父子之名, 則追崇之議不復起矣. 惜乎! 其不講於是也."

예학은 인식의 내면화와 고백의 외면화가 서로 균형을 이루면서 원활한 해석학적 순환을 유지하도록 하는 것을 목표로 하였다고 서술할 수 있다.

이러한 인식을 전례논쟁 전반에 적용해보면, 속과 통의 갈등관계에 주목하면서 통 중심으로 속을 규제할 것을 강조한 추숭반대론자들의 원칙주의적 예론은 천리라는 포괄적인 인식을 내면화하는 과정에 치중했다고 평가할 수 있다. 또한 속과 통의 일치를 통해서 양자의 긴장관계를 해소하려 한 추숭론자들의 현실주의적 예론은 인정이라는 현실적인 경험적 고백을 외면화하는 과정에 치우쳤다고 설명할 수 있다.

이러한 예론의 경향은 예론의 배경을 이루는 학문관 또는 세계관과 밀접한 관계가 있다. 추숭반대론자들의 핵심을 이루는 성리학자들은 보편적 이념을 중심으로 현실 상황을 규정하고 처리하는 '이일분수(理一分殊)'적 세계관을 지지하는 반면, 추숭론자들은 행위자의 구체적 경험과 현실을 위주로 학문을 구성하는 양명학이나 고증학적 경향을 보이고 있다. 다산은 전자가 보편적 정당성을 앞세우고 있다면 후자는 실천적 적합성에 매몰되었다고 보았다. 그리하여 통과 속의 자율적인 의례적 맥락을 설정하고 그 속에서 보편적 정당성과 실천적 적합성의 조화로운 공존을 위해 노력한 것이다.

그러므로 다산 예학은 인정과 천리의 사이에서 의례의 긴장관계가 지닌 역동성을 유지하도록 하는 데 주안점을 둔 것이라고 서술해도 좋을 것이다. 의례가 지닌 역동적 긴장관계가 갈등관계로 변화하거나 긴장을 해소해버리지 않도록 하는 것, 이것이 통과 속의 분리를 통해 이루고자 한 목표였고, 이를 통해 우리는 고백의 외면화와 인식의 내면화가 해석학적 순환을 유지하는 것임을 확인할 수 있다.

이런 점은 의례와 정치의 연관 관계에도 그대로 반영된다. 다산은 전례논쟁이 인정에 근거한 의례의 표현적 기능을 강조하는 측과 천리에 근거한 의례의 규제적 기능을 강조하는 측 사이에서 일어난다는 점에 주목한다. 조선과 중국에서 일어난 전례논쟁은 대체로 인정을 억제하고 천리를 강조하는 정이천-주자(朱子) 계열의 이념적 예론과 천리보다 인정을 부각시키는 현실적 예론이 충돌하면서 일어났다. 정치권력의 측면에서 살펴보면, 전자가 대체로 황제나 왕의 전제적인 행태를 비판하면서 공론(公論)에 의한 정치를 주장했다면, 후자는 군주의 권력을 강화할 것을 주장했다. 국가나 천하를 대표하고 다스리는 군주가 인정에 치우쳐서 공동체의 일에 사적 감정을 끌어들이면 공동체 역시 군주의 사적인 소유로 전락하므로 공론을 통해 구현되는 천리로 군주의 전제적 행태를 견제하려는 것이 전자의 의지라면, 공동체의 중심인 군주의 적극적이고 주도적인 역할을 뒷받침하기 위하여 천리를 표방하는 신하들의 권력을 제한하고 인정에 근거하여 군주의 정통성을 확보하고 군주의 권력을 강화하여 정치적 통합성을 제고하려는 것이 후자의 목표였던 것이다. 이처럼 전례논쟁에서 나타나는 예론과 정치적 성향, 예학파와 정치세력의 관계는 아주 밀접한 것이다.

이러한 흐름과 달리, 다산은 독자적인 견해를 보이고 있다. 다산의 견해에 따르면, 인정의 외면적 표현과 천리의 내면적 규제는 해석학적 순환을 하는 것이다. 인정에 근거하지 않은 의례가 있을 수 없듯이, 천리의 규제를 받지 않는 의례 역시 존재할 수 없다. 양자를 혼동해서는 안 되지만, 그렇다고 완전히 분리할 수 있는 것도 아니다. 전례논쟁 당사자들이 대체로 인정이나 천리 가운데 하나를 강조하여 통일성 있는 예론을 주장함으로써 인정과 천리의 긴장관계를 해소해버리는 반면, 다산은 양자의 독자성을 인정하면서 거기에서 비롯되는 긴장관계를 의례의 역동성으로 파악하였다. 사적인 권력 남용으로 인한 폐해를 막으면서도 군주의 중심적 역할을 강화하려는 다산의 정치적 구상 역시 같은 맥락에서 이해할 수 있다. 다산은 당시 생부인 사도세자의 비극적 죽음과 비대한 노론(老論) 권력으로 인해 정치적 부담을 느끼던 정조의 처지를 이해하는 동시에 영조가 내렸던 결단을 존중하려고 했다. 천리의 공정함과 인정의 지극함 속에서 부대끼는 정조의 고백에서도 그런 사실을 확인할 수 있다.

> 만약 누군가 신의 애통함이 어쩌면 전하의 처분에 장애가 될 수도 있다고 말한다면, 그것은 그렇지 않습니다. 전하의 처분은 천리의 공정함이고 신의 애통함 역시 인정의 지극함이기 때문입니다. 처분은 처분이고 애통함은 애통함이니, 참으로 '(처분과 애통함을) 아울러 행하더라도 어긋남이 없고 (두 가지가) 공존하더라도 상할 것이 없다'고 하는 것입니다.[69]

'입승대통'의 전례 상황에서는 이처럼 사적인 인정과 공적인 천리의 긴장관계가 극명하게 표출된다. 다산은 인정과 천리를 각각 속과 통이라는 자율적인 의례적 맥락으로 분리함으로써 양자를 조화시키려고 하였다. 그리하여 명나라 가정대례의에 대한 비평에서도 '제왕지통(帝王之統)'과 '부자지속(父子之屬)'을 철저하게 구분하고, 양자가 서로 간섭할 수 없는 자율적인 의례적 맥락을 지니고 있다고 강조하였으며,[70] 세종의 생부인 홍헌왕과 세종의 소후자인 무종에 대해서 각각 천속(天屬)과 부도(父

---

69 『國朝寶鑑』, 卷68, 英祖朝12, 丙申年 2月, 17a(6~137a). "若以爲臣之哀痛, 或有碍於殿下之處分云爾, 則此有不然者, 盖殿下之處分, 天理之公也, 臣之哀痛, 亦人情之極也. 處分自處分, 哀痛自哀痛, 眞所謂'並行而不悖, 兩存而無傷'者也."; 『英祖實錄』, 卷127, 英祖52年 丙申 2月 丙午, 14b(44~529b).

70 『國朝典禮考』, 2:18, 25b(⑫:812). "大凡帝王之統與父子之屬, 其道截然不同. 自夏啓以來, 雖以父傳子, 其實堯傳舜受. 原是傳統之本法, 誠以天位者, 天下之公器, 不可限之以父子. 故或以兄而傳弟, 或以叔而傳姪, 或以祖而傳孫, 非如父子之屬, 子子孫孫, 直下直傳, 寧絶而無敍側也. 然則帝王之承統者, 以統爲主, 不以屬干之. 父子之接屬者, 以屬爲主, 不以統干之. 然後, 尊尊・親親, 義盡仁至. 君臣定父子明, 以之定大禮決大議, 無往而不犁然也. 然則宗廟之內, 凡屬稱皆不宜也."

道), 자명(子名)과 자도(子道), 부(父)와 예(禰), 세〔世代〕와 소목〔位次〕 등을 철저하게 구분하였던 것이다.[71] 이러한 인식에 근거하여 다산은 '대통지의(大統之義)'와 '소생지은(所生之恩)'을 함께 살릴 수 있는 예론을 가장 훌륭한 것으로 평가하였다.[72] 결국 다산은 통과 속으로 규정한 의례적 영역을 각각 정통의 대의를 지키려는 공적 천리와 본생(本生)의 사은(私恩)에 보답하려는 사적 인정으로 구체화하였으며, 양자를 공존시키기 위해 통과 속의 분리를 제시하였다고 평가할 수 있다. 결국 다산의 예론은 인정의 외면적 표현과 천리의 내면적 규제 사이에서 이루어지는 의례의 역동적 긴장관계를 유지하는 것을 중심으로 전개되었다고 평가할 수 있다.

**〔표 4〕 전례논쟁의 정치적 세력과 예학적 특징**

| 전례논쟁 시기 | | 인정 위주의 예론 | 천리 위주의 예론 |
| --- | --- | --- | --- |
| 조선 | 성종 | 왕, 훈구 대신들 | 소장 사림 학자들 |
| | 인조 | 왕, 소수의 측근 공신 세력 | 대다수 학자들과 신하들 |
| 명 | 세종 | 황제, 소수의 보수 귀족파 세력 | 대다수 내각 개혁파 관료 |
| 예학적 계통 | | 양명학이나 非程朱 계통의 血緣天理論적 예론 | 程朱 계통의 義理名分論적 예론 |
| 정치적 구상 | | 家天下 (군주의 전제적 권력 강화) | 公天下 (군주의 전제적 권력 견제) |

71 『國朝典禮考』, 2:5, 19a-20a(⑫:799-801), 특히 "以天屬則興獻父也, 以父道則武宗父也."; 『國朝典禮考』, 2:25, 28b-29b(⑫:818-820), 특히 "用子道則可矣, 稱子名則不可. 事之如父則可矣, 稱之爲父則不可."; 『國朝典禮考』, 2:35, 33a(⑫:827), 특히 "父不可有二父者, 興獻也. 禰不可有二禰者, 武宗也."; 『國朝典禮考』, 2:44, 35b-36a(⑫:832-833), 특히 "所謂世者, 父子之世代也. 所謂昭穆者, 先君嗣君之位次也." 등을 주목하라.

72 『國朝典禮考』, 2:11, 22b(⑫:806). "給事中態浹上言, '皇上貴爲天子, 聖父聖母以帝王禮處之, 安乎? 臣以爲當稱帝后, 而祀興獻於別廟, 則大統之義 · 所生之恩, 兼盡矣.' 臣謹案, 態浹之言, 最中禮意."

## 5. 조선과 중국의 전례논쟁에 대한 비평

### 1) 성종대 덕종 추숭 논쟁

조선시대 성종(成宗)대에는 성종의 생부였던 의경세자(懿敬世子)를 덕종(德宗)으로 추숭하는 논쟁이 벌어졌다.[73] 성종은 원래 세조(世祖)의 장자였던 의경세자의 둘째아들 자산군(者山君)이었으나, 입승대통을 통하여 숙부인 예종(睿宗)의 후사가 된 계통군주였다.[74] 따라서 정통(正統)의 측면에서 보면, 성종은 소후자(所後者)인 예종에 대해 의례적인 부자관계〔父子之道〕에 충실하기 위하여 사친(私親)인 의경세자에 대한 사은(私恩)을 접어두어야 할 처지에 있었다.

그러나 성종은 사은에 이끌려서 생부를 칭종추숭(稱宗追崇)하고 종묘에 부묘(祔廟)했다. 성종은 생부인 의경세자를 '온문의경왕'으로 추존하고 어머니인 수빈을 '인수왕비'로 추존한 뒤,[75] 별묘(別廟)를 세워서 친형인 월산군 이정(李婷)으로 하여금 그 제사를 주관하도록 명했으나,[76] 나중에는 생부를 '덕종(德宗)'으로 칭종추숭(稱宗追崇)하고 종묘에 부묘했으며,

---

73 成宗代 德宗 追崇 논쟁에 대한 개략적인 설명으로는 李肯翊 編,『燃藜室記述』, 卷5,「德宗故事本末」,〈德宗〉과〈成宗追尊德宗〉(京城: 朝鮮光文會, 1913), 上~351-355를 참조하고, 역사적인 연구로는 池斗煥의「朝鮮前期 廟制에 관한 一考察」(『韓國文化』 4, 1983)과『朝鮮前期 儀禮硏究 – 性理學 正統論을 中心으로』(서울대학교출판부, 1994), 2장을 참조하라.

74 세조부터 성종까지의 家系를 간략하게 표시하면 다음과 같다.

世祖 ─┬─ 懿敬世子 (德宗) ─┬─ 月山大君 婷
　　　└─ 睿宗　　　　　　　└─ 成宗

75『國朝典禮考』1:1, 1a(⑫:763). "成宗二年辛卯【明憲宗成化七年】二月, 追尊懿敬世子曰溫文懿敬王, 粹嬪曰仁粹王妃.";『國朝寶鑑』, 卷15, 成宗朝1, 辛卯年 2月條;『成宗實錄』, 卷9, 成宗2年 1月 丁酉(8~551d).

76『國朝典禮考』1:2, 4a(⑫:769). "成宗三年壬辰十二月, 建懿廟于延慶宮後園, 命月山君婷奉祀.【出『國朝寶鑑』.】";『國朝寶鑑』卷15, 成宗朝1, 壬辰年 12月, 16a(2~60c).

결국은 덕종이 예종의 형이라는 혈연적 순서를 근거로 내세워서 덕종을 예종보다 윗자리에 배향하였다.[77]

덕종 추숭 논쟁 당시, 훈척(勳戚) 세력과 사림(士林) 세력은 각각 혈연적 전승〔親屬〕과 왕통의 계승〔君統〕을 강조하며 서로 대립하였다. 『국조보감』에 따르면, 노사신, 김국광, 서거정, 정난종 등은 '칭종·추왕(追王)'과 별묘론(別廟論)을 주장했으나, 신숙주, 최항, 정인지 등은 '추왕'과 별묘론만 인정하고 '칭종'에는 반대하였다. 양측은 생모인 수빈의 호칭에 대해서도 '왕대비'와 '왕비'로 견해가 나뉘었으며, 의경세자와 성종의 관계에 대해서도 전자가 '황백고-질자신(皇伯考-姪子臣)'의 호칭을 주장한 데 반해, 후자는 '황백고-효질(皇伯考-孝姪)'이라는 호칭을 제안하였다.[78]

그러다가 덕종으로 추존된 성종의 생부를 종묘에 부묘하는 논의가 발생했을 때, 훈척 세력들은 덕종이 먼저 세자가 되었고 천자가 내린 추봉(追封)의 명이 있었다는 것을 이유로 내세워 세차(世次) 중심으로 덕종을 예종의 윗자리에 부묘해야 한다는 입장을 취했으나, 정인지를 중심으로 한 집현전 출신 원로대신들과 신진 사림 세력은 입후(立後)의 정통론적 의리에 따라 덕종의 부묘를 반대했다. 결국 혈연적 전승을 기준으로 하는

---

77 『國朝典禮考』 1:3, 5b(⑫:772). "成宗七年丙申正月, 上懿敬王廟號曰德宗, 祔于太廟. 初追王懿敬時, 以自麗朝無追王奏請之例, 而不爲奏請於中朝, 及請承襲使權瑊還奏: '太監鄭同以爲懿敬封王, 亦當奏請.' 至是, 上遣金瓆等奏請中朝, 賜諡懷簡, 頒誥命. 上議大臣, 始加上廟號, 行祔廟禮. 大王大妃教以當從兄弟之序, 諸大臣議同, 遂奉序于睿宗室右.【出『國朝寶鑑』.】"; 『國朝寶鑑』, 卷16, 成宗朝2, 丙申年 正月, 1ab(2~65ab); 『成宗實錄』, 卷59, 成宗 6年 9月 丙寅(9~270d); 『成宗實錄』, 卷63, 成宗 7年 1月 辛亥(9~296c); 『成宗實錄』, 卷63, 成宗 7年 1月 乙卯(9~297d-298a).

78 『國朝典禮考』 1:1, "成宗二年辛卯【明憲宗成化七年】二月, 追尊懿敬世子曰溫文懿敬王, 粹嬪曰仁粹王妃. 初上之卽位也, 以追崇所生, 召政府·六曹議之. 盧思愼·金國光·徐居正·鄭蘭宗以爲'當稱宗稱王, 別立廟, 稱皇伯考·姪子臣, 尊粹嬪爲王大妃'. 申叔舟·鄭麟趾·崔恒等以爲'宜追王不稱宗, 別立廟, 稱皇伯考·孝姪, 使月山君婷奉祀, 封粹嬪爲王妃'. 上從叔舟議.【出『國朝寶鑑』.】"; 『國朝寶鑑』, 卷15, 成宗朝1, 辛卯年 2月條.

세차(世次) 중심의 예론과 왕통(王統)의 계승을 기준으로 하는 위차(位次) 중심의 예론이 대립했던 것이다.[79]

다산은 의경세자를 왕으로 추숭하는 것까지는 용인할 수 있지만 칭종하는 것은 잘못이라고 지적했으며, 생부를 종묘에 부묘하는 것은 비판했지만 별묘를 세우고 월산군이 제사지내도록 하는 것이 옳다고 보았다. 다산은 군주가 되면 공실(公室)의 종통(宗統)을 차지하게 된다는 '탈종(奪宗)'과 '탈적(奪嫡)'을 근거로 삼아 성종의 입승대통을 설명하였다. 그는 일단 입승한 군주는 본가(本家)의 제사를 주관할 수 없다는 점과 종통 이원화의 문제점을 지적함으로써 성종이 생부에 대한 제사를 할 수 없음을 분명하게 밝혔다.[80]

〔표 5〕 성종대 전례논쟁에 나타난 예론의 차이

| | 追崇 | 稱宗 | 廟制 | 生父-王 호칭 | 主祀 | 祔廟 |
|---|---|---|---|---|---|---|
| 훈척 세력 | 追王 | 德宗 | 世次 | 皇伯考-姪子臣 | 성종 | 祔廟 |
| 사림 세력 | 追王 | 반대 | 位次 | 皇伯考-孝姪 | 월산군 | 別廟 |
| 다산 정약용 | 허용 | 반대 | 位次 | 皇考-子 | 월산군 | 別廟 |

한편, 다산은 먼저 군주가 된 동생인 민공을 뒤늦게 군주가 된 형 희공이 군부(君父)로 섬겼던 『춘추(春秋)』의 기사를 제시하고, 추숭의 대표적 사례로 인용되는 한(漢) 애제(哀帝)조차도 추숭의 잘못은 있었지만 칭종입묘(稱宗入廟)는 하지 않았다는 점을 상기시키면서, 의경세자를 덕종으로 추존하여 예종의 오른쪽 자리에 배향하는 것을 적극적으로 비판했다.[81] 왕통의 계승은 소목(昭穆)의 항렬에 얽매이지 않는다는 논리에 따라 혈연적 전승을 기준으로 하는 세차 중심의 예론을 비판하고 왕통의 계승을 기

79 지두환, 앞의 책, 119-125쪽 참조.

80 『國朝典禮考』 1:2, 4a-5b(⑫:769-772).

81 『國朝典禮考』 1:3, 6ab(⑫:773-774).

준으로 하는 위차 중심의 예론을 주장한 것이다.[82] 그리하여 다산은 생부에 대한 호칭은 친속(親屬)에 따르므로 '황고(皇考)'를 사용해도 정통(正統)을 해치지 않으며 종묘에서는 속칭(屬稱)을 쓰지 않는다는 점을 지적함으로써 속칭과 통칭(統稱)을 분리하였다. 이러한 다산의 비평은 '속과 통의 분리'를 충실하게 반영하고 있는 것이다.

### 2) 선조대 덕흥군 추숭 문제

선조(宣祖)는 혈통상으로는 왕위 계승에서 불리한 위치에 있었지만, 군주가 될 자질을 기준으로 하는 성인(聖人) 추대론에 의거해서 군주가 되었다. 선조는 혈연적으로는 백부인 명종(明宗)에게 입승대통한 계통군주[83]였기 때문에, 자신의 생부인 덕홍군(德興君)을 '대원군(大院君)'으로 삼았으나, 그를 왕으로 추존하지는 않았다.[84] 비록 몇몇 인물들이 '후사가 되어도 아들이 된 것은 아니다'라는 논거를 들먹이며 추존을 건의했고 선조 자신도 인정상 생부를 추존하고 싶었지만, 공론(公論)에 따라 추존하지 않고 '대원군'으로 삼는 정도에서 그쳤다.[85] 다산은 이 점을 대단히 칭송했다.[86]

---

82 『國朝典禮考』 2:44, 35b-36a(⑫:832-833) 참조.

83 중종부터 선조까지의 系譜를 간략하게 표시하면 다음과 같다.

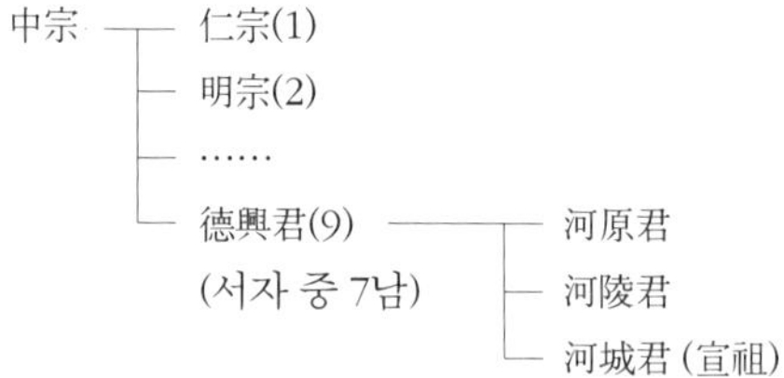


84 德興君의 追尊 문제에 대한 개괄적 설명으로는 『燃藜室記述』, 卷5, 「宣祖故事本末」, 〈宣祖入承大統〉과 〈德興追尊〉, 下~150-157, 161-165를 참조하라.

85 『國朝典禮考』 1:4, 6b(⑫:774). "宣祖二年己巳十一月, 尊德興君爲大院君, 加嗣子河原君理爵一級, 給田土臧獲. ○十年丁丑夏四月. 始定大院君嗣孫世襲之制, 以堂上官世奉其祀.【出『國朝寶鑑』.】"; 『國朝寶鑑』, 卷24, 宣祖朝1, 己巳年 11月, 30a(3~15c); 『國朝寶

선조대에는 왕통을 계승한 계통군주의 의무에 따라 생부를 추존하지 않았기 때문에 별다른 전례논쟁이 발생하지는 않았다. 그러나 당시 선조의 생부인 덕홍군의 사묘(私廟)에 선조가 제사할 수 없다는 조정의 공론[87]과 정통을 해치지 않는 범위에서 사정(私情)을 배려하여 선조가 사친(私親)의 묘에 제사하는 것을 허용해야 한다는 이이(栗谷 李珥, 1536~1584) 등의 소수 의견[88]이 나뉜 적이 있었다. 그러나 양자의 견해 차이는 정통의 한계 안에서 생긴 작은 차이에 지나지 않았고, 근본적으로 덕홍군을 추존하지 않았기 때문에 전례문제는 아예 일어나지 않았다. 따라서 다산은 선조대의 전례를 가장 모범적인 사례로 칭송하였고, 이황(退溪 李滉, 1501~1570)이 제시한 「무진6조소」의 첫 번째 항목으로서 '계통(繼統)의 의리를 존중한다'는 정신을 계통군주가 지켜야 할 의례의 모범을 선보인 예론으로 주목했을 뿐이다.[89]

---

鑑』, 卷26, 宣祖朝3, 丁丑年 4月, 16a(3~36c); 『宣祖修正實錄』, 卷3, 宣祖 2年 11月 庚午(25~419c); 『宣祖修正實錄』, 卷11, 宣祖 10年 4月 戊午(25~469a).

86 『國朝典禮考』 1:4, 7a(⑫:775). "臣謹案, 宣祖不追崇德興君, 當與宋英宗匹美, 千古盛德光輝溢于史冊. 臣又何言哉? 當時大臣有李浚慶, 儒臣有李滉·奇大升, 諸人出入經幄, 維持朝野, 邪僻之言無由而亂聖聰, 亦上之孝思睿智, 不欲以非禮加於父母. 故及至末年, 亦堅守而不變也. 猗歟, 盛哉!"

87 『宣祖實錄』, 卷11, 宣祖 10年 4月 壬申(21~344d-345b); 『宣祖實錄』, 卷11, 宣祖 11年 4月 甲戌(21~345b).

88 『宣祖修正實錄』, 卷11, 宣祖 10年 4月 戊午(25~469a).

89 『國朝典禮考』 1:4, 7a(⑫:775-776). "宣祖元年八月, 判中樞府事李滉上疏, 論六條. 其一曰: '重繼統, 以全仁孝. 主上以王室至親, 入承大統. 凡所以繼志述事者, 莫非出於至誠. 其於仁孝之道, 不患其不致隆也. 然心難持於盤水, 善難保於風燭. 異時, 耳目之蒙蔽雜陳, 愛憎之妖惑並進, 日久月沈, 事玩情狃, 所以承宗廟奉長樂者, 動有違慢馴致於殺其所當隆, 隆其所當殺, 安保其必無乎? 此古來入繼之君所以多得罪於彝敎, 而今日之所宜戒者也.'"; 李滉, 『退溪全書』, 卷6, 「戊辰六條疏」, 37a-39b(上~182a-183b).

### 3) 인조대 원종 추숭 논쟁

원종 추숭을 핵심으로 하는 인조대 전례논쟁(1623~1635)[90]은 도학적 신념에 따라 광해군을 폐위하고 인조를 왕위에 올린 인조반정(1623)을 계기로 공백이 된 '선조의 대통'을 손자인 인조가 계승하면서 생긴 변례(變禮)적 상황[91]을 다룬 것이다. 인조대 전례논쟁은 인조반정 직후인 1623년

---

90 원종 추숭 논쟁 과정에 대해서는 『燃藜室記述』, 卷22, 「元宗古事本末」, 〈元宗〉과 〈元宗仁憲王后追崇〉, 下~221-223, 224-276 참조. 인조대 전례논쟁의 전개 과정에 대한 역사적 연구로는 徐仁漢, 「仁祖初 服制論議에 대한 小考」(『北岳史論』 창간호, 국민대학교 사학과, 1989)와 李賢珍, 「仁祖代 元宗追崇論의 推移와 性格」(國民大學校 석사학위논문, 1998)이 대표적이며 李成茂, 「17세기 禮論과 黨爭」(『朝鮮後期 黨爭의 綜合的 檢討』, 研究論叢 92-7, 韓國精神文化研究院, 1992), 12-32쪽; 李迎春, 「朝鮮後期 王位繼承의 正統性論爭 研究」(韓國精神文化研究院 韓國學大學院 博士學位論文, 1994), 124-153쪽; 李迎春, 『朝鮮後期 王位繼承 研究』(朝鮮時代史 研究叢書 4, 集文堂, 1998), 3장 등이 있으며, 이 밖에도 朴鍾天, 「仁祖代 典禮論爭(1623~1635)에 대한 宗教學的 再評價」(『宗教學研究』 17, 서울大學校 宗教學研究會, 1998)를 참조할 수 있다. 원종 추숭 논쟁 참여자들의 예학적 시각에 대해서는 李俸珪, 「金長生・金集의 禮學과 元宗追崇論爭의 철학사적 의미」(『韓國思想史學』 11, 韓國思想史學會, 1998); 裵相賢, 『朝鮮朝畿湖學派의 禮學思想에 關한 研究』(民族文化研究叢書 63, 高麗大學校 民族文化研究所, 1996); 裵相賢, 「沙溪 金長生의 禮學思想考」(『沙溪思想研究』, 돈암학술연구총서 1, 沙溪・慎獨齋兩先生紀念事業會, 1991); 李迎春, 「潛冶 朴知誡의 禮學과 元宗追崇論」(『清溪史學』 7, 1990); 李迎春, 「沙溪禮學과 國家典禮 - 『典禮問答』을 중심으로」(『沙溪思想研究』, 돈암학술연구총서 1, 沙溪・慎獨齋兩先生紀念事業會, 1991); 張世浩, 「金長生의 禮學에 있어서의 正統 問題」(『哲學研究』 10, 고려대학교 철학회, 1985); 張世浩, 「沙溪 金長生의 禮說의 研究」(고려대 박사학위논문, 1993); 張世浩, 「沙溪 金長生의 예설과 正統觀」(『慎獨齋思想研究』, 돈암학술연구총서 2, 沙溪・慎獨齋兩先生紀念事業會, 1993); 池斗煥, 「谿谷 張維의 生涯와 思想 - 朝鮮陽明學 성립과 관련하여」, 『泰東古典研究』 7, 1991) 등을 참고하라.

91 선조부터 인조까지의 家系를 간략하게 표시하면 다음과 같다.

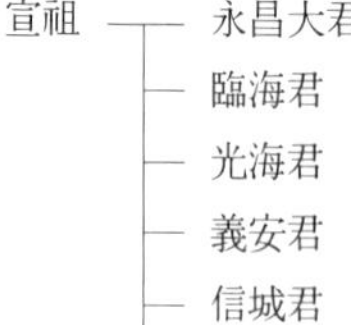

(인조 원년) 인조가 생부인 정원군(定遠君)의 가묘(家廟)에 왕위 계승을 알리는 문제에서 시작되어, 1626년(인조 4년) 인조의 생모인 계운궁(啓運宮)의 상복(喪服)을 둘러싸고 논란을 벌이다가 1628년(인조 6년) 계운궁 부묘례(祔廟禮)를 앞두고 본격적으로 논의되었으며, 1632년(인조 10년) 5월에 정원대원군(定遠大院君)을 원종대왕(元宗大王)으로, 계운궁 구씨(具氏)를 인헌왕후(仁獻王后)로 추존하고 별묘를 설치했다가 1635년(인조 13년) 3월에 종묘에 부묘함으로써 일단락되었다.

이러한 인조대 전례논쟁에서는 인조의 사친인 정원군에 대한 칭호를 어떻게 확정할 것인지, 혈연적 부모에 대한 상복과 제사의 주체는 어떻게 설정할 것인지, 사친인 정원군을 칭종추숭하고 종묘에 부묘할 것인지 등의 세 가지가 주요 쟁점이었다. 이 세 가지 쟁점을 놓고 김장생(沙溪 金長生, 1548~1631)을 중심으로 하는 강경파 추숭반대론자들과 박지계(潛冶 朴知誡, 1573~1635)를 중심으로 한 추숭론자들이 대립하는 가운데, 예조를 비롯한 대다수 신하들은 기본적으로 위차 중심의 정통론을 강조한 김장생의 입장을 지지하면서도 호칭 문제에서는 추숭론자들의 견해에 동의하였다.

추숭론자들과 추숭반대론자들의 논쟁의 핵심은 인조의 입승대통을 '위인후(爲人後)'의 상황으로 파악할 것인지 여부였다. 인조와 박지계를 중심을 하는 추숭론자들은 대체로 인조의 입승대통이 '남의 후사가 된 경우'가 아니라는 견해를 취했으나, 추숭반대론자들은 '남의 후사가 된 경우'에 해당한다는 입장을 견지했다.

대표적인 추숭반대론자 김장생은 인조가 입승대통하여 할아버지 선조

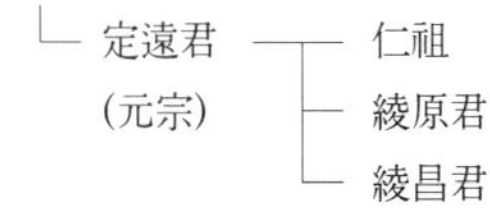

의 왕통을 계승한 후사이므로 입후의 의리에 따라 선조와 인조는 의례적 부자관계가 되므로 혈연적 부자관계를 종통의 계승에 끌어들여서 종통을 이원화시켜서는 안 된다는 입장을 취하였다.[92] 이러한 의리명분론적 정통론에 근거하여 김장생은 정이천의 예론에 따라 선조와 인조의 칭호는 '아버지〔考〕'와 '아들〔子〕'로, 정원군과 인조의 칭호는 '숙부〔叔〕'와 '조카〔姪〕'로 정해야 한다는 견해를 제시했다. 동일한 논리의 연장선상에서 생모인 계운궁에 대해서는 남의 후사가 된 사람이 생모를 위해 입는 자최부장기(齊衰不杖期)의 상복을 입어야 한다는 입장을 취하였다.[93] 김장생의 주장에 따르면, 남의 후사가 된 사람이 사친을 위해 사적 인정(人情)을 펼치는 것은 공적 천리(天理)에 위배되는 사적 욕망의 표출이었던 셈이다. 이런 관점에서 추숭반대론자들은 생부를 원종으로 추존하여 종묘에 부묘하는 것을 반대하였다.

이에 비해, 인조와 박지계를 중심으로 하는 추숭론자들은 왕통의 계승을 혈연적 전승에 따라 규정하는 예론을 전개하였다. 이들은 대체로 인조의 입승대통이 '남의 후사가 된 경우'가 아니라는 입장을 취했다.[94] 인조

---

92 金長生, 『沙溪全書』, 卷1, 「疏」, 〈論私廟親祭時祝文屬號疏(癸亥 五月)〉, 2b-4b; 『仁祖實錄』, 卷2, 仁祖 元年 5月 壬辰(33~529c-530a). 掌令金長生乃上疏, 曰: "…… 臣謹按, 帝王之禮莫嚴於繼統. 雖兄之繼弟, 至於叔父之繼姪者, 皆有父子之道焉. …… 聖上旣入繼大統, 承宣祖之後, 則不可以私親參入於宣廟之下, 上繼於宣祖也, 正所謂以小宗合大宗之統也. …… 禮官之意以考位之闕爲辭, 而帝王之家必以繼統爲主, 雖叔父繼姪, 兄繼姪, 亦有父子之道焉, 何可謂之考位闕乎? …… 今令當如程子說, 稱叔父稱姪, 名義有据, 似無疑矣."; 『國朝典禮考』 1:7, 10a(⑫:781); 『國朝寶鑑』, 卷34, 仁祖朝1, 癸亥年 5月, 8a(4~4c).

93 『仁祖實錄』, 卷10, 仁祖 3年 12月 丙戌(34~36bc); 『沙溪全書』, 卷21, 「典禮問答」, 〈答崔子謙示張持國鄭子容書(丙寅 여름)〉, 11ab; 『沙溪全書』, 卷21, 「典禮問答」, 〈答崔子謙示張持國鄭子容書(丙寅 여름)〉, 15ab.

94 다산은 그 대표적인 예로 최명길을 지목하였다. 『國朝典禮考』 1:9, 11ab(⑫:783-784). "崔鳴吉上箚言: '大院君宣廟之子, 而殿下大院君之子. 一朝無端自託於爲人後之例,

의 왕위 계승을 '할아버지의 후사가 된 경우〔爲祖後者〕'로 규정한 대표적인 논리로는 박지계의 예론을 주목할 만하다. 이런 관점에 따라 박지계는 인조가 입승대통했다는 점을 부정했으며, 정원군에 대한 '아버지〔考〕' 칭호를 그대로 유지하고 친부모를 위해서는 참최3년복을 입어야 한다고 주장했다.[95] 그는 생부에 대한 추숭을 지극한 인정의 발로에서 비롯된 자연스러운 것으로 파악하였는데, 이는 김장생이 사정(私情)이라고 폄하한 것과는 상당히 다른 태도이다. "존존(尊尊)으로 친친(親親)을 방해할 수 없다."는 논리는 그런 태도의 지향점을 분명하게 드러낸다.[96]

이러한 논리는 인조에게도 수용되어 정원군을 원종으로 추숭하여 종묘에 부묘하는 근거가 되었다. 이에 따라 인조는 혈연관계를 종통의 계승에도 관철시키는 의도를 분명하게 드러냈다.

> 부모를 위해 3년복을 입는 것은 천자에서 서인에 이르기까지 모두 같다. 내가 이미 입승한 뒤에도 여지껏 부모라고 부르고 있으니, 어찌 3년상을 행하지 않겠는가?[97]

> 누구든지 할아버지가 있고 나서야 아버지가 있으며, 아버지가 있고 나서야 자신이 있는 것인데, 어찌 할아버지는 있는데 아버지는 없는 이치가 있겠는가?[98]

---

而降其父母, 則父子・祖孫之倫顚倒失次, 豈非人倫之變乎?'" 최명길의 상차 내용은 『仁祖實錄』, 卷24, 仁祖 9年 5月 辛巳條와 『仁祖實錄』, 卷30, 仁祖 12年 8月 丙午條에 자세히 나온다.

95 『潛冶集』, 卷1, 「疏」, 〈應旨疏〉, 11b-12a.

96 『潛冶集』, 卷7, 「禮辨」, 〈章陵追崇疑禮辨(甲子)〉 第2, 6a-7a.

97 『仁祖實錄』, 卷11, 仁祖 4年 1月 戊午(34-56a).

98 『國朝寶鑑』, 卷34, 仁祖朝1, 癸亥年 5月, 8a(4~4c). 上曰: "凡人有祖然後有父, 有父然後有身, 豈有有祖而無父之理乎?"

그러나 대부분의 신하들은 김장생의 논의를 기본적으로 지지하면서도 호칭에서는 추숭론자들에게 동의하는 태도를 보였다. 당시 예조는 정원군과 인조의 칭호에서 혈연관계를 유지하면서도 정원군을 추숭하여 종묘에 부묘하는 것에는 분명하게 반대함으로써 생부의 은혜에도 보답하고 종통의 의리도 존중할 것을 건의하였다.[99] 이러한 예론은 기본적으로 인조의 입승대통을 '남의 후사가 된 경우'로 파악하여 왕통의 계승을 입후에 따른 의례적 부자관계로 규정하고 혈연적 부자관계를 종통에 끌어들이는 것을 반대하는 추숭반대론에 동의하는 관점이다. 그러나 호칭에서는 추숭론자들의 주장이 겨냥하는 인정의 표출을 일부 인정하는 태도를 보였으므로, 온건파 추숭반대론이라고 부를 수 있을 것이다.

다산도 기본적으로 인조의 입승대통이 남의 후사가 된 경우라고 파악하고 군통(君統)은 혈연적 부자관계가 아니라 의례적 부자관계에 따른다는 점에서 추숭과 부묘를 반대하면서도, 후사〔後〕가 되는 것은 아들〔子〕이 되는 것과 다르기 때문에 부모의 명칭을 고칠 수 없다는 점에서 아버지〔考〕와 아들〔子〕의 친속(親屬) 호칭을 유지해야 한다고 함으로써 추숭론자들의 주장을 일부 수용했다. 따라서 다산의 예론은 온건파 추숭반대론자들과 대체로 비슷한 것이다. 실제로 온건파 추숭론자들은 다산처럼 구양수의 예론을 예학적 근거로 삼았고, 다산 역시 추숭을 반대하면서도 정원군과 인조에 대해 아버지와 아들의 호칭을 유지하려 했던 예조의 예학적 의도를 긍정적으로 평가하였다.[100]

---

99 『國朝典禮考』 1:6, 8a(⑫:777); 『國朝寶鑑』, 卷34, 仁祖朝1, 癸亥年 5月, 7b-8b(4~4bcd); 『仁祖實錄』, 卷2, 仁祖 元年 5月 壬辰(33~529c-530a); 『仁祖實錄』, 卷2, 仁祖 元年 5月 丙申(33~532c-533a).

100 『國朝典禮考』 1:6, 8a(⑫:777). "臣謹案, 禮官之議非欲追崇爲王, 但欲主上之於定遠, 稱考稱子. 此正韓琦 · 歐陽脩 · 曾鞏之所秉執, 其義炳然."

일반적으로 추숭반대론자들은 정이천의 예론에 따라 입승대통한 군주는 종통의 이원화라는 문제점을 방지하기 위해 친부모에 대한 추숭과 상복은 물론 호칭마저도 종통에 비해 낮추어야 한다고 주장하였다. 이에 비해 다산은 한기(韓琦, 1008~1075), 구양수, 증공 등이 제안한 예론에 근거하여 '후사가 되는 것은 아들이 되는 것과는 다르다'는 논점을 세웠다.[101] 그리하여 입승대통한 군주는 왕통의 계승을 상징적으로 드러내는 종묘의 공동체적 의례에서는 후사의 입장으로 혈연적 전승이 개입하지 않도록 추숭과 종묘 부묘를 할 수 없으며, 사친에 대한 개인적 의례의 차원에서는 혈연적 전승을 나타내는 칭호를 사용하여 왕통의 계승이 혈연적 전승을 간섭하지 못하도록 하되, 종통을 존중하는 의미에서 상복의 등급을 낮추고 제사는 별묘에서 다른 사람이 주관하도록 해야 한다는 예론을 제기하였던 것이다.

먼저, 다산은 왕통의 계승과 혈연적 전승을 의례적으로 일치시키는 것을 정당하지 않다고 판단한다. 그리하여 종통상의 '의례적 아버지〔考〕' 자리가 비어 있기 때문에 혈연상의 아버지〔父〕인 정원군을 종통상의 '의례적 아버지'와 합치시키려고 하는 의도에서 할아버지의 대통을 계승한 인조가 생부를 다시금 아버지 지위로 격상시켜 대통에 합치하려 하는 태도를 비판하였다. 다산의 견해에 따르면, 예(禮)의 원칙〔理〕상 아버지의 위치에 해당하는 경우에는 조카가 숙부를 계승하더라도 아버지라는 명칭이 자연스러운 것이지만, 아버지의 위치에 해당하지 않는 경우에는 손자가 할아버지를 잇는다고 해도 아버지 명칭은 구차한 것이기 때문이다.[102] 그리하여 예조의 예설(禮說)은 의도는 좋았지만, 『의례(儀禮)』「상복(喪服)」

101 그 대표적인 논리는 曾鞏의 「爲人後議」에서 찾아볼 수 있다. 曾鞏, 『元豐類藁』, 卷9, 「爲人後議」, 2a-8a 참조.

102 『國朝典禮考』 1:6, 8ab(⑫:777-778).

편의 ‘후사가 입는 상복〔爲人後〕’의 규정을 따르지 않았기 때문에, 덕흥대원군의 사례를 따라 종통을 존중하고 근본에 보답하여 종통과 혈통 양쪽을 모두 만족시키려 한다는 취지와 ‘의례적 아버지’ 자리가 비어 있기 때문에 정원군을 ‘고(考)’로 불러야 한다는 예설이 모순을 일으켰고, 결국 박지계의 강력한 추숭론을 극복하지 못하는 한계를 드러냈다.[103]

다산의 견해로는, 군통은 그 특성상 실제 부자관계가 아닌 이에게 계승되는 경우가 많고, 은나라처럼 아우가 형의 군통을 잇거나 노나라 희공처럼 형이 아우의 군통을 잇는 경우도 있으며 숙질간이나 조손간에도 계승이 이루어져서 자연적인 의례적 질서가 뒤집히거나 의례적 관계 질서가 혼란스러워질 경우도 있다.[104] 이런 문제점을 해결하기 위해서, 다산은 군통을 계승해준 사람과 계승받은 사람은 군부(君父)-신자(臣子) 내지 소(昭)-목(穆)의 관계 속으로 편입됨을 지적하고, 계승해준 선왕(先王)은 의례적 아버지〔禰廟〕가 되고 혈연적 관계 질서와 무관하게 누구라도 군통을 계승한 후왕(後王)은 의례적 아버지를 위해서 군부를 위한 참최(斬衰)의 상복을 입는 것을 예법의 큰 원칙으로 정립했다.[105] 따라서 계승자는 혈연적 관계를 고려하여 선대 임금의 의례적 위치를 폄하하거나 생부를 추숭할 수 없다. 이런 주장은 ‘친속(親屬)으로 군통(君統)을 간섭할 수 없다’는 인

103 『國朝典禮考』 1:6, 9a(⑫:779). “今禮官之議, 不引禮經之通義, 【謂『儀禮』「喪服」〈爲人後〉章‘不改父母之名’.】 忽稱‘宗廟之中, 考位曠闕’, 雖其結語, 欲依德興之例, 而其言不免乎矛盾也. 夫旣云‘以孫繼祖, 父位曠闕’, 則必將覓一父位, 以實其闕. 豈區區稱謂之所能塞哉? 定遠於是乎追王矣. 禮官 · 大臣, 焉逭其咎? 朴知誠斯可以分謗矣.”

104 『國朝典禮考』 1:6, p.8b(⑫:778). “統之所承, 不必皆父子, 或弟受兄統, 【殷人之弟及】 或兄受弟統, 【魯僖公】 或叔或姪, 或祖或孫, 縱橫顚倒, 錯亂無定.”

105 『國朝典禮考』 1:6, 8b(⑫:778). “故聖人制之以法曰, 凡先立者爲君父, 則凡後立者爲臣子, 凡先入廟者爲昭, 則凡後入廟者爲穆. 凡新入之主謂之禰廟. 故弟可以禰兄, 兄可以禰弟, 姪可禰叔, 叔可禰姪, 孫可禰祖, 疏屬可禰遠兄弟. 凡承之爲禰者, 又無不爲之斬衰苴杖, 躬行君父之服. 此天地之大經也.”

식의 반영이며,[106] 이러한 인식은 자연스럽게 원종 추숭에 대한 비판으로 이어진다.[107]

한편, 다산은 생부에 대한 칭호에 대해서는 '군통으로 친속을 간섭할 수 없다'는 논점을 적용하여 추숭반대론자들을 비판하였다. "부모의 칭호는 하늘에서 나온 것으로 혈연적 친속관계〔屬〕는 사람의 힘으로 옮기거나 고칠 수 없다. 『의례』 경전에는 무릇 남의 후사가 된 사람이 그 부모의 호칭〔名〕을 고친 일이 없다."[108] 다산은 이미 「입후론(立後論)」에서 이런 견해를 밝힌 바 있으며, 비록 예서에서 명확한 규정을 찾을 수는 없지만, 사대부가의 예에서는 양부모는 '선고(先考)·선비(先妣)' 또는 '종고(宗考)·종비(宗妣)'로 호칭하고 친부모는 생전에는 '부모(父母)'로, 사후에는 '선부(先父)·선모(先母)'로 호칭할 것을 제안했다.[109] 그리고 친속의 호칭이 보편성과 적합성을 갖지 못하는 경우가 많은 종묘의 의례에서는 왕위 계승을 기준으로 하는 군통의 호칭을 사용할 것을 제안하였다. 다산은 이런 관점에 근거하여 생부의 호칭 문제에 '불이통(不貳統)'의 원칙을 끌어들여서 생부를 '황백(皇伯)'으로 호칭하는 추숭반대론자들을 비판한 것이다.[110]

---

106 『國朝典禮考』 1:6, 8b-9a(⑫:778-779). "故三四兄弟, 按序以立, 而子姪之承是後者, 不敢追貶其一二者, 爲其均吾之先君也. 有祖無父, 越次以立, 而聖孫之承是後者, 不敢追崇其所生者, 爲其未嘗踐君位也. 陽甲·盤庚, 四兄弟繼立, 而武丁不追貶其三王, 仲丁·外壬, 三兄弟繼立, 而祖乙不追貶其二王者. 所承者統, 不以屬相干也. 太甲之於殷廟, 父位雖闕, 而不追尊太丁, 桓王之於周廟, 父位雖闕, 而不追尊洩父者. 所承者統, 不以屬相干也."

107 『國朝典禮考』 1:10, 14b(⑫:790). "臣謹案, 仁祖法當以宣祖爲禰廟, 不可曰無禰也."

108 『國朝典禮考』 1:6, 9a(⑫:779). "至於父子之名出於天, 屬不可以人力移之改之. 『儀禮』經傳, 凡爲人後者, 其父母之名, 未之或改."

109 全書, Ⅰ-11, 『詩文集』, 卷11, 「立後論」 3, 17a(②:235). "父母之名, 不可易也. 生曰父母, 死曰考妣. 所後之親, 及其旣死, 始令爲後, 則曰先考先妣. 所生之親, 生云父母, 死云先父先母, 抑亦無於禮之禮, 其四也.【…… 或稱宗考宗妣, 似合禮意. 然未有所據.】"

110 『國朝典禮考』 1:6, 9a(⑫:779). "歐陽脩·曾鞏, 雖非儒宗, 一得之見, 不可不採. 不惟是也, 弟爲兄後者, 但爲兄後, 非爲父後.【後與子不同.】從弟爲從兄之後者, 但爲從兄後, 非

다산은 인조대 전례논쟁에 대해서 군통과 친속의 상호 독립적인 자율성에 근거하여 독자적인 예론을 전개하고 그것을 바탕으로 전례논쟁 참여자들의 예론을 비평했다. 그리하여 생부를 종통상의 의례적 아버지와 의례적으로 일치시키려는 추숭론자들의 태도를 종통의 권위를 무너뜨리는 것으로 비판하였으며, 생부의 호칭을 '백숙부'로 규정하려는 추숭반대론자들의 견해를 종통의 논리로 친속의 자율성을 침해하는 것이라고 비평했다.

> 당시 전례를 논의하던 신하들이 만약 '군통의 일원화〔一統〕'와 '친속의 일원화〔一屬〕'가 서로 침해하지 않는 이치를 밝혀서, 우리 성조(인조)께서 종묘에 대해서는 엄격한 분수〔分〕를 지키고 본궁(정원군)에 대해서는 사적인 은혜〔恩〕를 펼치게 해서 그 부자의 명칭이 끊어지지 않도록 했더라면, 추숭의 논의는 다시금 일어나지 않았을 터인데, 안타깝게도 그들은 이런 점을 이해하지 못했다.[111]

결국 '군통과 친속의 분리'라는 다산의 논점은 종묘 의례와 호칭이라는 영역을 구분하는 것으로 구체화되었고, 그에 따라 다산은 종묘의 엄격한 분수를 지켜야 하는 공적 천리와 생부의 은혜를 갚는 사적 인정 사이의 모순을 해결하였다. 추숭반대론자들의 예론이 공적 천리와 사적 인정의 긴장관계에 근거하여 양자를 명백하게 구분하고 인정보다 천리를 강조했다면, 추숭론자들의 예론은 공적 천리와 사적 인정의 일치에 근거하

---

爲從兄之父之後.【如皇明世宗.】今以爲從兄後之故, 而猥稱從兄之父爲皇考. 於是, 又引不貳統之義, 降其父爲皇伯 · 皇叔, 天下之非禮 · 非義, 未有甚於是者也. 明世宗不安於皇伯, 終至於稱宗入廟, 配上帝而不已."

111 『國朝典禮考』 1:7, 10b(⑫:782). "當時議禮之臣, 若明一統 · 一屬不相罣礙之理, 使我聖祖守嚴分於宗廟, 伸私恩於本宮, 使無絶其父子之名, 則追崇之議不復起矣. 惜乎! 其不講於是也."

여 결론적으로 인정을 강조했다.[112] 이에 비해 다산의 예론은 천리와 인정의 긴장관계를 인정하고 양자를 철저하게 구분하고, 군통과 친속의 분리를 통해 천리와 인정의 공존을 도모했다고 평가할 수 있다.

〔표 6〕 인조대 전례논쟁에 나타난 예론의 차이

| | 定遠君 稱號 | 啓運宮 喪服 | 廟享 | 主祀 | 稱宗 追崇 | 대표적 주창자들 |
|---|---|---|---|---|---|---|
| 온건파 추숭반대론 | 考-子 | 齊衰 不杖期 | 別廟 | 綾原君 | 반대 | 李廷龜・張維・趙翼・鄭經世 |
| 강경파 추숭반대론 | 叔-姪 | 齊衰 不杖期 | 別廟 | 綾原君 | 반대 | 吳允謙・金長生 |
| 추숭지지론 | 考-子 | 齊衰 三年 | 宗廟 祔廟 | 仁祖 | 찬성 | 仁祖・李貴・兪伯曾・朴知誠・崔鳴吉 |
| 다산 정약용 | 考-子 | 齊衰 不杖期 | 別廟 | 綾原君 | 반대 | |

※ 위 표의 내용은 전체적인 경향을 표시한 것으로, 각 사안에 대한 개인적 차이가 있을 수도 있다. 예컨대, 장유는 자최부장기복 대신 자최장기복을 주장했다.

### 4) 정조대 진종 및 사도세자 추숭 문제

영조 40년(1764) 사도세자(思悼世子)의 아들 정조(正祖)는 할아버지 영조(英祖)의 명에 따라 큰아버지인 효장세자(孝章世子)의 후사가 되어 종통을 승계하였다. 영조는 훗날 생길 수도 있는 시비를 방지하기 위해서 적통을 존중하는 차원에서 왕세손이었던 정조를 자신의 큰아들 효장세자의 후사로 삼은 것이다.[113] 영조 52년(1776) 영조는 정조에게 입승대통의 의리에

---

112 배상현 교수는 원종 추숭 전례문제에 나타나는 義理와 恩情의 관계를 지적한 바 있다. 裵相賢, 『朝鮮朝 畿湖學派의 禮學思想에 關한 硏究』(高麗大學校 民族文化硏究所, 1996), 223-234쪽 참조.

113 『國朝典禮考』 1:11, 14b-15a(⑫:790-791). "英宗四十年甲申春二月, 命以王世孫爲孝章世子嗣, 以承宗統. 告廟, 頒赦. ○上詣昌德宮, 謁璿源殿, 奏之以文曰: '臣有二世子, 孝章爲兄, 使冲子嗣孝章, 順承長統, 義理當然. 玆事今不端本, 此後更有邪辭怪說, 亂我邦國

따라 종통에 충실하도록 지시하고 뒷날 생부를 추존하지 않겠다는 다짐을 받았다. 또한 생부인 사도세자를 모신 수은묘(垂恩墓)에 직접 제사를 드리도록 해서 아들로서의 도리를 하도록 조치하였다.[114]

당시 정조는 정통론적 의리에 따라 생부 사도세자에 대한 추숭을 하지 않겠다는 다짐을 하였는데,[115] 즉위 후 소후자인 효장세자를 진종대왕(眞宗大王)으로 추숭하여 종묘에 부묘하고 생부인 사도세자에게는 장헌세자(莊獻世子)라는 시호를 부여하고 그 묘소를 왕릉에 준하여 관리함으로써 공적 종통을 존중하고 사적 인정도 표현하면서 영조의 뜻을 실천했다.[116]

---

者, 於爲世臣之道何哉? 以冲子某爲孝章之嗣, 先取『譜略』, 以孝章與冲子, 連書嗣字. 自此以後, 宗統無中絶之歎, 海東有盤石之固. 亦使冲子, 於思悼廟盡所生之道, 則於冲子, 庶可無憾, 而杜後弊保世臣, 其亦兩得矣.' 上仍謂世孫曰: '日後諸臣或有以此爲言者, 是乎? 非乎?' 對曰: '非也.' 上曰: '君子乎? 小人乎?' 對曰: '小人也.' 上顧史官曰: '爾等詳記之.' 遂命, 以所奏文, 藏于史閣. ○旣還宮, 上親爲文, 諭世孫. 略曰: '因此, 日後若有邪說闖起, 此非徒亂我宗統, 予何顔歸拜列祖? 此後如有更提此事者, 此無父·無君之逆臣也, 將予此意, 置諸重律.'"; 『國朝寶鑑』, 卷66, 英祖朝10, 甲申年 2月, 2b-4a(6~108d-109c). 영조부터 정조까지의 家系를 간략하게 표현하면 다음과 같다.

英祖 ─┬─ 孝章世子 (眞宗)
　　　└─ 思悼世子 (莊獻世子) ── 正祖

114 『國朝寶鑑』, 卷68, 英祖朝12, 丙申年 正月·2月, 14a-17b(6~135c-137b); 『英祖實錄』, 卷127, 英祖 52年 2月 丙午(44~528-529); 『英祖實錄』, 卷127, 英祖 52年 2月 丁未(44~529).

115 『國朝典禮考』 1:12, 14b-15b(⑫:790-792), 특히 15ab(⑫:791-792). "上疏曰: '壬午處分, 卽我聖上爲宗社不獲已之擧也. 以大聖之心, 行達權之道, 環東土大小臣民, 孰敢有異議於其間? 况臣之保全殘喘, 得至今日, 罔非殿下之洪恩. 高天厚地, 泰山深海, 未足以喩此感激, 則在臣報效之道, 唯當信之如四時, 守之如金石, 至於傳萬世而無弊也. 假使怪鬼不逞之徒, 敢生希覬之心, 肆發追崇之論, 而臣乃爲其慫慂, 妄欲移易義理, 則是實爲殿下之罪人. 非特爲殿下之罪人, 亦將爲宗社之罪人·萬古之罪人. 皇天上帝, 臨之在上, 宗廟神靈, 質之在傍, 臣焉敢誣也? 臣焉敢誣也?'" 자세한 내용에 대해서는 『國朝寶鑑』, 卷68, 英祖朝12, 丙申年 正月, 15a-17b(6~136a-137b); 『英祖實錄』, 卷127, 英祖 52年 丙申 2月 丙午, 13b(44~528d)를 참조하라.

116 『國朝典禮考』 1:13, 15b(⑫:792). "正宗御極之初, 追崇孝章世子, 爲眞宗大王, 祔於太廟. 改思悼世子謚曰莊獻世子, 改思悼廟曰景慕宮, 垂恩墓曰永祐園之宮. 園之官皆置令別

다산은 종통을 존중하여 생부의 추숭을 경계한 영조의 조치를 칭송하고 그 뜻에 따른 정조의 실천도 긍정적으로 평가했다.[117] 다만 정조가 세손의 처지로 군통을 계승하여 이미 군주가 되었는데도 선왕인 영조대 나온 '세자'의 칭호를 통해 생부에 대한 존칭을 유지하는 점에 대해서는 안타까움을 표현하고, 이미 추숭의 그릇된 전례를 강행했던 덕종과 원종의 사례를 따라 종통을 어지럽힐 가능성을 염려하고 경계했던 영조의 뜻을 철저하게 준행할 것을 제안했다. 실제로 군주가 되지 못한 효장세자에 대해서도 진종이라는 묘호(廟號)를 붙이되 종묘에 부묘하지는 말고 그저 '왕(王)'이라는 명에 작위만 부여했더라면 더 좋았을 것이라는 아쉬움을 표시하였다.[118]

한편, 영조의 처분을 놓고 영조와 당시 왕세손이었던 정조가 나눈 대화에는 종통에 대한 철저한 존중을 뜻하는 공적 의리와 생부에 대한 효심에서 비롯된 사적 인정 사이의 긴장이 나타나고 있다. 당시 영조의 처분에 대해 왕세손이 올린 상소는 그 긴장을 잘 보여준다.[119] 영조의 처분은 적장자 계승과 입후의 의리명분에 따른 정통론을 고수하는 조치였고, 정조의 애통함은 사적인 인정의 표출이었다. 자신의 조치를 "종통에 대해서는 떳떳하지만 아들 사도세자에 대해서는 차마 못할 일이었다."[120]고 고

---

檢參奉, 與宗廟諸陵同. ○己酉冬, 遷永祐園于華城, 改號曰'顯隆園'.【出『國朝寶鑑』.】"; 『國朝寶鑑』, 卷69, 正祖朝1, 丙申年 3月, 1ab(7~1ab); 『國朝寶鑑』, 卷73, 正祖朝4, 己酉年 7·8·10月, 3b-7b(7~48b-50b). 자세한 것은 『正祖實錄』, 卷1, 正祖 卽位年 3月 庚寅, 辛卯條; 『正祖實錄』, 卷28, 正祖 13年 7月 乙未, 8月 乙丑, 10月 己未條, 특히 10월에 정조가 지은 「어제장헌대왕지문」을 참조하라.

117 『國朝典禮考』 1:11, 15a(⑫:791). "臣謹案, 此大聖人之大處分. 在下之臣, 固不敢容一辭於其間也?"; 『國朝典禮考』 1:11, 15b(⑫:792). "臣謹案, 先大王之所以崇報莊獻, 止此而已, 後世其無譏焉."

118 『國朝典禮考』 1:13, 15b-16a(⑫:792-793).

119 주석 68 참조.

백한 영조는 아들에 대한 사적 인정보다 종통의 존중이라는 공적 천리를 앞세우는 조치를 취하였고, 정조는 그 뜻에 따라 공적 천리에 대해 사적 인정을 접어두는 행동을 취하면서도 칭호를 통해 사도세자에 대한 효심을 드러내었다.

공적 천리와 사적 인정의 긴장은 의례적 부자관계와 혈연적 부자관계 내지 통과 속의 긴장이었으며, 영조의 처분과 정조의 실천은 군주를 둘러싼 의례의 긴장관계에서 공동체적 차원의 의례를 개인적 차원의 의례보다 존중하는 행동이었다. 이처럼 영조와 정조의 전례문제는 공적 의리와 사적 인정의 긴장관계를 드러내고 있으며, 통과 속의 긴장관계를 해석하는 단서를 분명하게 제공하고 있다.

### 5) 명 세종대 '가정대례의'

다산은 『국조전례고』 2권에서 명(明)나라 세종(世宗)대에 일어난 '가정대례의(嘉靖大禮議)'[121]를 다루었다. 명 세종은 무종(武宗) 정덕제(正德帝)가

---

120 『英祖實錄』, 卷127, 正祖 52年 丙申 2月 丙午, 14b-15a(44~529bc). 上御集慶堂, 教曰: "…… 予心光明於宗統. 此事爲垂恩不忍, 今者之敎, 可謂兩行不悖."

121 '嘉靖大禮議'의 전개 과정에 대한 역사적 설명으로는 『明史』, 卷17, 「本紀」 第17, 〈世宗〉 1, 215-28; 『明史』 「列傳」에 실린 전례논쟁 참여자들의 논의들; 〔淸〕 趙翼, 『二十二史箚記』, 卷31, 「大禮之議」 (臺北: 世界書局, 1962), 下~457-458; 〔淸〕 谷應泰 編, 『明史紀事本末』, 卷50, 「大禮議」 (北京: 中華書局, 1985.), 46-69가 가장 요령있게 서술되어 있다. 가정대례의에 대한 조선 학자들의 평가로는 다산의 『國朝典禮考 2』와 더불어서 李瀷, 『星湖全書』, 第6册, 『僿說』, 卷20, 「經史門」, 〈世宗追崇〉, 51ab(影印本 6-734ab); 金長生, 『沙溪先生全書』, 卷22, 『典禮問答』, 「考證」, 〈明世宗皇帝辛巳條〉, 12a-28b (韓國學文獻硏究所 編, 栗谷門徒 石潭及門諸賢集 1, 亞細亞文化社, 1982, 351c-359d)를 참고할 수 있으며, '嘉靖大禮議'에 대한 역사적 연구로는 曺永祿, 「嘉靖初政治對立과 科道官 -「大禮議」를 中心으로」 (『東洋史學硏究』 21, 1985); 曺永祿, 『中國近世政治史硏究 - 明代 科道官의 言官的 機能』 (지식산업사, 1988); 鄭台燮, 「明代の典禮問題とその政治思想」 (京都大學大學院 碩士學位論文, 1984); 鄭台燮, 「大禮議의 典禮論 分析」 (『東國史學』 24, 東國史學會, 1990); 鄭台燮, 「明末의 禮學」 (『東國史學』 28,

후사 없이 죽었기 때문에 무종의 아버지인 효종(孝宗) 홍치제(弘治帝)의 이복동생인 홍헌왕(興獻王)의 장자이자 무종의 종제(從弟)의 신분으로 『황명조훈(皇明祖訓)』의 '형종제급(兄終弟及)'의 구절에 근거하여 입승대통한 황제였다.[122] 세종은 즉위하면서 생부인 흥헌왕에 대한 추존 문제를 논의하도록 지시하였고, 그에 따라 내각대학사 양정화(楊廷和)를 중심으로 하는 추숭반대파와 세종과 장총(張璁)을 중심으로 하는 추숭지지파가 대립하는 논쟁이 벌어졌다.

세종은 즉위 당시부터 추숭 논의를 지시하였으며,[123] 얼마 지나지 않아서 홍헌왕을 홍헌제(興獻帝)로 추존하였다.[124] 생부에 대한 호칭도 처음에는 '본생부모(本生父母)'로 표현했다가 '본생황고(本生皇考) 공목헌황제(恭穆獻皇帝)'라는 호칭을 거쳐, 마침내는 '황고(皇考) 공목헌황제(恭穆獻皇帝)'라는 칭호를 확정하여 생부를 의례적 아버지로 승격시키고 효종의 의례적 지위는 '황백고(皇伯考)'로 격하시켰다.[125] 이를 비판하는 대다수 신

---

東國史學會, 1994); 中山八郎, 「明の嘉靖祖の大禮問題の發端」(『人文硏究』 8-9, 大阪市立大文學會, 昭和32); 中山八郎, 「再び「嘉靖祖の大禮問題の發端」に就いて」(『清水博士追悼記念 明代史論叢』, 清水博士追悼記念明代史論叢編纂委員會 編, 東京: 大安, 昭和37) 등을 참고하라.

122 明나라 헌종부터 세종까지 家系를 간략하게 표현하면 다음과 같다.

憲宗 純皇帝 ─┬─ 孝宗 敬皇帝〔3, 祐樘〕 ── 武宗 毅皇帝〔1, 厚照〕
　　　　　　　└─ 興獻王〔祐杬〕(睿宗) ── 世宗 肅皇帝〔1, 厚熜〕

123 『明史』, 卷17, 「本紀」 第17, 〈世宗〉 1, 215-216.

124 『明史』, 卷17, 「本紀」 第17, 〈世宗〉 1, 216. "冬十月己卯朔, 追尊興獻王爲興獻帝, 祖母憲宗貴妃邵氏爲皇太后, 母妃爲興獻后."

125 『明史』, 卷17, 「本紀」 第17, 〈世宗〉 1, 217-219. "己未, …… 命稱孝宗皇考, 慈壽皇太后聖母, 興獻帝后爲本生父母. …… (三月)丁巳, 上慈壽皇太后尊號曰昭聖慈壽皇太后, 武宗皇后曰莊肅皇后. 戊午, 上皇太后尊號曰壽安皇太后, 興獻后曰興國太后. …… (三年春正月)丙戌, 南京刑部主事桂萼請改稱孝宗皇伯考, 下廷臣議. …… 夏四月己酉, 上昭聖皇太后尊號曰昭聖康惠慈壽皇太后. 庚戌, 上興國太后尊號曰本生聖母章聖皇太后. 癸丑, 追尊興獻帝爲本生皇考恭穆獻皇帝, 大赦. …… 秋七月乙亥, 更定章聖皇太后尊號, 去本

하들이 대궐 앞에 엎드려 항의하자, 세종은 이들을 하옥하거나 죽이는 선택을 단행하였다.[126] 또한 자신의 행위를 예학적으로 정당화하기 위해서 『대례집의(大禮集議)』와 『명륜대전(明倫大典)』을 간행하였으며,[127] 결국은 자신의 생부를 예종(睿宗)으로 승격시켜 태묘(太廟)에 부묘함으로써 자신의 의도대로 전례문제를 강행 처리하고 말았다.[128]

〔그림 2〕 명 세종대 천자9묘의 소목제도

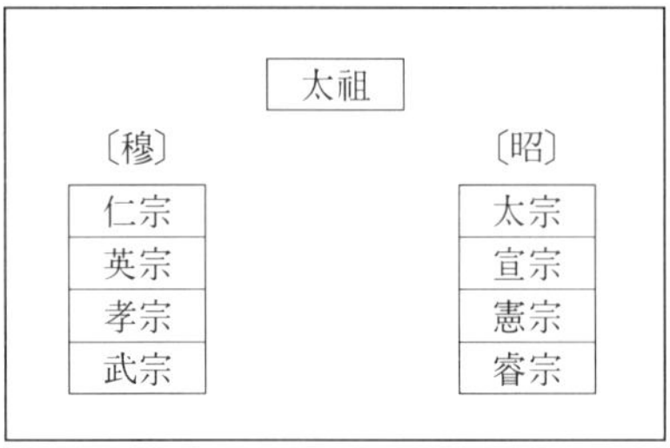

| 〔穆〕 | 太祖 | 〔昭〕 |
|---|---|---|
| 仁宗 | | 太宗 |
| 英宗 | | 宣宗 |
| 孝宗 | | 憲宗 |
| 武宗 | | 睿宗 |

당시 양정화를 중심으로 하는 추숭반대파들은 세종이 황통(皇統)을 계승하여 효종의 후사가 되었으므로 효종을 황고(皇考)로 삼고 홍헌왕을 황숙고(皇叔考)로 삼으며 세종은 홍헌왕을 질황제(姪皇帝)라 불러야 한다는

---

生之稱. …… 甲申, 奉安獻皇帝神主於觀德殿. …… 九月丙寅, 定稱孝宗爲皇伯考, 昭聖皇太后爲皇伯母, 獻皇帝爲皇考, 章聖皇太后爲聖母."

126 『明史』, 卷17, 「本紀」 第17, 〈世宗〉 1, 219. "戊寅, 廷臣伏闕固爭, 下員外郎馬理等一百三十四人錦衣衛獄. 癸未, 杖馬理等於廷, 死者十有六人."

127 『明史』, 卷17, 「本紀」 第17, 〈世宗〉 1, 220-222. "十二月辛丑, 『大禮集議』成, 頒示天下. …… (七年)六月辛丑, 『明倫大典』成, 頒示天下."

128 『明史』, 卷17, 「本紀」 第17, 〈世宗〉 1, 222, 227, 228. "秋七月己卯, 追尊孝惠皇太后爲太皇太后, 恭穆獻皇帝爲恭睿淵仁寬穆純聖獻皇帝. 辛巳, 尊章聖皇太后爲章聖慈仁皇太后. 戊子, 詔天下. …… (十五年)冬十月己亥, 更定世廟爲獻皇帝廟. …… 十二月辛卯, 九廟成. …… 丙寅, 享九廟. …… (十七年九月)辛巳, 上太宗廟號成祖, 獻皇帝廟號睿宗. 遂奉睿宗神主祔太廟, 躋武宗上. 辛卯, 大享上帝於玄極寶殿, 奉睿宗配."

견해를 내세웠다.[129] 이에 반해 세종과 장총을 중심으로 하는 추숭론자들은 세종이 효종의 양자가 된 적이 없다는 것을 근거로 생부인 홍헌왕을 황제로 추숭하여 의례적 아버지로 삼을 것을 주장하였다.[130] 이에 비해 다산은 세종이 종형인 무종의 후사가 되어 황통을 계승하였으므로 무종은 의례적 아버지로 삼고 참최3년의 상복을 입어야 한다고 역설하였다.[131]

다산은 기본적으로 두 가지 측면에서 양측의 예론을 비판하였다. 첫째, '황통을 계승했지 후사가 된 것은 아니다〔繼統不繼嗣〕'라는 추숭론자들의 논리에 대해, 다산은 세종이 혈연적으로는 무종의 동생뻘이지만 무종의 황통을 계승했으므로 무종의 후사가 된 것이라고 지적하고 황통을 계승하는 것과 후사가 되는 것은 동일하다는 점을 강조함으로써 추숭론자들을 비판하였다.[132] 둘째, 추숭반대론자들은 한(漢)나라 정도왕(定陶王)과 송(宋)나라 복왕(濮王)의 고사를 거론하면서 정이천의 예론에 따라 친부모에 대한 호칭을 강등할 것을 주장하였는데, 이에 대해 다산은 구양수의 예론에 따라서 남의 후사가 되어서도 부모에 대한 명칭은 바꿀 수 없다는 점을 분명히 하여 추숭반대론자들의 논리를 비판하였다.[133]

당시 추숭론자들은 '계통(繼統)과 계사(繼嗣)는 다르다'는 논점을 내세워 추숭을 강행했는데,[134] 이에 대해 다산은 추숭론자들이 '통과 속의 분

---

129 『明史』, 卷190, 「列傳」 第78, 〈楊廷和〉, 5036-5037.

130 대표적인 추숭론자 장총의 상소가 그것을 잘 보여준다. 『明世宗實錄』, 卷4, 4b-6a, 正德16年 7月 壬子(162-165).

131 『國朝典禮考』 2:1, 16a(⑫:794). "臣謹案, 遺詔明云: '尊奉『祖訓』兄終弟及.' 兄終弟及者, 弟爲兄後也. 弟爲兄後者, 爲兄斬衰三年, 爲嫂齊衰三年, 禮也. 帝王家爲前王斬衰三年. 故爲兄斬衰, 亦似乎爲君斬衰, 其義不顯. 唯羣臣百官爲王后齊衰朞年, 而唯嗣王爲之三年然後, 其義乃明也. 武宗皇后崩, 世宗當爲之齊衰三年, 斯義在所先明也."

132 『國朝典禮考』, 2:2, 17ab(⑫:795-796).

133 『國朝典禮考』, 2:3-4, 17b-19a(⑫:796-799).

134 『明世宗實錄』, 卷4, 4b-6a, 正德 16年 7月 壬子(162-165). 進士張璁上言: "孝子之至, 莫

리'를 발견한 측면에서는 옳았다고 긍정하면서도, '계사'를 양자(養子)로 착각하는 오류를 범하고 '통이 속을 간섭할 수 없다'는 측면만을 강조하고 '통이 속을 침해할 수 없다'는 점은 간과하여 결과적으로는 '통과 속의 분리'를 제대로 구현하지 못했다고 비판하였다.[135] 반면, 추숭반대론자들은 후사가 된 것은 아들이 된 것과 같다는 논리에 근거하여 군통 중심으로 '통과 속의 일원화'를 도모하였다.[136] 이에 대해 다산은 통과 속은

---

大乎尊親. 尊親之至, 莫大乎以天下養. 陛下嗣登大寶, 卽議追尊聖考, 以正其號, 奉迎聖母, 以致其養, 誠大孝也. 今廷議, 乃執漢定陶・宋濮王故事, 謂'爲人後者爲之子, 不得不顧私親.' 夫天下豈有無父母之國哉. 『記』曰, '禮非從天降, 非從地出也, 人情而已.' 夫漢哀帝・宋英宗, 固定陶・濮王子. 然成帝・仁宗, 皆預立爲嗣, 養之宮中, 其爲人後之義甚明. 故師丹・司馬光之論, 行于彼一時則可. 今武宗皇帝, 嗣孝廟十有七年, 未有儲建, 比于崩殂, 而執政大臣方遵祖訓, 定大議, 以陛下聰明仁孝, 倫序當立, 迎繼大統. 豈非以天下者, 祖宗之天下, 天下之天下也? 故遺詔直曰興獻王長子, 而未嘗著爲人後之義, 則陛下之興, 實所以承祖宗之統, 而順天下之心, 比之預立爲嗣養之宮中者, 親疎異同較然矣. 議禮者皆謂, 孝廟德澤在人, 不可無後, 假令聖考尙存嗣位, 今日恐第亦無後兄之義. 且今迎養聖母, 以母之親也, 稱皇叔母, 則當以君臣禮見, 恐子無臣母之義. 『禮』長子不得爲人後, 况聖考所生, 惟陛下一人, 利天下而爲人後, 恐子無自絶其父母之義. 宋儒程頤有曰, '『禮』長子不得爲人後, 若無兄弟, 又繼祖之宗絶, 亦當繼祖,' 此正陛下今日之謂也. 故在陛下, 謂入繼祖後, 而得不廢其尊親, 則可, 謂爲人後, 以自絶其親, 則不可. 夫統與嗣不同, 非必父死子立也. 漢文承惠帝後, 則以弟繼, 宣帝承昭帝後, 則以兄孫繼. 若必奪此父子之親, 建彼父子之號, 然後謂之繼統, 則右有稱高伯祖皇伯考者, 皆不得謂之統矣. 或以魏詔謂, 由諸侯入繼大統, 則當明爲人後之義, 此爲外藩援立者, 防非經常之典也. 故曰'禮時爲大, 順次之.' 臣竊謂, 今日之禮, 宜別立聖考廟于京師, 使得隆尊親之孝, 且使母以子貴尊與父同, 則聖考不失其爲父, 聖母不失其爲母矣. 今議者不稽古禮之大經, 而泥末世之故事, 不考聖賢之成法, 而率曹魏之舊章, 此臣之所未解也. 乞以臣言下禮官詳定." 初上卽位, 卽命禮官會議興獻王稱號. 言者紛紛皆謂: "爲人後者爲之子, 不得復顧私親, 宜如漢定陶・宋濮王故事." 上心殊不悅, 然奪於衆論, 未有以折之, 及得璁奏言曰: "此論一出吾父子必終可完也. 亟下所司議聞."

135 『國朝典禮考』 2:6, 20a-21b(⑫:801-804); 『國朝典禮考』 2:15, 24a(⑫:809); 『國朝典禮考』 2:18, 25ab(⑫:811-812).

136 『明世宗實錄』, 卷2, 24ab, 正德 16年 5月 乙亥(105-106). "乙亥, 禮部尙書毛澄等, 復上興獻王主祀稱號之議曰, '『禮』爲人後者爲之子, 自天子至於庶人一也. 興獻王之子, 惟皇

철저하게 구분된다는 점을 지적하는 한편, 통 중심의 일원화는 종통의 존중이라는 측면에서는 옳지만 결과적으로 '통으로 속을 침해할 수 없다'는 원칙을 위배하였다고 비판하였다.[137]

결국 다산은 '제왕지통(帝王之統)'과 '부자지속(父子之屬)'을 철저하게 구분하고 양자가 서로 간섭할 수 없는 자율적인 의례적 맥락을 지니고 있다고 강조했다.[138] 다산이 통과 속으로 규정한 의례적 영역은 가정대례의에서 각각 정통의 대의(大義)를 지키려는 공적 천리와 본생(本生)의 사은(私恩)에 보답하려는 사적 인정으로 구체화되었다.[139] 따라서 '통과 속의 분리'는 공적 천리와 사적 인정, 정통의 대의와 본생의 은혜를 양립시키기 위한 예학적 결론이었던 것이다.

〔표 7〕 가정대례의에 나타난 예론의 차이

| | 入承繼統과 爲人後 | 後와 子 | 稱宗 追崇 | 廟享 | 의례적 아버지 | 대표적 인물 |
|---|---|---|---|---|---|---|
| 추숭론자 | ≠ | = | 찬성 | 太廟 祔廟 | 興獻王 | 世宗, 張璁, 桂蕚 보수귀족파 |
| 추숭 반대론자 | = | = | 반대 | 別廟 | 孝宗 | 楊廷和, 毛澄 내각개혁파 |
| 정약용 | = | ≠ | 반대 | 別廟 | 武宗 | |

上一人, 旣已入繼大統, 奉祀宗廟. 是以, 臣等前議, 欲令崇仁王厚炫主興獻王祀. 但今山陵未畢. …… 興獻王稱號, 臣等前議, 皇上宜稱爲皇叔父興獻大王, 自稱姪皇帝, 名實以宋儒程頤之說, 有可據也. 本朝之制, 皇帝於宗藩, 凡在尊行止稱伯父叔父, 自稱皇帝而不名. 今皇上稱興獻王, 曰皇叔父曰大王, 文自稱名, 尊崇之典, 可謂至矣. 臣等不敢復有所議. 因錄程頤〈代彭思永上宋英宗議濮王禮疏〉, 進覽.' 上命博考前代典禮, 再會官詳議, 務求至當以聞."

137 『國朝典禮考』, 2:5, 19a-20a(⑫:799-801); 『國朝典禮考』, 2:25, 28b-29b(⑫:818- 820).

138 주석 69, 70, 71 참조.

139 정태섭, 앞의 논문들 참조.

## 6. 『국조전례고』의 예론과 사상사적 의의

다산 정약용의 『국조전례고』는 입승대통의 전례 상황에서 충돌할 수 있는 인·의, 친친·존존, 가족·국가질서의 긴장관계를 친속과 군통이라는 자율적인 의례적 영역을 설정하고 양자를 이원화함으로써 유지하려 하였다. 이러한 그의 예론은 인정과 천리의 긴장관계가 지닌 역동성을 보존하려는 노력이었다. 이러한 다산의 인식에서 우리는 의례의 표현적 기능과 규제적 기능의 균형, 고백의 외면화와 인식의 내면화, 또는 감정과 이성의 변증법을 읽어낼 수 있다.

『국조전례고』에 나타난 다산의 예론은 친속과 군통을 분리하고 공적인 천리와 사적인 인정의 역동적 긴장관계를 유지함으로써 의례적 실천을 둘러싸고 나타나는 사적 의례와 공적 의례의 영역을 구분하려는 것이다. 그리하여 다산은 친속이 군통을 간섭해서는 안 된다는 측면에서 생부에 대한 추숭은 잘못이라고 비판하면서도, 군통이 친속을 간섭할 수 없다는 측면에서 생부에 대한 칭호를 강등해야 한다는 주장을 견제하였다.

대체로 추숭반대론자들은 군주의 사적 인정이 사욕의 추구로 전개되는 것을 견제하기 위해 천리로 사정을 억제할 것을 주문한 반면, 추숭론자들은 천리와 인정의 대립관계를 해소해서 인정의 자연스런 표출이 곧 천리라는 식의 발상을 전개하였다. 이러한 견해 차이에 대해 다산은 인정의 표출과 천리의 존중은 긴장관계를 지니면서도 공존할 수 있다고 천명하였다. 실제 전례논쟁에서 천리는 혈연적 부자관계의 사적 영역을 의례적 부자관계의 공적 영역으로 끌어들이지 않고 입후(立後)에 의한 의례적 부자관계에 충실함으로써 성취되는 군통의 보존에서 확인되고, 인정은 의례적 부자관계로 혈연적 부자관계를 지나치게 규제하지 않고 낳아준 부모의 명칭은 바꿀 수 없다는 점에 충실함으로써 표현되는 친속의 보존에서 드러난다. 따라서 다산의 예론에서 천리와 인정은 각각 군통과 친속이라는 상이한 의례적 영역에서 성취되는 의례의 근거로 설정된다고 볼 수 있다.

규통과 친속, 천리와 인정의 긴장관계에서 예학적으로 서로 대립되는 견해를 보인 세력들은 학문적 성향과 정치적 지향에서도 상당한 정도로 조응되는 면모를 보여준다. 먼저 학문적 성향을 보면, 추숭반대론자들은 대체로 정이천의 예론을 중심으로 하는 성리학적 예론을 견지하고 있으며 추숭론자들은 대체로 양명학을 포함한 비정주(非程朱) 계열의 성향을 보이고 있다. 이러한 학문적 성향은 천리와 인정의 관계를 바라보는 관점에도 상당한 영향을 미치고 있다.

또한 정치적 성향을 보면, 추숭반대론자들은 정치적으로 신진 개혁 세력으로서 공의(公議)를 중심으로 정치를 펼치는 신권(臣權) 중심의 정치적 구도를 선호하는 데 반해, 추숭론자들은 대체로 군주를 중심으로 한 왕권 강화를 추구하는 경향을 보이고 있다. 전자가 대체로 천리-인정, 공-사를 철저하게 구분하고 천리와 공을 강조하면서 군통 중심의 예론을 펼친 것은 군주의 개인적 욕망을 견제함으로써 군주가 자의적으로 권력을 남용하지 않고 공동체 차원에서 자신의 상징적 역할에 충실하도록 하는 데 목적이 있었다. 반면에 후자는 천리-인정, 공-사의 합치를 통해 군주의 적극적인 권력 사용을 보장함으로써 군주가 실질적으로 정치를 주도하는 주체가 되도록 하는 것을 목표로 하였다.

예론과 학문적 성향, 정치적 지향 사이에서 나타나는 이러한 조응성은 다산에게서도 발견할 수 있다. 다산은 친속과 군통의 이원화를 통해 친친과 존존, 인정과 천리의 공존을 도모하는 예론을 전개하였다. 이런 경향은 보편적 정당성을 추구하는 성리학의 이념 지향적 태도나 현실 상황에 충실하려는 고증학을 비롯한 비성리학적 태도와 비교해보면, 현실적 적합성과 보편적 정당성 사이에서 균형을 이루려는 다산 특유의 실학적 태도라고 할 수 있다. 군주가 자의적으로 권력을 남용하는 폐해를 막으면서도 군주의 중심적 역할을 강화하려는 다산의 정치적 구상 역시 같은 맥락에서 이해할 수 있다.

한편, 이러한 인식은 보본의식에 근거한 유교의 종교문화적 기반 위에서 가능한 것이었다. 유교적 전통사회는 종법질서를 토대로 종자나 군주를 중심으로 하나의 의례 공동체로 통합되는데, 종법적 사회질서의 중심에 위치한 종자나 군주는 공동체의 다른 구성원들과 성별(聖別)됨으로써 통시적으로는 상징적 시원(始原) 현현(顯現)을, 공시적으로는 공동체 전체를 묶는 상징적 중심 역할을 한다. 종자나 군주는 피계승자의 후사가 되어 의례의 주체가 되는 과정을 통해서 의례적 지위를 계승하는데, 현실적으로 공동체를 통합하고 다스리는 종자나 군주의 권리와 책임은 이러한 의례적 지위에서 비롯된다. 따라서 공동체의 상징적 중심의 지위를 계승하는 것은 공동체 전체에 영향을 미치는 중대한 의례였던 것이다.

이러한 인식은 추숭을 해석하는 데도 영향을 끼쳤다. 다산에 따르면, 입후를 통해 왕위를 계승한 왕이 사가의 생부를 종통에 편입시키는 '추숭'은 국가질서를 대표하는 종통의 공적 상징이 왕의 혈연적 관계의 사적 상징으로 타락한 현상이었다. 추숭에 따른 친속〔屬〕과 군통〔統〕의 혼동 내지 혼합은 가족과 국가의 구별을 무의미하게 하여 유교적 공동체 질서를 어지럽힐 뿐만 아니라, 인정과 천리, 친친과 존존, 인과 의, 의례의 표현적 기능과 규제적 기능, 고백의 외면화와 인식의 내면화를 축으로 생동하는 의례의 역동적 긴장관계를 파괴시킨다. 제왕의 생부를 추숭하는 것을 계기로 노골적으로 충돌하는 가족과 국가의 공동체 질서가 의례의 역동적 긴장관계를 무너뜨린다는 것은, 의례의 역동적 긴장관계가 유교적 전통사회를 유지하는 근거임을 반증하는 것이다. 따라서 입승대통한 군주가 생부를 추숭하는 전례문제를 다룬 『국조전례고』를 통해서, 우리는 의례의 역동적 긴장관계를 유지하여 유교적 공동체 질서를 제대로 확립하려는 다산의 고심을 읽을 수 있다.

제1부

# 조선시대 전례논쟁 비평

1. 성종대 덕종 추숭 전례

2. 선조대 덕홍군 추숭 전례

3. 인조대 원종 추숭 전례

4. 정조대 진종 및 사도세자 추숭 전례

# 1. 성종대 덕종 추숭 전례

與猶堂全書 第三集 第二十卷

禮集【其二】

喪禮外編【卷四】

國朝典禮考【一】

1:1

成宗二年辛卯【明憲宗成化七年】二月, 追尊懿敬世子曰溫文懿敬王, 粹嬪曰仁粹王妃. 初上之卽位也, 以追崇所生, 召政府 · 六曹[1]議之. 盧思愼 · 金國光 · 徐居正 · 鄭蘭宗以爲'當稱宗稱王, 別立廟, 稱皇伯考 · 姪子臣, 尊粹嬪爲王大妃'. 申叔舟 · 鄭麟趾 · 崔恒等以爲'宜追王不稱宗, 別立廟, 稱皇伯考 · 孝姪, 使月山君婷奉祀, 封粹嬪爲王妃'. 上從叔舟議.【出『國朝寶鑑[2]』.】

| 성종(成宗) 2년 신묘(辛卯, 1471)년【명(明) 헌종(憲宗) 성화(成化) 7년】 2월, 의경세자(懿敬世子)[3]를 추존(追尊)[4]하여 '온문의경왕(溫文懿敬王)'이라 하였고, 수빈(粹嬪)[5]을 추존

---

1 曹: 『國朝寶鑑』에는 '曺'로 되어 있다. 『國朝典禮考』는 모두 이와 같다.

2 鑑: 奎章閣本에는 '鑒'으로 되어 있는데 同字이다. 『國朝典禮考』는 모두 이와 같다.

3 의경세자(懿敬世子, 1438~1457): 初名은 崇, 이름은 暲, 자는 原明. 世祖의 맏아들이자 成宗의 生父이며, 妃는 좌의정 韓確의 딸 昭惠王后이다. 1445년(세종 27) 桃源君에 봉해지고, 1455년(세조 1) 세자로 책봉되었으나 즉위하기 전에 20세의 나이로 죽었다. 능은 고양에 있는 敬陵이며, 1471년(성종 2) 德宗으로 追尊되었다.

하여 '인수왕비(仁粹王妃)'라 하였다. 처음 임금이 즉위했을 때 낳아준 부모를 추숭(追崇)하는 문제를 의정부(議政府)와 육조(六曹)를 불러 의논케 하였다. 노사신(盧思愼),[6] 김국광(金國光),[7] 서거정(徐居正),[8] 정난종(鄭蘭宗)[9] 등은 (의경세자를) '종(宗)'이라 부르고 '왕(王)'이라 부르며, 별묘(別廟)를 세우고, (친부 의경세자를) '황백고(皇伯考)'라 부르고, (성종께서는 자신을) '질자(姪子) 신(臣)'이라 일컬어야 하며, 수빈을 높여 왕대비(王大妃)로 삼아야 된다고 했다. 신숙주(申叔舟),[10] 정인지(鄭麟趾),[11] 최항(崔恒)[12] 등은

---

4 추존(追尊): 어떤 사람을 사후에 그의 생전 지위보다 높이는 의례적 조치로서, 追崇이라고도 한다. 예컨대 士인 사람을 사후에 大夫로 높이거나 世子였던 인물을 王으로 높이는 것이 추존 혹은 추숭이다.

5 수빈(粹嬪, 1437~1504): 본관은 清州. 韓確의 딸. 1455년(세조1)에 粹嬪으로 책봉되었다. 아들 成宗이 즉위하여 1471년(성종 2)에 세자로 죽은 生父 懿敬世子를 王으로 추존하면서 仁粹王妃에 進册되었다. 손자인 燕山君이 生母 尹妃가 모함당하여 廢位·賜死된 사실을 알고 보복하자, 당시 병상에 있던 大妃 昭惠王后로서 이를 꾸짖다가 연산군의 머리에 받쳐 얼마 후 죽었다. 능은 敬陵이다.

6 노사신(盧思愼, 1427~1498): 자는 子胖, 호는 葆眞齋·天隱堂. 본관은 交河. 시호는 文匡. 1453년(단종 1) 문과에 병과로 급제하여 集賢殿博士를 거쳐 관직이 영의정에 이르렀다. 『經國大典』, 『三國史節要』, 『東國通鑑』, 『東國輿地勝覽』, 『通鑑綱目』, 『聯珠詩格』, 『黃山谷詩集』 간행에 참여하였다.

7 김국광(金國光, 1415~1480): 자는 觀卿, 호는 瑞石. 본관은 光山. 시호는 丁靖. 1441년(세종 23) 식년문과에 병과로 급제하여 벼슬이 좌의정에 이르렀다. 1471년 理功臣 1등에 책훈되고 光山府院君에 봉해졌다. 『經國大典』 편찬에도 참여하였다.

8 서거정(徐居正, 1420~1488): 자는 剛中, 초자는 子元, 호는 四佳亭·亭亭亭. 본관은 達城. 시호는 文忠. 權近의 외손이다. 1444년(세종 26) 식년문과에 급제하고 대사헌, 형조판서, 예문관대제학, 좌참찬 등을 역임했으며, 『經國大典』, 『東國通鑑』, 『東國輿地勝覽』, 『聯珠詩格言解』 간행에 참여하고 신라 이래 역대 한문학을 집대성한 『東文選』을 엮었다. 저서로는 『四佳亭集』, 『歷代年表』, 『東人詩話』, 『太平閑話滑稽傳』, 『筆苑雜記』, 『東人詩文』 등이 있다. 대구의 龜巖書院에 제향되었다.

9 정난종(鄭蘭宗, 1433~1489): 자는 國馨, 호는 虛白堂. 본관은 東萊. 시호는 翼惠. 1456년(세조 2) 식년문과에 급제한 뒤 이조좌랑, 동부승지, 형조참판, 호조참판, 우참찬, 호조판서 등을 역임했다. 1469년(예종 1) 동지춘추관사로 『世祖實錄』 편찬에 참여하였으며, 勳舊派의 중진으로 성리학에 밝았고, 세조·성종대의 일류 서예가로 특히 조맹부체에 뛰어났다.

(의경세자를) 왕으로 추존하되 '종'이라 부르지는 말고, 별묘를 세우며, (친부 의경세자는) '황백고'라 부르고 (성종께서는 자신을) '효질(孝姪)'이라 일컬어야 하며, 월산군(月山君)[13] 정(婷)으로 하여금 제사를 받들게 하고, 수빈을 봉하여 왕비(王妃)로 삼아야 된다고 했다. 임금은 신숙주의 의견을 따랐다. 【출전: 『국조보감(國朝寶鑑)』[14]】

---

10 신숙주(申叔舟, 1417~1475): 자는 泛翁, 호는 希賢堂·保閑齋. 시호는 文忠. 본관은 高靈. 1438년(세종 20) 사마양시에 합격하고, 이듬해 친시문과에 급제하였으며, 집현전응교를 거쳐 예문관대제학, 병조판서, 대사성, 우의정, 좌의정, 영의정 등을 역임했다. 외교적으로 많은 활약을 했으며, 1472년에는 『世祖實錄』, 『睿宗實錄』의 편찬에 참여하였고, 『國朝五禮儀』, 『東國正韻』, 『國朝寶鑑』, 『永慕錄』 등을 찬수했으며, 『保閑齋集』, 『北征錄』, 『海東諸國記』, 『四聲通攷』 등의 저서를 지었다.

11 정인지(鄭麟趾, 1396~1478): 자는 伯睢, 호는 學易齋. 시호는 文成. 본관은 河東. 1414년(태종 14) 식년문과에 장원급제하여 벼슬길에 나아가 관직이 영의정에 이르렀다. 大統曆을 개정하고 『七政算內篇』을 저술하는 등 역법을 정비하였고, 『絲綸要集』을 편찬하고 『治平要覽』을 撰進하는 등, 천문·역법·아악·역사 등에 관한 많은 서적을 편찬하는 데 참여하였으며, 세종을 도와 훈민정음 창제에 공이 컸다. 저서로는 『學易齋集』, 『歷代兵要』, 『資治通鑑訓義』 등이 있다.

12 최항(崔恒, 1409~1474): 자는 貞父, 호는 太虛亭·幢梁. 시호는 文靖. 본관은 朔寧. 1434년(세종 16) 알성문과에 장원급제하고, 집현전학사로 『訓民正音』 창제와 『龍飛御天歌』 편찬 및 『世宗實錄』 편찬 등에 참여하였다. 1453년(단종 1) 계유정란 때 동부승지로 공을 세워 靖難功臣 1등에 책록되고, 형조판서, 공조판서, 삼정승 등을 역임했다. 『觀音現相記』, 『十二駿圖』 등을 편찬하고, 『明皇誡鑑』을 언해하였으며, 『東國通鑑』, 『經國大典』, 『世祖實錄』, 『睿宗實錄』 등을 찬수하였다. 역사·언어에 조예가 깊었으며, 특히 문장에 뛰어나 表箋文을 도맡아 썼다. 저서에 『太虛亭集』이 있다.

13 월산군(月山君, 1454~1488): 이름은 婷, 자는 子美, 호는 風月亭. 1459년(세조 5) 월산군에 봉해졌고, 1468년(예종 즉위년) 동생인 자산군(성종)과 함께 顯祿大夫가 더해졌다. 1471년(성종 2) 월산대군, 佐理功臣 2등에 봉해져 田地·노비·丘史 등을 받았는데 이는 왕위를 승계하지 못한 것에 대한 배려였다. 그 뒤 西湖의 楊花津 북쪽 언덕에 喜雨亭을 짓고 시문을 읊으며 여생을 보냈다. 저서로 『風月亭集』이 있다.

14 『國朝寶鑑』, 卷15, 成宗朝1, 辛卯年 2月, 9ab(奎章閣 所藏本, 全90卷 28册, 壬辰活字本, 隆熙 3年(1909))는 『국역 國朝寶鑑』 (全9册, 민족문화추진회, 1995) 2책 57ab면에 영인되어 있으므로 앞으로 인용은 2~57ab로 표기함. 다산이 직접 본 자료는 아마도 正祖 6년(1782)까지 간행된 『國朝寶鑑』이었을 것으로 추정된다. 다산이 『國朝典禮考』 저술을 완료한 시기를 고려한다면, 純祖 19년(1819)으로 계획했다가 실제로는

初世祖大王有二子, 長曰懿敬世子, 次曰海陽大君. 懿敬早卒, 海陽入承大統, 是爲睿宗. 懿敬有二子, 長曰月山君婷, 次曰者山君.【諱娎[15].】 睿宗之薨, 慈聖大妃召大臣, 立者山君以爲嗣, 是爲成宗.

| 처음 세조대왕(世祖大王)은 아들 둘을 두었는데, 첫째는 의경세자이고 둘째는 해양대군(海陽大君)이다. 의경세자가 일찍 죽자 해양대군이 후사(後嗣)로 들어가서 대통(大統)을 계승하였으니,[16] 이분이 예종(睿宗)이다. 의경세자는 아들 둘을 두었는데, 첫째는 월산군 정이고 둘째는 자산군(者山君)【이름은 혈(娎)】이다. 예종이 돌아가시자 자성대비(慈聖大妃)[17]가 대신들을 불러서 자산군을 세워 후사로 삼게 하였으니, 이분이 성종이다.[18]

○臣謹案, 盧 · 金 · 徐 · 鄭四臣之議, 雖所不用, 其所以違於禮者, 不可不明辨也. 原夫稱宗之禮, 其來遠矣. 『禮』曰: "有虞氏祖顓頊而宗堯, 夏后氏祖顓頊而宗禹, 殷人祖契而宗湯, 周人祖文王而宗武王."【『國語』魯展禽之言曰 '有虞氏祖顓頊而宗舜', 其文不

---

憲宗 14년(1848)에 간행된 『正祖寶鑑』은 보지 못했음이 분명하기 때문이다. 해당 기사의 자세한 내용은 『成宗實錄』, 卷2, 成宗 1年 正月 丁酉(18)日條에 보인다.

15 娎: 新朝鮮社本에는 '娶(제)'로 되어 있으나 奎章閣本에 따라 '娎(혈)'로 바로잡는다.

16 후사로~계승하였으니: '大統을 入承 혹은 入繼한다'는 것은 小宗에서 나와 大宗의 후사로 들어가서 그 宗統을 계승하는 것을 가리킨다. 종통을 계승할 後嗣로 들어가는 쪽에서는 入後라고 하고, 후사를 내보내는 쪽에서는 出後라고 하며, 후사를 세우는 쪽에서는 立後라고 한다.

17 자성대비(慈聖大妃): 世祖의 妃 貞熹王后 尹氏.

18 세조부터 성종까지의 家系를 간략하게 표시하면 다음과 같다.

世祖 ── 懿敬世子 (德宗 追尊) ── 月山大君 婷
　　　└ 海陽大君 (睿宗)　　　　└ 者山君 (成宗)

同, 當從『國語』. ○有虞氏者, 舜之子孫, 諸侯者也. 「祭法」改舜爲堯, 誤.】

| ○삼가 생각건대, 노사신, 김국광, 서거정, 정난종 네 신하들의 논의가 비록 받아들여지지는 않았지만, 그것이 예(禮)에 어긋난 까닭은 분명하게 따지지 않을 수 없다. 원래 '칭종(稱宗)'하는 예는 그 유래가 오래되었다. 『예기(禮記)』「제법(祭法)」에서는 "유우씨(有虞氏)는 전욱(顓頊)을 조(祖)로 삼고 요(堯)를 종(宗)으로 삼았다. 하후씨(夏后氏)는 전욱을 조로 삼고 우(禹)를 종으로 삼았다. 은(殷)나라 사람들은 설(契)을 조로 삼고 탕(湯)을 종으로 삼았다. 주(周)나라 사람들은 문왕(文王)을 조로 삼고 무왕(武王)을 종으로 삼았다."라고 했다.[19] 【『국어(國語)』에서는 노(魯)나라 전금(展禽)이 "유우씨는 전욱을 조로 삼았고 순(舜)을 종으로 삼았다."라고 말했는데,[20] 그 문장이 다르니, 『국어』를 따르는 것이 마땅하다. ○유우씨는 순의 자손으로 제후인데, 『예기』「제법」에서는 순을 요로 고쳤으니, 그르다.】

蓋唯有大功德於民者, 乃祖乃宗, 非世世可稱者. 殷有三宗, 太甲曰太宗, 太戊曰中宗, 武丁曰高宗. 唯是三宗之外, 甲·乙·丙·丁, 有名無謚, 况於宗乎? 周人創爲謚法, 世世有謚. 其孰宗孰否, 雖無明文, 考諸『詩』「頌」, 唯文·武·成·康, 乃有樂章, 必此四王宗而不祧, 故得有升歌, 而其餘勿之也. 『孝經』曰'宗祀文王於明堂', 其云宗祀者, 祖宗皆不祧, 得互稱耳. 諸侯

19 『예기』「제법」에서는~했다: 『禮記』, 「祭法」. "祭法, 有虞氏禘黃帝而郊嚳, 祖顓頊而宗堯, 夏后氏亦禘黃帝而郊鯀, 祖顓頊而宗禹, 殷人禘嚳而郊冥, 祖契而宗湯, 周人禘嚳而郊稷, 祖文王而宗武王."

20 『국어』에서는~하여: 『國語集解』, 卷4, 「魯語上」(北京: 中華書局, 2002), 154-160. 展禽曰, '…… 有虞氏禘黃帝而祖顓頊, 郊堯而宗舜, 夏后氏禘黃帝而祖顓頊, 郊鯀而宗禹, 商人禘舜而祖契, 郊冥而宗湯, 周人禘嚳而郊稷, 祖文王而宗武王.'

不得稱宗, 以其不祧者, 謂之世室. 『禮』曰: "魯公之廟, 文世室也. 武公之廟, 武世室也."[「明堂位」] 至漢, 猶有此法, 文帝曰太宗, 武帝曰世宗, 宣帝曰中宗, 明帝曰顯宗, 章帝曰肅宗, 其餘謚而不宗. 然且武帝之尊爲世宗, 在昭帝卽位之十五年, 宣帝之尊爲中宗, 在光武中興之十九年, 皆於久遠之後, 追議功德, 定其世祀, 而加之宗號, 非如崩年上謚, 遂爲臣民之所稱也. 自唐以降, 禮術益晦, 無帝不宗, 宗亦可祧. 然猶躬臨大位, 爲天下君, 乃得爲宗. 宋之濮王, 帝亦勿之, 宗何論矣?

| 일반적으로 백성들에게 큰 공덕(功德)이 있는 경우라야만 조로 삼고 종으로 삼는 것이지, 세대마다 부를 수 있는 것은 아니다. 은나라에는 종이 세 분 있었으니, 태갑(太甲)은 태종(太宗), 태무(太戊)는 중종(中宗), 무정(武丁)은 고종(高宗)이라고 했다.[21] 오직 이 세 종 이외에 갑(甲)·을(乙)·병(丙)·정(丁)은 이름만 있고 시호가 없거늘, 하물며 종(宗)이야 말할 필요가 있겠는가? 주나라 사람들은 시호를 붙이는 법을 만들어서 세대마다 시호를 붙였다. 그 누가 종이고 누가 아닌지 비록 분명한 기록은 없지만, 『시경(詩經)』의 「송(頌)」을 살펴보면 오직 문왕, 무왕, 성왕(成王), 강왕(康王)만 악장(樂章)이 있으니, 분명히 이 네 왕은 종이 되고 조천(祧遷)[22]하지 않았기 때문에 당(堂)에 올라 노래 부르는 승가(升歌)가 있었지만, 그 나머지는 그럴 수 없었다. 『효경(孝經)』에서

21 은나라에는~했다: 太甲, 太戊, 武丁은 모두 德을 닦아 제후들이 귀의하고 백성들을 평안하게 했다고 하여 宗이라 불렸다. 관련 내용이 『史記』, 卷3, 「殷本紀」, 98-104와 『史記』, 卷13, 「三代世表」, 494-498에 보인다. (앞으로 二十五史의 인용은 中華書局本에 따른다.)

22 조천(祧遷): 親盡한 遠祖의 神主를 祧廟로 遞遷하는 일. 그러나 功德이 있는 조상의 신주는 不遷之位로 삼아 조천하지 않는다. 예컨대, 조선왕조의 불천지위는 종묘에 모셨지만 다른 신주는 영녕전으로 조천하였다.

는 "명당(明堂)에서 문왕(文王)을 종사(宗祀)한다."[23]라고 했는데, '종사' 라고 하는 것은 조든지 종이든지 모두 조천하지 않는 경우에 함께 부를 수 있는 것이다. 제후는 종으로 부를 수는 없지만 조천하지 않는 경우에 '세실(世室)'이라고 부른다. 『예기』에서는 "노공(魯公)의 묘(廟)는 문세실(文世室)이고, 무공(武公)의 묘는 무세실(武世室)이다."[24]라고 했다. 【「명당위(明堂位)」】 한(漢)나라에 이르기까지 여전히 이 법이 있어서, 문제(文帝)는 태종(太宗), 무제(武帝)는 세종(世宗), 선제(宣帝)는 중종(中宗), 명제(明帝)는 현종(顯宗), 장제(章帝)는 숙종(肅宗)이라고 했고, 그 나머지는 시호를 붙이되 종으로 삼지는 않았다. 그러나 무제를 세종으로 높인 것은 소제(昭帝)가 즉위한 지 15년째 되던 해(72년, 己酉)였고, 선제를 중종으로 높인 것은 광무제(光武帝)[25]가 한나라를 중흥시킨 지 19년째 되던 해(43년, 癸卯)였는데,[26] 모두 먼 뒷날 공덕(功德)을 추의(追議)하여 그 세사(世祀)를 정하고 종호(宗號)를 덧붙인 것이니, 황제가 돌아가셨을 때 시호를 올려서 마침내 신민(臣民)들이 부르는 호칭이 되는 것과는 달랐

23 명당에서~종사한다: 해당 내용이 『孝經』, 「聖治」에 보인다.

24 노공의~무세실이다: '世室'이란 그 神主를 祧遷하지 않는 것을 가리키는 명칭인데, 그 기준은 文武의 德이다. 노나라 노공과 무공이 각각 문무의 세실로 지정된 것은 문무의 덕으로 이름 높은 주나라 문왕과 무왕의 전례를 본받은 것이다. 『禮記注疏』, 卷31, 「明堂位」 14:19, 15b(十三經注疏 5~582b). 〔鄭玄 注〕 "此二廟象周有文王 · 武王之廟也. 世室者, 不毁之名也." 〔孔穎達 疏〕 "文世室者, 魯公伯禽有文德, 世世不毁其室, 故云文世室. 武世室者, 伯禽玄孫武公有武德, 其廟不毁, 故云武世室."

25 광무제(光武帝, 기원전 6~57): 後漢의 초대 황제(재위 25~57). 성은 劉, 이름은 秀, 자는 文叔. 高祖 劉邦의 9세손이다. 王莽 말년에 擧兵하여, 25년 帝位에 올라 연호를 建武라 하고 洛陽에 도읍을 정했다. 유학을 장려하고, 명분과 節義를 존중하였으며, 선비를 우대하는 등 후한의 禮敎主義的인 정치 방침을 확립하였다.

26 무제를~해였는데: 관련 내용이 『漢書』, 卷8, 「宣帝本紀」, 本始 2年(72, 己酉) 6月 庚午日條; 『漢書』, 卷25下, 「郊祀志」; 『後漢書』, 卷1下, 「光武帝本紀」, 建武 19年(43, 癸卯) 正月 庚子日條; 『後漢書』, 卷19, 「祭祀志」 등에 보인다.

다. 당(唐)나라 이후로는 전례의 방법이 더욱 희미해져서 제(帝)가 되면 종(宗)이 되지 않는 경우가 없었고, 종이 되었는데도 조천할 수 있었다. 그러나 그래도 몸소 임금의 자리를 맡아 천하의 군주가 된 경우라야 종이 될 수 있거늘, 송(宋)나라 복왕(濮王)은 제(帝)도 안 되는데 종을 어찌 거론하겠는가?[27]

臣竊考, 追崇稱宗之法昉於元武宗. 武宗以藩王入承, 追尊其父爲順宗.【『元史』云: "懷寧王海山卽位, 追尊考荅[28]剌[29]麻八剌[30]爲順宗."】泰定帝以藩王入承, 追尊其父爲顯宗.【『元史』云: "晉王也孫帖木兒立, 追尊考甘麻剌[31]爲顯宗."】統 · 嗣之亂而無序, 未有甚於元世, 則不足引重. 前此高麗之初, 逆臣康兆廢穆宗, 而立顯宗,【卽大良君詢】追尊其父【王子郁, 卽太祖子.】爲安宗. 此乃宋眞宗大中祥符二年事, 則追崇稱宗始於高麗, 總係外國, 蒙昧古典而爲之者, 不知四臣何所援據, 謂懿敬宜稱宗也. 皇明建文皇帝尊其父懿文

---

27 송나라~거론하겠는가: 송나라 英宗은 濮安懿王의 열셋째아들이었지만 出繼하여 仁宗의 종통을 계승하여 황제가 되었다. 그러나 복왕은 실제로 황제가 된 적이 없으므로 稱宗은 물론 稱帝마저 곤란하다는 것을 지적하는 표현이다. 자세한 관련 내용은 『宋史紀事本末』, 卷7, 「濮議」; 『宋史』, 卷13, 「英宗本紀」; 『宋史』, 卷245, 「濮王允讓傳」; 『宋史』, 卷312, 「韓琦傳」; 『宋史』, 卷319, 「歐陽脩傳」, 「曾鞏傳」, 〔宋〕 李燾 撰, 〔淸〕 黃以周 等 輯補, 『續資治通鑑長編』, 第2册, 宋史要籍彙編, 「英宗」 (上海: 上海古籍出版社, 1986) 등에 보인다.

28 荅: 新朝鮮社本에는 '答'으로 되어 있으나 『元史』, 卷22, 「武宗本紀」와 奎章閣本에 따라 '荅'으로 바로잡는다.

29 剌(랄): 新朝鮮社本에는 '剌(자)'로 되어 있으나 『元史』, 卷22, 「武宗本紀」와 奎章閣本에 따라 바로잡는다.

30 剌: 新朝鮮社本에는 '刺'로 되어 있으나 『元史』, 卷22, 「武宗本紀」와 奎章閣本에 따라 바로잡는다.

31 剌: 新朝鮮社本에는 '刺'로 되어 있으나 『元史』, 卷22, 「武宗本紀」와 奎章閣本에 따라 바로잡는다.

太子, 爲興宗康皇帝, 嘉靖皇帝尊其父興獻王, 爲睿宗獻皇帝, 皆係元武宗以後之事, 則追王稱宗之昉於麗 · 元, 灼然無疑, 四臣所據, 其不在於麗 · 元乎? 嗚呼, 惜哉!

| 가만히 살피건대, 추숭(追崇)해서 칭종(稱宗)[32]하는 법은 원(元)나라 무종(武宗) 때 시작되었다. 무종은 번왕(藩王)으로서 후사로 들어가 왕위를 계승하였는데, 그 아버지를 추존하여 순종(順宗)으로 삼았다. 【『원사(元史)』에서는 "회녕왕(懷寧王) 해산(海山)이 즉위하였는데, 아버지인 다르마팔라(荅剌麻八剌, Darmapala)[33]를 추존하여 순종으로 삼았다."라고 했다.】[34] 태정제(泰定帝)는 번왕으로서 후사로 들어가 왕위를 계승하였는데, 그 아버지를 추존하여 현종(顯宗)으로 삼았다. 【『원사』에서는 "진왕(晉王) 예순 테무르(也孫帖木兒, Yesün-temür)[35]가 즉위하였는데, 아버지인 가말라(甘麻剌, Gamala)[36]를 추존하여 현종으로 삼았다."라고 했다.】[37] 통(統)과 사(嗣)가 혼란하여 질서가 없기로는 원나라 때보다 심했던 적이 없으므로, 중요한 논거로 인용하기에는 부족하다. 이보다 앞서 고려(高麗) 초기에는 역신(逆臣)인 강조(康兆)가 목종(穆宗)을 폐위(廢位)하고 현종(顯宗)【바로 대량군(大良君) 순(詢)】을 세

---

32 칭종(稱宗): 功이나 德이 높은 군주들은 死後에 太廟나 宗廟에 祔廟하고 宗號로 祖나 宗을 붙여서 부른다. 예컨대 조선의 세종대왕은 문화적 덕망〔文德〕이 높아서 世宗이라는 宗號를 썼지만, 인조는 反正을 통해 국가질서를 수습한 업적〔武功〕이 있어서 仁祖라는 宗號를 사용했다.

33 다르마팔라: 몽골어 이름으로, 산스크리트어 다르마팔라(Dharmapala, 護法)에서 유래한 것임.

34 『원사』에서는~했다: 관련 내용이 『元史』, 卷22, 「武宗本紀」, 477; 『元史』, 卷115, 「列傳」 第2, 「順宗」, 2895-2896에 보인다.

35 예순 테무르: 몽골어 이름으로 이순 테무르(Yisün-temür)라고 옮겨 적을 수도 있다.

36 가말라: 몽골어 이름으로, 산스크리트어 카말라(Kamala)에서 유래한 것임.

37 『원사』에서는~했다: 관련 내용이 『元史』, 卷29, 「泰定帝本紀」, 637; 『元史』, 卷115, 「列傳」 第2, 「顯宗」, 2893-2895에 보인다.

웠는데, 그 아버지【왕자(王子) 욱(郁), 태조(太祖)의 아들】를 추존하여 안종(安宗)으로 삼았다.[38] 이는 송(宋)나라 진종(眞宗) 대중상부(大中祥符) 2년(고려 穆宗 12년, 己酉, 1009)의 일이므로, 추숭하여 칭종하는 법은 고려에서 시작되고 모두 외국(外國; 여기에서는 원나라)과 관계되어 옛날 예법을 잘 알지 못한 채 행하던 것이거늘, 네 신하들이 무슨 근거로 의경세자를 종으로 일컬어야 마땅하다고 말했는지 모르겠다. 명(明)나라 건문황제(建文皇帝)가 그 아버지 의문태자(懿文太子)를 높여 홍종(興宗) 강황제(康皇帝)로 삼고[39] 가정황제(嘉靖皇帝)[40]가 그 아버지 홍헌왕(興獻王)을 높

38 이보다~삼았다: 고려 경종이 죽었을 때 목종은 두 살밖에 안 되어 성종(경종의 사촌동생)이 왕위를 계승했는데, 그 뒤 성종이 후손 없이 죽자 목종(경종의 아들)이 즉위하였으나 목종의 모후인 천추태후(헌애왕후)가 섭정을 하면서 외척 김치양이 專橫을 휘두르게 된다. 1003년(목종 6) 김치양과 천추태후 사이에 태어난 아들을 목종의 후계자로 삼으려는 음모가 진행되자, 후사 없이 병을 얻은 목종은 1009년(목종 12) 중추원부사 채충순에게 김치양의 음모를 말하고, 당숙 郁의 아들 대량군 순을 후계자로 삼도록 부탁하고, 눈앞의 급변에 대비하기 위해 西北面都巡檢使 康兆(?~1010)를 불러들였다. 그런데 왕이 죽었다는 헛소문이 전해지자 강조는 군사 5000명을 거느리고 오던 길에 주저하다가, 別將을 시켜 대량군을 맞게 하고는, 開京으로 달려가 목종에게 퇴위를 强勸하고 대량군을 왕으로 세웠다. 이와 동시에 김치양 부자를 죽이고 태후와 그 무리를 귀양 보내는 한편, 사람을 시켜 폐왕 목종을 살해했다. '강조의 정변'은 뒷날 거란의 제2차 침입의 구실이 되었다. 해당 기사가 『高麗史節要』, 卷2, 「穆宗宣讓大王」, '己酉12年條'. "己丑, …… 兪義等奉院君而至, 遂卽位滄延寵殿, 兆廢王爲讓國公. …… 夏四月, …… 追尊皇考郁, 爲孝穆大王, 廟號安宗, 妣皇甫氏, 爲孝肅王太后."; 『高麗史』, 第3卷, 「穆宗世家」, 己酉12年條; 『高麗史』, 第127卷, 「康兆列傳」 등에 보인다.

39 명나라~삼고: 建文皇帝(1383~1402, 이름은 允炆, 시호는 惠帝)는 明 太祖의 손자이자 懿文太子의 둘째아들인데, 16세의 나이로 할아버지의 왕통을 계승한 뒤 일찍 죽은 생부를 興宗으로 추숭하였다. 『明史』, 卷4, 「恭閔帝本紀」, 建文 元年 2月條, "二月, 追尊皇考曰孝康皇帝, 廟號興宗."

40 가정황제(嘉靖皇帝, 1507~1566, 재위 1521~1566): 明의 12대 황제. 성은 朱, 이름은 厚熜. 廟號는 世宗. 재위 연호에 따라 가정제라고 불린다. 孝宗의 동생인 興獻王의 맏아들로, 아버지의 뒤를 이어 湖北 安陸州의 藩王이었는데, 武宗이 아들을 낳지 못하고 죽자 그 뒤를 계승했다. 처음에는 정치에 열의를 가지고 前代의 弊政을 일신하려 했으나, 생부인 홍헌왕 추숭 문제를 다루는 '大禮議'가 발생하자 중신들과 대립

여 예종(睿宗) 헌황제(獻皇帝)로 삼은 것은 모두 원나라 무종 이후의 일이므로, 왕으로 추존해서 칭종하는 것이 고려와 원나라에서 시작된 것은 의심할 바 없이 명백하니, 네 신하들의 논거는 아무래도 고려와 원나라에서 비롯된 것이 아니겠는가? 아, 안타깝도다!

○原夫追崇之禮, 不見古經. 殷人追王玄王, 周人追王太王·王季·文王者, 所以昭天命而篤王業, 非以爵位榮之也. 湯太子太丁早卒, 及湯之崩, 外丙·中壬嗣焉. 中壬崩, 太丁之子太甲立. 然太甲不追尊太丁爲王. 周平王太子洩父蚤卒, 平王之崩, 洩父之子桓王立. 然桓王不追尊洩父爲王. 誠以創業之君尊其祖考, 是爲正統, 繼體之君尊其私親, 是爲貳統. 故漢高祖尊其父爲太上皇, 則後世無譏, 漢哀帝尊其父爲共皇帝, 則先儒有謫, 斯易悟也. 漢宣帝不追尊史皇孫, 漢光武不追尊南頓君, 宋英宗不追尊濮王, 斯義也建諸天地而不悖. 雖然, 時有古今, 禮有損益. 哀帝之禮, 今也爲天經地義. 漢安帝尊其父淸河孝王曰孝德皇, 新羅入承之君率皆封其父爲葛文王【王妃之父, 亦封葛文王.】, 高句麗寶臧王封其父爲大陽王.【並見『三國史』.】 朝臣貴者, 亦皆追尊其親, 相之父爲相, 卿之父爲卿, 溯而上之, 帝之父爲帝, 王之父爲王, 又誰能爭之? 唯其稱宗一事, 名實相舛, 其禮不中, 又其法本起於麗·元, 不足取重, 斯其所不可也.

| ○ 원래 추숭의 예(禮)는 옛날 경전에 보이지 않는다. 은나라 사람들이 현왕(玄王)을 왕으로 추존하고 주나라 사람들이 태왕(太王), 왕계

하여 정치에 대한 의욕을 상실하였다. 이 논쟁은 결국 황제가 大權을 발동하여 반대파를 탄압함으로써 종결되었으나, 많은 관료가 희생되고 황제의 뜻을 따르는 자만이 발탁되는 등 官界 질서가 문란해지고 정국을 불안정하게 만들었다.

(王季), 문왕(文王)을 왕으로 추존한 것은 천명을 밝히고 왕업을 튼튼하게 하는 방법이었지, 작위(爵位)로 그들을 영화롭게 하려는 것이 아니었다. 탕(湯)의 태자(太子) 태정(太丁)이 일찍 죽은 상황에서 탕이 죽자 외병(外丙)과 중임(中壬)이 계승하였고, 중임이 죽자 태정의 아들 태갑(太甲)이 즉위하였다. 그러나 태갑은 태정을 추존하여 왕으로 삼지 않았다.[41] 주나라 평왕(平王)의 태자 설보(洩父)가 일찍 죽은 상황에서 평왕이 죽자 설보의 아들 환왕(桓王)이 즉위했다. 그러나 환왕은 설보를 추존하여 왕으로 삼지 않았다.[42] 창업(創業)군주가 그 할아버지와 아버지를 높이는 것은 통(統)을 바르게 세우는 것〔正統〕이지만, 계체(繼體)의 군주[43]가 그 사친(私親)을 높이는 것은 통을 이원화하는 것〔貳統〕이다. 그러므로 한나라 고조(高祖)는 그 아버지를 높여서 태상황(太上皇)으로 삼았기 때문에 후세에 비판이 없었지만, 한나라 애제(哀帝)는 그 아버지를 높여서 공황제(共皇帝)로 삼았기 때문에[44] 선유(先儒)들이 비판하였

41 탕의~않았다: 湯-太丁-太甲으로 이어지는 혈연적 계보와 湯-太丁-外丙-中壬-太甲의 왕위 계승을 억지로 합치하게 만들지 않았음을 가리킨다. 『史記』, 卷3, 「殷本紀」, 98. "湯崩, 太子太丁未立而卒, 於是迺立太丁之弟外丙, 是爲帝外丙. 帝外丙卽位三年, 崩, 立外丙之弟中壬, 是爲帝中壬. 帝中壬卽位四年, 崩, 伊尹迺立太丁之子太甲. 太甲, 成湯適長孫也, 是爲帝太甲. 帝太甲元年, 伊尹作「伊訓」, 作「肆命」, 作「徂后」."

42 주나라~않았다: 平王-洩父-桓王으로 이어지는 혈연적 계보와 平王-桓王의 왕위 계승을 억지로 합치하게 만들지 않았음을 가리킨다. 『史記』, 卷4, 「周本紀」, 150. "51年, 平王崩, 太子洩父蚤死, 立其子林, 是爲桓王. 桓王, 平王孫也."

43 계체(繼體)의 군주: 體는 부자관계를 가리키며, 體를 계승한 군주란 친자식이 아닌데도 入後하여 전임 군주와 부자관계가 됨으로써 왕위를 계승한 군주를 가리킨다.

44 한나라 애제는~때문에: 애제는 즉위 2년에 定陶共王을 共皇帝로 추존하였다. 해당 내용이 『漢書』, 卷11, 「哀帝本紀」, 333-339에 보인다. 333-334. "孝哀皇帝, 元帝庶孫, 定陶恭王子也. 母曰丁姬. …… 成帝 …… 賢定陶王, 數稱其才. …… 成帝亦自美其才, 爲加元服而遣之, 時年十七矣. 明年, 使執金吾任宏守大鴻臚, 持節徵定陶王, 立爲皇太子.…… 後月餘, 立楚孝王孫景爲定陶王, 奉恭王祀, 所以獎厲太子專爲後之誼. 語在「外戚傳」.…… (建平二年)夏四月, 詔曰: '漢家之制, 推親親以顯尊尊. 定陶恭皇之號不宜復稱

으니, 이것은 깨닫기 쉽다. 한나라 선제(宣帝)는 사황손(史皇孫)을 추존하지 않았고, 한나라 광무제(光武帝)는 남돈군(南頓君)을 추존하지 않았으며, 송나라 영종(英宗)은 복왕(濮王)을 추존하지 않았으니, 이 의(義)는 천지(天地)에 그것을 세우더라도 어그러지지 않는다. 비록 그렇기는 하지만, 때에는 고금(古今)이 있고 예(禮)에는 손익(損益)이 있다. 애제의 예는 이제 보편적인 기준이자 일반적인 원칙이 되었다. 한나라 안제(安帝)는 그 아버지 청하효왕(淸河孝王)을 높여서 효덕황(孝德皇)이라고 불렀고,[45] 신라시대 후사로 들어와 계승한 임금은 모두 그 아버지를 갈문왕(葛文王)으로 봉했으며,【왕비의 아버지도 갈문왕으로 봉했다.】[46] 고구려 보장왕(寶臧王)은 그 아버지를 태양왕(大陽王)으로 봉했다.[47] 【둘 다 『삼국사

---

定陶. 尊恭皇太后曰帝太太后, 稱永信宮; 恭皇后曰帝太后, 稱中安宮. 立恭皇廟于京師. 赦天下徒'."; 『漢書』, 卷86, 「師丹傳」, 3503-3512; 『漢書』, 卷63, 「房太子傳」, 2748; 『漢書』, 卷80, 「宣元六王傳」, 3327에도 관련 내용이 보인다.

45 한나라~불렀고: 관련 내용이 『後漢書』, 卷5, 「安帝本紀」; 『後漢書』 卷19, 「祭祀志」; 『後漢書』 卷85, 「淸河孝王慶傳」 등에 보인다.

46 신라시대~봉했다: 다산은 『三國史記』의 論評을 좇아, 新羅의 葛文王은 왕의 친척 중 大統을 入繼하여 왕이 된 사람이 왕의 생부를 追封하여 王이라 부르고 왕비의 아버지까지도 갈문왕으로 책봉하는 非禮를 저지른 사례라고 비판하였다. 『三國史記』, 卷第2, 「新羅本紀」 第2, 「沾解尼師今」, "沾解尼師今立, 助賁之同母弟也. 元年, 秋七月, 謁始祖廟, 封父骨正爲世神葛文王. 論曰, 漢宣帝卽位, 有司奏, '爲人後者, 爲之子也. 古降其父母, 不得祭, 尊祖之義也. 是以, 帝所生父稱親, 謚曰悼, 母曰悼后, 比諸侯王.' 此合經義, 爲萬世法. 故後漢光武帝 · 宋英宗法而行之. 新羅自王親, 入繼大統之君, 無不封崇其父稱王. 非特如此而已, 封其外舅者亦有之. 此非禮, 固不可以爲法也."; 『三國史記』, 卷第1, 「新羅本紀」 第1, 「逸聖尼師今」, "逸聖尼師今立, 儒理王之長子【或云日知葛文王之子】. …… 十五年, 封朴阿道爲葛文王【新羅追封王, 皆稱葛文王, 其義未詳】." 신라에서는 葛文王 追封뿐만 아니라 大王 追封까지도 이루어졌다. 이에 대한 역사적인 고찰로는 李基白, 「新羅時代의 葛文王」(『歷史學報』 58, 歷史學會, 1973. 6.), 1-34쪽, 특히 이 논문의 「부록」에 실린 '葛文王과 大王 追封에 대한 사료' 참조.

47 고구려~봉했다: 고구려 보장왕은 건무왕(榮留王)의 아우인 태양왕의 아들이었는데, 건무왕 재위 25년(642)에 연개소문이 건무왕을 죽이고 보장왕을 왕으로 세웠다.

기(三國史記)』에 보인다.】 조정 신하 중 신분이 높은 사람들도 모두 그 부친을 추존하여, 재상의 아버지는 재상으로 삼고 경(卿)의 아버지는 경으로 삼았는데, 거슬러 올라가서 황제의 아버지를 황제로 삼고 왕의 아버지를 왕으로 삼는다고 한들 누가 따질 수 있겠는가? 그러나 그 칭종(稱宗)하는 한 가지 일만은 이름과 실제가 서로 어긋나고 그 예가 적합하지 않으며, 그 법도 본래 고려와 원나라에서 생겼으니, 중요한 논거로 삼기에는 부족하다. 이것이 칭종이 불가한 까닭이다.

**○臣又按, 別廟之議, 天之經也. 光武立國, 祭高帝以下於太廟, 立其四親廟於章陵. 此嘉靖議禮之臣所執以爭者也. 凡其生時不躬踐大位者, 不可以入太廟. 此天地之限也, 君臣之紀也, 父子之序也. 凡議禮之臣宜以死爭者, 在此一事, 聖主明王, 必不使旣化之親, 陷於非禮. 唯其議禮之臣不能深明古典, 使時君眩惑而不能擇, 所以往古來今, 不能無失禮也.**

| ○ 또 생각건대, 별묘(別廟)의 논의는 보편적인 원칙이다. 광무제는 나라를 세우고서 고제(高帝) 이하를 태묘(太廟)에서 제사하고 자신의 직계 조상 네 사람의 별묘〔四親廟〕를 장릉(章陵)에 세웠다.[48] 이것이 가정제(嘉靖帝)의 전례를 논의하던 신하들이 논쟁의 근거로 삼은 내용이었다. 무릇 자신이 살아 있을 때 직접 임금의 자리를 맡지 않은 사람은 태묘에 들어갈 수 없으니, 이것이 천지(天地)의 규정이요 군신(君臣)의 기강이며 부자(父子)의 차서이다. 무릇 전례를 논의하는 신하들이 죽기를

즉위 2년(643) 정월에 생부인 태양왕을 왕으로 봉했다. 『三國史記』, 卷第21, 「高句麗本紀」 第9, 「寶臧王」 上, "王諱臧【或云寶臧】, 以失國故, 無謚, 建武王弟大陽王之子也. 建武王在位第二十五年, 蓋蘇文弑之, 立臧繼位. …… 二年, 春正月, 封父爲王."

48 광무제는~세웠다: 관련 내용이 『後漢書』, 卷19, 「祭祀志下」에 보인다.

각오하고 논쟁했어야 했던 것은 이 한 가지 일이었다. 훌륭한 임금과 지혜로운 왕이라면 틀림없이 이미 돌아가신 부친을 예에 어긋나는 상황에 빠지지 않게 했을 것이다. 그러나 전례를 논의하는 신하들이 옛날 예법을 깊이 밝히지 못해서, 당시 임금으로 하여금 현혹되어 제대로 선택할 수 없게 했기 때문에, 옛날이나 지금이나 전례를 그르치지 않을 수 없었던 것이다.

臣謹案, 申·鄭·崔三臣之議, 欲追王而不稱宗. 其視四臣之議, 可謂鳳鳴, 但其稱皇伯考·孝姪, 又何據也? 此俗昉於晉代, 盛於宋世. 上燕公者, 曹奐之生父也, 晉人謂之從祖父.【見『晉書』「禮志」.】 李超者, 李昉之生父也, 昉表稱以叔父.【見王栐『詒[49]謀錄』.】 時俗本然, 伊川特順俗而言之耳. 然其義爲世所宗, 今不敢輕議. 然爲人後者未必皆爲人子也. 私家立後, 必取於子姪之列, 故論禮者遂以立後認之爲立子. 然帝王家爲後之法, 不拘昭穆, 或弟爲兄後,【殷人之兄亡弟及】 或兄爲弟後,【魯僖公】 或以從子爲叔父之後, 或以叔父爲從子之後,【周孝王·唐宣宗】 或孫爲祖後,【周桓王】 或從孫爲從祖之後.【周夷王·漢宣帝】 及其入承也, 又無不斬衰苴杖, 爲君父之服, 及其祭之也, 無不稱嗣王臣某. 然其屬稱未必皆皇考也, 兄者兄之, 弟者弟之, 祖者祖之, 孫者孫之, 奚獨於叔父·伯父, 必變其本稱, 改之曰皇考也? 所後家之稱之爲皇考, 猶之可也, 本生家之稱之爲皇伯·皇叔, 無乃不可乎? 適幸兩家二親本係同氣, 稱其本生之父, 曰皇伯考·皇叔

49 詒: 新朝鮮社本·奎章閣本에는 '貽'로 되어 있으나 王栐이 지은 書名이 『燕翼詒謀錄』이므로 바로잡는다.

考, 猶之未遠. 若兩家二親本係疏[50]屬, 又將柰何? 堂伯父·堂叔父·族伯父·族叔父, 非所以稱於天顯者. 講禮到此, 雖游·夏當之, 無以措一辭矣. 聖人者制禮立名, 必深思靜究, 期使之博通無礙. 凡窒而不通, 行而有窮者, 非聖人之法也. 夫入而爲叔父後者與入而爲皇兄後者, 其情無以異也. 彼稱皇兄, 不害其嫡統, 此稱叔考, 胡獨爲非禮乎? 統與屬不同, 聖聖相承, 斯謂之統, 子子相傳, 斯謂之屬. 今必曰名之爲父子, 然後乃可承統, 則彼弟爲兄後, 叔爲姪後者, 將不得爲統乎? 若云斯人之統直係其考, 則中間一二君, 其將爲閏位乎? 宋太宗不考太祖, 將云正統遂絶乎? 此其義必不可通者也. 其於繼統之先君, 稱之曰皇叔考, 而自稱曰嗣王臣, 無害於承統也. 其於本生之私親, 稱之曰皇考, 而自稱曰子, 不嫌於亂統也. 且姪者, 對姑之稱. 雖流俗訛傳, 得稱叔·姪, 堂堂宗廟之中, 豈可以俗稱稱之乎? 孝姪二字, 不可曰有稽也.

| 삼가 생각건대, 신숙주, 정인지, 최항 세 신하들의 논의는 왕으로 추숭은 하되 종(宗)이라 부르지는 않으려고 했던 것이다. 그것은 네 신하들의 논의와 견주어보면 봉황의 울음이라고 할 만하지만, (의경세자를) '황백고(皇伯考)'라 부르고 (성종을) '효질(孝姪)'이라 부르는 것은 도대체 어디에 근거한 것인가? 이런 풍속은 진(晉)대에 시작되어 송(宋)대에 성행하였다. 상연공(上燕公)은 조환(曹奐)[51]의 생부인데, 진나라 사

50 疏: 奎章閣本에는 '疎'로 되어 있는데, 新朝鮮社本에 따라 同字인 '疏'로 표기함.

51 曹奐(在位 260~265): 이름은 璜, 자는 景明. 沛國 譙人으로 燕王 宇의 아들. 뒤에 삼국시대 魏나라의 元帝가 된다. 주위의 추대로 황제가 되었지만, 재위 기간 동안 司馬昭가 정사의 전권을 행사하였다. 咸熙 2년(265)에 司馬昭의 아들인 司馬炎이 황제로 등극하면서 陳留王으로 봉해진다.

람들은 그를 '종조부(從祖父)'라 불렀다.[52]【『진서(晉書)』「예지(禮志)」에 보인다.】 이초(李超)는 이방(李昉)의 생부인데, 이방은 표문(表文)에서 '숙부'라 불렀다.[53]【왕영(王林)[54]의 『연익이모록(燕翼詒謀錄)』에 보인다.】 시속(時俗)이 본래 그랬는데, 이천(伊川)[55]이 다만 시속을 따라서 말했을 뿐이다.[56] 그러나 그 의리는 세상에서 받드는 것이므로 지금 감히 가볍게 논의할 수는 없다. 그러나 남의 후사〔後〕가 되는 사람이라고 해서 반드시 모두 남의 아들〔子〕이 되는 것은 아니다.[57] 사가(私家)에서 후사를 세울 때는 반

---

52 상연공은~불렀다: 해당 내용이 『晉書』, 卷20, 「禮志」, 627에 보인다. "咸寧四年, 陳留國上燕公, 是王之父母, 出奉明帝祀, 今於王爲從祖父. 有司奏應服朞, 不以親疎尊卑爲降. 詔曰, '王奉魏氏, 所承者重, 不得服其私親.'"

53 이초는~불렀다: 해당 내용이 〔宋〕 王林, 『燕翼詒謀錄』(『四庫全書』, 史部, 雜史類), 卷2, 8b-9a에 보인다. "皇朝以孝治天下, 篤厚人倫. 子之出繼他位者, 得封贈其本生父母. 此前所未聞也. 李昉爲宰相上言, '臣叔父超, 任工部郎中集賢殿學士, 叔母謝氏. 故陳留郡君, 是臣本生父母. 臣不報罔極之恩, 爲名敎罪人. 今郊祀覃恩望與追榮.' 太宗皇帝嘉之. 淳化四年二月乙丑, 詔贈超爲太子太傅, 謝氏靖國太夫人. 然此猶因昉有請而從之也."

54 왕영(王林): 宋나라 晉陽 사람. 자는 叔永. 저술로는 史書인 『燕翼詒謀錄』이 있다.

55 이천(伊川; 程頤, 1033~1107): 北宋의 성리학자. 자는 正叔. 洛陽 출신. 伊川先生이라고 불렸으며, 형 程顥(明道)와 함께 二程이라 일컬어졌다. 14세 때 형과 함께 주돈이 밑에서 공부했다. 54세에 哲宗의 侍講이 되었는데, 천자의 측근 및 蘇軾(東坡) 등 文人派와 갈등을 일으켜, 정이의 洛黨과 소식의 蜀黨이 대립하게 되었다. 또 王安石의 新法에 반대하여 신·구 양당의 당쟁에 휩쓸려 四川에 유배되었다. 유배에서 풀려난 뒤에도 僞學으로 몰려 저서를 폐기당하는 등 말년까지 어려움을 겪었다. 그의 학설은 南宋의 朱熹가 계승하여 程朱學으로 집대성한다. 저서에는 『易傳』과 『經說』이 있는데, 문집·어록과 함께 『二程全書』에 전한다.

56 이천이~뿐이다: 해당 내용이 程顥·程頤, 『河南程氏文集』, 卷第5, 「伊川先生文1·上書」, 「代彭思永上英宗皇帝論濮王典禮疏」(『二程集』, 第1册, 台北: 漢京文化事業有限公司, 1983), ①:515-516에 보인다. "竊以濮王之生陛下, 而仁宗皇帝以陛下爲嗣, 承祖宗大統, 則仁廟陛下之皇考. 陛下仁廟之適子. 濮王, 陛下所生之父, 於屬爲伯. 陛下, 濮王出繼之子, 於屬爲姪. 此天地大義, 生人大倫, 如乾坤定位, 不可得而變易者也."

57 남의~아니다: 다산은 '후사'가 되는 것과 '아들(혹은 養子)'이 되는 것을 엄격하게 구분하였다. 예컨대, 명나라 세종대 전례논쟁에서 추숭반대론자들은 『儀禮』에 나오는 '爲人後'를 '爲之子'와 일치시키는 『春秋公羊傳』의 논점을 견지했는데, 다산은

드시 아들이나 조카뻘 항렬에서 선택하기 때문에, 전례를 논의하는 사람들이 마침내 후사를 세우는 것을 아들을 세우는 것으로 생각했던 것이다. 그러나 제왕가에서 후사를 세우는 법은 소목(昭穆)에 얽매이지 않으니, 더러는 동생이 형의 후사가 되기도 하고【형이 죽으면 동생이 계승한 은나라 사람들의 경우58】, 더러는 형이 동생의 후사가 되기도 하며【노(魯) 희공(僖公)의 경우】, 더러는 조카가 숙부의 후사가 되기도 하고, 더러는 숙부가 조카의 후사가 되기도 하며【주(周) 효왕(孝王)과 당(唐) 선종(宣宗)의 경우】, 더러는 손자가 할아버지의 후사가 되기도 하고【주 환왕(桓王)의 경우】, 더러는 종손(從孫)이 종조부(從祖)의 후사가 되기도 한다【주 이왕(夷王)과 한(漢) 선제(宣帝)의 경우】. 일단 후사로 들어와 계승하면 참최복(斬衰服)에 저장(苴杖; 喪杖) 차림으로 반드시 군부(君父)를 위한 상복을 입었고, 제사할 때는 반드시 '사왕신 아무개〔嗣王臣 某〕'라고 불렀다. 그러나 그 친속호칭〔屬稱〕이 틀림없이 모두 '황고(皇考)'였던 것은 아니다. 형은 형이라 부르고, 아우는 아우라 부르며, 할아버지는 할아버지라 부르고 손자

---

'아들처럼 한다〔若子〕'는 것과 '(실제로) 아들이 된다〔爲之子〕'는 것을 구분함으로써, 부자관계를 내세워서 남의 후사가 된 사람을 그의 아들이 되는 것으로 여기는 주장을 잘못된 것이라고 비판하였다. 『儀禮』, 「喪服」, 「齊衰不杖期」章, '爲人後者, 爲其父母, 報'條. 傳曰, "何以期也? 不二斬也. 何以不二斬也? 持重於大宗者, 降其小宗也. 爲人後者, 孰後? 後大宗也. 曷爲後大宗? 大宗者, 尊之統也."; 『春秋公羊傳注疏』, 卷第18, 成公 15年 3月 乙巳, 3b-4a(十三經注疏, ⑦:229). "仲嬰齊者, 何? 公孫嬰齊也. 公孫嬰齊, 則曷爲謂之仲嬰齊? 爲兄後也. 爲兄後, 則曷爲謂之仲嬰齊? 爲人後者爲之子也."; 『國朝典禮考』 2:25, 28b-29a(⑫:818-819). "員外薛蕙著『爲人後解』, 以駁璁 · 萼之議曰, '爲人後者爲之子', 雖出『公羊』, 實與『儀禮』相表裏. 旣爲之子, 則當稱父矣, 而可仍曰伯叔乎?" "臣謹案, 薛蕙之言非也. 豈唯『公羊』然矣? 「喪服傳」曰, '爲人後者, 爲所後者之祖父母妻 · 妻之父母昆弟 · 昆弟之子, 若子.' 「喪服記」曰, '爲人後者, 於所爲後之兄弟之子, 若子.' 凡禮皆若子, 則其謂之爲之子, 不亦可乎? 故魯僖公爲其弟閔公之後, 而孔子曰, '子雖齊聖, 不先父食, 直取弟兄', 論以父子爲人後者爲之子, 非是之謂乎?"

58 형이~경우: 兄亡弟及은 兄終弟及이라고도 하는데, 형이 죽었을 때 아들이 아니라 동생이 종통을 계승하는 것으로, 은나라 왕위 계승에서 그 사례가 자주 보인다.

는 손자라 부르는데, 어찌 숙부와 백부만은 기어코 그 본래 호칭을 바꿔서 '황고'라 고쳐 부르겠는가? 후사를 들인 분의 호칭을 '황고'라 하는 것은 그래도 괜찮지만, 본래 낳아준 분의 호칭을 '황백(皇伯)', '황숙(皇叔)'이라고 하는 것은 아무래도 그릇된 것이 아니겠는가? 마침 다행히도 양가(兩家)의 두 분 아버지가 본래 동기(同氣)[59]로 맺어진 관계였다면, 본래 낳아준 아버지를 '황백고', '황숙고(皇叔考)'라 불러도 실제에 가깝다. 만약 양가의 두 분 아버지가 본래 먼 친속으로 맺어진 관계였다면, 장차 어찌하겠는가? 당백부(堂伯父), 당숙부(堂叔父), 족백부(族伯父), 족숙부(族叔父)는 하늘이 정해준 아버지를 부르는 방식이 아니다. 전례를 논하는 것이 이런 지경에 이르면, 비록 자유(子游)와 자하(子夏)[60]라고 해도 한마디도 할 수 없는 것이다. 성인(聖人)은 예를 제정하고 명칭을 세울 때 반드시 깊이 생각하고 차분하게 연구하여 예가 두루 통하고 막힘이 없게 했다. 무릇 막혀서 통하지 않거나 실행하는 데 문제가 있는 것은 성인의 법이 아니다. 무릇 후사로 들어와 종통을 계승하여 숙부의 후사가 되는 자와 후사로 들어와 종통을 계승하여 황형(皇兄)의 후사가 되는 자는 그 실정(實情)이 다를 것이 없다. 후자를 황형이라고 부르는 것이 그 적통(嫡統)을 해치지 않는데, 전자를 숙고(叔考)라고 부르는 것이 어찌 유독 예에 어긋난다는 말인가? 통(統)과 속(屬)은 다르니, 성인(聖人; 임금)이 성인에게 계승하는 것을 '통'이라 하고, 아들이 아들에게 전하는 것을 '속'이라 한다. 이제 반드시 명칭을 부자(父子)라고 한 뒤라야 통을 계승할 수 있다고 주장한다면, 저 아우를 형의 후사로 삼거나 숙부를 조카의 후사로 삼는 경우는 장차 통이 될 수 없

59 동기(同氣): 같은 조상에서 나온 가까운 혈연관계를 뜻하는데, 여기서는 所後父와 本生父가 형제 사이인 경우를 가리킨다.

60 자유와 자하: 孔門十哲 중 文學에 뛰어난 제자들. 『論語』, 「先進」 11:3 참조.

다는 말인가? 만약 이 사람의 통이 그 아버지를 직접 잇는 것이라면, 중간의 한두 군주는 장차 윤위(閏位)[61]가 되는 것인가? 송나라 태종(太宗; 태조의 동생)은 태조(太祖)를 아버지〔考〕로 삼지 않았으니, 장차 '정통(正統)이 끝내 끊어졌다'고 말하겠는가? 이것이 그 의리가 반드시 통용될 수 없는 이유이다. 통을 계승한 선군(先君)을 '황숙고'라 부르고 스스로는 '사왕신'이라 부르는 것은 통을 잇는 데 방해가 되지 않으며, 본래 낳아주신 사친(私親)을 '황고'라 부르고 스스로는 '자(子)'라 부르는 것은 통을 어지럽히는 혐의가 없다. 더구나 조카는 고모와 짝이 되는 호칭이다. 비록 세속의 잘못된 관습으로는 숙부-조카라 부르게 되었지만, 당당한 종묘에서 어찌 속된 호칭으로 부를 수 있겠는가? '효질(孝姪)'이라는 두 글자는 근거가 있다고 할 수 없다.

1:2

成宗三年壬辰十二月, 建懿廟于延慶宮後園, 命月山君婷奉祀.【出『國朝寶鑑』.】

| 성종 3년 임진(壬辰, 1472)년 12월, 연경궁(延慶宮) 뒷동산에 '의묘(懿廟)'를 세우고 월산군 이정(李婷)에게 명하여 제사를 받들게 하였다. 【출전: 『국조보감』】[62]

臣謹案, 『漢書』「梅福傳」云: "諸侯奪宗, 聖庶奪嫡." 此謂諸侯位尊, 故雖以支庶得封, 旣封之後, 身自爲宗.【假如張良本是第二子, 旣封留侯, 當奉其父祖之祀.】 又謂聖人德盛, 故雖本支庶, 可奉先

61 윤위(閏位): 正統이 아닌 임금을 가리키는 말. 閏位라는 표현은 『漢書』, 卷99下, 「王莽傳」, 4194에 보인다.

62 『國朝寶鑑』, 卷15, 成宗朝1, 壬辰年 12月, 16a(2~60c).

祀.【言孔子當爲殷後.】 漢高祖以季子爲宗, 此奪宗之義也. 王季以文王之故爲嫡, 此奪嫡之義也. 然所謂奪宗 · 奪嫡, 皆據公室宗統而言, 故始封之君可引此義, 入承之君於其本家, 未可引也. 成宗大王本以支庶, 入承大統, 斯已爲奪宗 · 奪嫡, 並其本家之祀而自主之, 使月山不得爲宗嫡, 似乎非禮.【一身不得兼兩家之適.】 故當時議[63]禮之臣必欲令月山奉祀也. 雖然, 斯於天地大義, 有萬萬不能安者, 何也?『禮』曰: "諸侯不敢祖天子, 大夫不敢祖諸侯."【「郊特牲」】 懿敬世子旣追崇爲懿敬王, 則其爵諸侯也, 豈月山之所得祖乎? 諸侯之祖天子有二. 一是賓國之廟, 若虞思之祖舜, 杞之祖禹, 宋之祖湯, 是也. 一是出王之廟, 若魯有周廟, 鄭有厲廟,【見襄十二年.】 奉於畿內者, 得立祖王廟【見『周禮』「都宗人」·「家宗人」.】 之類, 是也. 大夫之祖諸侯, 亦唯出公是祭. 故三家有桓廟, 孔悝有西圃之祏, 子期行平王之祀, 皆所謂報本之義也. 然其所謂出王廟 · 出公廟, 皆別立一宮, 非於宗廟之內直立此以爲太祖也. 今使月山奉懿廟之祭, 則是月山之家遂以懿敬王爲太祖, 儼一諸侯之廟, 天下其有是乎? 若云'不以爲太祖, 別爲一宮, 如出公廟之例', 則尤不可也. 夫旣以月山爲本家之嫡, 而使之承祀, 又不令繼祖爲宗, 使自成家, 則彼此俱無當矣. 若使古人處是也, 則本應抑情, 不追崇懿敬. 若宣祖之於德興, 而使月山奉祀, 可也, 旣崇爲王, 而令大夫繼之爲宗, 大不可也.

| 삼가 생각건대, 『한서(漢書)』「매복전(梅福傳)」에는 "제후(諸侯)가 된 자는 종통〔宗〕을 빼앗고 성왕(聖王)이 된 서자(庶子)는 적통〔嫡〕을 빼앗는다."라고 하였다.[64] 이는 제후는 지위가 높기 때문에, 비록 지서(支

63 議: 新朝鮮社本에는 '儀'로 되어 있으나 奎章閣本에 따라 바로잡는다.

庶)로서 봉(封)함을 받는다고 하더라도, 일단 봉함을 받은 뒤에는 자신이 스스로 종(宗)이 됨을 말한 것이다.【가령 장량(張良)[65]은 본래 둘째아들이었지만, 일단 유후(留侯)로 봉해진 뒤에는 그 조상의 제사를 모시는 것이 마땅하다.】 또한 성인은 덕(德)이 성대하기 때문에, 비록 본래 지서이더라도 선조의 제사를 모실 수 있음을 말한 것이다.【공자가 은(殷)의 후사가 됨이 마땅함을 말한 것이다.】 한나라 고조(高祖)는 막내아들을 종으로 삼았으니, 이것이 탈종(奪宗)의 의리이다. 왕계(王季)는 문왕(文王)의 연고로 적통이 되었으니, 이것이 탈적(奪嫡)의 의리이다. 그러나 이른바 탈종이니 탈적이니 하는 것들은 모두 공실(公室)의 종통(宗統)에 따라 말하는 것이므로, 처음 봉해진 임금〔始封之君〕은 이 의리를 인용할 수 있지만, 후사로 들어와 계승한 임금〔入承之君〕은 그 본가(本家)에 대해서 인용할 수 없다. 성종대왕께서는 본래 지서에서 후사로 들어와 대통을 계승하였으니, 이미 탈종과 탈적을 한 것인데도, 그 본가의 제사를 주재하여 월산군으로 하여금 종적(宗嫡)이 될 수 없게 한 것은 예에 어긋난 것처럼 보인다.

---

64 『한서』~하였다: 『漢書』, 卷67, 「梅福傳」, 2917 이하 참조. 梅福은 字가 子眞으로 九江 壽春 사람이며, 『尙書』와 『春秋穀梁傳』에 밝았다. 당시 漢나라 成帝가 대장군인 王鳳에게 정권을 맡겼는데, 충직했던 京兆尹 王章이 왕봉을 비판하다가 죽임을 당하였다. 그리하여 왕봉이 정권을 주무르게 되자 거듭해서 災異가 발생하였다. 이때 위험을 무릅쓰고 매복이 성제에게 간언을 하였다고 한다. 위 인용문은 매복의 간언 속에 나오는 내용이다. 『漢書』, 卷67, 「梅福傳」, 2925-2926. "『春秋經』曰: '宋殺其大夫.' 『穀梁傳』曰: '其不稱名姓, 以其在祖位, 尊之也.' 此言孔子故殷後也, 雖不正統, 封其子孫以爲殷後, 禮亦宜之. 何者? 諸侯奪宗, 聖庶奪適. 『傳』曰'賢者子孫宜有土', 而況聖人又殷之後哉? 昔成王以諸侯禮葬周公, 而皇天動威, 雷風著災." 〔注〕 如淳曰: "奪宗, 始封之君尊爲諸侯, 則奪其舊爲宗子之事也. 奪適, 文王舍伯邑考而立武王是也. 孔子雖庶, 可爲殷後." 師古曰: "適讀曰嫡."

65 장량(張良, ?~기원전 168): 漢 高祖 劉邦의 개국공신. 한나라가 秦나라에게 멸망당하자 진시황의 암살을 기도했으나 실패하여 달아났다가 뒤에 沛公 유방이 군사를 일으키자 유방을 도와 漢을 일으켰다. 뒤에 留侯로 책봉되었다.

【한 몸에 양가의 적(適)을 겸할 수는 없다.】 그러므로 당시 전례를 논의하던 신하들이 반드시 월산군으로 하여금 제사를 받들게 하려 했던 것이다. 비록 그렇지만, 이것은 천지의 대의에 결코 합당하지 않은 점이 있으니, 어째서이겠는가? 『예기』에 "제후는 천자를 감히 조(祖)로 삼을 수 없고, 대부는 감히 제후를 조로 삼을 수 없다."라고 하였다.【「교특생(郊特牲)」】 의경세자가 이미 추숭되어 의경왕이 되었다면, 그 작위는 제후인 것인데, 어찌 월산군이 조(祖)로 삼을 수 있는 대상이겠는가? 제후가 천자를 조로 삼는 경우는 두 가지가 있다. 하나는 빈국(賓國)의 묘(廟)이니, 우사(虞思)가 순(舜)을 조로 삼은 것, 기(杞)가 우(禹)를 조로 삼은 것, 송(宋)이 탕(湯)을 조로 삼은 것이 그것이다. 하나는 출왕(出王)의 묘이니, 노(魯)에 주묘(周廟)가 있었고, 정(鄭)에 려묘(厲廟)가 있었으며【『춘추(春秋)』 '양공(襄公) 12년조'에 보인다.】, 기내(畿內)에서 받들어지는 대상에 대해 제사를 받들어 조왕묘(祖王廟)를 세울 수 있었던 것【『주례(周禮)』 「도종인(都宗人)」·「가종인(家宗人)」에 보인다.】[66] 따위가 그것이다. 대부가 제후를 조로 삼는 것도 오직 출공(出公)을 제사하는 경우뿐이다. 그러므로 삼가(三家)가 환공(桓公)의 묘(廟)를 둔 것,[67] 공회(孔悝)가 서포(西圃)에 위패를 가지고 간 것,[68] 자기(子期)가 초(楚) 평왕(平王)의 제사를 지낸 것[69]은 모

---

66 『周禮注疏』, 卷27, 「春官・都宗人」, 20a-21b. "都宗人掌都祭祀之禮. 凡都祭祀致福于國. 〔鄭注〕 都或有山川及因國無主九皇六十四民之祀, 王子弟則立其祖王之廟, 其祭祀王皆賜禽焉. 主其禮者警戒之, 糾其戒具. 其來致福, 則帥以而造祭僕."; 『周禮注疏』, 卷27, 「春官・家宗人」, 21b. "家宗人掌家祭祀之禮. 凡祭祀致福. 〔鄭注〕 大夫采地之所祀與都同. 若先王之子孫, 亦有祖廟."

67 삼가가~둔 것: 관련 내용이 『春秋左傳』, 哀公 3年 五月 辛卯條에 보인다.

68 공회가~간 것: 『春秋左傳』, 哀公 16年 6月條에 관련 내용이 보인다. 서포는 공씨의 사당이 있는 곳이다. 대부인 공회는 예법상 천자와 제후만 들어갈 수 있는 禘祫祭에 신주를 모실 수 없는데, 신주를 모신 것은 非禮(예에 어긋난 일)에 해당하지만, 出公의 경우에는 신주를 모시는 것이 허용되었다. 이를 두고 출공의 禮로 볼 것인지 非禮

두 이른바 근본에 보답하는 의리이다. 그러나 이른바 '출왕묘(出王廟)'·'출공묘(出公廟)'는 모두 궁실 하나를 따로 세운 것이지, 종묘 안에 세워 태조로 삼은 것이 아니다. 이제 월산군으로 하여금 의묘(懿廟)의 제사를 받들게 한다면, 이것은 월산군의 가(家)가 마침내 의경왕(懿敬王)을 태조(太祖)로 삼아 엄연히 한 제후의 묘가 되는 것인데, 천하에 그런 법이 있겠는가? 만약 '태조로 삼는 것이 아니요, 출공묘의 경우처럼 별도로 묘(廟)를 설치하는 것'이라고 한다면, 더욱 옳지 않다. 이미 월산군을 본가의 적(嫡)으로 삼아 그로 하여금 제사를 받들게 했는데, 다시 조를 계승하여 종이 되어 스스로 가(家)를 이루지 못하게 한다면, 피차(彼此)가 모두 마땅하지 않게 된다. 만약 옛 사람이 이런 상황에 처했더라면, 본래 응당 정을 억누르고 의경을 추숭하지 않았을 것이다. 선조(宣祖)가 덕흥(德興)에게 했던 것처럼 월산군으로 하여금 제사를 받들게 한다면 괜찮겠지만, 이미 왕으로 추숭해놓고도 대부로 하여금 그것을 계승하여 종이 되게 하는 것은 대단히 옳지 않다.

**臣又思之, 懿敬之地, 又與德興不同. 彼是王子, 此是世子, 何得同矣? 『禮』曰 '君所主, 太子·適婦', 【「服問」文】 言太子之喪, 國君爲喪主也. 故周景王居太子之服, 而稱之爲三年之喪. 旣主其喪, 應主其祭. 先君主其祭, 而嗣王移其祀, 得無未安, 欲移其祀, 則宜以世子追封大君, 去世子之號, 而同於別子, 如讓寧大君. 然後立後奉祀, 繼別爲宗, 可也. 世子之號不改, 則又非私家**

---

로 볼 것인지에 대해서는 주석에 따라 견해가 다르다.

69 자기가~지낸 것: 『國語集解』, 卷18, 「楚語下」, 516에 관련 내용이 보인다. 司馬子期는 초나라 平王의 아들 公子 結이며, 평왕은 昭王의 아버지다.

之所得祭也. 世子有後, 則多承大統.【如建文皇帝.】 其或無後者, 公家祭之. 故斯禮無所講也. 我邦順懷世子【明宗子】 · 文孝世子【正宗子】, 皆早卒無嗣, 固無論已. 若使昭顯世子, 其子孫不滅, 則必追封大君, 同之別子, 而後乃可使大夫承祀. 別嫌明微, 有不得不然矣.

ㅣ 다시금 생각건대, 의경의 처지는 덕흥과도 다르다. 후자는 왕자이고, 전자는 세자인데, 어찌 같을 수 있겠는가? 『예기』에서는 "군주가 상주가 되는 대상은 태자(太子)와 적부(適婦)이다."【「복문(服問)」의 글】라고 했는데,[70] 이는 태자의 상(喪)에 국군(國君)이 상주가 되는 것을 말한다. 그러므로 주(周) 경왕(景王)이 태자의 상에 거상(居喪)하면서 그에 걸맞게 삼년상(三年喪)을 하였다. 이미 그 상을 주재했으니, 그 제사를 주재하는 것이 마땅하다. 선군(先君)이 그 제사를 주재하고 사왕(嗣王)이 그 제사를 옮기는 것은 적절하지 않음이 없으니, 그 제사를 옮기려 한다면 세자를 대군(大君)으로 추봉(追封)하여 세자의 칭호를 없애고 양녕대군(讓寧大君)[71]처럼 별자(別子)[72]와 같게 해야 했다. 그런 뒤에 후사를 세우

70 『예기』에서는~했는데: 『禮記』, 「服問」에는 "君所主, 夫人妻 · 太子 · 適婦."로 되어 있으나 다산은 夫人妻를 생략하였다.

71 양녕대군(讓寧大君, 1394~1462): 조선 태종의 장남. 이름은 褆. 자는 厚伯. 시호는 剛靖. 1404년(태종 4) 세자로 책봉되었으나 품행이 방정하지 못하여 1418년 폐위되어 양녕대군으로 봉해지고 아우 忠寧大君(세종)이 세자로 책봉되었다. 충녕대군이 즉위한 뒤에도 우애가 깊었으며, 전국 방방곡곡을 유랑하면서 풍류객들과 사귀며 일생을 마쳤다. 세종의 廟庭에 배향되었다.

72 별자(別子): 諸侯의 庶子인 公子로서 分家하여 그 子孫의 祖上이 된 자를 일컫는다. 별자를 계승하는 자는 大宗이 된다. 『禮記』, 「大傳」, "庶子不祭, 明其宗也. 庶子不得爲長子三年, 不繼祖也. 別子爲祖, 繼別爲宗, 繼禰者爲小宗. 有百世不遷之宗, 有五世則遷之宗. 百世不遷者, 別子之後也. 宗其繼別子之, 所自出者, 百世不遷者也. 宗其繼高祖者, 五世則遷者也. 尊祖故敬宗. 敬宗, 尊祖之義也."; 『禮記』, 「喪服小記」, "別子爲祖, 繼別爲宗, 繼禰者爲小宗. 有五世而遷之宗, 其繼高祖者也. 是故祖遷於上, 宗易於下. 尊祖故敬

고 제사를 받들며 별자를 계승하여 종이 되게 하는 것이 옳다. 세자의 칭호가 바뀌지 않으면, 사가(私家)에서도 제사할 수 없다. 세자에게 후사가 있으면 대통을 계승하는 경우가 많다.【건문황제(建文皇帝)의 경우】 더러 후사가 없을 경우에는 공가(公家)에서 그를 제사한다. 그러므로 이 예(禮)는 강론할 바가 없다. 우리나라 순회세자(順懷世子)【명종(明宗)의 아들】와 문효세자(文孝世子)【정조(正祖)의 아들】는 모두 일찍 죽어서 후사가 없었으니, 본래 말할 것도 없다. 소현세자(昭顯世子)의 경우 그 자손이 없어지지 않았다면 틀림없이 대군으로 추봉(追封)하여 그를 별자로 모신 뒤에야 대부로 하여금 제사를 받들게 할 수 있었을 것이다. 혐의를 분별하고 은미한 의리를 밝히자면, 그렇게 하지 않을 수 없다.

臣謹案『漢書』宣帝父曰悼皇考. 初稱親謚曰悼, 置奉邑寢園而已, 其後改親稱皇考, 而立廟京師. 自元帝以後, 貢禹·韋玄成等始建毁廟之議, 數十年間, 毁立不一. 至哀帝時, 大司徒平晏等百四十七人奏議, 至以爲兩統二父非禮宜毁, 蓋謂其立廟京師, 亂漢祖宗也. 宋臣韓琦·歐陽脩等, 其議濮王之禮, 亦嚴守此義, 謂不可立廟京師, 謂不可去其國號.【漢哀帝二年, 去定陶國號.】 其如是者, 漢是天子之國, 諸侯各就其國, 以自立廟, 故宗廟之外, 不得在京師. 此所以立廟京師, 視爲大變也. 我邦宗室之廟, 皆在京師, 不可與漢儒同議. 唯立廟於宗廟之內, 或於禁苑之中, 方與彼京師比例耳. 然宋之濮王旣不稱帝, 其不去國

---

宗, 敬宗所以尊祖禰也." 다산은 別子에 대한 다양한 설명 중 天子나 諸侯의 支子 혹은 公子의 專名이라는 설만 인정했다. 全書, III-12, 禮集 1, 『喪禮四箋』, 卷11, 「喪期別」, 〈出後2: 大宗小宗之辨〉, 25a. "又按, 別子者, 公子之專名."; 『國朝典禮考』 1:9, 12a (⑫:785). "別子者, 天子·諸侯之支子也."

號, 使宗懿奉祀, 皆合禮典. 漢之定陶旣稱爲皇, 若不去國號, 立後奉祀, 則是漢皇之外, 又有陶皇, 眞有二統之嫌. 平晏之議, 未盡善也.

ㅣ 삼가 살피건대, 『한서(漢書)』에서는 선제(宣帝)의 아버지를 '도황고(悼皇考)' 라고 했다. 처음에는 아버지의 시호를 '도(悼)' 라고 부르고 봉읍(奉邑) 침원(寢園)을 두었을 뿐이나, 그 뒤 아버지의 칭호를 '황고' 로 바꾸고 수도에 묘를 세웠다.[73] 원제(元帝) 이후로 공우(貢禹)[74]와 위현성(韋玄成)[75] 등이 처음 묘를 헐어버리자는 논의를 시작했는데, 수십 년 동안 헐어버릴지 세울지 의견이 일치하지 않았다. 애제(哀帝) 때 와서는 대사도(大司徒) 평안(平晏)[76] 등 147인이 의견을 올렸는데, 통(統)과 부(父)를 이원화하는 것은 예가 아니니, 헐어버리는 것이 마땅하다고까지 하였다.[77] 이는 대개 수도에 묘를 세우는 것이 한(漢)의 조종(祖宗)을 어지럽히는 것임을 말한 것이다. 송(宋)의 신하 한기(韓琦)[78]와 구양수(歐

---

73 『한서』에서는～세웠다: 『國朝典禮考』 1:2의 주석 44 참조.

74 공우(貢禹): 漢나라 琅邪 사람. 자는 少翁. 관직이 御史大夫에 이르렀다.

75 위현성(韋玄成, ?～BC. 36): 漢나라 文臣. 魯國 鄒人. 자는 少翁. 河南太守를 거쳐 재상이 되었다.

76 평안(平晏): 漢나라 재상. 경서에 밝아 大司徒를 지냈고, 防鄕侯에 봉해졌으며, 황제의 신임을 받아 韋賢 부자와 함께 재상에 올랐다.

77 원제～하였다: 다산은 이 대목에서 『續資治通鑑綱目長編』을 인용하고 있다. 〔宋〕 李燾, 『續資治通鑑綱目長編』, 卷207, 「英宗」, 10a. "自元帝以後, 貢禹 · 韋玄成等始建毁廟之議, 數十年間, 毁立不一. 至哀帝時, 大司徒平晏等百四十七人奏議云, 親謚曰悼, 裁置奉邑, 皆應經義. 是不非宣帝稱史皇孫爲親也." 자세한 관련 내용은 『漢書』, 卷73, 「韋玄成傳」, 3115-3132에 보인다. 김용천, 「前漢 元帝期 韋玄成의 宗廟制論」 (『동양사학연구』 95, 동양사학회, 2006) 참조.

78 한기(韓琦, 1008～1075): 北宋의 정치가, 相州 安陽 사람. 자는 稚圭. 젊어서 진사에 합격하여 정계의 기강을 바로잡고 邪臣彈劾에 힘썼으며, 體量按撫使로서 四川의 기아에 시달리는 190만 명을 구제하였다. 30세에 西夏의 침입을 격퇴하여 명성을 떨쳤다. 또한 자원해서 揚州知事 등의 지방관을 지냈는데, 1056년 三司使 · 樞密使, 1058년

陽脩)[79] 등도 복왕(濮王)의 전례를 논의하면서 이런 의리를 엄격하게 지키면서, '수도에 묘를 세워서는 안 된다', '그 국호(國號)를 떼어버려서는 안 된다' 고 말했다.【한(漢) 애제(哀帝) 2년, '정도(定陶)' 라는 국호를 떼어버렸다.】 이렇게 한 것은 한(漢)은 천자의 나라요 제후들은 각각 제 나라에 스스로 묘를 세우므로 종묘 외에는 수도에 있을 수 없었기 때문이다. 이것이 수도에 묘를 세우는 것을 큰 변(變)으로 간주하는 까닭이다. 우리나라 종실의 묘는 모두 수도에 있으므로, 한나라 유자들과 같은 논의를 해서는 안 된다. 오직 종묘 안이나 금원(禁苑) 안에 묘를 세울 경우에만, 중국에서 수도에 묘를 세우는 경우와 견줄 수 있다. 그러나 송나라 복왕은 이미 제(帝)라고 부르지 않았으니, 그가 국호를 없애지 않고 종의(宗懿)[80]에게 제사를 받들게 한 것은 모두 예전(禮典)에 합당한 것이었다. 한나라 정도왕은 이미 황(皇)이라고 불렀는데, 만약 국호를 없애지 않고 후사를 세워 제사를 받든다면, 이는 한황(漢皇) 외에 또 도황(陶皇)

---

재상이 되어 약 10년간 국정에 참여하였다. 그동안 國史를 감수하기도 하였다. 神宗 즉위 후 王陶의 탄핵을 받고 다시 지방관이 되어 靑苗法과, 거란이 요구하는 영토 할양에 반대하여 王安石과 정면으로 대립하고, 관직을 사임한 뒤 죽었다. 富弼과 함께 어진 재상이라는 칭송을 받기도 하였다. 문집으로는 『安陽集』이 있다. 『宋史』, 卷312, 「韓琦傳」, 10221-10230 참조.

79 구양수(歐陽脩, 1007～1072): 北宋의 정치가 · 문인 · 학자. 자는 永叔, 호는 醉翁 · 六一居士. 江西省 盧陵縣 출생. 4세 때 부친과 사별하고, 10세 때 韓愈의 시문에 심취, 1030년 進士 · 館閣校勘이 되었고, 翰林學士 · 翰林侍讀學士가 되어, 유명한 『新唐書』를 편찬했다. 神宗 때 刑部 · 兵部 등의 尙書에 있었으나, 王安石이 新法을 실시할 때 靑苗法에 반대하여 관직을 그만두었다. 唐宋八大家의 한 사람으로 정치가일 뿐 아니라 우수한 문인이자 학자로서 易과 毛詩의 새 해석, 古文 부흥, 역사 연구 · 편찬 등에 큰 공헌을 했다. 저서로는 『六一詩話』, 『歸田錄』, 『洛陽牡丹記』, 『五代史記』, 『集古錄』 10권 등이 있으며, 전집으로는 『歐陽文忠公集』 13권, 부록 5권이 있다. 시호는 文忠公이다. 『宋史』, 卷319, 「歐陽脩傳」, 10375-10383 참조.

80 종의(宗懿): 송나라 濮王의 長子로 英宗의 형이며, 濮國公으로 봉해졌다. 『宋史』, 卷13, 「英宗本紀」, 3年 正月 辛巳日條에 관련 내용이 보인다.

이 있는 셈이니, 참으로 통을 이원화하는 혐의가 있는 것이다. 평안(平晏)의 논의가 모두 합당한 것은 아니다.

○延慶宮似是月山本宮, 今不可詳.

| ○ 연경궁(延慶宮)은 월산군의 본궁(本宮)인 듯한데, 지금은 자세히 알 수 없다.

## 1:3

成宗七年丙申正月, 上懿敬王廟號曰德宗, 祔于太廟. 初追王懿敬時, 以自麗朝無追王奏請之例, 而不爲奏請於中朝, 及請承襲使權瑊還奏: "太監鄭同以爲懿敬封王, 亦當奏請." 至是, 上遣金瑣等奏請, 中朝賜謚懷簡, 頒誥命. 上議大臣, 始加上廟號, 行祔廟禮. 大王大妃教以當從兄弟之序, 諸大臣議同, 遂奉序于睿宗室右.【出『國朝寶鑑』.】

| 성종 7년 병신(丙申, 1476)년 정월, 의경왕(懿敬王)의 묘호(廟號)를 '덕종(德宗)'으로 올리고 태묘에 부묘(祔廟)[81]하였다.[82] 처음 의경을 왕으로 추존하던 때에는 고려 때부터 왕으로 추존하는 것을 주청(奏請)한 사례가 없었기 때문에 중국 조정에 주청하지 않았다. 청승습사(請承襲使) 권감(權瑊)[83]이 돌아와서 아뢰었다. "태감(太監) 정동(鄭同)

81 부묘(祔廟): 王이나 后妃 등의 喪事에서 3년의 喪期를 마친 뒤 神主를 宗廟로 모시는 의식. 그 구체적인 과정과 절차를 기록한 책으로는 『祔廟都監儀軌』가 있다.

82 성종 7년~부묘하였다: 묘호와 부묘 관련 기사가 『成宗實錄』, 卷63, 成宗 7年 正月 癸丑(8)日, 甲寅(9)日條에 보인다.

83 권감(權瑊: 1423~1487): 자는 次王, 호는 知守庵. 시호는 襄平. 본관은 安東. 1444년(세종 26) 蔭補로 社稷署錄事가 되고 1450년 사온서주부로 있을 때 司馬試에 합격한 뒤 監察 · 都承旨를 지냈다. 1468년(세조 14) 南怡가 죽자 翊戴功臣 3등으로 花川君에

은 의경세자를 왕으로 봉하는 것도 주청해야 한다고 하였습니다."[84] 그리하여 주상이 김질(金礩)[85] 등을 보내어 주청했고, 중국 조정에서는 '회간(懷簡)'이라는 시호를 내리고 고명(誥命)을 내려주었다.[86] 주상이 대신(大臣)과 의논하여 비로소 묘호를 더하여 올리고 부묘례(祔廟禮)를 치렀다. 대왕대비가 하교하여 형제의 서차(序次)를 따라야 한다고 하였는데, 여러 대신들의 의견도 이와 같았으므로 마침내 예종실(睿宗室) 오른쪽에 서차를 받들었다.[87] 【출전: 『국조보감』】[88]

臣謹案, 稱宗入廟之非古禮, 臣前旣言之矣. 唯是追王之例, 當時已引麗朝, 則其竟稱宗, 亦不過以高麗之追崇安宗爲一部龜鑑矣, 可勝惜哉! 漢哀帝·漢安帝, 雖有追崇之失, 而猶未嘗[89]稱宗入廟, 盍一講究以求至當之道理也?

| 삼가 생각건대, 종(宗)이라 부르고 종묘에 들이는 것이 고례(古禮)가 아니라는 것은 앞서 이미 언급하였다. 다만 왕으로 추존하는 사례로

---

봉해졌다. 1469년 성종이 즉위하자 이조판서가 되어 請承襲使로 北京에 다녀왔고, 1471년 佐理功臣 1등에 올랐으며 대사헌·좌참찬·병조판서 등을 지냈다.

84 청승습사~하였습니다: 관련 기사가 『成宗實錄』, 卷4, 成宗 1年 3月 己亥(20)日條에 보인다.

85 김질(金礩, 1496~1561): 자는 文素, 호는 永慕堂. 본관은 安東. 通禮院贊儀 福重의 아들. 효심이 지극하여 부모를 지성으로 봉양하고, 사후에는 廬墓를 지키는 등 효행이 뛰어났다. 사람들이 그의 효성에 감동, 그 묘소를 祭聽山이라 하였다. 죽은 뒤 효행이 널리 알려져 旌門이 세워지고 茂長의 道巖祠에 제향되었다. 저서로는 『永慕錄』, 『六事自責說』 등이 있다

86 그리하여~내려주었다: 관련 기사가 『成宗實錄』, 卷51, 成宗 6年 正月 己卯(29)日條에 보인다.

87 대왕대비가~받들었다: 대왕대비의 하교는 『成宗實錄』, 卷59, 成宗 6年 9月 乙丑(19)日, 辛未(25)日條에 보인다.

88 『國朝寶鑑』, 卷16, 成宗朝2, 丙申年 正月, 1ab(2~65ab).

89 嘗: 新朝鮮社本에는 '尙'으로 되어 있으나 奎章閣本에 따라 바로잡는다.

당시에 이미 고려조를 인용하였으므로, 결국 종이라 부르고 것도 고려시대 안종(安宗)의 추숭 사례를 일부 전거로 삼은 것에 불과하니, 안타깝도다! 한나라 애제와 한나라 안제는 비록 추숭을 한 잘못이 있었지만 그래도 종이라 부르고 종묘에 들인 적은 없었다. 어찌 가장 정당한 도리를 강구하지 않았는지 의문이다.

臣謹案, 廟次之在睿宗右, 是又何據也? 太廟躋僖公, 孔子曰 '子雖齊聖, 不先父食', 謂僖公雖兄, 閔公雖弟, 而閔公先已爲君, 故以閔爲君父, 以僖爲臣子也. 夏父弗忌 · 臧文仲, 千古不免逆祀之咎, 曾謂我國家文物彬彬, 亦不免斯咎乎? 當時議者必以爲懿敬之在東宮也, 睿宗事之以貳君, 與魯之閔 · 僖有間, 不知大名所分, 唯在天位之先後, 餘不可問也. 睿宗之祭懿敬也, 自稱曰國王, 不稱曰嗣王, 則是以君而臨臣也. 睿宗平日用君臨之禮, 而一朝序其昭穆, 降睿宗而左之, 升懿敬而右之, 其與閔 · 僖之事, 何以異矣? 稱宗祔廟, 本非古聖人之禮, 故其儀節之動, 輒罣礙如此. 然且當時已知此事或近於魯禮, 故禮官無所議, 特以大妃之教, 且順兄弟之序. 夫大妃何考焉? 所重者, 兄弟之序而已. 龜玉逸於櫝, 欲委其咎於大妃. 臣讀史至此, 不能不致慨於當時掌禮之臣也.

| 삼가 생각건대, (덕종은) 종묘의 위차(位次)가 예종(睿宗)의 오른쪽에 있는데, 이것은 또한 어디에 의거한 것인가? 태묘(太廟)의 큰 제사를 지낼 때 희공(僖公)을 민공(閔公)보다 높여서 제사를 모셨는데, 공자(孔子)가 "아들이 비록 훨씬 훌륭하더라도 아버지보다 먼저 제사를 받지는 않는다."고 한 것은[90] 비록 희공이 형이고 민공이 동생이지만, 민공이 앞서 임금이 되었으므로, 민공을 군부(君父)로 삼고 희공을 신자(臣子)

로 삼아야 함을 말한 것이다. 하보불기(夏父弗忌)와 장문중(臧文仲)[91]은 천고(千古)에 순서를 뒤바꾸어 제사를 지냈다는 비판을 면치 못하였거늘, 문물이 밝게 빛나는 우리나라조차도 마찬가지로 이런 허물에서 벗어나지 못한다는 말인가? 당시 논의하던 자들은 의경이 동궁(東宮)으로 있을 때 예종(睿宗)이 그를 섬겨서 임금을 보좌하였으므로, 노나라의 민공과 희공의 일과는 차이가 있다고 말했으나, 큰 명분이 나뉘는 것은 오직 천위(天位: 하늘이 내린 王位)의 선후(先後)에 달려 있을 뿐이요, 나머지는 물을 수 없다는 것을 몰랐던 것이다. 예종께서는 의경을 제사하면서 스스로 국왕이라고 부르고 사왕(嗣王)이라고 부르지 않았으니, 이는 임금으로서 신하를 대한 것이다. 예종께서는 평소 임금으로 처신하

---

90 태묘의~한 것은: 희공과 민공은 형제지간이었으나, 형인 희공은 동생인 민공에 이어 임금이 되었다. 이에 따라 태묘에서 제사를 지낼 때, 혈연적인 형제관계에 따를 것인지, 임금이 된 순서에 따를 것인지가 논쟁의 대상이 되었다. 이 내용은 뒤에 중국과 조선의 전례논쟁에서 親屬과 君統, 世次와 位次, 親親과 尊尊의 관계 중 어느 것을 더 중시할 것인가 하는 논점을 드러내는 전거로 자주 언급되었다. 『春秋』, ‘文公2年條’〔經文〕“八月丁卯, 大事于大廟, 躋僖公.”; 『春秋左傳』, “秋八月丁卯, 大事于大廟, 躋僖公, 逆祀也. 於是夏父弗忌爲宗伯, 尊僖公, 且明見曰, ‘吾見新鬼大, 故鬼小. 先大後小, 順也. 躋聖賢, 明也. 明 · 順, 禮也.’ 君子以爲失禮, ‘禮無不順. 祀, 國之大事也, 而逆之, 可謂禮乎? 子雖齊聖, 不先父食, 久矣. 故禹不先鯀, 湯不先契 · 文 · 武不先不窋. 宋祖帝乙, 鄭祖厲王. 猶上祖也. 是以魯頌曰, 〈春秋匪解, 享祀不忒, 皇皇后帝, 皇祖后稷.〉 君子曰〈禮〉, 謂其后稷親而先帝也. 詩曰, 〈問我諸姑, 遂及伯姊.〉 君子曰, 禮, 謂其姊親而先姑也.’ 仲尼曰, ‘臧文仲, 其不仁者三, 不知者三. 下展禽, 廢六關, 妾織蒲, 三不仁也. 作虛器, 縱逆祀, 祀爰居, 三不知也.’”; 『春秋穀梁傳』, “八月, 丁卯, 大事于大廟, 躋僖公. 大事者何, 大是事也, 著祫嘗, 祫祭者, 毁廟之主, 陳于大祖, 未毁廟之主, 皆升合祭于大祖, 躋, 升也, 先親而後祖也, 逆祀也, 逆祀, 則是無昭穆也, 無昭穆, 則是無祖也, 無祖, 則無天也, 故曰文無天, 無天者, 是無天而行也, 君子不以親親害尊尊, 此春秋之義也.”; 『春秋公羊傳』, “八月, 丁卯, 大事于大廟, 躋僖公, 大事者何? 大祫也. 大祫者何? 合祭也, 其合祭奈何? 毁廟之主, 陳于大祖. 未毁廟之主, 皆升, 合食于大祖. 五年而再殷祭. 躋者何? 升也, 何言乎升僖公. 譏, 何譏爾, 逆祀也, 其逆祀奈何? 先禰而後祖也.”

91 하보불기와 장문중: 노나라 희공을 민공보다 높여서 제사를 지낸 장본인들.

는 예를 쓰셨는데도, 하루아침에 그 소목(昭穆)을 배열하면서 예종을 낮추어 왼쪽으로 삼고 의경을 높여서 오른쪽으로 삼는다면, 그것이 민공과 희공의 일과 무엇이 다르겠는가? 종이라 부르고 부묘하는 것은 본래 옛 성인의 예법이 아니다. 그러므로 그 의절(儀節)을 치를 때마다 이처럼 문제점이 있었던 것이다. 그러나 당시에도 이미 이 일이 노나라 예에 가깝다는 것을 알았다. 그러므로 예관(禮官)들이 의견을 내지 않고 다만 대비의 하교대로 형제의 순서에 따랐다. 대비께서는 무엇을 생각하셨겠는가? 중하게 여긴 것은 형제의 차서였을 뿐이다. 귀옥(龜玉)이 궤(櫝)에서 없어졌는데도,[92] 대비에게 그 허물을 돌리고자 했다. 내가 역사책을 읽다가 여기에 이르러서 당시 전례를 담당하던 신하들에 대해서 개탄하지 않을 수 없었다.

野史云: "成宗六年, 始有祔廟之議, 院相韓明澮及臺諫皆以爲不可. 李坡 · 孫舜孝尤執不可. 李承召 · 任元濬以爲宜祔. 丙申春, 將祔廟, 睿宗以弟而受命在先, 德宗以兄而追封於後, 廟位次序, 命議于朝. 院相以爲當從受命先後. 禮判李承召 · 叅判李克墩請從天倫次序. 從之."

| 야사(野史)[93]에는 다음과 같이 기록되었다. "성종 6년(1477), 처음 부묘의 논의가 있었는데, 원상(院相)인 한명회(韓明澮)[94]와 대간(臺諫)이

92 귀옥이~없어졌는데도: 원래는 공자가 제자 冉有와 季路에게 신하로서 季氏의 잘못된 정치를 바로잡지 못하는 책임을 지적하면서 힘에 의한 정벌보다는 덕에 의한 內治에 힘쓸 것을 권면한 말인데, 여기서는 국가의 근간이 되는 전례와 법도가 훼손된 것을 가리킨다. 『論語』, 「季氏」 16:1, "虎兕出於柙, 龜玉毁於櫝中, 是誰之過與?"

93 야사(野史): 李肯翊의 『燃藜室記述』에 실린 『國朝典謨』의 내용을 가리킨다.

94 한명회(韓明澮, 1415~1487): 자는 子濬, 호는 鴨鷗亭. 시호는 忠成. 본관은 淸州. 柳方善의 문인이며, 두 딸은 예종비인 章順王后, 성종비인 恭惠王后이다. 世祖의 심복

모두 반대했고, 이파(李坡)[95]와 손순효(孫舜孝)[96]는 더욱 굳게 반대했으나, 이승소(李承召)[97]와 임원준(任元濬)[98]은 부묘하는 것이 마땅하다고 찬성했다.[99] 병신(丙申)년 봄, 부묘를 앞두고서, 예종은 아우였지만 먼저 명(命)을 받아 즉위하였고 덕종은 형이었지만 뒤에 추봉(追封)되었으므로, 종묘의 위차(位次)에 대해 논의할 것을 조정에 명하였다. 원상은 명을 받은 순서[100]에 따라야 한다고 했으나, 예조판서 이승소와 참판(參判) 이극돈(李克墩)[101]이 천륜(天倫)의 차서[102]를 따를 것을 청하니, 그

---

참모로서 癸酉靖難을 주도하였으며, 관직이 영의정에 이르렀다. 죽은 뒤 세조의 廟庭에 배향되었으나, 1504년(연산군 10) 갑자사화 때 연산군의 생모 尹氏 廢死에 관련되었다는 이유로 부관참시되었다가 伸冤되었다.

95 이파(李坡, 1434~1486): 자는 平仲, 호는 松菊齋 · 蘇隱. 시호는 明憲. 본관은 韓山. 1450년 진사시를 거쳐 이듬해 증광문과에 급제하여 출사한 뒤, 관직이 좌찬성에 이르렀다. 성리학에 조예가 있었고, 『東國通鑑』, 『三國史節要』를 撰進하였다.

96 손순효(孫舜孝, 1427~1497): 자는 敬甫, 호는 勿齋 · 七休居士. 시호는 文貞. 본관은 平海. 1451년(문종 1) 생원시에 합격하고 1457년(세조 3) 문과중시에 정과로 급제하여 출사한 뒤, 관직이 우찬성을 거쳐 판중추부사에 이르렀다. 성리학에 조예가 깊었고, 대나무 그림에 능하였다.

97 이승소(李承召, 1422~1484): 자는 胤保, 호는 三灘. 시호는 文簡. 본관은 陽城. 1438년(세종 20) 진사시에 합격, 1447년 식년문과에 급제하여 출사하였으며, 예조판서, 이조판서, 형조판서를 역임하였다. 『國朝五禮儀』 편찬에 참가하였으며, 박식하여 禮樂 · 兵刑 · 陰陽 · 律曆 · 지리에 통달하였으며 문장가로 이름을 떨쳤다. 저서로 『三灘集』이 있다.

98 임원준(任元濬, 1423~1500): 자는 子深, 호는 四友堂. 시호는 胡文. 본관은 豊川. 1456년(세조 2) 문과에 급제하여 집현전 부교리가 되었고, 1457년 중시에 합격하여 사헌부장령 · 奉常寺判事 등을 거쳐 이조참의에 오르고 호조 · 예조 · 병조 · 형조참판을 지냈으며, 예조판서 · 의정부의 좌 · 우참찬을 거쳐 좌리공신 3등에 책훈, 西河君에 봉해졌다.

99 성종 6년~찬성했다: 관련 내용이 『成宗實錄』, 卷59, 成宗 6年 9月 壬戌(16)日條에 보인다.

100 명을 받은 순서: 天命을 받아 임금이 된 순서, 여기서는 예종-덕종의 순서를 가리킨다.

101 이극돈(李克墩, 1435~1503): 자는 士高. 시호는 翼平이라 하였으나 뒤에 관직과 함

대로 따랐다.[103]" [104]

께 추탈되었다. 본관은 廣州. 1457년(세조 3) 친시문과에 급제하여 출사하였으며, 관직이 좌찬성에 이르렀다. 훈구파의 대표적 인물로서 무오사화를 일으켜 사림파를 제거한 주동자였다. 한때 파직되었다가 다시 기용되어 廣原君에 봉해졌다.

102 천륜의 차서: 혈연적인 형제의 차례, 곧 세조의 장남인 덕종(의경세자)과 차남인 예종의 순서를 가리킨다.

103 병신년~따랐다: 관련 내용이 『成宗實錄』, 卷59, 成宗 6年 9月 壬戌(16)日條; 『成宗實錄』, 卷63, 成宗 7年 正月 庚戌(5)日, 辛亥(6)條에 보인다.

104 야사에는~따랐다: 해당 내용이 李肯翊 編, 『燃藜室記述』, 卷5, 「德宗故事本末」, 「德宗」과 「成宗追尊德宗」(京城: 朝鮮光文會, 大正 2(1913)), 上~351-355에 보인다.

## 2. 선조대 덕흥군 추숭 전례

**1:4**

宣祖二年己巳十一月, 尊德興君爲大院君, 加嗣子河原君 珵爵一級, 給田土 · 臧獲.

| 선조 2년 기사(己巳, 1569)년 11월, 덕흥군(德興君)을 높여서 대원군(大院君)으로 삼았으며, 사자(嗣子)인 하원군(河原君) 정(珵)에게는 작위 1급을 더하고 전토와 노비를 주었다.

○十年丁丑夏四月, 始定大院君嗣孫世襲之制, 以堂上官世奉其祀.【出『國朝寶鑑』.】

| ○10년 정축(丁丑, 1577)년 여름 4월, 대원군을 계승하는 자손이 세습하는 제도를 처음 정하여, 당상관(堂上官)이 그 제사를 대대로 받들게 하였다.【출전: 『국조보감』】[105]

> 初中宗大王有九男, 一曰仁宗, 二曰明宗, 其庶子第七曰德興君.【序在九男之末.】宣祖卽德興君第三子也. 初封河城君, 明宗大王旣喪順懷世子, 擇於諸姪中, 默眷已久. 乙丑夏, 大行王寢疾, 從大臣建儲之議, 與王妃密議定策, 唯大臣知之. 雖未定名[106]

105 『國朝寶鑑』, 卷24, 宣祖朝1, 己巳年 11月, 30a(3～15c); 『國朝寶鑑』, 卷26, 宣祖朝3, 丁丑年 4月, 16a(3～36c).

106 名: 奎章閣本에는 '各'으로 되어 있으나 新朝鮮社本에 따라 바로잡는다.

號, 別置師傅韓胤明 · 鄭芝衍等教之, 數召試學業. 明宗二十二年【明穆宗隆慶元年】丁卯六月, 上疾大漸, 王妃沈氏急召大臣李浚慶, 喩曰, "乙丑年, 曾得上旨, 須以其人爲嗣."【乙丑九月, 上疾篤中, 殿下一封書于大臣, 以河城君爲嗣.】浚慶等遂迎上于德興君第, 入卽位.

| 처음 중종(中宗)대왕은 아홉 명의 아들을 두었으니, 첫째는 인종(仁宗)이고 둘째는 명종(明宗)이며 그 서자인 일곱째는 덕흥군【순서상 아홉 아들 중 막내】이다. 선조는 바로 덕흥군의 셋째아들이다.[107] 처음 하성군(河城君)을 봉했을 때는, 명종대왕이 순회세자(順懷世子)를 잃은 뒤 여러 조카들 가운데서 뽑혀서 묵묵히 양육된 지 이미 오래였다. 을축(乙丑, 1565)년 여름, 대행왕(大行王)이 앓아누웠을 때 세자를 세우자는 대신의 논의를 따라서 왕비와 함께 은밀하게 의논하여 결정하였고 오직 대신만 그것을 알았다. 비록 명호(名號)가 아직 정해지지는 않았지만, 한윤명(韓胤明)[108]과 정지연(鄭芝衍)[109] 등을 사부(師傅)로 따로 두어 그를 가르치게 하고 자주 불러 학업을 시험하였다. 명종 22년【명(明) 목종(穆宗) 융

107 중종부터 선조까지의 系譜를 간략하게 표시하면 다음과 같다.

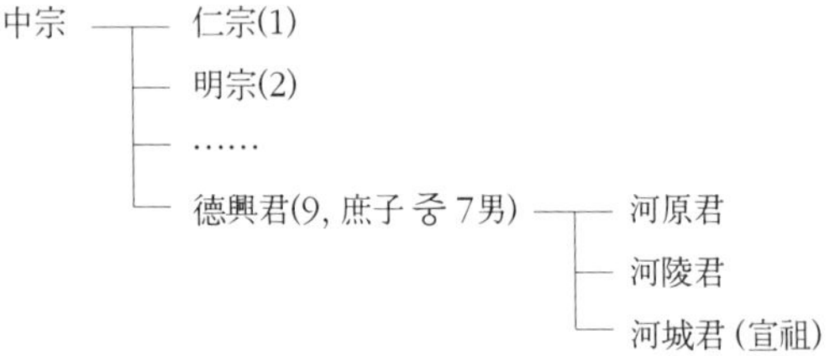


108 한윤명(韓胤明, 1537~1567): 자는 士泂, 호는 炯菴. 본관은 淸州. 李日齋의 제자로서 추천받아 선조의 王孫師傅가 되었다.

109 정지연(鄭芝衍, 1527~1583): 자는 衍之, 호는 南峰. 본관은 東萊. 李仲虎의 문하에서 수학하고 뒤에 李滉과 徐敬德을 사사, 사림 사이에 명망이 높았다. 1549년(명종 4) 사마시에 합격하여 진사가 되어 출사하였으며, 관직이 우의정에 이르렀다.

경(隆慶) 원년(元年)】 정묘(丁卯, 1567)년 6월, 주상의 병이 심히 악화되자 왕비 심씨(沈氏)가 서둘러 대신 이준경(李浚慶)[110]을 불러서 유시(諭示)하였다. "을축년, 일찌감치 주상의 뜻을 얻었으니, 그 사람을 후사로 삼아야 합니다."【을축년 9월, 주상의 병이 위독한 가운데 전하가 대신에게 봉한 서찰 하나를 내려서 하성군을 후사로 삼았다.】 준경(浚慶) 등이 드디어 덕흥군의 집에서 주상을 맞으니, 주상이 들어와 즉위하였다.

○臣謹案, 宣祖不追崇德興君, 當與宋英宗匹美, 千古盛德光輝溢于史冊, 臣又何言哉? 當時大臣有李浚慶, 儒臣有李滉 · 奇大升, 諸人出入經幄, 維持朝野, 邪僻之言無由而亂聖聰, 亦上之孝思睿智, 不欲以非禮加於父母, 故及至末年, 亦堅守而不變也. 猗歟, 盛哉!

| ○삼가 생각건대, 선조께서 덕흥군을 추숭하지 않은 것은 송(宋) 영종(英宗)에 견주어 그 훌륭함을 칭송할 만하고 천고(千古)의 성대한 덕의 빛이 역사책에 가득하다. 내가 다시 무슨 말을 하겠는가? 당시 대신으로는 이준경이 있었고, 유신(儒臣)으로는 이황(李滉)[111]과 기대승(奇大升)[112]이 있었는데, 여러 사람들이 경연(經筵)에 드나들며 조야(朝野)를

---

110 이준경(李浚慶, 1499~1572): 자는 原吉, 호는 東皐 · 南堂. 시호는 忠正. 본관은 廣州. 1531년(중종 26) 식년문과에 급제하여 출사하였으며, 관직이 영의정, 영중추부사에 이르렀다. 선조 묘정에 배향되었으며, 淸安 龜溪書院 등에 제향되었다. 저서로 『東皐遺稿』, 『朝鮮風俗』 등이 있다.

111 이황(李滉, 1501~1570): 자는 景浩, 호는 退溪. 시호는 文純. 본관은 眞寶. 1534년(중종 29) 문과에 급제하여 출사하였으며, 관직은 丹陽郡守, 豊基郡守, 대사성, 참의, 경연관참관 등을 역임했으나 대부분 사퇴하고 낙향하여 주로 講學과 저술에 힘썼다. 뒤에 영의정에 추증되었다. 문묘 및 선조의 묘정에 배향되었고, 안동의 도산서원을 비롯하여 40여 곳의 서원에 主祀되었다. 조선 성리학의 태두로서 『退溪集』을 비롯하여 수많은 저술을 남겼다.

떠받치고 있어서 간사하고 치우친 말이 성총(聖聰)을 어지럽힐 틈이 없었고, 효성스럽고 슬기로운 주상께서도 예에 어긋난 것을 부모님께 더하려고 하시지 않았기 때문에 말년에 이르러서도 굳게 지키면서 변치 않았다. 아, 성대하도다.

**宣祖元年八月, 判中樞府事李滉上疏, 論六條. "其一曰, 重繼統, 以全仁孝. 主上以王室至親, 入承大統. 凡所以繼志述事者, 莫非出於至誠, 其於仁孝之道, 不患其不致隆也. 然心難持於盤水, 善難保於風燭. 異時, 耳目之蒙蔽雜陳, 愛憎之妖惑並進, 日久月沈, 事玩情忸, 所以承宗廟奉長樂者, 動有違慢, 馴致於殺其所當隆, 隆其所當殺, 安保其必無乎? 此古來入繼之君所以多得罪於彝敎, 而今日之所宜戒者也."**

| 선조 원년(1568) 8월, 판중추부사(判中樞府事) 이황이 소(疏)를 올려서 여섯 조목을 논했다. "첫째, 통(統)을 계승하는 것을 존중하여 인효(仁孝)를 온전하게 하는 것입니다. 주상(主上)께서는 왕실의 가까운 친족으로서 후사로 들어와 대통을 계승하셨습니다. 무릇 선왕의 뜻을 이어받고 그 업적을 따르는 것은 모두 지성(至誠)에서 우러나오는 것이므로, 인효의 도리에 융성함을 이루지 못할까 걱정하지 않습니다. 그러나 마음은 쟁반의 물보다 견지하기 어렵고 선(善)은 바람 앞의 촛불보다 보존하기 어렵습니다. 언젠가 이목(耳目)을 가리고 막는 것이 마구 진언되고 애증(愛憎)의 유혹이 한꺼번에 진달되는 가운데 세월이 오래 흘러

---

112 기대승(奇大升, 1527~1572): 자는 明彦, 호는 高峰. 시호는 文憲. 본관은 幸州. 1549년(명종 4) 사마시(司馬試)에, 1558년(명종 13) 식년문과에 급제하여 출사한 뒤 관직이 대사간에 이르렀다. 退溪와 12년에 걸쳐 편지를 주고받으며 四端七情을 논한 것으로 유명하다. 저서로는 『高峰集』, 『論思錄』, 『朱子文錄』 등이 있다.

사정(事情)에 익숙해지면 종묘를 계승하고 장락(長樂: 長樂殿. 경희궁에서 대비가 생활하던 곳)을 받드는 데 걸핏하면 어그러뜨리고 소홀히 하는 일이 있게 될 터이고, 마땅히 높여야 할 대상을 낮추고 마땅히 낮추어야 할 대상을 높이는 사태에도 이르게 될 것이니, 그런 일이 꼭 벌어지지 않으리라고 어찌 보장하겠습니까? 이것이 바로 옛날부터 후사로 들어와 종통을 계승한 임금들이 이교(彝敎)[113]에 죄를 얻는 일이 많았던 까닭으로서 오늘날 경계해야 마땅한 일입니다."[114]

○臣謹案, 嘉靖三年, 楊愼等爭興獻事, 撼門大哭, 一時千餘人皆被誅竄. 嘉靖十七年, 尊獻皇帝爲睿宗, 祔於太廟, 配于上帝. 下距我宣祖元年, 已三十年矣, 先正之疏, 其有所鑒[115]矣. 賢臣先事之戒, 若是其嚴, 法語之言, 能無從乎? 嗚呼, 至矣!

| ○삼가 생각건대, 가정(嘉靖) 3년(1524) 양신(楊愼)[116] 등은 흥헌왕(興獻王)의 일을 놓고 다투어 성문을 붙잡고 흔들면서 크게 울부짖었으나, 한꺼번에 천여 명의 사람들이 모두 사형이나 귀양을 당하였다.[117]

---

113 이교(彝敎): 유교전통에서 인간으로서 마땅히 지켜야 할 常道를 가리킨다.

114 첫째~일입니다: 『宣祖修正實錄』, 卷2, 宣祖 元年 8月 戊寅(25~410); 李滉, 『退溪全書』, 卷6, 「戊辰六條疏」, 37a-39b(上~182a-183b).

115 鑒: 新朝鮮社本에는 '鑿'으로 되어 있으나 奎章閣本에 따라 바로잡는다.

116 양신(楊愼, 1488~1559): 明나라 학자. 자는 用修. 시호는 文憲. 四川省 新都 출신. 楊廷和의 아들. 1511년 과거에 장원으로 급제하여 翰林修撰이 되었다. 1524년 장총과 계악 등이 기용될 때, 뜻을 같이하는 동지 36명과 함께 반대 의견을 황제에게 上疏하였으나, 이로 인해 황제의 미움을 사서 평민으로 전락하고 雲南으로 유배되었다. 經學과 詩文에 뛰어났으며, 博學하다는 평판이 높았다. 저서로는 『丹鉛總錄』, 『升菴集』 등이 있다. 『明史』, 卷192, 「楊愼傳」, 5081-5083 참조.

117 가정 3년~당하였다: 『國朝典禮考』 2:27, 30a(⑫:820-821); 〔淸〕 谷應泰 編, 『明史紀事本末』, 卷50, 「大禮議」(四庫全書, 史部, 紀事本末類), 28a. "楊愼 · 王元正, 乃撼門大哭, 一時羣臣皆哭, 聲震闕庭, 上大怒, 遂命逮繫馬理等, 凡一百三十有四人於獄. 何孟春等二

가정 17년(1538) 헌황제(獻皇帝)를 예종(睿宗)으로 높이고 태묘(太廟)에 부묘(祔廟)하여 상제(上帝)에 배향(配享)하였다.[118] 그 이래로 우리 선조 원년까지는 이미 30년이 지났지만, 선정(先正; 李滉)의 소(疏)는 (가정제의 일을) 거울삼은 바가 있었다. 현명한 신하의 앞일을 내다보는 경계가 이와 같이 준엄하니, 법도가 되는 훌륭한 말씀을 따르지 않을 수 있겠는가? 아, 지극하도다.

○嘉靖皇帝於興國皇太后聖節, 則宴賚有加, 昭聖皇太后千秋節, 卽朝賀亦停. 此, 所謂"傳聞乖異, 存沒傷心"也. 先正所謂"殺其所當隆, 隆其所當殺", 非是[119]之謂乎?

| ○가정황제(嘉靖皇帝)는 (생모인) 흥국황태후(興國皇太后)의 성절(聖節)[120]에는 융성하게 잔치를 베풀어 위로하였으나, 소성황태후(昭聖皇太后)[121]의 천추절(千秋節)[122]에는 명부(命婦)들이 입조(入朝)하여 하례(賀禮)하는 것조차 중단하게 하였으니, 이것이 이른바 "전하여 들은 것이 서로 어긋나고 달라서 산 사람이나 죽은 사람이나 마음을 상하게 한다."

---

十有一人, 洪伊等六十有五人, 姑令待罪." 이에 대한 자세한 내용은 『明史』, 卷17, 「世宗本紀」, 219; 『明史』, 卷192, 「楊愼傳」, 5081-5082 참조.

118 가정 17년~배향하였다: 『國朝典禮考』 2:45, 36a(⑫:833); 〔淸〕 谷應泰 編, 『明史紀事本末』, 卷50, 「大禮議」, 41a. "九月辛巳, 奉太宗文皇帝爲成祖, 皇考獻皇帝爲睿宗. 癸未, 祔皇考於太廟. 辛卯, 大饗上帝於玄極殿, 奉睿宗配享."; 『明史』, 卷17, 「世宗本紀」, 228, "十七年, …… 九月, …… 辛巳, 上太宗廟號成祖, 獻皇帝廟號睿宗. 遂奉睿宗神主祔太廟, 躋武宗上. 辛卯, 大享上帝於玄極寶殿, 奉睿宗配."

119 非是: 奎章閣本에는 '是非'로 되어 있으나 新朝鮮社本에 따라 바로잡는다.

120 성절(聖節): 흔히 임금의 誕日을 가리키는 말로, 萬壽日이라고도 하는데, 여기서는 생모인 흥국황태후의 탄신일을 가리킨다.

121 소성황태후(昭聖皇太后): 혈연적으로는 가정황제의 伯母로서, 伯父인 孝宗의 皇后이다.

122 천추절(千秋節): 흔히 天子의 탄생일을 가리키는 말로서, 唐 玄宗에서 비롯되었으며, 뒤에는 天長節로 바뀌었다. 여기서는 소성황태후의 탄신일을 가리킨다.

는 것이다.[123] 선정(先正)께서 이른바 "마땅히 높여야 할 대상을 낮추고 마땅히 낮추어야 할 대상을 높인다."는 것은 이것을 일컫는 것이 아니겠는가?

---

123 가정황제는～것이다: 『明史紀事本末』에 실린 谷應泰의 논평을 인용한 부분이다. 〔淸〕 谷應泰, 『明史記事本末』, 卷50, 「大禮議」, 44a. "興國皇太后聖旦, 則宴賚有加, 昭聖皇太后千秋, 卽傳免朝賀. 傳聞乖異, 存歿傷心."

## 3. 인조대 원종 추숭 전례

**1:5**

仁祖元年癸亥三月, 上以昭聖大妃懿旨, 卽位于慶運宮之別堂. 尊定遠君爲定遠大院君, 連珠郡夫人爲連珠府夫人, 移奉府夫人于梨峴宮, 改稱啓運宮.【出『國朝寶鑑』.】

| 인조 원년 계해(癸亥, 1623)년 3월, 주상이 소성대비(昭聖大妃)의 아름다운 뜻에 따라 경운궁(慶運宮) 별당(別堂)에서 즉위하였다. 정원군(定遠君)[124]을 정원대원군(定遠大院君)으로, 연주군부인(連珠郡夫人)을 연주부부인(連珠府夫人)으로 삼고, 부부인(府夫人)을 이현궁(梨峴宮)으로 옮겨 모시고는 계운궁(啓運宮)이라고 고쳐 불렀다. 【출전: 『국조보감』】[125]

初宣祖大王有十四男, 第一臨海君珒, 第二光海君琿,【廢主也.】 第五定遠君【諱】, 第十興安君瑅,【李适之所推戴】 永昌大君, 正宮之晩出也. 定遠君有四男, 第一綾陽君,【卽仁祖大王.】 第二綾原君俌, 第三綾昌君佺, 第四早卒. 光海主廢母殺弟,【永昌 · 綾昌皆被殺.】 綾陽君與金瑬 · 李貴等擧義反正, 奉大妃命, 卽位, 是爲

124 정원군(定遠君, 1580~1619): 仁祖의 生父. 이름은 琈. 시호는 恭良. 선조의 다섯째아들이다. 좌찬성 具思孟의 딸을 맞아 인조 및 綾原大君 · 綾昌大君을 낳았다. 1587년(선조 20) 定遠君에 봉해지고, 1604년 앞서 임진왜란 때 大駕를 호송했던 공으로 扈聖功臣 2등에 봉해졌다. 仁祖反正 뒤에 大院君으로 추존되고, 27년 논란 끝에 元宗으로 추존되었다. 능은 章陵이다.

125 『國朝寶鑑』, 卷34, 仁祖朝1, 癸亥年 3月, 1a(4~1a); 『國朝寶鑑』, 卷34, 仁祖朝1, 癸亥年 3月, 6a(4~3c).

## 仁祖.

ㅣ 처음에 선조대왕은 열네 명의 아들을 두었으니, 첫째는 임해군(臨海君) 혼(琿)이고, 둘째는 광해군(光海君) 위(瑋)【폐위된 임금】이며, 다섯째는 정원군【임금의 아버지이므로 피휘 관습상 이름을 생략한다.】이고, 열째는 흥안군(興安君) 제(瑅)【이괄(李适)이 추대한 인물】이며, 영창대군(永昌大君)은 정궁(正宮)이 뒤늦게 낳은 분이다. 정원군은 네 명의 아들을 두었으니, 첫째는 능양군(綾陽君)【곧 인조대왕】이고, 둘째는 능원군(綾原君) 보(俌)이며, 셋째는 능창군(綾昌君) 전(佺)이고, 넷째는 일찍 죽었다. 광해군이 어머니를 폐위하고 동생을 죽이자【영창대군과 능창대군은 모두 죽임을 당했다】, 능양군이 김류(金瑬),[126] 이귀(李貴)[127] 등과 함께 거사(擧事)하여 반정(反正)하고 대비의 명을 받들어 즉위하니, 이분이 인조이다.[128]

---

126 김류(金瑬, 1571~1648): 자는 冠玉, 호는 北渚. 시호는 文忠. 본관은 順天. 宋翼弼의 문인으로, 1596년(선조 29) 庭試文科에 을과로 급제하여 출사하였으며, 仁祖反正으로 靖社功臣 1등에 오르고 昇平府院君에 봉해졌으며, 관직이 영의정에 이르렀다. 저서로는 『北渚集』이 있다.

127 이귀(李貴, 1557~1633): 자는 玉汝, 호는 默齋. 시호는 忠定. 본관은 延安. 李珥·成渾의 문인이다. 1582년(선조 15) 생원이 되었고, 1603년 정시문과에 병과로 급제, 형조좌랑 등을 지냈으며, 1623년 인조반정에 기여하여 靖社功臣 1등에 책록되었으며, 호위대장 등을 지내고 延平府院君에 봉해졌다. 뒤에 영의정에 추증되었으며, 인조의 묘정에 배향되었다. 저서로 『默齋日記』가 있다.

128 선조부터 인조까지의 家系를 간략하게 표시하면 다음과 같다.

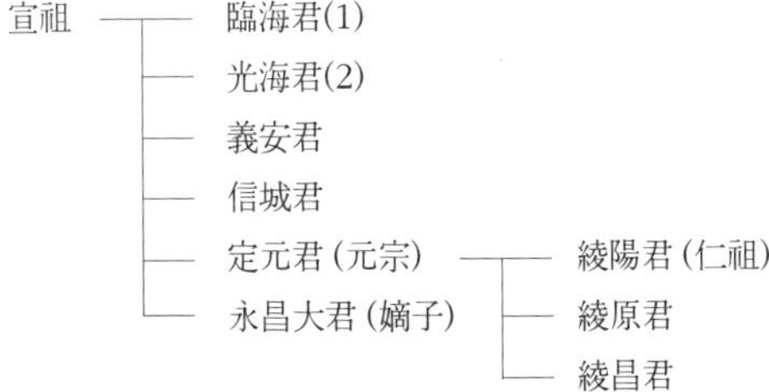

○臣謹案, 此時尊之爲大院君, 蓋從德興之舊例也.

| ○삼가 생각건대, 이때 정원군을 높여 대원군으로 삼은 것은 덕흥대원군(德興大院君)의 옛 사례를 따른 듯하다.

1:6

夏五月, 禮曹啓曰, "宋英宗之於仁宗, 我宣祖之於明廟, 皆叔姪行. 故稱濮王 · 德興爲伯叔, 倫序順, 事理明. 今我聖上以孫繼祖, 而考位則闕焉, 正與漢宣帝略同. 宣帝於史皇孫, 稱皇考, 入寢園, 不置後. 但皇字未免嫌貳. 故程子謂之失禮亂倫. 今若稱考不稱皇, 稱子不稱孝, 別立支子主祀, 其祀典封號一依德興之例, 則重統報本之道庶乎兩盡也." 命大臣 · 儒臣議, 大臣李元翼 · 鄭昌衍等如禮官言. 於是, 從禮官 · 大臣議.【出『國朝寶鑑』.】

| 여름 5월, 예조에서 건의하였다. "송나라 영종과 인종, 우리나라 선조와 명종은 모두 조카와 숙부 관계였습니다. 그러므로 복왕과 덕흥대원군을 백숙부로 부른 것은 인륜의 차례로 보아도 순조롭고 사리에도 맞습니다. 이제 우리 성상께서는 손자로서 할아버지를 계승하여 아버지 자리〔考位〕가 빠져 있으니, 바로 한나라 선제와 대략 비슷합니다. 선제는 (생부인) 사황손에게 황고(皇考)라고 부르고 침원에 들어가게 했으며 후사도 두지 않았습니다. 다만 '황(皇)' 자를 쓴 것은 종통 이원화의 혐의를 벗어나지 못하므로, 정자(程子)가 그것을 '예를 잃고 인륜을 어지럽혔다' 고 말한 것입니다. 이제 만약 '고(考)' 라고 부르고 '황(皇)' 이라고 일컫지 않고, '자(子)' 라고 부르고 '효(孝)' 라고 일컫지 않으며, 따로 다른 아들을 세워서 제사를 맡게 하고, 그 사전(祀典)과 봉호(封號)를 덕흥대원군의 사례를 그대로 따른다면, 종통을 존중하고 근본에 보답하는 원칙이 둘 다 충족될 듯합니다." 대신과 유신들에게 의논하도록 명하니, 대신 이원익(李元翼)[129]과 정창연(鄭昌衍)[130] 등은 예관들과 견해가 같았다. 그리하여 예

관들과 대신들의 논의를 따랐다. 【출전: 『국조보감』】[131]

臣謹案, 禮官之議非欲追崇爲王, 但欲主上之於定遠, 稱考稱子. 此正韓琦·歐陽脩·曾鞏之所秉執, 其義炳然. 但其云'宋英宗·我宣祖皆以姪繼叔, 得爲父子. 故稱本生曰伯叔. 今主上以孫繼祖, 父位空曠, 故還以本生父爲父'者, 天下之謬義也. 天下莫大於父子之倫, 亦莫大於父子之名, 豈以所後家之闕與不闕, 而進退闊狹哉? 理當父之也, 雖以姪繼叔, 而父自如也, 理不當父之也, 雖以孫繼祖, 而父不可苟稱也.

| 삼가 생각건대, 예관들의 논의는 추숭하여 왕으로 삼고자 하려는 것이 아니라 다만 주상께서 정원군을 '아버지〔考〕'라고 부르고 (자신은) '아들〔子〕'이라고 부르게 하려는 것이었다. 이것은 바로 한기(韓琦), 구양수(歐陽脩), 증공(曾鞏)[132]이 굳게 주장하였던 것이니, 분명히 옳은 일이다. 다만 그들이 "송나라 영종과 우리나라 선조께서는 모두 조카로서 숙부를 계승하셨기에 부자관계가 될 수 있었습니다. 그러므로 본래 낳아준 분을 '백숙부〔伯叔〕'라고 부른 것입니다. 지금 주상께서는 손자로서 할아버지를 계승하셔서 아버지 자리가 비었기 때문에, 도로 본래 낳아준 아버지를 아버지로 삼는 것입니다."라고 한 것은 천하의 그

129 이원익(李元翼, 1547~1634): 자는 公勵, 호는 梧里. 시호는 文忠. 본관은 全州. 1564년(명종 19) 사마시에 합격, 1569년(선조 2) 별시문과에 급제하여 출사하였으며, 관직이 영의정에 이르렀다. 인조의 묘정에 배향되었고, 驪州의 沂川書院, 始興의 忠賢書院, 안주의 淸川祠에 제향되었다. 저서로는 『梧里集』, 『梧里日記』 등이 있다.

130 정창연(鄭昌衍, 1552~1636): 자는 景眞, 호는 水竹. 본관은 東萊. 1579년(선조 12) 식년문과에 급제하여 출사하였으며, 관직이 좌의정에 이르렀다.

131 『國朝寶鑑』, 卷34, 仁祖朝1, 癸亥年 5月, 7b-8b(4~4bcd).

132 증공(曾鞏, 1019~1083): 宋나라 建昌 南豐 사람. 자는 子固. 저술로는 『元豐類稿』 50卷, 『金石錄』 500卷이 있다. 『宋史』, 卷319, 「曾鞏傳」, 10390-10392 참조.

릇된 의리이다. 천하에 부자의 인륜보다 큰 것은 없고 부자의 명칭보다 큰 것도 없다. 어찌 후사를 들이는 집안〔所後家〕의 아버지 자리가 비었는지 안 비었는지에 따라 달리 결정하겠는가? 이치상 아버지로 대하는 것이 타당하면, 비록 조카가 숙부를 계승하더라도 아버지는 그대로 아버지인 것이요, 이치상 아버지로 대하는 것이 타당하지 않으면, 비록 손자가 할아버지를 계승하더라도 아버지를 구차하게 불러서는 안 된다.

原夫天經地義, 闕有二大綱領, 一曰統, 二曰屬. 統者, 堯傳舜受之位, 尊尊之至也. 屬者, 父生子受之脈, 親親之至也. 統之所承, 不必皆父子, 或弟受兄統,【殷人之弟及】 或兄受弟統,【魯僖公】 或叔或姪, 或祖或孫, 縱橫顚倒, 錯亂無定. 故聖人制之以法曰, 凡先立者爲君父, 則凡後立者爲臣子. 凡先入廟者爲昭, 則凡後入廟者爲穆. 凡新入之主謂之禰廟. 故弟可以禰兄, 兄可以禰弟, 姪可禰叔, 叔可禰姪, 孫可禰祖, 疏屬可禰遠兄弟. 凡承之爲禰者, 又無不爲之斬衰苴杖, 躬行君父之服. 此天地之大經也. 故三四兄弟按序以立, 而子姪之承是後者, 不敢追貶其一二者, 爲其均吾之先君也. 有祖無父, 越次以立, 而聖孫之承是後者, 不敢追崇其所生者, 爲其未嘗踐君位也. 陽甲 · 盤庚, 四兄弟繼立, 而武丁不追貶其三王, 仲丁 · 外壬, 三兄弟繼立, 而祖乙不追貶其二王者, 所承者統, 不以屬相干也. 太甲之於殷廟, 父位雖闕, 而不追尊太丁, 桓王之於周廟, 父位雖闕, 而不追尊洩父者, 所承者統, 不以屬相干也. 今禮官之議, 不引禮經之通義,【謂『儀禮』「喪服」<爲人後>章'不改父母之名'.】 忽稱'宗廟之中, 考位曠闕', 雖其結語欲依德興之例, 而其言不免乎矛盾也. 夫旣云'以孫繼祖, 父位曠闕', 則必將覓一父位, 以實其闕, 豈區區稱謂之所能塞哉? 定遠於是乎追王矣, 禮官·大臣, 焉逭其咎? 朴知誠斯可以分謗矣. 至於父子之名, 出於天屬, 不可以人力移之改之. 『儀禮』經傳, 凡爲人後者, 其父母之名, 未之或改. 故宋臣歐[133]陽脩箚子謂'兩制禮官違經棄禮, 用其無稽之臆說, 欲定皇伯之謬稱', 辨論數千言, 其說極明. 宋臣曾鞏又作「爲人後議」, 申明其義, 引晉王坦之「喪服議」曰'罔極之重, 非制教之所裁, 昔日之名, 非一朝之所去', 以爲出後者稱父母之明文. 大抵皇伯之稱, 雖出於伊川, 稽之經傳, 絶無援據, 措諸事變, 一往乖迕. 歐陽脩·曾鞏, 雖非儒宗, 一得之見, 不可不採. 不惟是也, 弟爲兄後者, 但爲兄後, 非爲父後.【後與子不同.】 從弟爲從兄之後者, 但爲從兄後, 非爲從兄之父之後.【如皇明世宗.】 今以爲從兄後之故, 而猥稱從兄之父爲皇考, 於是, 又引不貳統之義, 降其父爲皇伯·皇叔, 天下之非禮·非義, 未有甚於是者也. 明世宗不安於皇伯, 終至於稱宗入廟, 配上帝而不已.[134] 我仁祖不安於皇伯, 終至於稱宗入廟配眞殿而不已. 誠以不稱父不稱考, 其在天理·人情, 終有不能安者, 故其驗如是也. 統自統, 屬自屬, 義以尊尊, 仁以親親, 兩不相礙,[135] 一出於正. 惜乎! 其未講於是也.

| 원래 하늘과 땅의 원칙〔天經地義〕에는 두 가지 큰 기준〔綱領〕이 있다. 첫째는 '통(統)'이고 둘째는 '속(屬)'이다. '통'이란 요(堯)가 전하고 순(舜)이 받은 지위로서 신분적 존비관계〔尊尊〕의 표준이다. '속'이란 아버지가 낳고 아들이 받은 혈맥(血脈)으로서 혈연적 친소관계〔親親〕의

133 歐: 新朝鮮社本에는 '毆'로 되어 있으나 奎章閣本에 따라 바로잡는다.
134 已: 新朝鮮社本에는 '己'로 되어 있으나 奎章閣本에 따라 바로잡는다.
135 礙: 新朝鮮社本에는 '礎'로 되어 있으나 奎章閣本에 따라 바로잡는다.

표준이다. 통의 계승자들이 반드시 모두 부자관계여야만 하는 것은 아니다. 때로는 아우가 형의 통을 받기도 하고【은나라 사람들의 형망제급(兄亡弟及)】, 때로는 형이 동생의 통을 받기도 하기도 하며【노나라 희공(僖公)】, 때로는 숙부와 조카가, 때로는 할아버지와 손자가 서로 통을 주고받기도 하여 상하좌우가 뒤바뀌거나 어지럽게 뒤섞여서 일정함이 없다. 그러므로 성인은 그것을 예법으로 제정하면서, 무릇 먼저 즉위한 자가 군부(君父)가 되면 뒤에 즉위한 자는 신자(臣子)가 되고 먼저 묘(廟)에 들어간 자가 소(昭)가 되면 뒤에 묘에 들어간 자는 목(穆)이 된다고 했다. 무릇 새로 (묘에) 들어온 신주를 '예묘(禰廟)'라고 한다. 그러므로 아우가 형을 예묘로 삼을 수도 있고, 형이 아우를 예묘로 삼을 수도 있으며, 조카가 숙부를 예묘로 삼을 수도 있고, 숙부가 조카를 예묘로 삼을 수도 있으며, 손자가 할아버지를 예묘로 삼을 수도 있고, 먼 친속이 먼 형제를 예묘로 삼을 수도 있다. 무릇 예묘로 삼아 승계하면, 그를 위해서 참최복(斬衰服)에 검은 저장(苴杖) 차림을 하고 군부에 대한 상복을 몸소 행해야 한다. 이것이 천지의 큰 원칙이다. 그러므로 서너 형제가 순서에 따라 즉위하고 아들과 조카가 그 뒤를 계승하는 경우에 감히 선군(先君)의 첫째-둘째 형제를 추폄(追貶)[136]하지 않는 것은 그분들이 똑같이 내 선군이기 때문이다. 할아버지는 있지만 아버지가 없어서 순서를 뛰어넘어 즉위하고 성손(聖孫)이 그 뒤를 계승하는 경우에 감히 자신을 낳아준 분을 추숭하지 못하는 것은 그분이 임금의 자리를 맡은 적이 없기 때문이다. 양갑(陽甲)과 반경(盤庚)은 4형제가 이어서 즉위하였지만, 무정(武丁)은 그 세 선왕(先王)을 추폄하지 않았고,[137] 중정(仲丁)과 외임

136 추폄(追貶): 추숭 혹은 추존의 반대말. 역사적으로 실제 누렸던 지위보다 강등시키는 것을 가리킨다.

(外壬)은 3형제가 이어서 즉위하였지만, 조을(祖乙)은 그 두 선왕을 추폄하지 않았다.[138] 계승한 것이 통이면, 속으로 서로 간섭하지 못한다. 태갑(太甲)은 은나라 태묘에 아버지 자리가 비록 비었지만 태정(太丁)을 추존하지 않았으며, 환왕(桓王)은 주나라 태묘에 아버지 자리가 비록 비었지만 설보(洩父)를 추존하지 않았다. 계승한 것이 통이므로 속으로 서로 간섭하지 않았던 것이다. 이제 예관(禮官)들이 논의하면서 예경(禮經)의 보편적인 의리를 인용하지 않고【『의례(儀禮)』「상복(喪服)」「위인후(爲人後)」장의 '부모의 명칭을 고치지 않는다'는 것을 말한다.】, 대뜸 '종묘 가운데 아버지 자리가 비었다'고 말하는 것은, 비록 그 맺음말이 덕흥군(德興君)의 전례(前例)에 의거하려 하더라도, 그 말이 모순을 면하지 못한다. 무릇 이미 '손자로서 할아버지를 계승하여 아버지 자리가 비었다'고 한다면, 반드시 아버지 자리를 찾아 그 빈 곳을 채우려 할 터인데, 어찌 구구하게 호칭을 가지고 막을 수 있겠는가? 정원군은 이렇게 왕으로 추존되었으니, 예관과 대신들이 어찌 그 허물을 면하겠는가? 박지계도 비판을 나누어 져야 한다. 부자(父子)의 명칭은 천속(天屬)에서 나온 것이므로, 사람의 힘으로 옮기거나 고칠 수 없다. 『의례』 경전(經傳)에는 무릇 남의 후사가 된 사람이 자기 부모의 이름을 고친 일이 없다. 그러므

137 양갑~않았고: 陽甲, 盤庚, 小辛, 小乙은 모두 祖丁의 아들인데, 小乙의 아들인 高宗 武丁에 앞서 형제의 차서대로 임금이 되었다. 여기서 세 선왕이란 생부인 小乙을 제외한 陽甲, 盤庚, 小辛을 가리킨다. 『史記』, 卷3, 「殷本紀」, 101-102; 『史記』, 卷13, 「三代世表」, 498 참조.

138 중정~않았다: 中宗 太戊가 죽자 그 아들인 中丁, 外壬, 河亶甲이 형제의 차서대로 즉위했으며, 河亶甲이 죽자 그 아들 祖乙이 계승했다. 여기서 그 두 선왕이란 생부인 河亶甲을 제외한 中丁, 外壬을 가리킨다. 『史記』, 卷3, 「殷本紀」, 101-102; 『史記』, 卷13, 「三代世表」, 496-497 참조. 『國朝典禮考』에는 仲丁으로 되어 있지만, 『史記』에는 中丁으로 되어 있다. 『史記』, 卷13, 「考證」에서는 俗本에 仲丁이라고 되어 있지만 仲의 古字가 中이었으므로 中丁이 본래 형태일 것이라고 고증했다.

로 송나라 신하 구양수는 차자(箚子)에서 “양제(兩制)의 예관들은 경전을 어기고 예를 내버려둔 채 터무니없는 주장을 해서 황백(皇伯)이라는 잘못된 칭호를 정하려고 하였습니다.”[139]라고 말하면서 수천 마디로 변론하였는데, 지극히 옳은 말이다. 송나라 신하 증공도 「위인후의(爲人後議)」를 지어 그 의리를 펼치고 밝히면서 진(晉)나라 왕탄지(王坦之)[140]의 「상복의(喪服議)」를 인용하여 “지극히 중대한 왕통의 계승은 왕의 교지로 조정할 수 있는 바가 아니고, 과거의 명칭은 하루아침에 없어지는 것이 아닙니다.”[141]라고 하여, 출후자(出後者: 남의 후사로 나간 사람)가 부모를 부르는 분명한 문장으로 여겼다. 대저 황백(皇伯)이라는 호칭은 비록 이천(伊川)에게서 나왔지만, 경전(經傳)을 살펴보아도 도무지 전거가 없고, 사태의 변례로 적용해도 한결같이 어긋난다. 구양수와 증공이 비록 유종(儒宗)은 아니지만, 그 일리 있는 견해는 채택하지 않을 수 없다. 이뿐만이 아니다. 동생이 형의 후사가 된 경우에는 다만 형의 후사가 된 것이지, 아버지의 후사가 된 것은 아니다.【후사〔後〕는 아들〔子〕과 다르다】 종제(從弟)로서 종형(從兄)의 후사가 된 경우에는 다만 종형의 후사가 된 것이지, 종형의 아버지의 후사가 된 것은 아니다.【명나라 세종(世宗)의 경우】[142] 이제 종형의 후사가 되었기 때문에 외람되게도 종형의 아버

---

139 양제의~하였습니다: 해당 내용이 〔宋〕 歐陽修, 『歐陽文忠公集』(四部叢刊 集部), 卷123, 「濮議」 卷第4, 「箚子一首」, 2a에 보인다.

140 왕탄지(王坦之): 晉나라 정치가. 王述의 아들. 자는 文度. 약관에 명성을 얻었고 관직은 中書令까지 이르렀으며 뒤에 藍田侯에 봉해졌다. 시호는 獻. 『晉書』, 卷75, 「王坦之傳」 참조.

141 송나라~아닙니다: 曾鞏, 『元豐類藁』(四庫全書, 集部, 別集類), 卷9, 「爲人後議」, 8ab.

142 종제로서~경우: 다산은 明 世宗은 從兄의 아버지인 孝宗의 후사가 된 것이 아니라 從弟로서 從兄인 武宗의 후사가 되었다고 보았다. 이 논점에 대한 다산의 논의는 『國朝典禮考』 2:2, 17ab(⑫:795-796)에 보인다. 憲宗부터 世宗까지의 계승관계를 대략 표시하면 다음과 같다.

지를 황고(皇考)라 부르고, 그에 따라 다시 '통'을 이원화하지 않는 의리를 끌어들여 그 아버지를 낮추어 '황백', '황숙(皇叔)'이라 부르니, 천하에 예의(禮義)에 어긋남이 이보다 심한 것은 없다. 명나라 세종은 '황백'이 (생부에 대한 칭호로) 마땅치 않자 마침내 종(宗)이라 부르고 태묘에 들여서 상제(上帝)에 배향하였다. 우리 인조(仁祖)께서도 '황백'이 마땅치 않자 마침내 종이라 부르고 종묘에 들여서 진전(眞殿)[143]에 배향하였다. 참으로 '부(父: 생존 시 아버지 호칭)'라고 부르지 못하고 '고(考: 사후 아버지 호칭)'라고 부르지 못하는 것은 천리(天理)와 인정(人情)에 끝내 합당하지 못한 점이 있으므로,[144] 그 징험함이 이와 같았던 것이다. 통은 통이고 속은 속이니, 의(義)로써 존존(尊尊)하고 인(仁)으로써 친친(親親)함에 서로 방해가 되지 않는 것은 한결같이 바름에서 나온 것이다.[145] 그러나 안타깝게도 이것을 미처 강구하지 못하였다.

○臣又按, 程子所爭, 正是考字, 不是皇字. 今乃云'皇字未免嫌

---

憲宗 純皇帝 ──┬── 孝宗 敬皇帝 ──────── 武宗 毅皇帝
　　　　　　　　└── 興獻王(睿宗 追崇) ── 世宗 肅皇帝

143 진전(眞殿): 影殿이라고도 하며, 역대 왕과 왕후의 御眞을 모신 곳. 『文獻備考』, 「禮考」, 「影殿」 참고.

144 참으로~있으므로: 禮는 天理와 人情에 합당해야 하는데, 父子간의 天倫을 호칭을 통해 표현하지 못하도록 한 것은 천리와 인정에 어긋나기 때문에 非禮라는 점을 지적한 말이다. 全書, III-1, 『喪禮四箋』, 卷1, 「喪禮四箋序」, 1a(⑪:3), 2a(⑪:5). "禮者, 天地之情, 本於天, 殺於地, 而禮行於其間. 禮者, 天地之情, 聖人特於是, 爲之節文焉已." "禮者, 天地之情, 協乎人情而協." 참조.

145 통은~것이다: 다산은 統과 屬이 서로 독립적인 자율적 영역이며, 그 영역 속에서 인위적인 노력으로 구현하는 가치를 仁과 義로 설정했다. 全書, II-5, 『孟子要義』, 卷1, 「公孫丑第二」, 「人皆有不忍人之心章」, 22a(④:413). "仁義禮智之名, 成於行事之後." 인과 의를 구현하기 위한 구체적인 실천을 각각 親親과 尊尊(또는 敬長)으로 연결시키는 것은 『孟子』의 영향이다. 『孟子』, 「盡心上」 13:15, "親親, 仁也. 敬長, 義也."

貳, 故程子謂之失禮', 豈不疎哉? 徼幸粉飾, 冀合於程子之義, 柰冰炭何? 皇考之義, 曾氏之說, 詳焉.

| ○또 생각건대, 정자(程子)가 논쟁한 내용은 바로 '고(考)' 자이지 '황(皇)' 자가 아니다. (그런데도) 이제 "'황' 자는 종통을 이원화한다는 혐의에서 벗어날 수 없기 때문에, 정자가 예에 어긋난 것이라고 하였던 것입니다."라고 하니, 어찌 (논리가) 엉성하지 않겠는가? 요행으로 잘 꾸며서 정자의 취지에 부합하기를 바란들, 얼음과 숯처럼 서로 맞지 않으니, 어찌겠는가? '황고'의 뜻에 대해서는 증씨(曾氏)의 설명이 자세하다.

曾鞏「爲人後議」曰: "皇考一名, 而爲說有三. 『禮』曰考廟, 曰王考廟, 曰皇考廟. 是則以皇考爲曾祖之廟號也. 魏相謂'漢宣帝父宜稱尊號曰皇考', 旣非禮之曾祖之稱, 又有尊號之文. 故魏明帝非其加悼考以皇號. 至於光武, 亦於南頓君, 稱皇考廟, 義出於此. 是以加皇號爲事考之尊稱也. 屈原稱'朕皇考曰伯庸', 又晉 司馬機爲燕王告禰廟文, 稱'敢昭告于皇考淸惠亭侯'. 是又達於羣下, 以皇考爲父歿之通稱也."

| 증공(曾鞏)은 「위인후의(爲人後議)」에서 다음과 같이 말했다. "'황고'는 하나의 명칭이지만 그에 대한 설명이 세 가지 있으니, 『예기』에 '고묘(考廟)', '왕고묘(王考廟)', '황고묘(皇考廟)'라고 한 것이 그것이다.[146] 이는 바로 '황고'를 증조(曾祖)의 묘호(廟號)로 삼은 것이다. 위상(魏相)[147]은 '한나라 선제(宣帝)의 아버지는 마땅히 존호(尊號)를 '황고'

146 『예기』에~그것이다: 『禮記』, 「祭法」에 관련 내용이 보인다.

147 위상(魏相, ?~기원전 59): 자는 弱翁. 西漢 濟陰(현 山東省) 定陶 사람. 어려서부터

라고 불러야 한다'고 하였는데, 이미 예경에서 말한 증조의 칭호가 아닌 데다 '존호'라는 말마저 한 것이다. 그러므로 위나라 명제(明帝)는 황호(皇號)를 '도고(悼考)'에 덧붙이는 잘못이라고 비판하였던 것이다.[148] 광무제(光武帝)에 이르러 남돈군(南頓君)에게도 '황고묘'라고 일컬었는데, 그 뜻이 여기에서 나온 것이다. 이는 황호를 덧붙여서 아버지〔考〕를 섬기는 존칭으로 삼은 사례이다. 굴원(屈原)[149]은 '내 황고는 백용(伯庸)'이라고 말했고,[150] 진(晉)나라 사마기(司馬機)도 연왕(燕王)이 되어 예묘(禰廟)에 알리는 글에서 '황고 청혜정후(淸惠亭侯)께 감히 알립니다'라고 하였다.[151] 이것은 아랫사람들에게도 영향을 미쳐서, '황고'를 돌아가신 아버지의 보편적인 호칭으로 삼은 사례이다."[152]

○臣謹案, 皇者, 大也. 皇考, 與今所稱顯考, 無以異焉. 程子所爭, 豈在是乎?

---

『易』을 즐겨 공부하였고, 茂陵令, 河南太守, 御史大夫 등을 역임하였으며, 뒤에 高平侯에 봉해졌다. 시호는 憲侯이다. 『漢書』, 卷74, 「魏相傳」, 3133-3142 참조.

148 위나라~것이다: 해당 내용이 『三國志』, 卷3, 「魏志」, 明帝 太和 3年 7月條에 보인다.

149 굴원(屈原, 기원전 343?~277?): 중국 楚나라 때의 충신 · 시인. 자는 原, 이름은 平. 왕족 출신으로 懷王의 左徒가 되어 내정과 외교에 비상한 능력을 발휘했으나, 그 때문에 다른 신하들의 미움을 받았다. 회왕이 술책에 빠져 秦에 유폐되어 객사하자, 장남 頃襄王이 즉위하고 막내 子蘭은 令尹이 되었다. 자란은 아버지를 객사하게 한 장본인이었으므로 굴원은 그를 비난하다가 大夫의 참언으로 영도에서 추방된 뒤 초나라와 임금을 걱정하며 洞庭湖 근처를 방랑하다가 汨羅水에 몸을 던져 죽었다. 楚辭文學의 창시자로서 『楚辭』에 「九歌」, 「九章」, 「離騷」, 「天問」, 「遠遊」, 「卜居」, 「大招」 등이 실려 전한다.

150 굴원은~말했고: 해당 내용이 〔漢〕 王逸, 『楚辭章句』, 卷1, 「離騷經章句第1」, 2, "帝高陽之苗裔兮, 朕皇考曰伯庸." 에 보인다.

151 진나라~하였다: 관련 내용이 『晉書』, 卷38, 「淸惠亭侯京傳」, 「文六王傳」에 보인다.

152 증공은~사례이다: 曾鞏, 『元豐類藁』, 卷9, 「爲人後議」, 3b-11a. 해당인용문은 9b-10b이다.

| ○삼가 생각건대, '황(皇)'은 '크다〔大〕'이니, '황고'와 지금 '현고(顯考)'라고 부르는 것이 다를 리 없다. 정자가 논쟁한 내용이 어찌 이런 것이겠는가?

**1:7**

儒臣金長生上疏言: "帝王之禮莫嚴於繼統. 雖兄繼弟, 叔繼姪, 皆有父子之道. 今殿下直承宣廟之統, 何可謂'考位闕'乎? 漢宣帝繼昭帝之後, 而尊所生爲皇考. 議者謂'以小宗合大宗之統', 而不是之. 程子言其亂倫失禮, 亦以旁親不可加考字, 非以皇字爲非. 皇者, 乃大字之義也." 上曰: "凡人有祖然後有父, 有父然後有身, 豈有有祖而無父之理乎?"

| 유신(儒臣) 김장생(金長生)[153]이 상소하였다. "제왕의 예는 종통〔統〕을 계승하는 것보다 엄중한 것이 없습니다. 비록 형이 아우를 계승하고 숙부가 조카를 계승하더라도 모두 부자의 도리가 있는 것입니다. 이제 전하께서는 선조(宣祖)의 종통을 곧바로 이으셨거늘 어찌 '아버지 자리〔考位〕가 비었다'고 할 수 있겠습니까? 한나라 선제(宣帝)는 소제(昭帝)의 뒤를 잇고서도 낳아준 생부를 높여 황고로 삼았습니다. 논의하는 자들은 '소종(小宗)을 대종(大宗)의 종통에 합쳤다'고 하며 그것을 옳지 않다고 여겼

153 김장생(金長生, 1548~1631): 자는 希元, 호는 沙溪. 시호는 文元. 본관은 光山. 학행으로 천거되어 현감을 지내고 청백리에 녹선됨. 관직은 동지중추부사에 이름. 宋翼弼과 李珥의 문인으로서 禮學과 性理學을 배웠고 禮論을 깊이 연구하였으며, 아들 集이 그 학문을 계승하였다. 宋時烈 · 宋浚吉 등의 유학자를 배출하였으며 西人 중심의 畿湖學派의 주류를 이루었다. 1588년(숙종 14) 文廟에 配享되고 安城의 道基書院, 連山의 遯巖書院 등 10개 서원에 祭享되었다. 저서로는 『經書辨疑』, 『疑禮問解』, 『典禮問答』, 『家禮輯覽』, 『喪禮備要』 등이 있는데, 나중에 후손들에 의해 『沙溪全書』로 결집된다. 인조대 전례논쟁에서는 追崇反對論의 대표적 이론가로 활약하였다.

습니다. 정자(程子)가 그것이 인륜을 어지럽히고 예를 잃어버린 것이라고 말한 것도 방계(旁系) 친족에게 '고(考)' 자를 붙여서는 안 된다는 것이지 '황(皇)' 자가 틀렸다고 하는 것은 아닙니다. '황'이란 바로 '크다〔大〕'는 뜻입니다." 주상이 말했다. "누구든지 할아버지가 있고 나서야 아버지가 있으며, 아버지가 있고 나서야 사신이 있는 것인데, 어찌 할아버지는 있는데 아버지는 없는 이치가 있겠는가?"[154]

○儒臣朴知誡言'當追尊大院君, 配享于宗廟', 時議大駭之.

| ○ 유신 박지계(朴知誡)[155]가 "대원군(大院君)을 추존하여 마땅히 종묘에 배향해야 합니다."라고 말하자, 당시 논의가 대단히 떠들썩하게 벌어졌다.[156]

○掌令金長生·持平朴知誡以年老乞歸. 上置國子司業, 以長生·知誡及張顯光爲之.【出『國朝寶鑑』.】

| ○ 장령(掌令) 김장생, 지평(持平) 박지계 등이 나이가 많다는 것을 이유로 벼슬을 그만두게 해줄 것을 요청했다. 주상이 국자사업(國子司業)을 두어 김장생·박지계·장현광(張顯光)[157]을 임명하였다.【출전: 『국조보감』】[158]

---

154 유신 김장생이~있겠는가: 해당 상소 내용이 『仁祖實錄』, 卷2, 仁祖 元年 5月 壬辰條에 보인다. 자세한 김장생의 예론은 『沙溪全書』, 卷21, 「典禮問答」에 나타난다.

155 박지계(朴知誡, 1573~1635): 자는 仁之, 호는 潛冶. 시호는 文穆. 본관은 咸陽. 인조반정 후 관직에 나아가 同副承旨에 이름. 저서로는 『四書近思錄疑義』, 『周易乾坤卦說』, 『潛冶集』 등이 있다. 인조대 전례논쟁에서는 追崇論을 대표하는 이론을 제공하였다.

156 유신 박지계가~벌어졌다: 해당 내용이 『仁祖實錄』, 卷2, 仁祖 元年 7月 己丑(1)日; 『仁祖實錄』, 卷7, 仁祖 2年 10月 甲辰(23)日條에 보인다. 자세한 박지계의 예론은 『潛冶集』, 卷1, 「疏」; 『潛冶集』, 卷7, 「禮辨」 등에 나타난다.

157 장현광(張顯光, 1554~1637): 자는 德晦, 호는 旅軒. 시호는 文康. 본관은 仁同. 學行으로 천거되어 현감을 지냄. 그후 제수된 여러 관직을 모두 사퇴하고 학문 연구에 전념함. 뒷날 영의정에 추증됨. 중국 明나라 羅欽順과 이이의 이기심성론에 큰 영향을 받아, 남인 계열 학자들 가운데 매우 이색적이고 독창적인 경향을 보였다. 星州의 川谷書院, 龜尾의 旅軒影堂 등에 제향되었다. 저서로는 『旅軒集』, 『性理說』, 『易學

臣謹案, 帝王之禮, 雖兄第 · 叔姪, 皆有父子之道. 此天下[159]之正論也. 然宗廟主於統, 以弟承兄, 兄爲禰, 以孫繼祖, 祖爲禰, 固不可曰考位闕也. 血脈主於屬, 若使仁祖旣於列聖, 無所爲父, 又於本生, 不得父定遠, 則父位之闕不可諱也. 今觀聖喩曰: "有父然後有身, 豈有有祖無父之理乎?" 正是皇伯二字, 不安於聖衷也. 匹夫下户皆欲報本尊親, 今乃使堂堂萬乘之君, 無所移敬, 而絶其父子之名於天顯之親, 其肯受之乎? 當時議禮之臣, 若明一統 · 一屬不相罣礙之理, 使我聖祖守嚴分於宗廟, 伸私恩於本宮, 使無絶其父子之名, 則追崇之議不復起矣. 惜乎! 其不講於是也.

| 삼가 생각건대, 제왕의 전례에서는 비록 형제나 숙질 사이라도 모두 부자의 도리가 성립한다. 이것이 천하의 정론(正論)이다. 그러나 종묘는 통(統)을 주로 삼으니, 아우가 형을 계승하여 형이 의례적인 아버지〔禰〕가 되거나, 손자가 할아버지를 계승하여 할아버지가 의례적인 아버지가 되더라도, 본래 '아버지 자리가 비었다'고 말해서는 안 된다. 혈연적 전승〔血脈〕은 속(屬)에 치중하니, 만약 인조께서 이미 전임 군주들 중에서 아버지로 삼을 분이 없는 상황인데 본래 낳아준 아버지인 정원군마저 아버지로 모실 수 없다면, 아버지 자리가 비는 것을 피할 수 없다. 지금 임금님의 말씀을 보니, "아버지가 있고 난 뒤라야 내가 있는 것인데, 어찌 할아버지는 있는데 아버지는 없는 이치가 있겠는가?"라고 하는데, 바로 '황백(皇伯)'이라는 두 글자가 임금님의 마음에 내키지

圖說』, 『龍蛇日記』 등이 있다.

158 『國朝寶鑑』, 卷34, 仁祖朝1, 癸亥年 5月, 8a(4~4c); 『國朝寶鑑』, 卷34, 仁祖朝1, 癸亥年 5月, 8ab(4~4cd); 『國朝寶鑑』, 卷34, 仁祖朝1, 癸亥年 5月, 8a-9a(4~4d-5a).

159 下: 新朝鮮社本에는 '子'로 되어 있으나 奎章閣本에 따라 바로잡는다.

않았던 것이다. 일반 서민들도 모두 근본에 보답하고 어버이를 높이고자 하는데, 지금은 당당한 만승(萬乘)의 임금께서[160] 공경을 옮길 대상이 없는데도 하늘이 정해준 어버이에 대한 명칭을 끊어버리게 했으니, 어찌 기꺼이 받아들일 수 있었겠는가? 당시 전례를 논의하던 신하들이 만약 '군통의 일원화〔一統〕'와 '친속의 일원화〔一屬〕'가 서로 침해하지 않는 이치를 밝혀서 우리 성조(인조)께서 종묘에 대해서는 엄격한 분수를 지키고 본궁(本宮; 정원군)에 대해서는 사적인 은혜를 펼치게 해서 그 부자의 명칭이 끊어지지 않도록 했더라면, 추숭의 논의는 다시금 일어나지 않았을 터인데, 안타깝게도 그들은 이런 점을 이해하지 못했다.

○臣又按, 朴知誡卽嘉靖之張璁·桂萼也. 然張璁·桂萼猶以祔太廟爲不可, 則朴又璁·萼之罪人也.【朴知誡, 號潛冶.】

| ○또 생각건대, 박지계는 바로 가정황제 때의 장총(張璁)과 계악(桂萼)[161]과 같은 사람이지만, 장총과 계악은 오히려 태묘에 부묘해서는 안

160 만승의 임금께서: 『孟子』, 「梁惠王上」 1:1을 보면, 萬乘之君은 天子이고 千乘之君은 諸侯이다. 원래 조선은 제후국이므로 千乘之君이 되어야 옳지만, 다산은 여기서 萬乘之君이라는 표현을 사용했다.

161 장총(張璁, 1475~1539)과 계악(桂萼, ?~1531): 명나라 가정황제 때 황제의 측근이자 대표적인 추숭론자들로서, 뒷날 군주에게 아부하며 예에 어긋나는 일을 저질렀다고 하여 비난받는 대상이 되었다. 장총은 자가 秉用, 시호는 文忠. 永嘉 출신. 뒤에 孚敬이란 이름과 茂恭이란 字를 하사받았음. 正德 연간에 進士가 되어 출사하여 世宗의 추숭을 이론적으로 뒷받침하여 『大禮或問』을 짓는 등 가정대례의를 주도하였으며, 뒤에 太師에 추증되었다. 계악은 자가 子實, 시호는 文襄. 安仁 출신. 正德 6년 진사가 되어 출사하여 장총과 함께 추숭론을 펼쳤으며, 뒤에 太傅에 추증되었다. '統을 계승한 것이지 嗣를 계승한 것은 아니라는〔繼統不繼嗣〕' 논점을 끌어들여서 孝宗을 皇伯考로 삼고 興獻帝를 皇考로 삼아야 한다는 논리를 펼친 이들의 추숭론은 『明世宗實錄』, 卷4, 正德 16年 7月 壬子; 『明世宗實錄』, 卷8, 正德 16年 11月 癸酉日條; 張璁, 「議大禮疏(嘉靖元年)」(『明臣奏議』, 卷17, 叢書集成初編 917, 北京: 中華書局,

된다고 했으니, 박지계는 장총과 계악보다도 더한 죄인인 것이다.【박지계는 호가 잠야(潛冶)이다.】

1:8

仁祖四年丙寅春正月, 連珠府夫人具氏薨. 禮曹進服制節目. 上敎曰: "三年之喪, 自天子達于庶人. 予於入承之後, 猶稱父母, 豈不行三年喪乎?" 禮曹啓曰: "『禮』爲人後者, 爲所生父母, 服齊衰不杖期. 況主上直承大統, 上繼宣祖, 今於私親之喪, 宜有壓降, 當服齊衰不杖期." 大臣 · 三司交章, 請從禮官言. 於是, 上乃服杖期, 命綾原君俌主喪.【出『國朝寶鑑』.】

| 인조 4년 병인(丙寅, 1626)년 봄 정월, 연주부부인 구씨가 죽었다. 예조에서 복제절목을 아뢰니, 주상이 교서를 내렸다. "삼년상은 천자부터 일반 백성들까지 보편적인 것이다. 내가 후사로 들어와 대통을 이은 뒤로도 여태껏 부모라고 불러왔는데, 어찌 삼년상을 치르지 않겠는가?" 예조에서 건의하였다. "『의례』에 따르면 남의 후사가 된 사람은 낳아준 친부모를 위해서 자최부장기복(齊衰不杖期服)을 합니다. 더구나 주상께서는 대통을 곧바로 이어받아 위로는 선조를 계승하였으므로 지금 사친의 상(喪)에 대해서는 상복의 등급을 내리는 것이 마땅하오니, 자최부장기복을 하시는 게 옳습니다." 대신들과 삼사(三司: 사헌부, 사간원, 홍문관)도 번갈아 건의하여 예관의 말대로 따를 것을 청하였다. 그리하여 주상은 장기복(杖期服)을 하고 능원군 보(俌)에게 상을 주관하도록 명하였다.【출전: 『국조보감』】[162]

---

1985, ⑤:297-298); 桂萼, 「議大禮疏(嘉靖二年)」(『明臣奏議』, 卷19, 叢書集成初編 917, 北京: 中華書局, 1985, ⑤:336); 『明史』, 卷196, 「張璁傳」, 5173-5180; 『明史』, 卷196, 「桂萼傳」, 5181-5185 등에 보인다.

162 『國朝寶鑑』, 卷35, 仁祖朝2, 丙寅年 5月, 1a(4~16ab).

臣謹案,『禮』曰: “易則易, 于則于. 易 · 于雜者, 未之有也.”【「檀弓」文】 父卒爲母, 則齊衰三年. 爲人後者爲其母, 則不杖期. 今聖上執兩而用其中, 特爲之杖期. 此非禮之服也. 聖上爲非禮之服, 而禮官莫之敢爭, 豈不惜哉? 前於父子之稱, 當順而爭之, 今於杖期之服, 當爭而順之, 兩失其平也. 聖意以爲 ‘予於平日, 旣不用爲人後之例, 而改其父母之名. 今於喪服, 亦豈可純用爲人後之例乎’. 玆所以趣其兩間, 以自差別也. 追崇之義, 其不在是乎? 然猶使綾原主其喪. 聖衷於此, 未嘗不徘徊難愼. 惜乎! 無以統與屬之不同, 而陳善於上前也.

| 삼가 생각건대, 『예기』에서는 “(제후가 상을 당했을 때) 제후의 대부가 제후를 대신해 조문하러 올 경우에는 간이(簡易)한 신하의 예를 행하지만, 천자의 대부나 제후가 조문하러 올 경우에는 광대(廣大)한 임금의 예를 행한다. 간이한 신하의 예와 광대한 임금의 예를 섞어서 행한 경우는 없었다.”【「단궁(檀弓)」의 문장】고 했다.[163] 아버지가 돌아가신 뒤 어

163 『예기』에서는~했다: 주(邾婁, 魯 穆公 때 鄒로 바뀜)나라의 考公이 상을 당하자 徐나라 대부인 容居가 서나라 제후를 대신하여 조문하러 왔다. 정현과 공영달에 따르면, 서나라 제후는 제후이면서도 천자를 자처하고 자신의 대부를 보내어 조문함으로써 천자가 제후에게 하는 예를 행했고, 용거는 제후의 대부이면서도 천자의 대부를 자처하여 제후의 예를 행했다. 이것은 신하의 예와 임금의 예를 뒤섞어 행한 것이기 때문에 예에 어긋난다. 천자의 대부는 그 지위가 제후와 동등하지만 제후의 대부는 제후보다 그 지위가 낮기 때문이다. 위 인용문은 이러한 무례함을 주나라 관리가 비판한 내용이다. 『禮記注疏』, 卷10, 「檀弓下」, 20a(『十三經注疏』 5-195c). 〔鄭玄注〕 “易, 謂臣禮. 于, 謂君禮. 雜者, 容居以臣欲行君禮, 徐自比天子, 使大夫敵諸侯. 有司拒之.”; 『禮記注疏』, 卷10, 「檀弓下」, 20b(『十三經注疏』 5-195d). 〔孔穎達疏〕 “諸侯之來屈辱臨於敝邑者, 若是臣來其禮簡易者, 則行臣之簡易之禮. 于謂廣大, 若君來其禮廣大者, 則行君之廣大之禮. 易 · 于雜者, 謂應簡易而爲廣大, 實是臣而行君禮, 是君臣雜亂者. 未之有也, 謂由來未有此禮.” 『禮記』, 「雜記」편에 따르면 일반적으로 제후끼리 문상할 때는 사자가 “寡君使某含”이라고 하는데, 용거가 “使容居坐含, 進侯

머니의 상을 당했을 때는 자최삼년(齊衰三年)복을 입고, 남의 후사가 된 사람은 생모를 위해 부장기(不杖期)복을 입는다. 지금 성상께서는 두 가지를 놓고서 절충하여 장기(杖期)복을 채택했는데, 이것은 예에 어긋난 상복이다. 성상께서 예에 어긋난 상복을 했는데도 예관들은 아무도 비판하지 못했으니, 어찌 안타깝지 않겠는가? 앞서 부자의 호칭에 대해서는 따르는 것이 마땅한데도 그것을 비판하더니만, 지금 장기의 복제에 대해서는 비판하는 것이 마땅한데도 그것을 따랐으니, 두 가지 모두 공평함을 잃고 말았다. 성상의 뜻은 다음과 같았다. "내가 평소 이미 남의 후사가 된 예를 쓰지 않아서 그 부모의 명칭을 고치지 않았는데, 지금

---

玉"이라고 한 것은 천자가 제후에게 사자를 보냈을 때 하는 말이다. 이 부분에 대한 다산의 견해는 全書, III-18, 禮集 2, 『喪禮外編』, 卷2, 「檀弓箴誤」 5, 「邾婁考公之喪」, 12a-14a(⑫:625-629)에 자세히 나와 있다. 「邾婁考公之喪」, 13b(⑫:628). "易, 簡也, 侮也. 于者, 大也, 訏也. 易者, 敬禮有降也. 于者, 儀文尊大也. 今容居之言, 始用鄰國相弔之辭, 又用天子弔侯之語. 此其所云'易・于雜也'. ○鄭云'容居以臣欲行君禮'【鄭以是爲易・于雜】, 則容居之請坐含, 本係使者之職分, 又何謂之'易・于雜也'? 其不分曉如此." 다산은 용거가 제후국끼리 사자를 파견하여 조문할 때 쓰는 말인 "寡君使容居坐含"으로 시작했다가 천자가 제후를 조문할 때 쓰는 말인 "進侯玉"으로 끝맺은 것을 두고 易와 于가 뒤섞인 모순이라고 보았다. 이런 해석에 근거하여 다산은 '용거가 신하이면서도 임금의 예를 행하려고 했던 것'을 易와 于가 뒤섞인 것이라고 보았던 정현의 견해를 비판했다. '坐含'의 의식은 제후국끼리 사자를 파견하여 조문하는 예제였고, 제후가 상을 당했을 때 천자는 사자를 파견하여 '含'을 하게 하지만 사자가 직접 '坐含'하지는 않고 그저 '進侯玉'이라고 말한다. 「邾婁考公之喪」, 13a(⑫:627). "使者坐含, 鄰國相弔之本禮也. 若天子之於諸侯, 雖亦遣使致含, 使者無坐含之法, 其辭曰'進侯玉'而已. 故周王使榮叔歸含.【文五年】直云歸含, 則使者之不親含, 可知也. ○今容居之言, 始則曰'寡君使容居坐含', 此諸侯相弔之禮也. 繼之曰'進侯玉', 此天子弔諸侯之禮也. 上下矛盾, 不成禮段. 故邾人拒之也. 徐人之僭, 唯在'進侯玉'三字,【尤在侯一字.】不在於坐含, 而鄭玄反以坐含爲僭, 欲用天子歸含之例.【注云'大夫歸含'耳.】知禮者, 於是乎, 且容居稱寡君矣. 純用天子之禮者, 其稱寡君乎? 一篇精神, 都在於上下矛盾, 而鄭玄純以爲僭, 何以解經? …… ○今案此文, 使者之坐含, 明矣. 坐含者, 正是諸侯相弔之恒禮, 鄭玄反以是爲僭, 其讀「雜記」乎?"

상복을 정하는 데서도 어찌 남의 후사가 된 예를 그대로 쓸 수 있겠는가?" 이것은 그 양쪽 사이로 나아가서 스스로 남의 후사가 된 경우와 차별화한 것이다. 추숭의 취지가 여기에 있지 않겠는가? 그런데도 능원군에게 그 상을 주관하게 하였으니, 성상의 마음이 갈팡질팡하여 이 문제에 신중히 대처하기가 어려웠던 것이다. 안타깝게도 아무도 통(統)과 속(屬)이 다르다는 것을 성상 앞에서 잘 설명드리지 못했다.

## 1:9

**仁祖十年壬申夏五月, 尊定遠大院君爲王, 上諡曰敬德仁憲靖穆章孝, 廟號曰元宗. 連珠府夫人爲王妃, 上諡曰敬懿貞靖仁獻, 改興慶園爲章陵.【出『國朝寶鑑』.】**

| 인조 10년 임신(壬申, 1632)년 여름 5월, 정원대원군을 추존하여 왕으로 삼고 시호(諡號)를 '경덕인헌정목장효(敬德仁憲靖穆章孝)'로 올렸으며 묘호(廟號)를 '원종(元宗)'으로 하였다. 연주부부인을 왕비로 삼고 시호를 '경의정정인헌(敬懿貞靖仁獻)'으로 올렸으며, 흥경원(興慶園)을 장릉(章陵)으로 고쳐 불렀다.【출전: 『국조보감』】[164]

先是, 追尊大院君, 時李廷龜·鄭經世·張維·趙翼謂'當稱考, 別廟, 綾原主祀', 吳允謙·金長生謂'當稱伯叔父, 別廟, 綾原主祀', 而李貴·兪伯曾·朴知誠則皆以稱考享宗廟爲正. 及府夫人薨, 講定服制, 議者欲從'爲人後者降服本生母'之制. 崔鳴吉上箚言: "大院君宣廟之子, 而殿下大院君之子. 一朝無端自託[165]

164 『國朝寶鑑』, 卷35, 仁祖朝2, 壬申年 5月, 19ab(4~25ab).

165 託: 『國朝寶鑑』과 『遲川集』, 卷8, 「論典禮箚【丙寅】」에는 '托'으로 되어 있다.

於爲人後之例, 而降其父母, 則父子·祖孫之倫顚倒失次, 豈非人倫之變乎? 竊考往籍, 晉簡文帝以孫繼祖, 而其父則元帝也, 唐宣宗以叔繼姪, 而其父則憲宗也. 漢光武以疎族繼統, 託[166]於爲人後之義, 稱考於元帝. 然光武之[167]於元帝, 其實姪行也, 與凡桓帝之於順帝, 靈帝之於桓帝, 亦皆姪行, 故有稱考之處. 以從孫立者, 唯一漢宣帝, 不可以祖爲父. 於是, 大臣魏相建議, 以史皇孫爲考, 而昭帝爲祖. 旣後昭帝, 又考史皇孫, 雖無兩考之失, 亦有二本之嫌. 故先儒或以爲非, 或以爲是, 乃曰當俟通儒, 至今在於疑信之間. 明建文帝亦以孫繼祖, 追尊其父爲興宗, 而當時學士如方孝孺者, 亦無異論. 其他以藩王入承祖統者, 不可殫擧, 而皆繼伯叔父之後, 故祖其祖, 不得父其父. 祖其祖, 父其父, 而初[168]非嫡嗣者, 上下數千年, 獨殿下一人而已. 追崇之不可, 已章章明矣." 貴亦屢上章, 請擧追崇之禮. 至是, 上敎禮曹曰: "傾者, 一二大臣數三卿佐, 不知宣祖[169]無子而有子, 寡人無禰而有禰, 幽明並輝, 情禮俱盡, 而牽合不近之文, 謬主非禮之議. 或以勝爲賢, 或以默爲能, 拘於橫議十年, 不悟有忘父稱祖之譏. 此由予不孝也. 令[170]禮官議定, 俾無未盡." 於是, 禮曹覆奏, 大臣獻議, 遂擧追崇之禮, 復用成宗朝例, 遣[171]洪霶·李安

166 託: 『國朝寶鑑』과 『遲川集』, 卷8, 「論典禮箚【丙寅】」에는 '托'으로 되어 있다.

167 光武之: 『國朝寶鑑』과 奎章閣本에는 '之'가 빠져 있으나, 문리상 新朝鮮社本에 따라 보충한다.

168 父: 『遲川集』, 卷8, 「論典禮箚【丙寅】」에는 '初'로 되어 있다.

169 祖: 新朝鮮社本·奎章閣本에는 '朝'로 되어 있으나 『國朝寶鑑』에 따라 바로잡는다. 『仁祖實錄』에는 '廟'로 되어 있다.

170 令: 奎章閣本에는 '今'으로 되어 있으나 『國朝寶鑑』과 新朝鮮社本에 따라 바로잡는다.

171 遣: 新朝鮮社本에는 '追'로 되어 있으나 『國朝寶鑑』과 奎章閣本에 따라 바로잡는다.

訥等, 如京師, 奏請封典.[172]

| 앞서 대원군을 추존했을 때, 이정귀(李廷龜),[173] 정경세(鄭經世),[174] 장유(張維),[175] 조익(趙翼)[176]은 마땅히 '고(考)'라고 부르고 별묘(別廟)를 두어 능원군이 제사를 주관해야 한다고 했고,[177] 오윤겸(吳允謙),[178] 김장생(金長生)은 '백숙부(伯叔父)'라고 부르고 별묘를 두어 능원군이 제사를

---

172 『國朝寶鑑』, 卷35, 仁祖朝2, 壬申年 5月, 19a-21a(4～25a-26a).

173 이정귀(李廷龜, 1564～1635): 자는 聖徵, 호는 月沙·癡庵·保晩堂·秋崖·習靜. 시호는 文忠. 본관은 延安. 尹根壽의 문인으로, 1590년(선조 23) 증광문과에 급제하여 출사한 뒤 외교 활동으로 공적을 남겼으며, 대제학·병조판서·예조판서·우의정·좌의정을 역임했다. 한문4대가로 꼽히며, 글씨는 왕희지체로 단아하고 중후한 품격이 있었다. 저서로는 『月沙集』이 있다.

174 정경세(鄭經世, 1563～1633): 자는 景任, 호는 愚伏·一默. 시호는 文莊. 본관은 晉州. 柳成龍의 문인으로 1586년(선조 19) 문과에 급제하였고, 관직이 부제학, 대사헌, 이조판서 겸 대제학에 이르렀다. 뒤에 의정부좌찬성에 추증되었다. 禮學으로 一家를 이루었으며, 『光海君日記』 편찬을 담당하였다. 저서로 『愚伏集』, 『喪禮參考』, 『朱文酌海』 등이 있다.

175 장유(張維, 1587～1638): 자는 持國, 호는 谿谷·默所. 시호는 文忠. 본관은 德水. 金長生의 문인으로, 1605년(선조 38) 사마시를 거쳐 1609년(광해군 1) 증광문과에 급제하였으며, 관직이 예조판서에 이르렀다. 뒤에 우의정에 임명되었으나 사퇴하였으며, 그 뒤 新豊府院君에 봉해졌다. 천문·지리·의술·병서·글씨에 능통했고, 특히 문장에 뛰어났다. 저서로 『谿谷漫筆』, 『谿谷集』, 『陰符經注解』 등이 있다.

176 조익(趙翼, 1579～1655): 자는 飛卿, 호는 浦渚·存齋. 시호는 文孝. 본관은 豊壤. 張顯光과 尹根壽의 문인으로, 1602년(선조 35) 별시문과에 급제하여 출사한 뒤 대사간·이조참판·대사헌·공조판서·한성부판윤 등 요직을 지냈다. 大同法 시행에 깊이 관여하였고, 성리학에 조예가 깊었으며, 문장에도 능하였고 병법·복술·경학에도 뛰어났다. 明皐書院 등에 제향되었으며, 저서로 『浦渚集』, 『書經淺說』, 『持敬圖說』, 『易象概略』이 있다.

177 이정귀～했고: 『仁祖實錄』, 卷2, 仁祖 元年 5月 壬辰日, 丙申日條 등이 그 대표적인 사례이다.

178 오윤겸(吳允謙, 1559～1636): 자는 汝益, 호는 楸灘·土塘. 시호는 忠貞. 본관은 海州. 成渾의 제자로, 1582년(선조 15) 사마시에 합격하여 출사한 뒤 관직이 영의정에 이르렀다. 인조반정 후 김류 등과 함께 老西의 영수로 활동했다. 廣州의 龜巖書院, 平康의 山仰齋影堂에 제향되었다. 저서에 『楸灘集』이 있다.

주관해야 한다고 했으나, 이귀(李貴), 유백증(兪伯曾),[179] 박지계(朴知誡)는 모두 '고'라고 부르고 종묘에 종사하는 것이 옳다고 여겼다. 부부인(府夫人)이 죽자 복제를 결정할 때 논의하던 자들이 '남의 후사가 된 자〔爲人後者〕는 친어머니에 대한 복제의 등급을 낮춘다'[180]는 규정을 따르려고 했다. 최명길(崔鳴吉)[181]이 차자(箚子)를 올려 건의했다. "대원군은 선조의 아들이고, 전하는 대원군의 아들입니다. 하루아침에 터무니없이 스스로 남의 후사가 되는 예를 따라서 자기 부모에 대한 예우를 낮춘다면, 부자와 조손의 인륜이 뒤집히고 순서를 잃어버리는 것이니, 어찌 인륜의 변고가 아니겠습니까? 가만히 옛 책들을 살피건대, 진(晋)나라 간문제(簡文帝)는 손자로서 할아버지를 계승하였는데, 그 아버지는 원제(元帝)였고, 당나라 선종(宣宗)은 숙부로서 조카를 계승하였는데, 그 아버지는 헌종(憲宗)이었습니다. 한나라 광무제(光武帝)는 먼 친족으로서 통(統)을 계승하고 남의 후사가 되는 의리를 따라 원제(元帝)를 '고'라 불렀지만, 실제로는 광무제는 원제에게 조카의 항렬이었습니

179 유백증(兪伯曾, 1587~1646): 자는 子先, 호는 翠軒. 시호는 忠景. 본관은 杞溪. 1612년(광해군 4) 진사로서 증광문과에 병과로 급제하여 출사하였으며, 1623년 인조반정 때 공을 세워 靖社功臣 3등으로 杞平君에 봉해졌다. 대사성, 대사헌 등을 지냈으며, 뒤에 영의정에 추증되었다. 저술로는 『翠軒疏箚』이 있다.

180 남의~낮춘다: 『儀禮』, 「喪服」, 「齊衰不杖期」章, '爲人後者, 爲其父母報' 條. 傳曰, "何以期也? 不二斬也. 何以不二斬也? 持重於大宗者, 降其小宗也. 爲人後者, 孰後? 後大宗也. 曷爲後大宗? 大宗者, 尊之統也."

181 최명길(崔鳴吉, 1586~1647): 자는 子謙, 호는 遲川·滄浪. 시호는 文忠. 본관은 全州. 李恒福의 제자로 1605년(선조 38) 생원시에서 장원한 뒤 같은 해 증광문과에 급제하였으며, 1623년 인조반정에 가담, 1등공신이 되어 完城府院君에 봉해졌다. 이조판서에 兩館 대제학을 겸임하였으며 관직이 영의정에 이르렀다. 병자호란 때는 강화론을 펴 심한 비난을 받았다. 성리학과 문장에 뛰어났으며 한때 陽明學을 공부하여 張維·崔後亮 등과 함께 강화학파의 기틀을 이루었다. 문집으로 『遲川集』, 『遲川奏箚』, 『經書記疑』 등이 있다.

다. 그 밖에도 환제(桓帝)가 순제(順帝)에 대해서나 영제(靈帝)가 환제에 대해서도 모두 조카의 항렬이었기 때문에 '고'라고 부를 여지가 있었습니다. 종손(從孫)으로서 즉위한 사람은 오직 한나라 선제(宣帝) 한 분뿐인데, 할아버지를 아버지라고 부를 수는 없었습니다 그리하여 대신(大臣)인 위상(魏相)이 사황손(史皇孫)을 '고'로 삼고 소제(昭帝)를 '조(祖)'로 삼을 것을 건의했던 것입니다. 이미 소제의 후사가 되었는데 또 다시 사황손을 '고'로 삼는다면, 비록 '고'를 이원화하는 것은 아니지만, 그래도 근원을 이원화하는 혐의가 있는 것입니다. 그러므로 선유(先儒)들 가운데 더러는 그르다고 하기도 하고 더러는 옳다고 하기도 하면서, 예에 능통한 유학자가 나오기를 기다려야 한다고 말했던 것입니다. 그래서 이제까지 정론이 확립되지 못한 상태에 있습니다. 명나라 건문제(建文帝)도 손자로서 할아버지의 뒤를 잇고 자기 생부를 추존하여 흥종(興宗)이라 하였지만, 당시 방효유(方孝孺)[182] 같은 학사(學士)들도 이론(異論)이 없었습니다. 그 밖에도 번왕(藩王)으로서 후사로 들어가 왕통을 계승한 예는 이루 다 거론할 수 없으나, 모두 백숙부(伯叔父)의 뒤를 이었기 때문에 자기 할아버지는 할아버지라고 하면서도 자기 생부는 아버지라고 하지 못했습니다. 그러나 자기 할아버지를 할아버지라고 하고 자기 아버지를 아버지라고 하면서도 그 아버지가 적사(嫡嗣)가 아닌 경우는 몇천 년을 두고도 유독 전하 한 분뿐입니다. 따라서 추숭(追崇)이 옳지 않음은 이미 아주 분명합니다."[183] 이귀(李貴)도 여러

182 방효유(方孝孺, 1357~1402): 明 초기의 유학자. 浙江省 象山縣 출생. 자는 希直·希古, 호는 遜志. 1398년 한림시강·한림박사·문학박사가 되고, 永樂帝가 즉위하여 즉위의 詔書를 쓸 것을 명하자 죽음으로써 거절하여 처형되었다. 대의명분에 충실한 정의로운 사람으로서 존경을 받았고, 당쟁·탄압이 격심했던 명나라 말기에는 東林派로 높이 평가되었다. 저서로는 『遜志齋集』이 남아 있다.

번 글을 올려 추숭의 예를 거행하도록 청했다. 이에 주상께서 예조(禮曹)에 하교했다. "지난번 한두 대신과 두서너 경좌(卿佐)들이 선조(宣祖)께서는 아들이 없으니 아들이 있어야 하고 과인(寡人)은 예묘(禰廟)가 없으니 예묘가 있어야 이승과 저승이 아울러 빛나고 인정과 예제가 모두 갖추어진다는 것을 모르고서, 적절하지도 않은 예문을 억지로 갖다가 맞추고 그릇되게도 예에 어긋난 논의를 주장하였다. 더러는 이기는 것을 현명하게 여기고 더러는 입 다무는 것을 능사로 여겼는데, 그 잘못된 논의들에 휘둘린 것이 10년, 깨닫지 못하는 사이에 아버지를 잊고 할아버지만 일컫는다는 비난까지 있었다. 이는 내가 불효했기 때문이다. 예관(禮官)으로 하여금 논의하여 정하게 하여 조금도 미진함이 없게 하라." 이에 예조가 주청했던 것을 뒤집고 대신들이 논의를 바쳐서 마침내 추숭의 예를 거행하였으며, 성종조 전례를 다시 적용하여 홍보

---

183 최명길이~분명합니다: 해당 내용이 崔鳴吉, 『遲川集』, 卷8, 「論典禮箚【丙寅】」, 386b-388b에 보인다. "今大院君本爲宣廟之子, 而殿下本爲大院君之子, 一朝無端自托於爲人後之例, 而降其父母, 則不但大院君不得爲宣廟之子, 宣祖大王亦將不得爲殿下之祖矣. 不但殿下不得父其父, 宣祖大王亦將不得子其子而孫其孫矣. 祖宗在天之靈, 皆將致怪於冥冥之中矣. 一擧而父子 · 祖孫之倫顚倒失次, 豈非人倫之變乎? …… 臣竊考往籍, …… 如晉簡文帝以祖繼孫, 而其父則元帝也. 唐宣宗以叔繼姪, 而其父則憲宗也. 光武以疏族繼統, 則托於爲人後之義, 稱考於元帝. 蓋以光武於元帝, 爲姪行故也. 其後桓帝以章帝曾孫嗣位, 而於順帝爲再從姪, 靈帝以章帝玄孫嗣位, 而於桓帝爲三從姪, 則皆有稱考之處矣. 以從孫立者一, 漢宣帝是也. 此則無稱考之處, 雖爲人後, 而亦不可謂祖爲父, 實爲難處之變禮. 於是, 大臣魏相建議, 以史皇孫爲考, 而以昭帝爲祖. 夫史皇孫非昭帝之子, 則宣帝旣後昭帝, 又考史皇孫, 雖無兩考之失, 亦有二本之嫌. 故先儒或以爲非, 或以爲是, 或不敢定其是非, 而曰當竢通儒而質之, 至今在於疑信之間. 以太孫立者三, 齊廢帝鬱林王, 元成宗及皇明建文帝是也. 成宗之事, 家無史籍, 未及考見, 齊帝追尊其父爲世宗, 而綱目無貶辭, 建文追尊其父爲興宗, 而其時學士如方孝孺者亦無異論. 蓋以封爲太子故也. 其以藩王入承祖統者則不可殫擧, 而皆繼伯叔父之後, 故祖其祖而不得父其父矣. 祖其祖父其父矣, 而初非適嗣者, 上下數千年間, 獨殿下一人而已. …… 追崇之不可, 固已章章明矣."

(洪霙)[184]와 이안눌(李安訥)[185] 등을 명나라로 보내 봉전(封典)[186]을 주청(奏請)했다.[187]

○臣謹案, 崔鳴吉之箚於先聖·先王禮律之例, 疏暗至極, 而其爲說豪快圓滑, 有若渾然無隙者, 然深可嘅也. 聖祖以宗室大夫一朝入承大統, 其所以重宗統降本生, 非特小宗之後大宗, 而今乃曰'無端自託[188]於爲人[189]後之例', 嗚呼, 敢爲是乎! 先王之法, '諸侯不敢祖天子, 大夫不敢祖諸侯',【「郊特牲」】故曰'別子爲祖'. 別子者, 天子·諸侯之支子也. 別而分之, 使爲人[190]祖, 令自成一家, 故名之曰別子. 由是觀之, 宣祖承太祖·太宗之統, 爲王室繼世之君. 定遠君自立, 爲定遠家之太祖, 自成一家, 與王室門户各別, 統緖各垂. 乃聖祖以定遠家承緖之子入, 而

184 홍보(洪霙, 1585~1643): 자는 汝時, 호는 月峰. 시호는 景憲. 본관은 豊山. 權韠의 문인으로, 1609년 진사시에 급제하고 인조반정 뒤 문과에 장원급제하여 출사해 원주목사로 李仁居의 난을 진압하였고, 그 공으로 昭武功臣 豊寧君에 봉해졌다. 1932년 奏請使로 明나라에, 1938년 陳奏使로 淸나라에 다녀왔으며, 그 뒤 형조판서를 거쳐 좌참찬에 이르렀고, 뒤에 영의정에 追贈되었다. 문집으로『月峰集』이 있다.

185 이안눌(李安訥, 1571~1637): 자는 子敏이고, 호는 東岳. 시호는 文惠. 본관은 德水. 1599년(선조 32) 문과에 급제하여 관직 생활을 하다가 광해군의 정치에 실망해서 사직하였다. 인조반정 뒤 예조참판 등의 관직을 거쳤다. 선조 때의 시인 권필과 쌍벽을 이루었으며 李太白에 비유되었다. 潭陽의 구산서원과 泗川의 향사에 配享되었다. 문집으로는『東岳集』이 있다.

186 봉전(封典): 본래 功臣이나 그 조상에게 爵位名號를 내리는 것을 말하는데, 여기서는 명나라 황제에게 정원군을 원종으로 추숭하여 봉할 것을 청했던 사안을 가리킨다.

187 앞서~주청했다: 이 단락은『國朝寶鑑』을 그대로 옮긴 내용이다.『國朝寶鑑』, 卷35, 仁祖朝2, 壬申年 5月, 19b-21a(4~25b-26a).

188 託:『國朝寶鑑』과『遲川集』, 卷8,「論典禮箚【丙寅】」에는 '托'으로 되어 있다.

189 人: 奎章閣本에는 '入'으로 되어 있으나 新朝鮮社本에 따라 바로잡는다.

190 人: 奎章閣本에는 '入'으로 되어 있으나 新朝鮮社本에 따라 바로잡는다.

爲王室承統之君, 理宜絶緖於本家, 專統於王室. 今乃以聖躬[191] 入承之故, 而反使旣薨之定遠入, 而爲宣祖之嫡嗣, 豈不差哉? 若如此例, 則入承大統者乃爲定遠, 而仁祖不過承定遠之餘緖也, 豈其實乎? 非其實而名之, 豈其名乎? 名實俱舛, 於是乎非禮也.

| ○ 삼가 생각건대, 최명길의 차자(箚子)는 선성(先聖)·선왕(先王)의 예법의 전례(前例)에 대해 너무나 무지하니, 그 설명이 호쾌하고 원활하며 혼연하여 조금의 틈도 없는 듯하지만, 심히 개탄스럽다. 성조(聖祖; 仁祖)께서는 종실(宗室)의 대부(大夫)로서 하루아침에 후사로 들어와 대통을 계승하셨으니, 그 종통을 존중하고 본생부모(本生父母)를 낮추는 것은 다만 소종으로 대종의 뒤를 잇기 때문만이 아니건만, 이제 '터무니없이 스스로 남의 후사가 되는 사례에 따른다'고 하니, 아, 감히 이럴 수가 있단 말인가? 선왕의 예법에 따르면 "제후는 감히 천자를 조(祖)로 삼지 못하고 대부는 감히 제후를 조로 삼지 못한다."[192]【『예기』「교특생(郊特牲)」】 그러므로 "별자(別子)는 조가 된다."[193]고 하는 것이다. 별자는 천자나 제후의 지자(支子)이니, 따로 분가(分家)시켜 남의 조가 되어 스

---

191 躬: 新朝鮮社本에는 '窮'으로 되어 있으나 奎章閣本에 따라 바로잡는다.

192 제후는~못한다: 『예기』에 따르면, 천자와 제후, 제후와 대부의 관계는 각각 公家와 私家의 관계이기 때문에 사가에서 공가의 사당을 만들어 제사를 지내는 것은 예법에 어긋난다. 『禮記』, 「郊特牲」, "諸侯不敢祖天子, 大夫不敢祖諸侯, 而公廟之設於私家, 非禮也, 由三桓始也."

193 별자는~된다: 제후의 서자인 別子는 조상의 제사를 주재할 권한이 없고 제후를 계승할 수 없기 때문에 分家하여 새로운 家를 여는 祖가 되고 그 다음 계승자인 繼別은 大宗이 된다. 『禮記』, 「大傳」, "庶子不祭, 明其宗也. 庶子不得爲長子三年, 不繼祖也. 別子爲祖, 繼別爲宗, 繼禰者爲小宗. 有百世不遷之宗, 有五世則遷之宗. 百世不遷者, 別子之後也. 宗其繼別子之, 所自出者, 百世不遷者也. 宗其繼高祖者, 五世則遷者也. 尊祖故敬宗. 敬宗, 尊祖之義也."

스로 일가(一家)를 이루게 하기 때문에 '별자'라고 이름을 붙이는 것이다. 이로써 보건대, 선조(宣祖)는 태조(太祖)와 태종(太宗)의 통(統)을 계승하여 왕실의 세대를 잇는 임금이 되었으나, 정원군은 자립하여 정원가(定遠家)의 태조(太祖)가 되어 스스로 일가를 이루었으니, 왕실과는 문호(門戶)가 각각 다르고 통서(統緖)를 각각 계승하였다. 이에 성조(聖祖; 仁祖)께서는 정원가의 통서를 계승하는 아들로서 왕가에 들어와 왕실의 통서를 계승하는 임금이 되었으니, 이치상 본가에서 통서를 끊고 왕실에서 통서를 전적으로 계승해야 한다. 이제 성조께서 몸소 왕가에 들어와 계승한 연고를 내세우면서도 도리어 이미 별세한 정원군을 왕가에 들여와 선조의 적사(嫡嗣)로 삼는다면, 어찌 도리에 어긋나지 않겠는가? 만약 이런 사례와 같이 한다면, 왕가에 들어와 대통을 계승한 사람은 바로 정원군이 되고 인조는 정원군이 남겨준 통서를 계승하는 데 지나지 않게 된다. 어찌 그것이 실제에 맞는 것이겠는가? 그것이 실제에 맞지 않는데도 그렇게 명분을 붙인다면, 어찌 그것이 명분이겠는가? 명분과 실제가 모두 어그러지니, 예에 어긋난 것이다.

統者, 君統也. 屬者, 親屬也. 以統則太祖 · 定宗 · 太宗 · 世宗 · 文宗 · 端宗 · 世祖 · 睿宗 · 成宗 · 中宗 · 仁宗 · 明宗 · 宣祖, 以至仁祖, 聖聖相承, 凡十四世也. 以屬則太祖 · 太宗 · 世宗 · 世祖 · 懿敬世子 · 成宗 · 中宗 · 德興大君 · 宣祖 · 定遠君, 以至仁祖, 凡十一世也. 統自爲統, 屬自爲屬, 尊尊親親, 兩不相干, 然後仁至義盡, 其禮粲然. 今必以君統 · 親屬渾合, 而求其正, 則左牽右掣, 無以爲禮. 若必以考位之曠闕, 而思所以實之, 則抑將以考位之稠疊, 而思所以去之乎? 定宗 · 文宗 · 端宗 · 睿宗 · 仁宗 · 明宗, 將以其血脈之無所傳, 而不得爲先聖·先王乎? 君統之不可干, 猶聖統之不可苟. 躬踐大位, 然後得居君統, 身具大德, 然後得居聖統. 文廟之中, 孔子爲祖, 而子思爲宗, 固不得以父位之曠闕, 而議躋伯魚也. 晉簡文·唐宣宗·桓帝·靈帝, 皆非所引. 漢光武自以元帝爲禰廟. 於是, 祀元帝以上, 於洛陽太廟, 祀成帝以下, 於長安別廟.【成帝·哀帝·平帝·孺子嬰[194]】本是失禮之大者, 先儒並皆論斥, 光武法當以平帝爲禰廟. 豈可以孫列而卑之哉? 然且光武自立其四親廟於章陵, 稱皇考於南頓君. 其以元帝爲禰廟者, 哀·平稺弱, 不足備數, 姑正昭穆, 以自承繼, 而其自處也, 與創業之君, 無以異焉. 故自立四親廟, 稱皇考耳. 至[195]若漢宣帝二本之嫌, 此又非所當引者. 宣帝以君統, 則武帝·昭帝, 以至於身, 以親屬, 則武帝·戾太子·史皇孫, 以至於身. 其在宗廟, 旣以昭帝爲禰廟, 則昭帝之稱祖, 不害於承統, 史皇孫之稱考, 不歸於干統, 何得失之足論乎? 宣帝不追崇史皇孫. 崔相何不引此爲據, 以遏追崇之議, 乃反以此爲追崇之張本乎? 宣帝以史皇孫爲皇考, 則聖祖亦當以定遠君爲皇考而已. 今以稱考之故, 而並欲上干君統, 豈知禮之言乎? 崔相以宣帝半是半非, 謂在疑信之間者. "宣帝稱皇考於本生, 是我之所欲援也, 不追崇於皇孫, 是我之所嫌忌也. 故予之以是非之半, 處之於疑信之間." 崔相於是乎挾[196]私矣. 建文帝, 其父懿文太子也, 以太孫而追崇太子, 與以藩王而追崇別子, 其情逈殊, 豈得有異論乎? 不過是殷·周之所不爲, 抑其稱宗入廟, 蹈襲元人之舊法而已. 太子者, 天王之

194 嬰: 新朝鮮社本에는 '孾'으로 되어 있으나 『漢書』, 卷99上, 「王莽傳」과 奎章閣本에 따라 바로잡는다.

195 至: 新朝鮮社本에는 '至'가 빠져 있으나 奎章閣本에 따라 보충한다.

嫡統. 別子者, 大夫之始祖. 追崇太子, 豈可與追崇別子, 同日而論哉? 總之, 激世宗, 使之追崇者, 楊廷和皇伯之說也. 激仁祖, 使之追崇者, 吳允謙伯叔之說也. 使當時議禮之臣一遵李元翼 · 鄭昌衍 · 李廷龜 · 鄭經世 · 張維 · 趙翼之論. 上引『儀禮』經文, 中引漢[197] 宣 · 光武, 下引韓琦 · 歐陽脩諸說, 使我聖祖稱皇考於本生, 唯稱宗入廟, 以死力爭, 則聖祖睿智, 必不爲阿諛所動矣, 豈不惜哉? 並王爵而勿之, 則可以比隆三代, 下此一等, 王而不宗, 則亦可與漢哀帝分謗. 今乃過加隆典, 以蹈麗 · 元之跡. 此義士之所深惜也.

| 통(統)은 군통(君統)이고, 속(屬)은 친속(親屬)이다. '통'으로는 태조, 정종, 태종, 세종, 문종, 단종, 세조, 예종, 성종, 중종, 인종, 명종, 선조에서 인조에 이르기까지 임금끼리 서로 계승하여 모두 14대이고, '속'으로는 태조, 태종, 세종, 세조, 의경세자, 성종, 중종, 덕흥대군, 선조, 정원군에서 인조에 이르기까지 모두 11세이다. 통은 독자적으로 군통이 되고 속은 독자적으로 친속이 되니, 존존(尊尊)과 친친(親親) 양자가 서로 간섭하지 않은 뒤라야 인(仁)이 지극해지고 의(義)가 남김없이 드러나서 그 예(禮)가 찬연해진다. 이제 군통과 친속을 뒤섞어놓고 그것이 올바르기를 구한다면, 이러지도 못하고 저러지도 못해서 예를 행할 수 없게 된다. 만약 아버지 자리〔考位〕가 비었다는 것을 고려하여 그것을 채울 방법을 생각한다면, 또한 장차 아버지 자리가 겹쳐질 것을 고려하여 그것을 없앨 방법을 생각하겠는가? 정종, 문종, 단종, 예종, 인종, 명종은 그 혈맥이 전승되지 못했기 때문에 선성(先聖) · 선왕(先王)

---

196 挾: 新朝鮮社本에는 '狹'으로 되어 있으나 奎章閣本에 따라 바로잡는다.
197 引: 新朝鮮社本에는 '引'이 빠져 있으나 奎章閣本에 따라 보충한다.

이 될 수 없단 말인가? 군통을 간섭할 수 없는 것은 성통(聖統; 道統)을 구속할 수 없는 것과 같다. 몸소 대위(大位)를 맡은 뒤라야 군통을 차지할 수 있고, 직접 대덕(大德)을 갖춘 뒤라야 성통을 차지할 수 있다. 문묘(文廟)에서 공자(孔子)가 조(祖)가 되고 자사(子思: 공자의 손자, 백어의 아들)가 종(宗)이 되니, 참으로 아버지 자리가 비었다는 것을 빌미로 하여 백어(伯魚: 공자의 아들, 자사의 아버지)를 자사보다 높여서 제사를 모시는 논의를 해서는 안 된다. 진(晉)나라 간문제(簡文帝), 당나라 선종(宣宗), 환제(桓帝), 영제(靈帝)의 사례는 논거로 인용할 바가 아니다. 한나라 광무제(光武帝)는 스스로 원제(元帝)를 예묘(禰廟)로 삼았다. 이에 원제 이상을 제사할 때는 낙양(洛陽)의 태묘(太廟)에서 하고, 성제(成帝) 이하로는 장안(長安)의 별묘에서 했다.【성제(成帝)·애제(哀帝)·평제(平帝)·유자영(孺子嬰)198】 이는 본래 예를 그르친 것 중에서도 심한 것으로, 선유(先儒)들이 모두 비판하였다. 광무제는 평제를 예묘로 삼았어야 마땅하다. 어찌 손자의 항렬이라고 해서 낮출 수 있겠는가? 그러나 광무제는 스스로 장릉(章陵)에 자기 사친묘(四親廟)를 만들고, 남돈군(南頓君)을 황고(皇考)라고 불렀다. 그가 원제를 예묘로 삼은 것은, 애제와 평제가 어리고 연약하여 수(數)를 갖추기에 부족하였기 때문에 잠시 소목(昭穆)을 바로잡아 스스로 승계한 것으로서, 그 자처함이 창업의 임금과 다를 바가 없다. 그러므로 스스로 사친묘를 세우고 황고라고 부른 것이다. 한나라 선제(宣帝)의 사례는 근본을 이원화하는 혐의가 있는 것이니, 이는 더욱 논거로 삼을 바가 아니다. 선제는 군통으로는 무제(武帝), 소제(昭帝)에서 자신에게 이르고, 친속으로는 무제(武帝), 방태자(戾太子), 사황

198 유자영(孺子嬰): 漢나라 宣帝의 玄孫으로 황태자가 되었으나 곧 前漢이 망하고, 王莽의 新나라가 등장하였다. 『漢書』, 卷99上, 「王莽傳」, 4082 참조.

손(史皇孫)에서 자신에게 이른다. 그가 종묘에서 이미 소제(昭帝)를 예묘로 삼았으니 소제를 조(祖)라 일컫는 것은 통을 계승하는 데 해가 되지 않고, 사황손을 '고(考)'라고 부르는 것은 통을 간섭하는 것이 아니니, 어찌 득실을 따질 것이 있겠는가? 선제는 사황손을 추숭하지 않았건만, 최 재상(崔相; 재상 최명길)은 어찌 이것을 끌어들여 근거로 삼아서 추숭의 논의를 막지 않고 도리어 이것을 추숭의 빌미로 삼았던가? 선제는 사황손을 황고로 삼았으니, 성조(聖祖)도 정원군(定遠君)을 황고로 삼는 것이 마땅하다. 이제 '고'라고 불렀다는 것을 빌미로 해서 위로 군통을 간섭하려 하는 것이 어찌 예를 아는 견해이겠는가? 최 재상은 선제가 반은 옳고 반은 그르다고 여기면서 확정할 수 없다고 말하였다. "선제는 본생부(本生父)에게 황고라고 불렀는데, 이는 제가 취하고 싶은 것이고, 사황손을 추숭하지 않았는데, 이는 제가 혐의를 두고 꺼리는 바입니다. 그러므로 옳은 것과 그른 것이 반반이라고 여기고 유보하는 입장을 취하겠습니다." 최 재상은 여기에서 사적인 생각을 품은 것이다. 건문제(建文帝)는 그 아버지가 의문태자(懿文太子)인데, 태손(太孫)으로서 태자(太子)를 추숭했다. 이는 번왕(藩王)으로 별자(別子)를 추숭한 것과는 그 정황이 현저히 다른 것이다. 어찌 이론(異論)이 있을 수 있겠는가? 이는 은(殷)과 주(周)에서는 하지 않던 것이니, 종이라 부르고 태묘에 부묘하는 것은 원나라 사람들의 낡은 법을 답습하는 것일 뿐이다. 태자는 천왕(天王)의 적통이고, 별자는 대부(大夫)의 시조이다. 태자를 추숭하는 것을 어찌 별자를 추숭하는 것과 같은 차원에서 논의할 수 있겠는가? 총평하자면, 세종을 부추겨서 추숭하게 한 것은 양정화(楊廷和)[199]

199 양정화(楊廷和, 1459~1529): 明나라의 문신, 新都 사람. 자는 介夫, 시호는 文忠. 成化 14년에 進士가 되었고, 太子太保를 거쳐 內閣大學士가 되었다. 世宗 嘉靖帝를 황

의 황백설(皇伯說)[200] 때문이고, 인조를 부추겨서 추숭하게 한 것은 오윤겸의 백숙설(伯叔說)[201] 때문이다. 만약 당시 전례를 의논하던 신하들이 한결같이 이원익, 정창연, 이정귀, 정경세, 장유, 조익의 견해를 따라서, 위로는 『의례』 경문에서 논거를 인용하고, 중간에는 한 선제와 광무제를 인용하고, 아래로는 한기와 구양수의 견해를 인용하여, 우리 성조로 하여금 본래 낳아준 아버지를 황고라고 부르게 하되, 다만 종이라 부르고 종묘에 부묘하는 것만큼은 죽음을 각오하고 힘껏 반대했더라면, 성조(聖祖)께서는 지혜로우셔서 반드시 아첨에 휘둘리지 않으셨을 터인데, 어찌 안타깝지 않겠는가? 아울러 왕의 작위도 부여하지 않았으면 삼대(三代)의 융성함에 견줄 수 있었을 것이고, 이보다 한 등급 낮추어 왕의 작위는 부여하되 종(宗)으로 삼지만 않았더라도 한나라 애제(哀帝)와 더불어 비판을 나누어 질 만했는데, 지금은 지나치게 높은

---

제로 추대하는 데 공헌했으나 세종의 생부인 홍헌왕을 황제로 추숭하는 데 반대하다가 削職되었다. 저서로 『楊文忠公三錄』이 전한다. 『明史』, 卷190, 「楊廷和傳」, 5031-5039 참조.

200 양정화의 황백설: 당시 內閣大學士로 공론을 주도하던 양정화는 漢나라 定陶王과 宋나라 濮王의 전례에 따라 孝宗을 皇考로 삼고 生父인 興獻王을 皇叔考로 삼아야 한다는 설을 제안하였다. 다산은 伯叔을 구분하지 않은 채 皇伯說이라고 표현했으나 皇叔說이라고 하는 것이 더 정확하다. 해당 내용이 『明史』, 卷190, 「楊廷和傳」, 5036-5038; 楊廷和, 「請正綱常昭典禮疏(嘉靖元年)」(『明臣奏議』, 卷17, 叢書集成初編 917, 北京: 中華書局, 1985, ⑤:296-297); 〔明〕 楊廷和, 『楊文忠公三錄』(文淵閣 四庫全書, 第428册, 史部 186, 詔令奏議類, 臺北國立故宮博物院所藏本), 卷7, 「辭謝錄3」, 24a-26b; 『楊文忠公三錄』, 卷4, 「視草餘錄」, 특히 嘉靖元年十一月十八日, 嘉靖二年六月十八日條에 보인다.

201 오윤겸의 백숙설: 仁祖가 生父인 정원군을 伯叔父로 불러야 한다는 설. 추숭을 반대하는 해당 내용이 吳允謙, 『楸灘集』(韓國文集叢刊 64), 卷2, 「論追崇典禮箚(庚午十二月)」, 144a-144d; 『楸灘集』, 卷3, 「論祔廟未安箚」, 150b-150d; 『楸灘集』, 卷3, 「再箚(甲戌八月)」, 150d-153b; 『仁祖實錄』, 卷23, 仁祖 8年 12月 丙寅(22)日; 『仁祖實錄』, 卷30, 仁祖 12年 8月 己卯(26)日條 등에 보인다.

예전(禮典)을 더하여 고려와 원나라의 사적(事跡)을 답습했다. 이것이 의로운 선비가 매우 안타깝게 여기는 것이다.

臣謹案, 崔鳴吉謂'一朝無端自託[202]於爲人後之例', 此失言之大者也. 今俗立後之法, 全與古異. 崔相習見此俗, 看人字, 褻慢耳. 古者立後之法, 唯所宗者同而後, 乃往爲後. 繼父之宗, 得取昆弟之子以爲後. 繼祖之宗, 得取從父昆弟之子以爲後. 繼曾·繼高, 其取益廣. 若過高祖, 則祖遷於上, 而宗易於下. 故不得取後. 唯別子爲祖, 百世不遷者. 凡別子之孫, 皆可以取之爲後, 所謂大[203]宗也. 然且立後之法, 本起於帝王家, 帝王家[204]不拘兄弟·祖孫. 凡上承其統者, 卽名爲後, 不必取之於子姪之列, 名之曰子, 然後乃名爲後也. 仁祖大王以定遠家承緖之子入, 而爲王室承統之君, 胡獨非爲人後乎? 本非宣祖之後, 今爲宣祖之後, 斯豈非爲人後乎? 凡爲人後者, 皆往而承其所生之祖, 卽先王之禮也.【今俗或往承他人之祖, 非先王之法.】若以其所後之祖, 卽我本祖, 而不名曰爲人後, 則凡天下立後之人, 可曰移宗, 不可曰立後也. 抑將曰父位曠闕, 故爲之移宗乎? 我所爲後, 卽所爲禰, 宣祖非仁祖之禰乎? 非其禰而禰之, 此之謂爲後也. 何得曰無端自託[205]乎?

| 삼가 생각건대, 최명길이 '하루아침에 터무니없이 스스로 남의 후사가 된 사례에 따른다'고 하였는데, 이것은 큰 실언이다. 지금 풍속에

202 託: 『國朝寶鑑』과 『遲川集』, 卷8, 「論典禮箚【丙寅】」에는 '托'으로 되어 있다.
203 大: 奎章閣本에는 '太'로 되어 있으나 新朝鮮社本에 따라 바로잡는다.
204 帝王家: 新朝鮮社本에는 '帝王家'가 빠져 있으나 奎章閣本에 따라 보충한다.
205 託: 『國朝寶鑑』과 『遲川集』, 卷8, 「論典禮箚【丙寅】」에는 '托'으로 되어 있다.

서 후사를 세우는 법〔立後〕은 옛날과 완전히 다르다. 최 재상이 이 풍속을 익히 알고서도 '인(人)' 자를 주목한 것은 주제넘고 버릇없는 일이었다. 옛날 후사를 세우는 법에 따르면 종(宗)을 함께하는 경우에만 후사가 될 수 있었다. 아버지를 계승하는 종은 형제의 아들을 취하여 후사를 삼고, 할아버지를 계승하는 종은 종부형제(從父昆弟)의 아들을 취하여 후사를 삼는다. 증조를 계승하고 고조를 계승하는 경우에는 그 취하는 범위가 더욱 넓어진다. 만약 그 범위가 고조를 넘으면, 조(祖)는 위에서 옮겨지고 종은 아래에서 바뀐다.[206] 그러므로 후사를 취할 수 없다. 오직 별자(別子)만이 조가 되어 백세(百世)토록 조천하지 않는다. 무릇 별자의 자손이라면 모두 취하여 후사로 삼을 수 있으니, 이른바 '대종(大宗)'이다. 그런데 후사를 세우는 법은 본래 제왕가에서 생겼으나, 제왕가에서는 형제관계나 조손관계라도 얽매이지 않는다. 무릇 그 통(統)을 계승하면 곧 '후사가 된다'고 말하나니, 꼭 아들이나 조카뻘 항렬에서 뽑아서 아들이라고 부른 뒤라야만 '후사가 된다'고 말할 수 있는 것은 아니다. 인조대왕(仁祖大王)께서는 정원가(定遠家)의 통서를 계승하는 아들로서 왕가에 들어와 왕실의 통서를 계승하는 임금이 되었는데, 어찌 유독 남의 후사가 된 경우가 아니라고 할 수 있겠는가? 본래 선조(宣祖)의 후사가 아니었다가 이제 선조의 후사가 되었는데, 이것이 어찌 남의 후사가 된 것이 아니란 말인가? 무릇 남의 후사가 되면 모두 그 낳아준 조를 계승하게 마련인 것이 바로 선왕(先王)의 예이다.【지금 풍속에서는 더러 남의 조를 계승하기도 하는데, 선왕의 예법이 아니다.】 만약 그 후사로

---

206 조는~바뀐다: 五世의 선조〔高祖〕는 代가 바뀔 때마다 一世씩 내려가고, 오세손〔高孫〕의 宗子도 대가 바뀔 때마다 一世씩 내려간다. 『禮記』, 「喪服小記」, "別子爲祖, 繼別爲宗, 繼禰者爲小宗. 有五世而遷之宗, 其繼高祖者也. 是故祖遷於上, 宗易於下. 尊祖故敬宗, 敬宗所以尊祖禰也."

계승한 조(祖)가 바로 내 본래 조상이라면 '남의 후사가 된다'고 말하지 않으므로, 무릇 천하에 후사를 세우는 사람은 '종을 옮긴다〔移宗〕'고 말할 수는 있어도 '후사를 세운다〔立後〕'고 말해서는 안 된다. 장차 '아버지 자리가 비었다'고 해서 그것을 '종을 옮긴다'고 할 수 있겠는가? 나를 후사로 삼아준 분이 곧 예묘가 되는 것인데도, 선조가 인조의 예묘가 아닌가? 자기 예묘가 아닌데도 예묘로 삼는 것, 이것을 일컬어 '후사가 된다'고 하는 것이다. 어찌 '터무니없이 스스로 근거를 삼는다'고 할 수 있단 말인가?

### 1:10

**仁祖十二年秋,[207] 祔元宗大王于太廟. 奏請使洪霶等至京師, 皇帝賜謚恭良, 遣使頒誥命. 上教曰: "廟無禰位, 國有二廟, 於禮未安, 於義無據. 且皇朝封典旣降, 其令禮官考例擧行." 於是, 禮曹引德宗大王入廟之例, 行祔廟禮.【出『國朝寶鑑』.】[208]**

| 인조 12(甲戌, 1634)년 가을, 원종대왕(元宗大王)을 태묘(太廟)에 부묘하였다. 주청사(奏請使) 홍보(洪霶) 등이 명나라 수도에 이르자, 황제가 '공량(恭良)'이라는 시호를 내리고 사신을 보내어 고명(誥命)을 반포하였다. 주상이 하교하였다. "묘(廟)에 아버지 자리가 없고, 나라에 묘(廟)가 둘이 있는 것은 예(禮)에도 마땅하지 않고 의(義)에도 근거가 없는 것이다. 게다가 명나라 조정의 봉전(封典)도 이미 내려졌으니, 예관에게 전례(前例)를 살펴서 거행하게 하라." 그리하여 예조에서는 덕종대왕(德宗大王)을 종묘에

---

207 秋: 『國朝寶鑑』에는 '閏月'로 되어 있다.

208【出『國朝寶鑑』.】: 新朝鮮社本 · 奎章閣本에는 빠져 있으나 『國朝典禮考』 전체 형식에 따라 보충한다.

들였던 전례를 인용하여 부묘례를 거행하였다.[209]

**臣謹案, 仁祖法當以宣祖爲禰廟, 不可曰無禰也. 周桓王以平王爲禰, 不追崇洩父. 漢宣帝以昭帝爲禰, 不追崇史皇孫也.**

| 삼가 생각건대, 인조는 예법상 선조(宣祖)를 예묘(禰廟)로 삼아야 마땅하고, '예묘가 없다'고 해서는 안 된다. 주나라 환왕(桓王)은 평왕(平王)을 예묘로 삼고 (생부인) 설보(洩父)를 추숭하지 않았으며, 한나라 선제(宣帝)는 소제(昭帝)를 예묘로 삼고 (생부인) 사황손(史皇孫)을 추숭하지 않았다.

209 『國朝寶鑑』, 卷35, 仁祖朝2, 甲戌年 閏(8)月, 22b-23a(4～26d-27a).

## 4. 정조대 진종 및 사도세자 추숭 전례

**1:11**

英宗四十年甲申春二月, 命以王世孫爲孝章世子嗣, 以承宗統. 告廟, 頒赦.

| 영조(英祖) 40년 갑신(甲申, 1764)년 봄 2월, 왕세손(王世孫)을 효장세자(孝章世子)[210]의 후사로 삼아 종통(宗統)을 잇도록 명하였다. 종묘에 고하고 사면령을 반포하였다.

○上詣昌德宮, 謁璿源殿, 奏之以文曰: "臣有二世子, 孝章爲兄, 使冲子嗣孝章順承長統, 義理當然. 玆事今不端本, 此後更有邪辭怪說, 亂我邦國者, 於爲世臣之道何哉? 以冲子某[211]爲孝章之嗣, 先取『譜略』, 以孝章與冲子連書嗣字. 自此以後, 宗統無中絶之歎, 海東有盤石之固. 亦使冲子, 於思悼廟盡所生之道, 則於冲子, 庶可無憾, 而杜後弊保世臣, 其亦兩得矣." 上仍謂世孫曰: "日後諸臣或有以此爲言者, 是乎? 非乎?" 對曰: "非也." 上曰: "君子乎? 小人乎?" 對曰: "小人也." 上顧史官曰: "爾等詳記之." 遂命

210 효장세자(孝章世子, 1719~1728): 영조와 靖嬪李氏의 맏아들, 자는 聖敬, 휘는 縡. 시호는 孝章. 妃는 좌의정 趙文命의 딸 孝純王后. 1724년 영조 즉위 시 敬義君에 봉해지고, 1725년 왕세자에 책봉되었으나, 10세에 죽어 이복동생 思悼世子가 왕세자가 되었다. 사도세자마저 즉위하지 못하고 죽자, 사도세자의 아들 정조가 그의 후사가 되어 즉위함에 따라 眞宗으로 추존되었다. 능은 파주의 永陵이다.

211 某: 『國朝寶鑑』에는 '今上御諱'로 적혀 있다. 다산은 정조의 이름을 避諱하기 위해서 '某'로 적었다

以所奏文, 藏于史閣.

| ○ 주상이 창덕궁(昌德宮)에 이르러 선원전(璿源殿)[212]을 찾아뵙고 글로써 아뢰었다. "신(臣)에게는 세자가 둘이 있는데, 효장이 형이니, 충자(冲子)[213]로 하여금 효장을 계승하여 장자의 통〔長統〕을 제대로 잇게 하는 것이 의리상 당연합니다. 이 일은 지금 근본을 바르게 하지 않는다면 이 뒤로 다시금 간사한 말과 괴이한 주장들이 우리나라를 어지럽힐 터인데, 세신(世臣)의 도리를 행하기에 어떻겠습니까? 충자 아무개를 효장의 후사로 삼아 먼저 『선원보략(璿源譜略)』[214]에 '효장'과 '충자'에 '사(嗣)' 자를 잇달아 쓰게 하였으니, 지금부터는 종통이 중간에 끊어졌다는 탄식이 없어질 것이고 해동(海東, 조선)은 반석처럼 단단해질 것입니다. 또한 충자로 하여금 사도묘(思悼廟)[215]에 대해서 낳아준 친부모에 대한 도리를 다하게 한다면 충자에게도 서운함이 없을 것이고, 뒤에 생길지 모르는 폐단을 막고 세신을 보호하여 아마도 양쪽 다 좋

---

212 선원전(璿源殿): 조선시대 역대 임금의 御眞을 모신 전각. 조선 초에는 경복궁에 있었으나 임진왜란으로 불타고 1695년(숙종 21)에 昌德宮 仁政殿 서쪽에 다시 세워졌다.

213 충자(冲子): 어린 아이, 곧 世孫인 正祖를 가리킨다.

214 『선원보략(璿源譜略)』: 조선 왕실의 족보로서, 원제는 『선원계보기략(璿源系譜記略)』이며, 『선원록(璿源錄)』이라고도 한다. 숙종 때 처음 간행되었고, 역대 왕이 새로 즉위할 때마다 重校하고 補刊한 것을 1897년(고종 34)에 合刊하였다. 總敍, 凡例, 先系, 繼序圖, 世系, 八高祖圖 등이 수록되었다.

215 사도묘(思悼廟): 영조의 둘째아들. 자는 允寬, 호는 毅齋. 이름은 愃. 어머니는 映嬪 李氏이며, 부인은 惠慶宮 洪氏이다. 이복형 孝章世子가 요절하고 영조의 나이 40세가 넘었으므로 출생한 지 1년 만에 왕세자에 책봉되었다. 어릴 때부터 영특하였고 1749년(영조 25) 아버지를 대신하여 정사를 돌보게 되었는데, 이때부터 그와 사이가 좋지 않은 계비 貞純王后, 淑儀 文氏를 비롯한 노론 등의 견제를 받다가 결국 영조의 노여움을 샀다. 1761년 정순왕후의 아버지 金漢耈와 그 일파인 洪啓禧, 尹汲 등의 사주를 받은 羅景彦이 그의 비행 10조목을 상소하자, 영조는 그에게 자결 명령을 내렸고 듣지 않자 뒤주 속에 가두어 죽게 하였다. 그 뒤 영조는 후회하고 思悼라는 시호를 내렸다. 그의 아들인 정조가 즉위하자 莊獻으로 추존되었고, 1899년(고종 36) 莊祖로 추존되었다. 능은 隆陵이다.

을 것입니다." 주상이 이내 세손에게 말했다. "뒷날 신하들 중 누군가 이 문제를 거론한다면 옳겠느냐? 그르겠느냐?" (세손이) 대답하였다. "그릅니다." 주상이 말했다. "군자이겠느냐? 소인이겠느냐?" (세손이) 대답하였다. "소인입니다." 주상이 사관들을 둘러보며 말했다. "너희들은 이것을 자세하게 기록하라." 마침내 이런 내용을 담은 글을 사각(史閣)에 보관하라고 명하였다.

○旣還宮, 上親爲文, 諭世孫. 略曰: "因此, 日後若有邪說闖起, 此非徒亂我宗統, 予何顔歸拜列祖? 此後如有更提此事者, 此無父·無君之逆臣也. 將予此意, 置諸重律."【出『國朝寶鑑』.】

| ○궁으로 돌아온 뒤 주상이 직접 글을 지어 세손을 깨우쳤다. 그 대략적인 내용은 다음과 같다. "이를 빌미 삼아 뒷날 간사한 말로 불쑥 문제를 일으킨다면, 이는 그저 우리 종통을 어지럽히는 것이 아니다. 내가 무슨 낯으로 조상님들을 돌아가 뵙겠느냐? 지금부터 다시금 이 일을 끄집어내는 놈이 있다면, 그는 아비도 몰라보고 임금도 무시하는 역신(逆臣)이니, 나의 이런 뜻에 따라 무거운 형벌에 처하라."【출전: 『국조보감』】[216]

初上生孝章世子, 旣冊嬪早卒, 乃生思悼世子. 壬午年五月, 思悼世子卒. 世孫, 卽思悼之子也. 至是, 有是命.

| 처음 주상께서 효장세자를 낳고 나서 빈(嬪)을 책봉했으나 일찍 죽었고, 이어서 사도세자(思悼世子)를 낳았다. 임오(壬午)년 5월에 사도세자가 죽었는데, 세손은 바로 사도세자의 아들이다.[217] 이때에 이르러 이

216 『國朝寶鑑』, 卷66, 英祖朝10, 甲申年 2月, 2b-4a(6~108d-109c).

217 영조부터 정조까지의 家系를 간략하게 표현하면 다음과 같다. 『璿源系譜記略』, 卷18, 「英祖大王內外子孫錄」 참조.

러한 명이 있었다.

○臣謹案, 此大聖人之大處分. 在下之臣, 固不敢容一辭於其間也.

| ○삼가 생각건대, 이는 큰 성인의 위대한 처분이니, 아래 신하가 참으로 감히 한마디라도 거론할 수 없는 것이다.

1:12

英宗五十二年丙申春正月, 王世孫上疏. 上曰, "世孫陳章, 與傳教同藏史庫. 明朝, 世孫奠酌垂恩墓."【墓, 卽思悼墓. ○出『國朝寶鑑』.】

| 영조 52년 병신(丙申, 1776)년 봄 정월, 왕세손이 소(疏)를 올렸다. 주상이 말했다. "세손이 올린 소는 (내) 전교(傳敎)와 함께 사고(史庫)에 간직하라. 내일 아침, 세손은 수은묘(垂恩墓)에 전작(奠酌)례[218]를 행하라."【묘(墓)는 바로 사도세자의 묘이다. ○ 출전: 『국조보감』】[219]

上疏曰: "壬午處分, 卽我聖上爲宗社不獲已之擧也. 以大聖之心, 行達權之道, 環東土大小臣民, 孰敢有異議於其間? 况臣之

---

英祖 ── 孝章世子(眞宗)
　　　└ 思悼世子(莊獻世子) ── 正祖(효장세자에게 入後)

218 전작(奠酌)례: 神位께 祭酒를 올리는 의식.

219 『國朝寶鑑』, 卷68, 英祖朝12, 丙申年 正月・2月, 14a-17b(6~135c-137b). 『國朝寶鑑』과 『英祖實錄』에 따르면, 왕세손이 올린 소에 대해 영조가 하교를 내린 것은 2월 4일이고 왕세손이 수은묘에 가서 전작례를 행한 것은 2월 5일이므로, 다산이 정월로 기록한 것은 착오인 듯하다. 자세한 것은 『英祖實錄』, 卷127, 英祖 52年 2月 4(丙午)日(44~528-529); 『英祖實錄』, 卷127, 英祖 52年 2月 5(丁未)日(44~529)을 참조하라.

保全殘喘, 得至今日, 罔非殿下之洪恩, 高天厚地, 泰山深海, 未足以喩此感激, 則在臣報效之道, 唯當信之如四時, 守之如金石, 至於傳萬世而無弊也. 假使怪鬼不逞之徒, 敢生希覬之心, 肆發追崇之論, 而臣乃爲其慫恖, 妄欲移易義理, 則是實爲殿下之罪人. 非特爲殿下之罪人, 亦將爲宗社之罪人萬古之罪人. 皇天上帝, 臨之在上, 宗廟神靈, 質之在傍, 臣焉敢誣也? 臣焉敢誣也?" 【此下, 請『壬午日記』洗草.】

| (왕세손이) 소(疏)[220]를 올려 말했다. "임오(壬午)년 처분[221]은 바로 우리 성상(聖上)께서 종묘와 사직을 위해서 마지못해 하신 일이었습니다. 위대한 성인(聖人)의 마음으로 보편적인 권도〔達權之道〕를 실천하셨으니, 동토(東土; 조선)의 모든 신하와 백성들 가운데 누가 감히 다른 논의를 할 수 있겠습니까? 더구나 신이 목숨을 보전하여 오늘에 이를 수 있는 것도 모두 전하의 크신 은혜 덕분입니다. 높은 하늘과 두터운 땅, 커다란 산과 깊은 바다에도 이러한 감격을 견줄 수 없으니, 신이 그 은혜를 보답할 길은 오직 신실하게 믿고 쇠붙이나 돌덩이처럼 단단하게 지켜서 만세를 전하여도 폐함이 없게 하는 것뿐입니다. 설사 요귀처럼 못된 무리들이 감히 넘겨다보는 마음을 먹고 무도하게 마구 추숭의 논의를 제기한다고 해도, 신이 바로 그런 부추김 때문에 의리를 옮겨 바꾸고자 한다면, 이는 참으로 전하에게 죄인이 되는 것입니다. 그저 전하에게 죄인이 되는 것일 뿐만 아니라 나아가서는 종묘와 사직의 죄인

220 (왕세손이) 소: 소 내용은 『國朝寶鑑』, 卷68, 英祖朝12, 丙申年 正月, 15a-17b(6～136a-137b)에 실려 있다. 해당 기록은 『英祖實錄』, 卷127, 英祖 52年 2月 4(丙午)日(44～528-529); 『英祖實錄』, 卷127, 英祖 52年 2月 5(丁未)日(44～529) 참조.

221 임오년 처분: 정조의 생부인 사도세자를 뒤주에 가두어 죽게 한 영조의 처분을 가리킨다.

이자 만고의 죄인도 되는 것입니다. 황천(皇天)의 상제(上帝)께서 위에서 굽어보시고 종묘의 신령들께서 곁에서 질정(質正)하고 계시거늘, 신이 어찌 감히 속이겠습니까? 신이 어찌 감히 속이겠습니까?" 【이 뒤로는 『임오일기(壬午日記)』[222]의 세초(洗草)[223]를 청하는 내용이다.】

○臣謹案, 追崇之論, 謂追崇思悼世子之論也. 追崇, 本非三古之彝典. 爲人臣而導人主以追崇之禮者, 皆不免爲小人. 况寧考之戒飭至嚴, 世孫之質言丁寧, 有敢以追崇之事, 萌於心頭者, 皆兩聖之罪人也.

| ○삼가 생각건대, 추숭의 논의는 사도세자를 추숭하는 논의를 말한다. 추숭은 본래 삼고(三古)[224] 시대의 떳떳한 예법이 아니다. 신하로서 임금에게 추숭의 예를 행하도록 이끄는 자는 모두 소인배가 될 수밖

---

222 『임오일기(壬午日記)』: 임오년(1762) 영조의 명에 의해 사도세자가 뒤주에 갇혀 숨지는 과정을 時派의 시각에서 생생하게 서술한 자료들을 모아놓은 책. 한국정신문화연구원 장서각 소장본. 이 가운데 승정원 주서(7품)인 李光鉉의 일기가 윤5월 11일부터 21일까지 사도세자가 죽는 과정을 자세히 다루고 있다. 그는 사도세자의 죽음을 비극으로 단정하고 영조의 잔학상을 드러내면서, 사도세자가 뒤주에서 죽은 사건이 영조의 훈육책이 아니라 정치적 개혁을 꿈꾸던 세자와 소론파를 제거하려는 홍봉한과 노론 일파의 음모에서 비롯된 정치적 사건이라고 규정하고 있다.

223 세초(洗草): 조선시대 실록 편찬이 완료된 뒤, 여기에 쓰인 史草나 草稿들을 파기하던 일로서, 물에 씻어 글씨를 지우고 종이는 재생·활용하는 것이 일반적이지만, 때로는 초본 자체를 소각·파기하기도 하였다. 1616년(광해군 8) 『선조실록』을 편찬한 뒤부터 정례화된다. 세초는 造紙署가 있던 세검정의 개천에서 이루어졌으며, 세초의 대상이 된 자료들은 사관들이 왕의 측근에서 그때그때 작성한 사초와 실록 편찬 과정에서 작성한 初草·中草·正草 등이었다. 실록을 편찬한 뒤에 자료들을 파기한 까닭은 무엇보다 대외비로 관리되던 사초의 유출을 막고 公刊된 正史에 대하여 시비의 소지를 예방하기 위한 조처였다.

224 삼고(三古): 上古, 中古, 下古로 구분되는 중국의 고대. 각각 伏犧, 神農, 五帝 혹은 伏犧, 文王, 孔子로 대별된다.

에 없다. 더구나 영고(寧考)[225]의 경계가 지엄하고 세손의 질언(質言)이 간곡하거늘, 감히 추숭의 일을 마음속에 품는 자가 있다면 모두 영조와 정조 두 임금에게 죄인이다.

1:13

**正宗御極之初, 追崇孝章世子, 爲眞宗大王, 祔於太廟. 改思悼世子諡曰莊獻世子, 改思悼廟曰景慕宮, 垂恩墓曰永祐園之宮. 園之官皆置令別檢參奉, 與宗廟諸陵同.**[226]

| 정조가 즉위한 초기에[227] 효장세자를 추숭하여 '진종대왕(眞宗大王)'이라 하고 태묘에 부묘하였다. '사도세자'라는 시호를 고쳐 '장헌세자(莊獻世子)'라고 하고 사도묘(思悼廟)를 고쳐 '경모궁(景慕宮)'이라고 하였으며 수은묘(垂恩墓)를 '영우원지궁(永祐園之宮)'이라고 하였다. 수봉관(守奉官)[228]으로 모두 영별검참봉(令別檢參奉)을 두어 종묘와 여러 왕릉과 같이 대우하였다.

**○己酉冬, 遷永祐園于華城, 改號曰顯隆園.【出『國朝寶鑑』.】**

| ○ 기유(己酉, 1789)년 겨울, 영우원을 화성(華城)으로 옮기고 이름을 고쳐 '현륭원(顯隆園)'이라고 하였다. 【출전: 『국조보감』】[229]

---

225 영고(寧考): 寧考란 周 文王 · 武王처럼 천하를 평정한 祖考를 말하는데, 여기서는 영조를 가리킨다.

226 園之官~與宗廟諸陵同: 『國朝寶鑑』에는 없는 구절을 다산이 보충한 것이다.

227 정조가~초기에: 정조는 英祖 52(丙申, 1776)年 3月 辛巳(10)日에 즉위하였고, 正祖 卽位年 3月 庚寅(19)日에 眞宗을 추숭하였다.

228 수봉관(守奉官): 조선시대 園所를 담당한 종9품 관리.

229 『國朝寶鑑』, 卷69, 正祖朝1, 丙申年 3月, 1ab(7~1ab). 『國朝寶鑑』, 卷73, 正祖朝4, 己酉年 7 · 8 · 10月, 3b-7b(7~48b-50b) 참조. 정조가 효장세자의 종통을 잇고 효장세

臣謹案, 先大王之所以崇報莊獻, 止此而已, 後世其無譏焉.

| 삼가 생각건대, 선대왕(先大王; 正祖)께서 장헌세자를 높여 보답하는 것은 이 정도에서 그쳤을 뿐이니, 후세에 아무도 그것을 비판하지 못할 것이다.

○臣竊伏念, 世子之號本出於父王之時. 若父王旣薨, 世子之子若孫承統爲君, 而猶稱世子, 則名實未允. 其爲尊稱, 不若大君·大院君之爲爵號. 臣每一念之, 爲之怵惕不安于心也. 世子·世孫, 今已耳慣, 莫之疑焉. 假如有人封爲世弟, 而不幸早卒, 迺其聖子承統爲君, 則其[230]祝版稱號將曰皇考某, 謚世弟乎? 恐其稱不安于心也. 大抵國朝前此, 再有追崇改稱宗入廟. 【德宗及元宗】 稱宗入廟, 已爲追崇之恒禮. 故英宗爲是之慮, 或

---

자를 진종으로 추숭한 것은 영조의 명에 따른 것이다. 자세한 내용은 『正祖實錄』, 卷1, 正祖 卽位年 3月 庚寅(19)日, 辛卯(20)日을 참조하라. 1789년 정조는 7월에 錦城尉 朴明源의 건의에 따라 이장을 결정하였고, 8월에 濮王 고사에 따라 緦服 차림으로 영우원의 啓園禮를 치렀으며, 10월에는 이장이 이루어졌다. 당시 다산은 정조의 화성 행차를 위한 배다리〔舟橋〕를 담당하였다. 1789년 7월에서 10월에 걸쳐 楊州 拜峯山에 있던 莊祖(1735~1762)의 永祐園을 水原府 花山에 遷園, 顯隆園을 造成한 기록으로는 『(莊祖)顯隆園園所都監儀軌』(奎 13627, 奎 13628, 奎 13630)와 『莊祖顯隆園遷園儀軌』(奎 13629)가 있다. 자세한 내용은 『正祖實錄』, 卷28, 正祖 13年 7月 乙未(11)日, 8月 乙丑(12)日, 10月 己未(7)日, 특히 10월 7일 정조가 지은 「어제장헌대왕지문」을 참조하라. 한편, 이 부분의 기록은 『正祖實錄』이나 『國朝寶鑑』이 아니라 기타 기록과 다산의 기억에 근거한 것이었을 가능성이 높다. 왜냐하면 다산이 『國朝典禮考』 집필 당시 純祖 19년(1819) 계획했다가 실제로는 憲宗 14년(1848) 간행된 『正祖寶鑑』은 보지 못했음이 분명하기 때문이다. 참고로 영조 이전까지의 『國朝寶鑑』이 주로 『조선왕조실록』에 의거하는 데 비하여, 정조 이후의 『國朝寶鑑』은 內閣의 『日省錄』과 『承政院日記』, 各司의 掌故를 수집하고 참고하였다. 임승표, 「해제」(『국역 國朝寶鑑』 IX, 고전국역총서 278, 민족문화추진회, 1997), 1-18쪽 참조.

230 其: 新朝鮮社本에는 '如'로 되어 있으나 奎章閣本에 따라 바로잡는다.

恐宗統以亂, 戒飭申嚴. 若使當時有知禮大臣, 委曲善奏曰'追崇之典, 聖戒旣嚴矣. 但追冊王爵, 不加廟號, 奉之別廟, 不入太廟, 則庶于報本之道, 無所缺欠, 亦與兩朝追崇之典, 大相不同, 不可曰追崇云爾', 則寧考慈睿, 未必不犁然許之也. 正宗丙申之疏, 雖已質言, 而所質言者, 追崇之恒禮. 若夫不稱宗不祔廟, 而但加爵號, 則此非追崇之恒禮. 正宗固未嘗質言, 雖於御極之後, 以玆告廟, 擧而行之, 固不必與丙申之疏, 有所不合也. 雖然, 追隆所生, 本非三古之彝典. 況有寧考之嚴戒, 雖爵號一字, 終不如不擧之爲正也. 嗚呼, 我先王其至孝至德也哉!

| ○가만히 엎드려 생각건대, 세자의 칭호는 본래 부왕(父王) 때 나온 것이다. 만약 부왕께서 돌아가신 뒤 세자의 아들이 세손으로 통(統)을 계승하여 임금이 되었는데도 여전히 세자라고 부른다면 명칭과 실제가 걸맞지 않는다. 그렇게 존칭을 부르는 것은 '대군(大君)'과 '대원군(大院君)'의 작위로 호칭하는 것보다 못하다. 나는 그것을 생각할 때마다 그 때문에 걱정스럽고 못마땅하다. '세자'와 '세손'이라는 호칭은 이제 이미 귀에 익고 익숙해서 아무도 그것을 의심치 않는다. 만약 어떤 사람이 세제(世弟)로 책봉되었는데 불행히도 일찍 죽고 그의 훌륭한 아들이 통을 계승하여 임금이 되었다면, 그 축판(祝板) 칭호를 장차 '황고 아무개〔皇考 某〕'라고 할 터인데, 시호를 세제라 하겠는가? 아무래도 그 호칭이 못마땅하다. 우리나라에서는 이보다 앞서 추숭하여 종(宗)으로 개칭(改稱)하고 종묘에 들인 적이 두 번 있었다.【덕종(德宗)과 원종(元宗)】 '종'이라 부르고 종묘에 들이는 것은 이미 추숭의 일반적인 전례(典禮)가 되었다. 그러므로 영조(英祖)께서 이를 걱정해서 혹시라도 종통을 어지럽힐까 봐 거듭 엄하게 경계했던 것이다. 만약 당시 예를 아는 대신이 있어서 완곡하게 잘 건의하여, "추숭의 전례에 대해서는 성왕(聖王;

英祖)께서 이미 엄하게 경계하셨습니다. 다만 왕의 작위를 추책(追册)하되 묘호(廟號)를 더하지 않고 별묘(別廟)에 모시되 태묘(太廟)에 들이지 않으신다면, 아마도 근본에 보답하는 도리〔報本之道〕에도 아무런 흠이나 모자람이 없을 것입니다. 또한 (덕종과 원종) 두 분 임금의 추숭 전례와는 크게 다른 것이니, 추숭을 거론해서는 안 됩니다."라고 했다면, 자애롭고 슬기로우신 영고(寧考; 영조)께서는 분명히 그것을 허락하셨을 것이다. 정조께서 병신년 소(疏)에서 비록 이미 질언(質言)하셨으나, 그 질언한 내용은 추숭의 일반적인 전례였다. 만약 '종'이라 부르지 않고 종묘에 부묘하지 않은 채 그저 작위의 호칭만을 더한다면, 이것은 추숭의 일반적인 전례가 아닌 것이다. 정조께서는 소(疏)에서 참으로 질언한 적이 없으셨으니, 비록 재위(在位) 이후에 이것을 종묘에 알리고 거행하더라도 정말로 병신년의 소와 합치하지 않는 바가 없다. 비록 그렇다고는 해도 낳아주신 분을 추숭하는 것은 본래 삼고(三古)시대의 떳떳한 법〔彝典〕이 아니다. 더구나 영고의 엄한 경계도 있었으니, 비록 작호(爵號) 한 글자일망정 끝내 거론하지 않음으로써 올바른 것이 차라리 낫다. 아! 우리 선왕(先王; 正祖)께서는 정말 가장 효성스러운 분이자 가장 덕 있는 분이셨다.

제2부

# 가정대례의

명 세종대 홍헌왕 추숭 논쟁

## 國朝典禮考【二】

# 嘉靖大禮議[1]

### 2:1

武宗正德十六年夏四月, 帝卽位.

| (명나라) 무종(武宗) 정덕(正德) 16년(1521) 여름 4월, (세종) 황제[2]가 즉위하였다.

○帝, 興獻王子, 憲宗純皇帝孫也. 憲宗生十皇子, 長孝宗敬皇帝, 次興獻王. 弘治七年甲寅, 興獻之國安陸州. 正德二年, 帝生於興邸. 已而獻王薨, 嗣理國事. 至是, 年十有五矣. 武宗無子, 臨崩, 遺詔曰: "皇考孝宗敬皇帝親弟, 興獻王長子厚熜, 聰明仁孝, 德器夙成, 倫序當立, 遵奉『祖訓』'兄終弟及'之文, 告於宗廟, 請於慈壽皇太后, 與外內[3]文武羣臣合謀同辭, 卽日遣官迎取來京, 嗣皇帝位." 時三月丙寅也.

---

1 嘉靖大禮議: 〔淸〕 谷應泰 編, 『明史紀事本末』, 卷50, 「大禮議」에 다산이 주석을 붙이고 비평한 글이다.

2 (세종) 황제: 가정황제(嘉靖皇帝, 1507～1566, 재위 1521～1566)는 明의 12대 황제. 성은 朱, 이름은 厚熜. 廟號는 世宗. 재위 연호에 따라 가정제라고 불린다. 孝宗의 동생인 興獻王의 맏아들로, 아버지의 뒤를 이어 湖北 安陸州의 藩王이었는데, 武宗이 아들을 낳지 못하고 죽었으므로 그 뒤를 이었다. 처음에는 정치에 열의를 가지고 前代의 弊政을 일신하려 했으나, 생부인 흥헌왕 추숭 문제를 다루는 '大禮議'가 발생하자 중신들과 대립하여 정치에 대한 의욕을 상실하였다. 이 논쟁은 결국 황제가 大權을 발동하여 반대파를 탄압함으로써 종결되었으나, 많은 관료가 희생되고 황제의 뜻을 따르는 자만이 발탁되는 등 官界 질서가 문란해지고 정국을 불안정하게 만들었다.

3 外內: 『明史紀事本末』, 卷50, 「大禮議」에는 '內外'로 되어 있다.

○ 황제는 흥헌왕(興獻王)의 아들이며 헌종(憲宗) 순황제(純皇帝)의 손자이다.[4] 헌종은 아들 열 명을 두었는데, 맏아들은 효종(孝宗) 경황제(敬皇帝)이고 둘째는 흥헌왕이다.[5] 홍치(弘治) 7년(1494) 갑인년, 흥헌왕은 안륙주(安陸州)에 분봉되었다. 정덕 2년(1507), 황제가 흥저(興邸)에서 태어났다. 얼마 안 가서 흥헌왕이 죽고 (흥헌왕을) 계승하여 나랏일을 다스렸다. 이때 (세종의) 나이는 15살이었다. 무종은 아들이 없었는데 죽음을 앞두고 조칙을 남겼다. "황고(皇考)이신 효종 경황제의 친동생인 흥헌왕의 맏아들 후총(厚熜)은 똑똑하며 어질고 효성스럽다. 덕의 그릇을 일찍부터 갖추었고 인륜의 차례상으로도 (다음 황제로) 세울 만하니, 『황명조훈(皇明祖訓)』[6]의 '형이 죽으면

---

4 헌종, 효종, 무종을 거쳐 세종에 이르는 황제 계승과 혈연적인 가계도는 다음과 같다.

憲宗 純皇帝 ── 孝宗 敬皇帝(3, 祐樘) ── 武宗 毅皇帝(1, 厚照)
　　　　　　 └ 興獻王(祐杬) ──── 世宗 肅皇帝(1, 厚熜)

5 황제는~홍헌왕이다: 『明史』에 따르면, 다산의 기록과는 달리 憲宗은 10명이 아니라 14명의 皇子를 두었다. 孝宗 敬皇帝는 憲宗의 長子가 아니라 3子이며, 長子와 2子인 悼恭太子가 죽은 뒤 成化 11년 11월 6세의 나이로 皇太子가 된다. 본문에서 헌종의 3자인 효종과 4자인 興獻王을 각각 長子와 次子로 표시한 것은, 다산이 착각하여 잘못 인용했거나 장자와 2자가 일찍 죽은 관계로 3자인 효종이 장자가 되어 왕위를 계승함에 따라 홍헌왕이 차자가 된 것으로 간주했기 때문에 의도적으로 그렇게 적었을 두 가지 가능성이 존재한다. 필자는 후자의 가능성을 더욱 개연성이 큰 것이라고 생각한다. 「正體傳重辨1」에서 다산은 長子라는 칭호는 적처가 낳은 첫째아들에 국한되며 다만 예외적으로 첫째아들이 성년이 되지 못한 채 죽었을 경우 둘째아들을 장자라고 부를 수 있다고 주장하였다. 이런 주장과 위 본문을 합치해 해석한다면 「正體傳重辨1」의 논리는 확대되어야 한다. 둘째아들마저 성년이 되지 못한 채 죽을 경우 셋째아들이 장자가 되고, 그 뒤로도 같은 논리가 적용된다. 만약 「정체전중변1」의 주장이 오직 첫째아들과 둘째아들에만 국한된다면, 본문에서 효종과 홍헌왕을 長次로 언급한 것은 다산이 「正體傳重辨1」과 논리의 일관성을 결여했거나 역사적 사실을 착각했다고 볼 수밖에 없다. 『明史』, 卷13, 「憲宗本紀」, 1~170; 『明史』, 卷15, 「孝宗本紀」, 2~183; 『明史』, 卷119, 「諸王列傳」, 〈憲宗子〉, 12~3640-3643; 실시학사 경학연구회 역주, 『역주 正體傳重辨』(한길사, 1995), 34쪽 이하 참고.

6 『황명조훈(皇明祖訓)』: 明 太祖 朱元璋이 지은 책으로 모두 13편이다. 주원장이 그 후손들을 위해서 家法으로 삼도록 지은 책이다. 首章, 操守, 嚴祭祀, 謹出入, 愼國政, 禮儀, 法律, 內令, 內官, 兵節, 營繕, 供用 등의 편이 있다. 현재 판본으로는 『明朝開國文獻』本

동생이 잇는다(兄終弟及)'[7]는 글을 따라 적용하여 종묘에 고하고, 자수황태후(慈壽皇太后)께 청하라. 그리고 안팎의 문·무 여러 신하들과 함께 의논하고 의견을 모아 그날로 관리를 보내서 후총을 맞아 수도에 모셔오고 황제의 자리를 잇게 하라." 때는 3월 병인(丙寅)일이었다.[8]

臣謹案, 遺詔明云: "遵奉『祖訓』'兄終弟及'." 兄終弟及者, 弟爲兄後也. 弟爲兄後者, 爲兄斬衰三年, 爲嫂齊衰三年, 禮也. 帝王家爲前王斬衰三年. 故爲兄斬衰, 亦似乎爲君斬衰, 其義不顯. 唯羣臣百官爲王后齊衰朞年, 而唯嗣王爲之三年, 然後其義乃明也. 武宗皇后崩, 世宗當爲之齊衰三年, 斯義在所先明也.

| 삼가 생각건대, 무종께서 남긴 조칙에 분명히 "『황명조훈』의 '형이 죽으면 동생이 잇는다'는 원칙을 따라 적용하라"고 했다. 형이 죽으면 동생이 잇는 것은 동생이 형의 후사가 되는 것이다. 동생이 형의 후사가 될 경우는 형을 위해 참최 3년을 하고 형수를 위해 자최 3년을 하는 것이 예(禮)다. 제왕가에서는 앞 왕을 위해 참최 3년을 한다. 그러므로 형을 위해 참최를 하는 것도 임금을 위해 참최를 하는 것과 비슷하지만, 그 뜻이 분명하지 않다. 다만 여러 신하들과 관리들이 왕후를 위하여 자최 1년을 실행하고 오직 계승한 왕이 그를 위해서 3년을 실행한 뒤에야 그 뜻이 분명해진다. 무종의 황후가 죽었을 때 세종은 자최 3년

---

(臺灣學生書局, 1966)과 『皇明制書』本 (日本古典研究會, 1967)이 있다. 별도로 『祖訓錄』도 있는데, 제1편은 「箴戒」이고 나머지 편은 『황명조훈』과 이름이 같다. 明史卷編纂委員會 篇, 『中國歷史大辭典』, 明史卷, 373-374, 382; 『明史』, 卷96, 「藝文志」 참조.

7 형이~잇는다: 兄終弟及은 兄亡弟及이라고도 하는데, 형이 죽었을 때 아들이 아니라 동생이 종통을 계승하는 것으로, 은나라 왕위 계승에서 그 사례가 자주 보이며, 명나라 초기에도 『황명조훈』에 따라 준용된 원칙이다.

8 (명나라) 무종~병인일이었다: 『明史』, 卷17, 「世宗本紀」, 2~215 참고.

을 해야 옳았으니,[9] 그 뜻은 앞서 밝힌 대로다.

2:2

四月癸卯, 帝卽位. 戊申, 命禮官集議崇祀興獻王典禮. 禮部尙書毛澄請於太學士楊廷和, 廷和出漢定陶王 · 宋濮王事授之曰: "此篇爲據. 異議者, 卽奸諛, 當誅."

| 4월 계묘일, (세종) 황제가 즉위하였다. 무신일, (세종은) 예관(禮官)들에게 모여서 흥헌왕을 추숭하여 제사하는 전례를 의논하라고 명하였다. 예부상서(禮部尙書) 모징(毛澄)[10]이 대학사(大學士) 양정화(楊廷和)에게 의뢰하자, 양정화는 한나라 정도왕(定陶王)과 송나라 복왕(濮王)의 고사를 꺼내어 그에게 건네며 말하였다. "이 편이 근거가 된다. 견해를 달리하는 자는 바로 간사하게 아첨하는 자이니 죽여야 한다."

○時有待對公車人張璁者, 爲禮部侍郎王瓚同鄕士, 詣瓚言: "帝入繼大統, 非爲人後. 與漢哀 · 宋英不類." 瓚然之, 宣言於衆. 廷和謂瓚獨持異議, 令[11]言官列瓚他失, 出爲南京禮部侍郎, 以侍讀學士汪俊代之.[12]

---

9 무종의~옳았으니: 무종의 황후가 죽었을 때 자최 3년을 해야 한다는 다산의 설명은 세종이 무종을 계승하였으므로 형수의 상에 입는 상복이 아니라 전 황제의 황후의 상에 걸맞은 자최3년복을 입어야 한다고 주장한 것이다. 이러한 주장에는 君統과 親屬의 구분을 역설하는 『國朝典禮考』의 논리와 더불어 '爲天王斬'이라는 『周禮』의 원칙을 혈연적 관계를 최대한 존중하면서 실현시키려는 「正體傳重辨」의 논지가 반영되어 있다.

10 모징(毛澄): 자는 憲淸. 시호는 文簡. 昆山 사람. 弘治 연간에 進士가 되었고, 예부상서를 지냈다. 문집으로 『毛文簡集』이 있다. 『明史』, 卷191, 「毛澄列傳」 참고.

11 令: 奎章閣本에는 '今'으로 되어 있으나 『明史紀事本末』, 卷50, 「大禮議」와 新朝鮮社本에 따라 바로잡는다.

| ○ 당시 대대공거인(待對公車人) 장총(張璁)이라는 사람이 있었는데, 예부시랑(禮部侍郎) 왕찬(王瓚)[13]과 같은 고향 선비로서, 왕찬에게 "황제께서는 대통을 입계(入繼)하였으나 남의 후사가 된 것은 아니므로, 한나라 애제(哀帝)와 송나라 영종(英宗)과는 경우가 다르다."고 말하였다. 왕찬이 그것을 옳게 여겨서 여러 사람에게 널리 알렸다. 양정화가 왕찬만이 다른 견해를 지니고 있다고 여기고, 언관(言官)들로 하여금 왕찬의 다른 잘못들을 열거하게 하여 남경(南京) 예부시랑으로 좌천시키고, 시독학사(侍讀學士) 왕준(汪俊)[14]에게 그를 대신토록 하였다.[15]

臣謹案, 朝廷議禮, 當博採公議, 虛心徐究, 以求至當之理. 先執一偏之見, 徑發誅戮之論, 上而有脅持人主之氣, 下而有箝制天下之色, 楊氏之禍, 於是乎兆眹矣. 師丹之議, 當時竟不見用, 程子之論, 後世多言未允, 楊廷和手執此篇, 欲驅勒一世, 不亦難乎?

| 삼가 생각건대, 조정에서 예를 의논할 때는 널리 공의(公議)를 가려내고 마음을 비운 채 찬찬히 연구하여 가장 타당한 이치를 찾아야만 한다. 먼저 한쪽으로 치우친 견해를 가지고 섣불리 사형〔誅戮〕의 논의를 벌이면, 위로는 임금을 압박하는 기세가 있고 아래로는 천하를 억누르

12 之: 新朝鮮社本에는 '宣'으로 되어 있으나 『明史紀事本末』, 卷50, 「大禮議」와 奎章閣本에 따라 바로잡는다.

13 왕찬(王瓚): 자는 思獻. 시호는 文定. 永嘉 사람. 弘治 연간에 進士가 되었고, 예부시랑을 지냈다.

14 왕준(汪俊): 자는 抑之. 시호는 文莊. 弋陽 사람. 弘治 연간에 進士가 되었고, 正德 연간에 『孝宗實錄』 편수에 참여했으며, 武宗 때 禮部尙書를 지냈다. 죽은 뒤 少保에 추증되었고, 石潭 선생이라 불렸다. 『明史』, 卷191, 「汪俊列傳」 참고.

15 4월~하였다: 『明史』, 卷17, 「世宗本紀」, 2-215 이하; 『明史』, 卷190, 「楊廷和列傳」, 17-5036~5037 참고.

는 기색이 있게 되니, 여기서부터 양씨의 화(禍)[16]가 일어날 조짐이 있었다. 사단(師丹)의 논의는 당시에 결국 채택되지 않았고, 정자(程子)의 견해는 뒷날 적합하지 않다고 말들이 많은데, 양정화가 직접 이 견해를 고집하여 당대를 규제하려 하였으니, 어찌 어렵지 않을 수 있겠는가?

**○臣又按, 張璁者, 天下之妄人也. 入繼大統, 此是爲人後之最大者. 士大夫爲人後之禮, 本起於帝王家入繼大統. 今乃曰: '入繼大統, 非爲人後', 奸諛之誅, 舍此其誰? 璁但知養育如子, 乃爲立後, 而不知入居其位, 卽爲其後, 何以言禮? 武宗遺詔明云, '兄終弟及', 兄終弟及, 非弟[17]爲兄後乎? 當時議禮之臣, 並不知世宗爲武宗之後, 每以爲承統於孝宗. 此大本領之大誤處, 畢竟天翻地覆, 七顚八倒, 皆坐於此.**

| ○또한 살피건대, 장총(張璁)은 천하의 몹쓸 사람이다. 대통을 입계(入繼)하는 것은 남의 후사가 되는 경우 중 가장 중대한 것이니, 사대부(士大夫)가 남의 후사가 되는 예는 본래 제왕가(帝王家)에서 대통을 입계하는 데서 비롯되었다.[18] (그런데도) 지금 '(세종이) 대통을 입계한

16 양씨의 화: '가정대례의'는 정치적 논쟁으로 확대되어, 결국 양정화를 주축으로 한 내각 개혁파 세력은 세종을 중심으로 한 황제파 세력에 의해 정치적으로 축출당하고 많은 사람들이 죽게 된다. 전례논쟁에서 왕이 신하들의 공론에 상당히 제약을 받은 조선과는 달리, 명나라에서는 공론을 장악한 내각 개혁파를 제거함으로써 황제권을 강화했음을 보여주는 사례다.

17 弟: 新朝鮮社本에는 '弟'가 빠져 있으나 奎章閣本에 따라 바로잡는다.

18 대통을~비롯되었다: 대체로 전례논쟁에서 군주의 생부를 追崇하고 종묘에 祔廟하며 宗號를 부르려고 하는 측에서는 '入承大統'의 상황을 '爲人後'와 다른 것으로 설정하려고 했고, 이에 반대하는 측에서는 같은 것으로 파악하여 '爲人後'에게 해당하는 의례적 준칙을 적용하려고 했다. 정약용은 후자에 속한다. 이런 관점에서 보면, '入承大統'이란 제왕가에서 일어나는 '爲人後'의 상황이며, 이때 '爲人後'는 제왕가

것은 남의 후사가 된 것이 아니다'라고 말하니, 이런 자를 내버려둔다면 간사하고 아첨하는 자를 죽이는 형벌을 누구에게 적용하겠는가? 장총은 그저 아들처럼 길러야 입후(入後)가 된다는 것만 알고 (대통에) 들어가서 그 지위를 이으면 곧 그 후사가 된다는 것은 몰랐으니, 어찌 예(禮)를 말할 수 있겠는가? 무종이 남긴 조칙에는 분명히 '형이 죽으면 동생이 잇는다'고 했는데, 형이 죽으면 동생이 잇는다는 것은 동생이 형의 후사가 되는 것이 아니겠는가? 당시 전례를 논의하던 신하들은 모두 세종이 무종의 후사가 된다는 것을 모르고 말끝마다 효종에게서 황통(皇統)을 계승하였다고 했다. 이것이 가장 근본적인 곳에서 저지른 큰 잘못이니, 결국 하늘과 땅이 뒤집히고 질서가 무너져 몹시 어지러운 것은 모두 이것과 관련된 것이다.

### 2:3

**尚書毛澄會公卿·臺諫等官六十餘人, 上議: "漢成帝立定陶王爲嗣, 而以楚王孫後定陶, 承其王祀. 師丹以爲得禮. 今上入繼大統, 宜以益王子崇仁主後興國. 其崇號則襲宋英故事, 以孝宗爲考, 興獻王及妃爲皇叔父母, 祭告上箋, 稱姪署名, 而令崇仁主考興獻王叔益王." 帝覽曰: "父母可移易乎? 其再議."**

---

의 '入承大統'과 사대부가의 '爲人後'를 포함하는 것이다. 다산은 사대부가의 '爲人後'가 제왕가의 '入承大統'에서 비롯되어 일반화된 것이라고 보았다. 따라서 '爲人後'에 적용되는 의례적 준칙을 기본적으로 사대부들에게만 국한되는 것이 아니라 군주들에게도 적용되는 보편적인 원칙으로 설정하였다. 『國朝典禮考』 2:2, 17a(⑫:795). "入繼大統, 此是爲人後之最大者. 士大夫爲人後之禮, 本起於帝王家入繼大統."; 全書, III-12, 禮集 1, 『喪禮四箋』, 卷12, 「喪期別」, 〈出後27〉, 14a(⑫:121). "立後之禮, 本起於天子諸侯. 如大宗立後, 卽因天子諸侯之禮, 而推廣其法者也."

| 상서(尙書) 모징이 공경(公卿)과 대간(臺諫) 등 관리 60여 명을 모아서 다음과 같이 건의하였다. "한나라 성제(成帝)가 정도왕(定陶王)을 세워 후사로 삼고 초왕(楚王)의 손자로 하여금 정도왕을 계승하여 그 왕의 제사를 이어받도록 하였습니다. 사단은 그것이 예에 맞다고 여겼습니다. 지금 주상께서는 대통을 입계하셨으니 익왕(益王)의 아들 숭인(崇仁)으로 하여금 흥국(興國)을 계승하게 해야 마땅합니다. 그 칭호를 높이는 데는 송나라 영종의 고사를 따라 효종을 아버지(考)로 삼고 흥헌왕과 비(妃)를 황숙부모(皇叔父母)로 삼아 제사 지내게 하고 전(箋)을 올릴 때 조카(姪)라고 칭하며 서명하시고, 숭인으로 하여금 흥헌왕을 아버지(考)로 삼고 익왕을 숙부(叔)로 삼도록 하소서." 황제가 살펴보고 말했다. "부모를 바꿀 수 있겠는가? 다시 논의하라."

臣謹案, 定陶王入承大統, 而使楚王孫後定陶, 本是非禮. 師丹以爲得禮, 本是失言. 原夫立後之法, 甲與乙同所戴, 然後甲得取乙爲後. 若甲與乙所戴不同, 則不相爲後. 故繼父之宗, 得以昆弟之子爲後, 繼祖之宗, 得以從父昆弟之子爲後. 今俗繼父之宗, 亦得以從父昆弟·族昆弟之子爲後, 此是非禮之大者. 武王不爲伯邑考而立後者, 伯邑考非繼父之宗, 不得以昆弟之子爲後也. 周公不爲管叔立後者, 管叔非繼父之宗, 不得以昆弟之子爲後也. 唯吳 泰伯·仲雍兄弟二人, 逃于荊蠻, 兄死弟立, 遂以雍孫並祭泰伯, 如宋太祖. 此是別例, 不在立後中論. 漢初, 猶有此法. 凡皇子無後者, 不復立後, 國遂以除. 河間哀王福·臨江哀王閼于·臨江閔王榮·淸河哀王乘, 皆無後國除, 斯其驗也. 定陶王雖入承大統, 無緣絶父共王之祭, 主之, 何害? 舜躬受大統, 以文祖·藝祖爲太廟. 然瞽瞍之祭, 舜自主之, 未聞其別立他人之子, 使奉其祀. 楚王孫之爲定陶後, 原是非禮. 今乃欲蹈此亂轍, 猥取益王之子, 以後獻王, 一似有力之家取乳母, 以飼

己兒, 又取他兒之母, 以飼乳母之兒. 父子大倫, 其可紛紛然易置如是乎? 帝曰: "父子可移易乎?" 大哉, 王言! 聖人不能難矣. 皇叔父母四字, 不見經傳. 入承大統者, 屈壓爲此, 猶爲不安. 况此崇仁横厄爲興獻之後, 乃使之父其叔而叔其父, 豈不寃哉?【管叔·蔡叔俱以別子分封爲後. [魯·衛·毛·聃同.] 故管叔無子而死, 不得以蔡叔等諸弟, 立之爲後, 以襲其位. 太伯·仲雍脫身同逃, 兄立弟否. 故太伯無子而死, 仲雍得入爲兄後, 以襲其位. 其義皦然, 無可疑者.】[19]

| 삼가 생각건대, 정도왕이 대통을 입승(入承)하고 초왕(楚王)의 손자로 하여금 정도왕의 후사가 되게 한 것은 본래 예에 어긋난 것이니, 사단이 그것을 예에 맞는다고 한 것도 본래 잘못된 견해다. 원래 후사를 세우는〔立後〕 법에 따르면, 갑과 을이 모시는 조상이 같아야 갑이 을을 선택하여 후사로 삼을 수 있다. 만약 갑과 을이 모시는 조상이 다르다면 (갑과 을은) 서로 후사가 될 수 없다. 그러므로 아버지를 잇는 종〔繼父之宗〕에서는 형제의 아들을 후사로 삼을 수 있고, 할아버지를 잇는 종〔繼祖之宗〕에서는 종형제〔從父昆弟〕의 아들을 후사로 삼을 수 있다. (그런데) 지금 풍속에는 아버지를 잇는 종에서도 종형제와 족형제〔族昆弟〕의 아들을 후사로 삼을 수 있다고 하는데, 이것은 예에 크게 어긋난 것이다. 무왕(武王)이 백읍고(伯邑考)를 위하여 후사를 세우지 않은 것은 백읍고가 아버지를 잇는 종이 아니므로 형제의 아들을 후사로 삼을 수 없었기 때문이다. 주공(周公)이 관숙(管叔)을 위해 후사를 세우지 않은 것은 관숙이 아버지를 잇는 종이 아니므로 형제의 아들을 후사로 삼을 수 없었기 때문이다. 다만 오(吳)나라의 태백(泰伯)·중옹(仲雍) 형제의 경우는 둘이 형만(荊蠻) 땅으로 달아났다가 형이 죽고 동생이 즉위하여

19【管叔~無可疑者】: 奎章閣本에는 빠져 있다.

마침내 중옹의 손자가 태백의 제사까지 함께 지낸 것으로, 송나라 태조(太祖)와 마찬가지 경우다.[20] 이것은 특별한 사례이지, 후사를 세우는 적질한 논의가 아니다. 한나라 초기까지는 그래도 이 예법이 있었다. 무릇 황자(皇子)가 후사가 없을 경우에는 따로 후사를 세우지 않고 나라는 마침내 없어진다. 하간애왕 복(河間哀王 福), 임강애왕 알우(臨江哀王 閼于), 임강민왕 영(臨江閔王 榮), 청하애왕 승(淸河哀王 乘)은 모두 후사가 없어 나라가 없어졌으니, 이것이 그 증거이다. 정도왕은 비록 대통을 입승하여, 연고 없이 아버지 공왕(共王)의 제사를 끊어버렸으나, 제사를 주재하는 것이 무슨 해가 되겠는가. 순(舜)은 몸소 대통을 받아 문조(文祖)·예조(藝祖)[21]를 태묘(太廟)로 삼았다. 그러나 고수(瞽瞍)의 제사는 순이 스스로 주재하였으니, 그가 다른 사람의 아들을 따로 세워 그 제사를 받들게 했다는 이야기를 들어본 적이 없다. 초왕의 손자가 정도왕의 후사가 되는 것은 본래 예에서 어긋난 것이다. 이제 와서 이 어지러운 전철을 밟으려고 외람되게도 익왕(益王)의 아들을 취하여 헌왕(獻王)의 후사로 삼았으니, 마치 유력한 가문에서 유모를 취하여 자기 아이를 먹이고 또 다른 아이의 어미를 취하여 유모의 아이를 먹이게 하는 것과 같다. 부자(父子)는 큰 인륜이거늘, 어찌 이처럼 어지럽게 뒤바꿀 수 있단 말인가? 황제가 "부자관계를 바꿀 수 있겠는가?"라고 했으니, 위대

20 다만~경우다: 태백과 중옹은 각각 周나라 太王의 큰아들과 둘째아들인데, 막내아들인 季歷에게 왕위를 전해주려는 아버지의 뜻을 알고 형만으로 달아나 동생에게 왕위가 가도록 했다. 두 사람은 뒷날 吳나라의 시조가 되었는데, 태백이 죽은 뒤 중옹이 그 뒤를 계승했다. 宋의 太祖 趙匡胤(927~976)도 죽은 다음 동생 太宗 趙匡義(939~997)가 제위를 이어갔다.

21 문조(文祖)·예조(藝祖): 순 임금은 요 임금의 태조묘에서 왕위를 선양받았는데, 요 임금의 태조묘가 바로 문조요 예조다. 『書經』, 「虞書·舜典」, "正月上日, 受終於文祖. …… 十有一月, …… 歸格于藝祖, 用特."; 『史記』, 卷1, 「五帝本紀」, "正月上日, 舜受終於文祖. 文祖者, 堯大祖也."

하도다, 왕의 말씀이여. 성인도 비난할 수 없다. '황숙부모(皇叔父母)'라는 네 글자는 경전(經傳)에 보이지 않는다. 대통을 입승한 자라 해도 대통보다 자신의 친부모를 낮추어서 이렇게 하면 오히려 불안한 것이다. 하물며 이 숭인은 횡액(橫厄)으로 홍헌의 후사가 되었는데, 이에 그로 하여금 그 숙부를 아버지로 삼고 그 아버지를 숙부로 삼게 하였으니, 어찌 억울하지 않겠는가?【관숙 · 채숙은 모두 별자(別子)로 분봉(分封)받아 후사가 된 것이다. 〔노(魯) · 위(衛) · 모(毛) · 담(聃)도 같다.〕[22] 그러므로 관숙이 아들 없이 죽었어도 채숙(蔡叔) 등의 아우들이 그를 위해 후사가 되어 그 지위를 계승할 수 없었다. 태백과 중옹이 자리에서 나와 함께 도망했던 것은 형이 즉위하면 아우가 즉위할 수 없었기 때문이다. 그러므로 태백이 아들 없이 죽자 중옹이 형의 후사가 되어 그 지위를 계승할 수 있었다. 그 뜻이 또렷하여 의심할 것이 없다.】

**2:4**

**於是, 廷和及蔣冕 · 毛紀等復上言: "程頤「濮議」, 最得禮義之正, 皇上采而行之, 可爲萬世法. 興獻祀事, 今雖以崇仁主, 異日仍以皇次子後興國, 而改崇仁爲親藩, 天理 · 人情, 庶兩無失." 尙書澄 · 侍郎俊等六十餘人, 亦復上議, 如廷和言. 帝不聽, 仍命博[23]考典禮, 以求至當.**

---

22 관숙 · 채숙은~같다: 『春秋左傳』, 「僖公24年條」를 보면, 周公이 관숙과 채숙이 왕실과 불화하여 망한 것을 심각하여 여겨서 文王의 자손, 武王의 자손, 주공의 자손 등을 제후로 봉하여 왕실을 보위하도록 하였는데, 그중에서 관, 채, 노, 위, 모, 담 등은 '文之昭'라 하여 문왕의 자손들이 봉해진 나라다.

23 博: 新朝鮮社本에는 '愽'으로 되어 있으나 『明史紀事本末』, 卷50, 「大禮議」와 奎章閣本에 따라 바로잡는다.

| 상황이 이렇게 되자, 양정화와 장면(蔣冕),[24] 모기(毛紀)[25] 등은 다시금 건의하였다. "정이(程頤)의 「복왕에 대한 논의(濮議)」가 예의(禮義)의 정당함을 가장 잘 갖추었으니, 황상께서 그것을 채택하여 실행하신다면, 만세의 모범이 될 만합니다. 흥헌의 제사 문제는 지금은 비록 숭인을 주사자(主祀者)로 하였지만, 언젠가 황차자(皇次子)를 흥헌의 후사로 삼고 숭인의 지위를 바꾸어 친번(親藩)으로 삼는다면, 천리와 인정 양쪽에 어긋남이 없을 듯합니다." 상서 모징과 시랑(侍郎) 왕준(汪俊) 등 60여 명도 다시금 의견을 올렸는데,[26] 양정화의 견해와 같았다. 황제가 듣지 아니하고 전례를 꼼꼼히 잘 살펴서 가장 정당한 방안을 찾으라고 거듭 지시하였다.

臣謹案, 歐陽脩「議濮王典禮劄子」曰: "皇伯之稱, 考於經史, 皆無所據." 又曰: "宜稱皇伯者, 是無稽之臆說." 又曰: "所謂稱皇伯者, 考於六經, 無之. 方今國朝見行典禮及律令, 皆無之. 自三代之後, 秦 · 漢以來, 諸帝由藩邸入繼大統者, 亦皆無之. 可謂無稽之臆說." 又曰: "禮經有不改父名之義. 『儀禮』「喪服記」曰 '爲人後者爲其父母', 父母之名, 不可改也." 歐陽脩自亦名儒, 而其論斥如是. 伊川「濮議」, 在當時已有攻伐者, 則何以爲萬世法乎? 皇伯之稱, 揆之天理而不然, 揣之人情而不協. 帝心之怵惕不安, 正在於此二字. 楊廷和手捧此名, 冀其翕受而可得乎?

---

24 장면(蔣冕): 자는 敬之. 시호는 文定. 全州 사람. 成化 연간에 進士가 되었고, 正德 연간에 戶部尙書를 지냈으며, 문집으로는 『湘皐集』이 있다. 『明史』, 卷190, 「蔣冕列傳」 참고.

25 모기(毛紀): 자는 維之. 시호는 文簡. 掖縣 사람. 成化 연간에 進士가 되었고, 正德 연간에 예부상서가 되었으며, 죽은 뒤 太師에 증직되었다. 저서로는 『密勿稿』, 『歸田雜識』, 『辭榮錄』, 『鼇峯類稿』 등이 있다. 『明史』, 卷190, 「毛紀列傳」 참고.

26 상서~올렸는데: 모징과 왕준의 건의 내용은 『明史』, 卷191, 「毛澄列傳」과 「汪俊列傳」; 『明臣奏議』, 卷17, 「大禮議」에 나온다.

父子之倫, 非可以人意而朝遷夕改者. 今欲使崇仁來而父之, 叔其本父, 異日皇子生, 又令崇仁去其父稱, 退爲親藩, 視廟祏如傳舍, 改父子如賓客, 崇仁其堪乎? 激世宗, 使之犯禮者, 楊氏有焉, 璁·萼其次律者也.

l 삼가 생각건대, 구양수(歐陽脩)는 「복왕의 전례를 논의한 차자〔議濮王典禮箚子〕」에서 "황백(皇伯)이란 호칭은 경전과 사서(史書)를 찾아봐도 어디에도 근거가 없습니다."라고 했다. 또 "황백이라고 불러야 옳다고 하는 것은 근거 없는 억지 주장입니다."라고도 했고, "이른바 황백이라고 부르는 것은 육경(六經)에 찾아봐도 (그 전례가) 없고, 지금 우리나라에서 시행하는 전례와 법령을 봐도 모두 없습니다. 하·은·주 3대 이래 진·한 이후로도 모든 황제 가운데 번저(藩邸)에서 대통을 입계한 경우에도 그런 사례가 역시 없습니다. 그러므로 황백설은 근거 없는 억지 주장이라고 할 수 있습니다."라고도 했다. 또 "예경(禮經)에는 아버지의 명칭을 고치지 않는다는 뜻이 담겨 있습니다. 『의례(儀禮)』「상복(喪服)」의 기문(記文)에서는 '남의 후사가 된 사람은 자기 친부모를 위해서 기년복(朞年服)을 입는다'[27]고 하였으니, 부모라는 명칭은 고칠 수 없는 것입니다."라고도 했다.[28] 구양수 자신 또한 이름난 유학자였지만 그렇게 논변하여 비판하였다. 이천의 「복왕에 대한 논의」는 당시에도 벌써 공격하는 자가 있었는데 어찌 만세의 모범이 되겠는가? 황백이라는 칭호는 천리(天理)로 헤아려보아도 긍정할 수 없고, 인정(人情)으로 따져보아도 걸맞지 않은 것이다. 황제가 걱정하고 불안해한 것은 바로 이 두

27 남의~입는다: 『儀禮』, 「喪服」, "爲人後者爲其父母報."

28 구양수는~했다: 해당 내용이 〔宋〕 歐陽修, 『歐陽文忠公集』 (四部叢刊 集部), 卷123, 「濮議」 卷第4, '箚子一首'에 보인다.

글자에 있었는데, 양정화가 이 명칭을 직접 받들어 올리고서 그것이 그대로 받아들여지길 바랐으니, 그럴 수 있겠는가? 부자의 인륜은 사람의 뜻에 따라 아침저녁으로 옮기거나 고칠 수 없는 것인데, 지금 숭인으로 하여금 흥헌왕을 아버지로 모시게 하고 그 친아버지를 숙부로 모시게 하였으니, 언젠가 황자가 태어났을 때 또다시 숭인에게 그 아버지 호칭을 버리고 물러나 친번(親藩)이 되어 종묘(宗廟) 보기를 전사(傳舍: 여관)처럼 하고 부자관계 바꾸기를 주객 바꾸듯이 하라고 한다면, 숭인이 감당할 수 있겠는가? (따라서) 세종을 자극해서 예를 어기게끔 한 죄는 양씨에게 있고, 장총과 계악은 그 다음 죄인이다.

**2:5**

**廷和復上言: "舜不追崇瞽瞍, 漢世祖不追崇南頓君. 皇上取法二君, 斯聖德無累." 澄等七十餘人又上議: "武宗皇帝以神器授之陛下, 有父道焉. 特以昭穆旣同, 不可爲世, 孝廟以上稱祖 · 曾 · 高, 以次加稱, 豈容異議? 興獻王雖有罔極恩, 斷不可以稱孝廟者稱之." 因錄魏明帝詔文以上, 留中, 不報.**

| 양정화가 다시금 말씀을 올렸다. "순(舜)은 고수(瞽瞍)를 추숭하지 않았고, 한나라 세조(世祖)는 남돈군(南頓君)을 추숭하지 않았습니다. 황상께서 두 임금의 예를 취하여 본받으신다면, 성덕(聖德)에 누가 없을 것입니다." 모징 등 70여 명도 의견을 올렸다. "무종 황제께서는 신기(神器)를 폐하께 건네주셨으니, 부도(父道)가 있는 것입니다. 그러나 소목(昭穆)이 이미 같다고 해서 그것을 세(世)로 삼아서는 안 됩니다. 효묘(孝廟) 이상 조(祖) · 증(曾) · 고(高)라 부르는 것은 세대의 순서에 따라 부르는 것이니, 어찌 다른 의견을 허용하겠습니까? 흥헌왕은 비록 끝없는 은혜가 있지만 단연코 효묘에 대한 호칭으로 불러서는 안 됩니다." 이어서 위(魏)나라 명제(明帝)의 조문(詔文)을 기

록하여 올렸으나, 세종은 궁중에 두고 응답하지 않았다.

臣謹案, 舜之事蒼蒼, 不必引矣. 舜所不爲, 皆欲勿爲, 則天下事無可爲矣. 嘗見毛奇齡著『嘉靖大禮辨』, 謂舜亦追崇瞽瞍, 蓋以「皐陶謨」夔曰, '祖考來格', 遂以橋牛爲祖, 瞽瞍爲考也. 此天下之荅話, 不足多辨.【義詳『知遠錄』.】 澄等之議, 有自相矛盾, 必不可立者. 今其言以爲武宗於陛下, 有父道焉. 又欲使陛下稱孝宗爲皇考, 抑何義也? 以天屬則興獻父也, 以父道則武宗父也. 今乃欲使陛下不父興獻, 不父武宗, 獨父非天屬非父道之孝宗, 陛下其肯乎? 魯僖繼閔, 孔子喩之以父子.【孔子曰: "子雖齊聖, 不先父食."】 武宗果父道也. 武宗者, 世宗之所後者也. 孝宗者, 世宗之所後者之父也.『禮』曰: "爲人後者, 爲所後者之父, 若子."【「喪服傳」】 若子者, 謂服不杖期也. 孝宗, 天子也. 爲天王斬衰, 故當爲三年. 若其本服, 則不杖期而已. 强陛下稱皇考, 可乎? 陛下, 入而爲武宗之後者也. 以後武宗之故, 而稱皇考於孝宗, 非禮也. 若云陛下之統直接孝宗, 則武宗不唯無後, 眞成閏位, 不可以備昭穆於宗廟也. 天下其有是乎? 一言以蔽曰, 陛下稱孝宗曰皇伯考, 稱武宗曰皇兄, 稱興獻曰皇考, 尊興獻曰獻皇帝, 又陛下自主其祀, 斯則揆諸天理而合, 揣諸人情而叶. 大臣宜排衆議而許之, 唯稱宗祔大廟一事, 以死爭之, 以誅戮爭之, 則庶乎永有辭於千古. 惜乎! 豈不講也? 夫陛下之自主其祀, 不可爭也. 天子者, 百神之主, 山川泰厲, 咸秩無文, 况於其堂堂天顯之親, 何不自祭委崇仁以祭之乎? 古者, 諸侯有宗廟, 又有出王廟,【魯有文王廟, 鄭有厲王廟.】 先聖不以爲二本, 陛下有宗廟, 又有本生廟, 何必爲二本乎? 拘曲不廣之論, 皆不足以決大義也.

ㅣ삼가 생각건대, 순(舜)이 한 일은 내용을 정확히 알 수 없으니 꼭 인용할 필요가 없다. 순이 하지 않은 것을 모두 하지 말기를 바란다면, 천하의 일 중에 할 만한 것이 없을 것이다. 모기령(毛奇齡)[29]이 지은 『가정대례변(嘉靖大禮辨)』[30]을 본 적이 있는데, 순도 고수를 추숭했다고 하였다. 대개 『서경(書經)』「고요모(皐陶謨)」에서 기(夔)가 "조고(祖考)께서 와서 이르렀다."고 말했으니, 결국 이는 교우(橋牛)를 '할아버지〔祖〕'로 삼고, 고수를 '아버지〔考〕'로 삼은 것이다.[31] 이것은 누구나 대답할 수 있는 것으로 여러 논변이 필요 없다.【뜻은 『상서지원록(尙書知遠錄)』에 자세히 나와 있다.】[32] 모징 등의 논의는 본래 모순이 있으니 결코 성립할 수 없는 것이다. 이제 그 주장은 무종(武宗)이 폐하께 부도(父道: 의리적 부자관계)가 있다고 보고, 또한 폐하로 하여금 효종을 황고(皇考)라 부르게 하고자 하는 것인데, 이것이 도대체 무슨 의리인가? 천속(天屬: 혈연적 부자관계)으로는 홍헌(興獻)이 아버지요, 부도로는 무종이 아버지다. 이제 와서 폐하께 홍헌도 아버지로 삼지 말고 무종도 아버지로 삼지 말라 하면서 유독 천속도 아니고 부도도 아닌 효종을 아버지로 삼으라고 하니,

---

29 모기령(毛奇齡, 1623~1716): 淸나라 학자. 자는 大可, 만년에는 西河先生으로 불렸다. 浙江省 蕭山縣 출신으로, 뛰어난 文才로 1679년 博學鴻詞科에 급제해서 明史纂修官에 임명되었으나 벼슬길에서는 불우하였다. 그는 考證學에 능하여, 후에 漢學의 선구자가 되었다. 宋學을 싫어했고, 漢易에 의한 『仲氏易』과 朱子의 注의 잘못을 지적한 『論語稽求篇』, 『四書賸言』을 비롯하여, 염약거의 『古文尙書疏證』에 반대하여 『古文尙書』가 위서가 아님을 논한 『古文尙書寃詞』 등의 저서가 유명하다. 명대 가정대례의를 논한 작품으로는 『辨定嘉靖大禮議』가 있다.

30 『가정대례변(嘉靖大禮辨)』: 『辨定嘉靖大禮議』(叢書集成初編 1041, 北京: 中華書局, 1985)을 가리킨다.

31 『서경』~것이다: 교우를 祖로 삼고, 고수를 考로 삼는다. 교우는 고수의 아버지이고, 고수는 순의 아버지이다. 『書經』,「虞書 · 益稷」와 『史記』, 卷1,「五帝本紀」 참조.

32 뜻은~있다: 『尙書知遠錄』(규장각필사본 奎4912)과 『尙書古訓』, 卷2, 49b-50b(⑦:278-280)에 실린 『尙書知遠錄』 부분에 해당 내용이 보인다.

폐하께서 어찌 수긍하겠는가? 노나라 희공이 민공을 계승하는 것을 공자는 부자관계로 비유하였다.【공자가 말했다. "아들이 비록 훨씬 훌륭하더라도 아버지보다 먼저 제사를 받지는 않는다."】[33] 무종은 확실히 부도다. 무종은 세종을 후사로 삼은 분이고, 효종은 세종을 후사로 삼은 분의 아버지다. 『의례(儀禮)』에서는 "남의 후사가 된 사람은 자신을 후사로 삼아준 분의 아버지를 위하여 친아들처럼 복(服)을 한다."[34]고 했다.【「상복전(喪服傳)」】 '친아들처럼 복을 한다〔若子〕'는 것은 부장기복(不杖期服)을 입는 것을 말한다. (그러나) 효종은 천자(天子)요, 천왕(天王)을 위해서는 참최(斬衰)를 입게 되므로,[35] 삼년상을 하는 것이 마땅하다. 만약 그것이 본복(本服)이라면 부장기(不杖期)일 뿐인데, 폐하께 '황고'라고 부르라고 강요해서야 되겠는가? 폐하께서는 대통에 들어와 무종의 후사가 되신 것이다. 무종의 후사가 되셨기 때문에 효종을 황고라 칭하는 것은 예에 어긋난다. 만약 폐하의 통(統)이 효종을 직접 이은 것이라고 한다면, 무종은 후사가 없을 뿐만 아니라 정말로 윤위(閏位)가 되는 것이니, 종묘에 소목(昭穆)을 갖출 수 없게 된다. 천하에 어찌 이럴 수 있겠는가? 한마디로 요약하자면, 폐하는 효종을 '황백고(皇伯考)'라 부르고 무종을 '황형(皇兄)'이라 부르며 홍헌을 '황고'라 부르고 홍헌을 높여 헌황

33 공자가~않는다: 형인 희공보다 아우인 민공이 먼저 임금이 되었는데, 뒷날 태묘에서 제사를 지낼 때, 형제관계에 따를 것인지, 임금이 된 순서에 따를 것인지가 논쟁의 대상이 되었다. 이에 대해 다산은 민공을 君父로 삼고 희공을 臣子로 삼아야 한다고 보았다. 해당 내용은 『春秋左傳』, 文公 2年 8월 丁卯條에 보인다. 자세한 것은 『國朝典禮考』 1:3의 주석 90) 참조.

34 남의~한다: 『儀禮』, 「喪服」, "爲所後者之祖 · 父 · 母 · 妻, 妻之父 · 母 · 昆弟, 昆弟之子, 若子."

35 천왕을~되므로: 『周禮』, 「春官 · 司服」, "凡喪爲天王斬衰, 爲王后齊衰." 제왕을 위해서 모두 참최복을 입는다는 것은, 「正體傳重辨」에서 분명하게 강조하듯이, 조선시대 禮訟에 대한 비판적 논의에서 다산이 견지하는 『周禮』의 대원칙이다.

제(獻皇帝)라 하며, 또한 폐하 스스로 그 제사를 주관해야 한다. 이것은 천리(天理)에 헤아려보아도 합당하고 인정(人情)으로 따져보아도 부합한다. 대신들은 중의(衆議)를 물리치고 그것을 허용해야 마땅했다. 다만 종이라 부르고 태묘(大廟)에 부묘하는 한 가지 일만은 죽음으로써 간쟁하고 주륙(誅戮)을 무릅쓰고 간쟁하였더라면, 아마도 천고(千古)에 길이 칭송되었을 터인데, 안타깝게도 어찌 논의하지 않았단 말인가? 무릇 폐하께서 스스로 그 제사를 주관하도록 하는 것은 간쟁하지 않을 수 없는 것이다. 천자(天子)는 백신(百神)의 주관자〔主〕로, 산천(山川)과 태려(泰厲), 사전(祀典)에 기재되지 않은 제사를 모두 등급에 알맞게 제사 지내는데, 하물며 당당한 천속〔天顯〕의 어버이의 제사를 어찌 스스로 지내지 않고 숭인(崇仁)에게 맡겨서 지내게 하겠는가? 옛날에는 제후가 종묘(宗廟)를 두고도 또 출왕묘(出王廟)를 두었는데【노나라에는 문왕묘(文王廟)가 있었고, 정(鄭)나라에는 려왕묘(厲王廟)가 있었다.】, 선왕들은 근본을 둘로 나누는 것이라고 여기지 않았다. 폐하께서 종묘를 두고 또 본생묘(本生廟)를 두는 것이 어찌 반드시 근본을 둘로 나누는 것이라고 하겠는가? 왜곡되고 한정적이어서 포괄적이지 못한 논의는 모두 대의(大義)를 결정하기에는 모자란 것이다.

**2:6**

**七月, 觀政進士張璁上大禮疏曰: "朝議謂皇上入嗣大宗, 宜稱孝宗皇帝爲皇考, 改稱興獻王爲皇叔父, 王妃爲皇叔母者, 不過拘執漢定陶王 · 宋濮王故事耳. 夫漢哀 · 宋英, 皆豫立爲皇嗣, 而養之於宮中, 是明爲人後者也. 故師丹 · 司馬光之論, 施於[36]一時, 猶可. 今武宗皇帝已嗣孝宗十有六年, 比於崩殂, 而廷臣遵『祖訓』,**

奉遺詔, 迎取皇上入繼大統. 遺詔直曰, '興獻王長子, 倫序當立', 初未嘗明著爲孝宗後, 比之豫立爲嗣養之宮中者, 較然不同. 夫興獻王往矣, 稱之以皇叔父, 鬼神固不能無疑也. 今聖母之迎也, 稱皇叔母, 則當以君臣禮見, 恐子無臣母之義. 『禮』'長子不得爲人後', 況興獻王唯生皇上一人, 利天下而爲人後, 恐子無自絶父母之義. 故皇上爲繼統武宗, 而得尊崇其親則可, 謂嗣孝宗, 以自絶其親則不可. 或以大統不可絶爲說者, 則將繼孝宗乎? 繼武宗乎? 夫統與嗣不同, 非必父死子立也. 漢文帝承惠帝之後, 則弟繼, 宣帝承昭帝之後, 則以兄孫繼. 若必强奪此父子之親, 建彼父子之號, 然後謂之繼統, 則古嘗[37]有稱高伯祖·皇伯考者, 皆不得謂之統矣. 臣竊謂今日之禮, 宜別爲興獻王立廟京師, 使得隆尊親之孝, 且使母以子貴, 尊與父同, 則興獻王不失其爲父, 聖母不失其爲母矣."

| 7월, 관정진사(觀政進士) 장총(張璁)이 「대례소(大禮疏)」를 올렸다.[38] "조정의 논의에서, 황상께서 대종(大宗)에 들어가 계승하셨으니 효종 황제를 '황고'라고 부르고 흥헌왕을 '황숙부(皇叔父)'라고 고쳐 부르며 왕비를 '황숙모(皇叔母)'라고 부르는 것이 마땅하다고 하는 것은, 한나라 정도왕과 송나라 복왕의 고사에 얽매인 주장에 지나지 않을 따름입니다. 저 한나라 애제와 송나라 영제는 모두 미리 황제 계승자로 세워서 궁중에서 길러졌으니, 이는 분명히 남의 후사가 된 경우입니다. 그러므로 사단(師丹)과 사마광(司馬光)의 견해를 그 당시에 시행하여도 괜찮았던 것입니다. (그러나) 지금

---

36 於: 『明史紀事本末』, 卷50, 「大禮議」에는 '於彼'로 되어 있다.

37 嘗: 『明史紀事本末』, 卷50, 「大禮議」에는 '當'으로 되어 있다.

38 7월~올렸다: 장총이 올린 소의 내용은 『明史』, 卷17, 「世宗本紀」, 2~216; 『明史』, 卷196, 「張璁列傳」, 17~5173-5174에 간략하게 언급되어 있다. 특히 장총의 소 전문은 『明世宗實錄』, 卷4, 正德 16年 7月 壬子日條; 張璁, 「議大禮疏(嘉靖元年)」(『明臣奏議』, 卷17, 叢書集成初編 917, 北京: 中華書局, 1985, ⑤:297-298)에 상세하게 보인다.

무종 황제께서는 효종을 계승한 지 16년 만에 죽음에 이르렀고, 조정 신하들은 『황명조훈』을 따르고 유조(遺詔)를 받들어, 황상을 맞아들여 대통을 계승하였습니다. 유조에서는 곧바로 '흥헌왕의 장자가 윤서(倫序)상 마땅히 즉위할 만하다'라고 하였습니다. 애초에 효종의 후사가 된 것을 분명하게 드러낸 적이 없었으니, 미리 세워서 후사로 삼아 궁중에서 양육된 것과는 분명히 다릅니다. 흥헌왕께서 돌아가셨으니 황숙부라 부른다면, 귀신이 진실로 의심하지 않을 수 없을 것입니다. 지금 성모(聖母)[39]를 맞으실 적에 황숙모라 부른다면, 군신(君臣)의 예로 알현해야 마땅할 터인데, 아들이 어머니를 신하로 삼는 의리는 없을 듯합니다. 『의례(儀禮)』에서 '장자는 남의 후사가 될 수 없다'[40]고 했는데, 하물며 흥헌왕께서는 오직 황상 한 사람만을 낳고, 천하를 위하여 남의 후사가 되었으니, 아들이 스스로 부모와 관계를 끊는 의리는 없을 듯합니다. 그러므로 황상께서 무종의 통을 계승하였다고 하여 그 친부모를 존숭하는 것은 괜찮지만, 효종을 이었다고 하여 멋대로 그 친부모와 관계를 끊어서는 안 됩니다. 더러 대통(大統)이 끊어져서는 안 된다는 것으로 주장하지만, 장차 효종을 계승해야 합니까? 무종을 계승해야 합니까? 무릇 통(統)과 사(嗣)는 다르니, 아버지가 죽으면 반드시 그 아들이 즉위해야 하는 것은 아닙니다. 한나라 문제(文帝)는 혜제(惠帝)의 후사를 이었으니 아우가 계승한 것이요, 선제(宣帝)는 소제(昭帝)의 후사를 이었으니 형의 손자로서 계승한 것입니다. 만약 기필코 억지로 이 부자의 친함을 빼앗고 저 부자의 호칭을 세운 뒤에야 통을 계승한다고 말한다면, 옛날 고백조(高伯祖)·황백고

---

39 성모(聖母): 임금의 어머니를 가리키는 말인데, 여기서는 세종 황제의 친어머니를 가리키는 말이다.

40 장자는~없다: 『儀禮』, 「喪服」편에 따르면, 남의 후사가 되는 것은 同宗의 범위 내에서 小宗에서 大宗으로 入後하는 것이 支子에 한하여 허용되었으며, 적장자는 대종의 후사가 될 수 없었다. 『儀禮』, 「喪服」, '爲人後者', "傳曰, 何以三年也? 受重者, 必以尊服服之. 何如而可爲之後? 同宗則可爲之後. 何如而可以爲人後? 支子可也."; 『儀禮』, 「喪服」, '爲人後者爲其父母報', "傳曰, 何以期也? 不貳斬也. 何以不貳斬也? 持重於大宗者, 降其小宗也. 爲人後者孰後? 後大宗也. 曷爲後大宗? 大宗者, 尊之統也. …… 大宗者, 收族者也, 不可以絶, 故族人以支子後大宗也. 適子不得後大宗."

(皇伯考)라고 일컬은 경우에는 모두 그것을 '통'이라 부를 수 없을 것입니다. 신이 가만히 생각건대, 지금의 예는 따로 흥헌왕을 위해 수도에 별묘를 세워서 아버지를 높이는 효(孝)를 융성하게 할 수 있도록 하고, 또한 아들의 귀함에 따라 어머니의 지위를 아버지와 같이 높인다면, 흥헌왕께서는 그 아버지로서 지위를 잃지 않고 성모(聖母)께서는 그 어머니로서 지위를 잃지 않을 것입니다."

○疏入, 上遣司禮監官送至內閣, 諭曰: "此議實遵『祖訓』, 據古禮, 爾曹何得悞朕?" 楊廷和曰: "書生焉知國體?" 復持入, 上熟覽之, 喜曰: "此論一出, 吾父子必終可完也."

| ○ 소(疏)가 들어가자, 주상이 사례감(司禮監)의 관리를 보내 내각(內閣)에 유시하였다. "이 논의는 진실로 『황명조훈』을 따르고 고례(古禮)에 의거한 것인데, 그대들은 어찌 나를 기만하려 하는가?" 양정화가 말했다. "서생(書生)이 어찌 국체(國體)를 알겠습니까?" 다시 (소를) 가지고 들어가자, 주상이 그것을 꼼꼼히 살펴보고서 기뻐하며 말했다. "이런 논의가 나왔으니, 우리 부자관계가 틀림없이 마침내 온전해질 수 있겠다."

臣謹案, 君子 · 小人, 不難辨. 凡其言純悅主心, 而無一毫拂逆之辭者, 小人之言也. 張璁之義, 半是半非, 楊廷和之義, 亦半是半非, 而廷和之言, 純逆帝意, 張璁之言, 純悅帝意. 君子 · 小人, 於是乎易辨. 然其是非, 不可以不剖也. 璁之所謂立後者, 今俗之養子, 非古之所謂立後也. 古者, 生不立後. 後者, 繼死之名. 生而不得稱後, 猶生而不得稱先. 死而後稱先考 · 先祖, 死而後稱立後爲後, 歷觀三禮 · 春秋傳諸文, 其驗歷然.【詳見『禮箋』中.】生而養育者, 是名養子. 死而繼統者, 是名立後. 世宗皇帝無養育之恩, 則是不爲養子而已, 惡得云不爲人後乎? 璁之禮學

遠勝廷和. 世宗之爲武宗後, 非不知也. 若使璁是正人君子也, 則必直言極論, 以明陛下. 旣繼武宗之統, 卽爲武宗之後. 孝宗皇帝, 卽爲陛下所後者之父, 但可稱皇伯考, 而不可稱皇考. 夫然後, 唯稱宗入廟一事, 逆折而固諫之, 則不亦善乎? 今也不然, 但明其不爲孝宗後, 不明其爲武宗後, 第以餘波漫言之曰: "皇上爲繼統武宗, 而得尊崇其親則可." 嗚呼! 小人肝肺, 於是乎呈露矣夫. 繼統自一事, 尊崇自一事. 使尊崇而非禮也, 雖繼統武宗, 而固不當尊崇也. 使尊崇而合理也, 豈以其繼統孝宗, 而自絶其親乎? 璁之言曰 '統與嗣不同', 此五字建諸天地而不悖. 【但嗣字有嫌, 不如屬字.】 統・嗣之不相干, 廷和之所不知, 而璁則知之. 旣知其義, 又何云 '統武則尊親, 統孝則絶親' 乎? 其挾詐懷奸, 以悅人主之心, 可知也. 其論漢 文帝以下, 字字珠玉, 言言金石, 聖人復起, 無以易之, 楊廷和猶欲折角. 嗚呼, 其難矣!

| 삼가 생각건대, 군자와 소인은 분별하기가 어렵지 않다. 무릇 그 말이 임금의 마음을 순전하게 기쁘게 하면서 어기거나 거스르는 말이 조금도 없는 것은 소인의 말이다. 장총의 주장은 반은 옳고 반은 그르며, 양정화의 주장도 반은 옳고 반은 그르다. 양정화의 말은 황제의 뜻을 순전하게 거스르고 장총의 말은 황제의 뜻을 순전하게 따르는 것이다. 군자와 소인은 이로써 쉽게 판별할 수 있다. 그러나 그 옳고 그름은 나누지 않을 수 없다. 장총이 입후(立後)라고 말하는 것은 지금 풍속의 양자(養子)이니, 옛날의 이른바 입후가 아니다. 옛날에는 살아서는 후사〔後〕를 세울 수 없었다. '후(後)'는 죽은 자를 계승하는 이름이다. (계승할 대상이) 살았을 때는 (계승할 주체가) '후'라고 일컬을 수 없는 것은 (계승할 대상이) 살았을 때는 (계승할 대상을) '선(先)'이라고 일컬을 수 없는 것과 같다. (계승할 대상이) 죽은 뒤에야 선고(先考)・선조(先

祖)라고 일컬을 수 있으며, (계승할 대상이) 죽은 뒤에야 '후사를 세운다〔立後〕', '후사가 된다〔爲後〕'라고 말할 수 있는 것이니, 삼례(三禮)[41]와 『춘추전(春秋傳)』의 여러 문장들은 두루 보면, 그 징험함이 또렷하다. 【『상례사전(喪禮四箋)』에 자세히 보인다.】[42] 살았을 때 양육하면 이를 양자라고 부르고, 죽어서 통을 계승하면 이를 입후라고 부른다.[43] 세종 황제는 양육을 받은 은혜가 없으므로 양자가 되지 못하는데, 어찌 남의 후사가 되지 못한다고 말할 수 있겠는가? 이 점에서 장총의 예학(禮學)은 양정화의 그것보다 훨씬 낫다. 세종이 무종의 후사가 된 것은 모르는 일이 아니다. 만약 장총이 정인군자(正人君子)였다면 반드시 곧은 말로 논의를 다하여 폐하를 일깨웠을 것이다. 이미 무종의 통을 계승하였으면 곧 무종의 후사가 되는 것이다. 효종 황제는 바로 폐하를 후사로 삼은 분의 아버지가 되니, 황백고(皇伯考)라고 일컬을 수는 있어도 황고(皇考)라고 일컬어서는 안 된다. 그런 뒤에 '종(宗)'이라 부르고 태묘에 부묘하

41 삼례(三禮): 『禮記』, 『周禮』, 『儀禮』의 세 가지 禮經을 가리키는 말.

42 『상례사전(喪禮四箋)』에~보인다: 『喪禮四箋』, 「喪期別」에 관련 내용이 보인다. 立後의 범위와 조건은 특히 全書, III-12, 禮集 1, 『喪禮四箋』, 卷11, 「喪期別」, 〈出後4: 非同宗不得立後〉조와 〈出後9: 死而后立後〉조에 상세히 나와 있다.

43 살았을~부른다: 다산은 養父가 살아 있을 때 남의 아들을 데려다가 기르는 '養子'의 풍습과 所後者의 죽음을 계기로 해서 종통을 계승할 후사를 세우는 '立後'의 예제를 분명하게 구분하였다. '後'란 말은 '先'이란 말의 짝 개념이며, 두 개념은 죽음을 계기로 종통을 계승하고 계승받는 쌍방을 지칭하는 것이다. 이러한 관점에서 보면, 죽음을 계기로 종통을 계승하면 누구나 예외 없이 후사가 되는 것이며, 양자가 된 적이 없다는 것을 근거로 후사가 되지 않는다는 말은 죽음을 계기로 종통을 계승하는 것이 '爲人後'의 진정한 의미임을 제대로 파악하지 못한 결과일 뿐이다. 다산의 인식에 따르면, 종통의 계승과 후사가 되는 것은 서로 필요충분조건이었던 것이다. 이와 같은 인식은 「입후론」에도 나타난다. 全書, I-11, 詩文集, 卷11, 「立後論3」, 17a(②,235). "須父死受重, 方得立後."; 「立後論2」, 16a(②,233). "後者, 對先之名, 死者有後, 生不得有後也. 生而不得有後嗣, 猶生而不得謂先親也."; 「立後論3」, 17a(②,235). "'後'者, 嗣'先'之名. 親唯旣死, 而后可稱爲'先'. 生而立後者, 古未之聞也."

는 한 가지 일만은 미리 꺾어서 굳게 간하였다면, 좋지 않았겠는가? 지금은 그렇지 않으니, 다만 효종의 후사가 아니라는 점을 밝히면서 그가 무종의 후사라는 점은 밝히지 않고, 다만 여파(餘波)로 지각없이 말하기를, "황상(皇上)께서는 무종의 통을 계승하셨지만 친부를 존숭하는 것은 됩니다."라고 하니, 아아! 소인의 간폐(肝肺)가 여기에서 드러나는구나. 통을 계승하는 것과 존숭하는 것은 서로 별개의 일이니, 만약 존숭이 예가 아니라면, 비록 무종의 통을 계승하였다고 해도 진실로 존숭하는 것은 부당한 일이요, 만약 존숭이 이치에 맞으면, 어찌 그가 효종의 통을 계승하였다고 하며 멋대로 그 어버이와 관계를 끊겠는가? 장총이 말하길, "통(統)과 사(嗣)는 다르다〔統與嗣不同〕."고 했는데, 이 다섯 글자는 천지(天地)에 세워도 어그러지지 않는다.【다만 '사(嗣)' 자는 협의가 있으니 '속(屬)' 자보다는 못하다.】 통과 사가 서로 간섭하지 않는다는 것을 양정화는 몰랐으나 장총은 알고 있었다. 이미 그 의리를 알고서도 어찌 '무종의 통을 계승하면 친부를 높이는 것이요, 효종의 통을 계승하면 친부와 관계를 끊는 것'이라고 말했겠는가? 그가 사특하고 간사한 마음을 품어 임금의 마음을 기쁘게 했음을 알 만하다. 그가 한나라 문제(文帝) 이하를 논한 부분은 글자마다 주옥(珠玉)이요, 말마다 금석(金石)이니, 성인(聖人)이 다시 일어나도 그것을 바꿀 수가 없건만, 양정화가 오히려 꺾어 누르려고[44] 하였으니, 아아! 어려운 것이다.

---

44 꺾어 누르려고: '折角'이란 표현은 기세를 꺾어 누르거나 콧대를 납작하게 한다는 뜻이다. 『漢書』, 「朱雲傳」에 보면, 漢나라 元帝 때 梁丘賀가 세운 '梁丘易'의 대가 五鹿充宗이 유명해서 황제가 다른 학자들과 논쟁할 것을 명했는데, 아무도 나서지 않다가 朱雲이 논쟁에서 이겨 博士의 명예를 얻었다. 이때 "오록이 드세고 뿔이 길지만, 주운이 그 뿔을 부러뜨렸구나."라는 칭송을 들었다고 한다.

臣又按, 璁謂'稱皇叔母, 則當以君臣禮見'. 此又奸言也. 宋眞宗稱太祖之妃, 曰皇伯母, 未必以君臣禮見. 殷太甲稱外丙之妃, 曰皇叔母, 未必以君臣禮見. 屬稱之曰母曰叔, 何與於君臣哉?

| 또한 생각건대, 장총은 "'황숙모(皇叔母)'라 칭하면 군신의 예로 알현하는 것이 마땅하다."고 말했는데, 이것도 간사한 말이다. 송나라 진종(眞宗)은 태조의 비를 '황백모(皇伯母)'라 불렀으나 반드시 군신의 예로 알현했던 것은 아니요, 은(殷)나라 태갑(太甲)은 외병(外丙)의 비를 '황숙모'라 불렀으나 반드시 군신의 예로 알현했던 것은 아니다. 친속의 호칭을 '모(母)'라 하든 '숙(叔)'이라 하든 군신관계와 무슨 상관이 있단 말인가?

2:7

是日, 召廷和等諭曰: "至親莫若父子." 因授以手勅曰: "卿等所言, 俱有見. 第朕罔極之恩, 無由報耳. 今尊父爲興獻皇帝, 母爲興獻皇后, 祖母爲康壽皇太后."

| 이날 (황제는) 양정화 등을 불러 지시하였다. "가깝기로는 부자관계보다 더한 것이 없다." 이어서 수칙(手勅)을 내려주었다. "경들이 말하는 것들은 모두 일리가 있소. 다만 내가 (아버지의) 끝없는 은혜를 갚을 길이 없구려. (그러니) 이제부터는 아버지를 흥헌황제(興獻皇帝)로, 어머니를 흥헌황후(興獻皇后)로, 할머니를 강수황태후(康壽皇太后)[45]로 높이도록 하시오."

45 강수황태후(康壽皇太后): 무종의 어머니 張皇后.

臣謹案, 祖母者, 憲宗之後[46]宮也.『禮』曰'妾母不世祭', 豈有尊庶母之追崇哉? 魯之羣公皆尊其妾母爲夫人, 漢文帝尊薄后爲皇太后. 自玆以降, 皆遵此禮, 而祖庶母追崇, 未之聞也.

| 삼가 생각건대, (세종황제의) 할머니는 헌종(憲宗) 때 후궁이다.『예기(禮記)』에는 '첩모(妾母)는 대대로 제사하지 않는다'[47]고 했는데, 어찌 서모(庶母)를 높여 추숭할 수 있겠는가? 노나라 공(公)들은 모두 그 첩모를 높여 부인(夫人)으로 삼았고, 한나라 문제(文帝)는 박후(薄后)를 높여 황태후(皇太后)로 삼았다. 이때부터는 모두 이 예를 따랐으나, 조서모(祖庶母)를 추숭했다는 소리는 들어보지 못했다.

## 2:8

廷和退而上言曰: "『禮』謂'所後者爲父母', 而以其所生者爲伯叔父母, 蓋不惟降其服, 而又異其名也. 臣等不敢阿諛順旨." 仍封還手勑.

| 양정화가 물러나서 말씀을 올렸다. "『예(禮)』에 '(남의 후사가 된 사람은) 후사로 삼아준 분들을 부모로 여긴다'고 하였는데,[48] 자신을 낳아준 분들을 백숙부모(伯叔父母)로 여기는 것은 그 상복(의 등급)을 낮출 뿐만 아니라 그 이름도 달리하기 때문입

46 後: 新朝鮮社本에는 '時'로 되어 있으나 奎章閣本에 따라 바로잡는다.

47 첩모는~않는다:『禮記』,「喪服小記」, "慈母與妾母, 不世祭也."

48『예』에~하였는데: 남의 후사가 된 사람이 후사로 삼아준 분들을 부모로 삼는다는 말은 三禮 경문에 나오지 않는다. 다만『儀禮』,「喪服」편과 정현 주의 "후사로 삼아준 분의 친아들처럼 한다."는 문구를 "후사로 삼아준 분들을 부모로 여긴다."는 식으로 재구성하여 인용한 것으로 보인다.『儀禮』,「喪服」, '爲人後者'條의 "爲所後者之祖·父·母·妻, 妻之父·母·昆弟, 昆弟之子, 若子."와〔鄭注〕"若子者, 爲所爲後之親, 如親子."

니다. 신 등은 감히 아첨하여 뜻을 따를 수는 없습니다." 이어서 수칙을 봉하여 돌려 보냈다.[49]

○給事中朱鳴陽等復奏: "陛下以興憲王長子, 不得已入承大統, 難拘'長子不得爲人後'之說. 璁乃謂'統·嗣不同'. 又欲別廟興獻王於京師, 此大不可. 昔魯桓·僖宮災, 孔子在陳, 聞火, 曰, '其桓·僖乎?' 以非正也. 如廟興獻王於京師, 在今日則有朱熹兩廟爭較之嫌, 在他日則有魯僖躋閔之失, 乞將張璁斥罰."

| ○ 급사중(給事中) 주명양(朱鳴陽)[50] 등이 다시 아뢰었다. "폐하께서는 흥헌왕의 장자로서 어쩔 수 없이 대통을 입승하였으니, '장자는 남의 후사가 되지 못한다'는 설을 적용하기 어렵습니다. 장총이 이에 '통(統)과 사(嗣)는 다르다'고 말하고, 또한 경사(京師)에 흥헌왕의 별묘를 세우려고 하는데, 이는 크게 잘못된 것입니다. 옛날 노나라 환공(桓公)과 희공(僖公)의 궁에 화재가 났을 때 공자께서 진(陳)나라에 계시다가 노나라의 화재 소식을 듣고서 '그건 환공과 희공의 묘(廟)일 것이다'라고 하셨는데,[51] 옳지 않은 묘(廟)였기 때문입니다. 만약 경사에 흥헌왕의 별묘를 세운다면, 당장은 양묘(兩廟)가 서로 세력을 다투는 형상이 된다는 주희(朱熹, 1130~1200)의 비판에 걸려들 혐의[52]가 있고, 나중에는 노나라 희공을 민공보다 높여서 제사를 모신 것 같은

---

49 양정화가~돌려보냈다: 『明史』, 卷190, 「楊廷和列傳」, 17-5037에도 해당 내용이 나온다.

50 주명양(朱鳴陽): 莆田 사람. 嘉靖 연간에 進士, 給事中, 承宣布政司右參政, 右參議 등을 지냈다. 『明史』, 『折江通志』, 『廣西通志』, 『雲南通志』 등 참고.

51 옛날~하셨는데: 노나라 司鐸의 관사에서 일어난 불이 公宮을 넘어 환공과 희공의 別廟로 번졌는데, 공자는 별묘의 부당함을 응징하는 하늘의 뜻으로 화재가 난 것이라고 말했다. 『春秋左傳注疏』, 卷57, '哀公 3年 5月 辛卯日條'에 해당 내용이 보인다.

52 양묘가~혐의: 寧宗 원년에 孝宗을 태묘에 祔廟할 때 僖祖와 宣祖를 祧廟하자는 예관들의 논의가 있었는데, 당시 주자는 煥章閣待制로서 예관들의 주장과 다른 독자적인 견해를 주장하였다. 주자는 희조의 조묘를 주장하는 견해를 비판하면서, 그럴 경우 合食하는 祫祭에서 희조와 태조 兩廟가 자리를 두고 경합하는 꼴이 된다고 지적하였

실례(失禮)로 비판을 받을 것입니다. 장총을 내쳐 처벌하소서."

**臣謹案, 不見三禮, 不見『春秋傳』者, 何得云禮如是乎? 世宗手勑, 理當承順, 唯康壽不宜從. 又唯其稱宗入廟, 宜防微杜漸, 而堂堂天顯之親, 父母之名, 先欲禁之, 而可得乎?**

| 삼가 생각건대, 삼례(三禮)에도 보이지 않고 『춘추전(春秋傳)』에도 보이지 않는데 어찌 예(禮)가 그러하다고 말할 수 있겠는가? 세종의 수칙(手勑)은 이치상 받들고 따르는 것이 마땅하지만, 강수황태후(康壽皇太后)로 추숭하는 것만은 의당 좇지 말아야 했다. 또한 오직 그 '종'이라 일컫고 태묘에 들이는 것〔稱宗入廟〕은 사전에 조짐을 막아야 마땅한 것인데, 당당한 천현지친(天顯之親)인 부모의 명칭을 먼저 금하려고 하였으니, 되겠는가?

**○臣又按, 長子不得爲人後者, 立後之恆禮, 然帝王大統, 不拘此例. 如立適以長, 本是立子之恆禮, 而太王立季歷, 文王立武王, 不具此禮. 璁若以是爲說, 璁誤矣. 立廟京師, 亦非所當遏. 舜有文祖·藝祖, 又有橋牛·瞽瞍之廟, 將亦爲兩廟二本乎? 朱鳴陽之言, 無一字合理也.**

| ○또한 생각건대, '장자는 남의 후사가 될 수 없다'는 것은 후사를 세우는 불변의 예(禮)지만, 제왕의 대통은 이 예에 구속받지 않는다. 적자 중에 후사를 세울 때는 장자를 세우는 것이 본래 후사를 세우는 불

---

다. 자세한 논의는 『朱熹集』, 卷15, 「祧廟議狀(幷圖)」, 「面奏祧廟箚子(幷圖)」, 「議祧廟箚子」, 「進擬詔意」; 『朱熹集』, 卷69, 『中庸或問』 18장과 19장; 『宋史』, 卷429, 「道學列傳·朱熹」 등 참조.

변의 예지만, 태왕(太王)은 계력(季歷)을 세우고 문왕(文王)은 무왕(武王)을 세워 이 예에 구애받지 않았다.[53] 장총이 만약 이것을 주장하였다면 장총이 틀린 것이다. 경사(京師)에 묘를 세우는 일도 당연히 막아야 할 것이 아니다. 순에게는 문조(文祖)·예조(藝祖)의 묘(廟)이 있었고, 교우·고수의 묘도 있었는데, 이것도 묘를 이원화하고 근본을 이원화하는 것이겠는가?[54] 주명양의 말은 한 글자도 이치에 맞는 것이 없다.

## 2:9

冬十月, 上諭內閣曰: "朕受祖宗鴻業, 爲天下君長, 父興獻王獨生朕一人. 旣不得承緖, 又不得徽稱, 朕於罔極之恩, 何由得安? 始終勞卿等委曲折中, 俾朕得申孝情."

| 겨울 10월, 황상이 내각(內閣)에 유시하였다. "나는 조종(祖宗)의 위대한 업적을 이어받아 천하의 군장(君長)이 되었으나, (나의) 아버지 흥헌왕께선 그저 나 한 사람만 낳았을 뿐이다. 이미 (아버지의) 계통을 잇지 못했는데 (아버지의) 칭호마저 높일 수 없다면, 내가 (아버지의) 끝없는 은혜에 대해 무슨 낯으로 편안할 수 있겠는가? 처음부터 끝까지 수고롭겠지만, 경들은 상세하고도 적절하게 하여 내가 효성스런 정을 펼 수 있게 해주오."[55]

---

53 적자 중에~않았다: 계력은 태왕의 셋째아들이었는데도 형인 태백과 중옹을 제치고 왕위를 계승하였고, 무왕은 문왕의 둘째아들이었는데도 적장자 백읍고를 제치고 왕위를 계승하였다는 점을 지적하여 제왕가의 예가 지닌 특수한 사정을 밝힌 내용이다.

54 순에게는~것이겠는가: 문조·예조는 요의 태조묘로 순이 계승한 공적인 왕통을 상징하는 것이지만, 교우와 고수의 묘는 순의 사적인 혈통을 대표하는 것이다. 다산은 여기에서 私親을 위한 별묘와 대통의 계승을 나타내는 태묘가 각각 서로 다른 차원에서 양립할 수 있음을 주장하고 있다.

55 『明史紀事本末』에는 이런 황제의 지시에 대한 양정화의 답변이 실려 있다. 廷和上言,

○張璁乃復爲『或問』一帙, 辨析統 · 嗣之異, 及尊崇墓廟之說甚悉. 帝覽之, 留中不下.

| ○ 장총이 이에 다시 『대례혹문(大禮或問)』 한 질을 지어서 통(統)과 사(嗣)의 차이를 변별하여 분석하고 무덤(墓)과 묘(廟)을 존숭하는 설명을 매우 자세히 했다.[56] 황제가 그것을 보고 궁중에 둔 채 내려보내지 않았다.

臣謹案, 此時詔諭務要, 委曲得中. 惜乎! 大臣不能引君以當道也.

| 삼가 생각건대, 이때의 황제의 조서와 유칙은 요체에 힘써서 상세하고도 적절하였건만, 안타깝게도 대신들은 임금을 정당한 도리로 이끌지 못하였다.

2:10

廷和見勢不得已, 乃草勅下禮部曰: "聖母慈壽皇太后懿旨, 以朕纘承大統, 本生父興獻王宜稱興獻帝, 母宜稱興獻后, 憲廟貴妃邵氏稱皇太后, 仰承慈命, 不敢固違." 帝從之. 廷和意假母后, 示非廷議.

| 양정화가 형세상 어쩔 수 없다는 점을 알고는 조칙의 초안을 마련해서 예부(禮部)로 내려보냈다. "성모(聖母) 자수황태후(慈壽皇太后)께서 훌륭한 명령을 내려 내가 대통을 이어받게 하시고, 본래 낳아주신 아버지 흥헌왕은 흥헌제(興獻帝)라 부르고 어머니는 흥헌후(興獻后)라 부르며 헌묘(憲廟)의 귀비(貴妃) 소씨(邵氏)는 황태후(皇太后)

---

"聖諭令臣等委曲折中, 以申孝情, 切念大禮關係萬世綱領, 四方觀聽議之, 不可不詳, 必上順天理, 下合人情, 祖宗列聖之心安, 則皇上之心始安矣."

56 뒤이어 『明史紀事本末』에는 "吏部主事彭澤錄遺內閣及禮官, 勸改前議, 不從. 璁乃齎至左順門上之. 廷和令修撰楊維璁等阻之, 不得."이라는 기사가 나온다.

라 부르는 것이 마땅하다고 하셨다. (모후의) 자애로운 명을 우러러 받들어, 감히 고집스레 거스를 수 없노라." 황제가 그것을 따랐다. 양정화는 모후(母后)를 가탁함으로써 조정의 논의가 아님을 보이려 한 것이다.

臣謹案, 興獻神主, 當曰皇考興獻王追崇獻皇帝[57]神主. 凡追崇之君, 皆當如此. 如大夫追贈, 皆加贈字, 帝王何獨不然?

| 삼가 생각건대, 홍헌왕의 신주는 '황고(皇考) 홍헌왕(興獻王) 추숭헌황제(追崇獻皇帝) 신주(神主)'라고 말해야 마땅하다. 무릇 추숭한 임금은 모두 이와 같이 해야 한다. 대부가 추증(追贈)하는 경우에도 모두 '증(贈)' 자를 덧붙이는데, 제왕이라고 해서 어찌 유독 그렇지 않겠는가?

## 2:11

兵部主事霍韜見張璁言欲用, 亦上言: "禮官持議, 非是." 同知馬時中 · 國子監諸生何淵 · 巡檢房濬各上言如璁議. 帝益爲之心動.

| 병부주사(兵部主事) 곽도(霍韜)[58]는 장총의 주장이 채택되려 함을 보고, 그 또한 의견을 올려 "예관들이 지지하는 논의는 옳지 않다."고 했다. 동지(同知) 마시중(馬時中), 국자감(國子監) 제생(諸生) 하연(何淵), 순검(巡檢) 방준(房濬)이 각각 장총과 같은 의견을 올리니, 황제가 그 때문에 더욱 마음이 움직였다.

57 獻皇帝: 新朝鮮社本에는 '皇獻帝'로 되어 있으나 奎章閣本에 따라 바로잡는다.

58 곽도(霍韜, 1487~1540): 자는 渭先, 호는 渭厓. 南海 사람. 正德 9년 會試에서 장원급제로 進士가 되었다. 世宗 때 職方主事가 되었으며, 大禮議 당시에는 毛澄 등이 주장한 '考孝宗'설을 비판하면서 황제 쪽에 서서 예론을 전개하였다. 벼슬이 禮部尙書에 이르렀고, 저술로는 『詩經解』, 『象山學辨』, 『程朱訓釋』, 『渭厓集』, 『西漢筆評』, 『渭厓家訓』 등이 있으며, 시호는 文敏이다. 『明史』, 卷197, 「霍韜列傳」; 『明儒學案』, 卷53, 「諸儒學案下 · 文敏霍渭厓先生韜」 참고.

○巡撫雲南都御史何孟春上言, 以爲興獻王不宜稱考. 廷和覽疏, 乃擢孟春吏部侍郎.

| ○ 순무운남도어사(巡撫雲南都御史) 하맹춘(何孟春)[59]이 의견을 올려서, 흥헌왕을 아버지[考]라 불러서는 안 된다고 하였다.[60] 양정화가 소(疏)를 살펴보고는 하맹춘을 이부시랑(吏部侍郎)으로 발탁했다.

○給事中熊浹上言: "皇上貴爲天子, 聖父·聖母, 以諸王禮處之, 安乎? 臣以爲當稱帝·后, 而祀興獻於別廟, 則大統之義·所生之恩兼盡矣."

| ○ 급사중(給事中) 웅협(熊浹)[61]이 의견을 올렸다. "황상께서는 귀한 신분으로는 천자가 되셨는데, 성부(聖父)와 성모(聖母)를 제후의 예로 대하는 것이 적합하겠습니까?[62] 신이 생각하기에는, 당연히 제(帝)·후(后)라 부르고 흥헌왕을 별묘에 모셔놓고 제사하면, 대통(大統)의 의(義)와 낳아준 부모의 은혜[恩]가 모두 충족될 것입니다."

---

59 하맹춘(何孟春, ?~1527): 자는 子元. 시호는 文簡. 郴州 사람. 李東陽의 문하에서 수학하여 弘治 연간에 進士가 되었으며, 兵部主事, 巡撫雲南都御史, 吏部侍郎 등을 역임했다. 大禮議 당시 公論에 따라 간쟁하다가 좌천되고 병을 얻어 귀가했다가 죽었다. 저술로는 『何文簡疏議』, 『餘冬序錄』, 『何燕泉詩』, 『家語註』 등이 있으며, 뒤에 禮部尙書에 추증되었다. 『明史』, 卷191, 「何孟春列傳」 참조.

60 흥헌왕을~하였다: 해당 내용이 『明史』, 卷191, 「何孟春列傳」, 5066-5067에 자세히 보인다.

61 웅협(熊浹, 1478~1544): 자는 悅之, 호는 北原. 시호는 恭肅. 南昌 사람. 正德 9년에 進士가 되어, 禮科給事中을 거쳐, 南京禮部尙書, 兵部尙書, 吏部尙書 등을 역임했다. 『明史』, 卷197, 「熊浹列傳」 참조.

62 성부와~적합하겠습니까: 성부와 성모는 황제의 부모를 일컫는데, 여기서는 명 세종의 친부모인 흥헌왕 부부를 가리킨다. 이 문장은 황제의 친부모를 일반 제후인 諸王의 예로 대우하는 것이 부당함을 밝히고, 호칭상 혈연적인 은혜를 드러내야 한다는 주장이다. 웅협의 소에 대해서는 『明史』, 卷197, 「熊浹列傳」, 5215; 『明世宗實錄』, 卷10, 嘉靖 元年 正月 己酉條, 1ab 참조.

臣謹案, 熊浹之言, 最中禮意.

| 삼가 생각건대, 웅협의 말이 예의 뜻에 가장 적합하다.

2:12

十二月, 除張璁 南京刑部主事. 先是, 帝下『大禮或問』於禮部, 時楊一清家居, 遺書吏部尙書喬宇[63]曰: "張生此論, 聖人不易, 恐終當從之." 宇不聽.

| 12월, 장총을 남경형부주사(南京刑部主事)에 임명하였다. 이에 앞서 황제가 예부(禮部)에 『대례혹문(大禮或問)』을 내려보냈는데, 당시 양일청(楊一淸)[64]이 집 안에 머물면서 이부상서(吏部尙書) 교우(喬宇)[65]에게 서한을 보내 말하였다. "장총의 이 논의는 성인이라도 바꿀 수 없으니, 결국은 따라야 마땅할 듯합니다." (그러나) 교우가 듣지 않았다.

臣謹案, 璁之言半是半非,【義見上.】 純謂之'聖起, 不易', 可乎?

| 삼가 생각건대, 장총의 말은 반만 옳고 반은 그른데【뜻은 위에 보인

---

63 宇: 新朝鮮社本에는 '字'로 되어 있으나 『明史紀事本末』, 卷50, 「大禮議」와 奎章閣本에 따라 바로잡는다.

64 양일청(楊一淸, ?~1530): 자는 應寧. 시호는 文襄. 安寧 사람. 成化 8년에 進士가 되었고, 山西按察僉事, 陝西三邊總制 등을 거쳐 左柱國, 華蓋殿大學士 등을 지냈으며, 대례의 당시 황제파에 반대하다가 장총 등에 의해 옥사에 연루되었으나 벼슬을 잃고 병으로 죽었다. 뒤에 太保에 追贈되었다. 저술로는 『關中奏議』가 남아 있다. 『明史』, 卷198, 「楊一淸列傳」 참조.

65 교우(喬宇): 자는 希大. 시호는 莊簡. 山西 樂平 사람. 成化 20년 進士가 되었고, 禮部主事, 南京禮部尙書, 太子太保, 少保, 吏部尙書 등을 지냈으며, 대례의 당시 양일청과 함께 활약했다. 뒤에 少傅에 추증되었다. 『明史』, 卷194, 「喬宇列傳」 참조.

다.】, 그것을 그저 "성인이 나와도 바꿀 수 없다."고 해서야 되겠는가?

### 2:13

都御史林俊上疏曰: "司馬光有言, '秦·漢而下, 入繼大統, 或尊崇其所生, 皆取譏當時, 貽笑後世.' 陛下純德, 何忍襲之?" 疏入, 留中. 庚寅, 帝下御札, 諭加興獻帝以皇字. 廷和等上言: "漢宣帝繼孝昭後, 追謚史皇孫·王夫人, 曰悼考·悼后而已, 光武上繼元帝, 鉅鹿南頓君以上, 立廟章陵而已, 皆未嘗追尊. 今日興獻帝·后, 較之前代, 尊稱已極, 若加皇字, 與慈壽·孝廟, 並是忘所後而重本生, 任私恩而棄大義. 臣等不得辭其責, 願罷歸." 吏部尙書喬宇等奏曰: "皇字[66], 正統大義. 若加皇字於本生之親, 則與正統溷而無別, 非所以重宗廟正名分也." 上曰: "慈壽皇太后懿旨有諭, '今皇帝婚禮將行, 其興獻帝宜加與皇號, 母興獻皇太后.' 朕不敢辭, 爾羣臣其承后命."

| 도어사(都御史) 임준(林俊)[67]이 상소하였다. "사마광(司馬光)[68]이 말하기를, '진(秦)·한(漢) 이후로 대통을 입계(入繼)한 경우 더러 그 낳아준 부모를 높이기도 했는

66 字: 『明史紀事本末』, 卷50, 「大禮議」에는 '者'로 되어 있다.

67 임준(林俊, 1451~1526): 자는 待用, 호는 見素. 시호는 貞肅. 莆田 사람. 成化 14년에 進士가 되었고, 刑部主事, 員外郞, 雲南副使, 刑部尙書 등을 지냈다. 뒤에 少保에 追贈되었다. 저술로는 『見素集』이 있다.

68 사마광(司馬光, 1019~1086): 北宋의 학자이자 정치가. 자는 君實, 호는 迂夫 또는 우수. 山西省 夏縣 출생. 시호는 文正이고, 죽은 후에 溫國公에 봉해졌다. 仁宗대부터 哲宗대까지 활동하면서 재상이 되어 舊法黨의 영수로서 王安石의 新法黨과 날카롭게 대립하였다. 1066년에 칙명을 받아 저술을 시작하여 1084년에 『資治通鑑』을 완성했다. 그 밖의 저서에 『涑水紀聞』, 『溫國文正公文集』, 『司馬溫公詩話』 등이 있다.

데, 모두 당시에 비판을 받았고 후세에는 웃음거리가 되었다'[69]고 하였습니다. 폐하의 순일한 덕(德)으로 어찌 차마 그런 일을 따르시겠습니까?"[70] 소(疏)가 들어오자 궁중에 두고 보류하였다. 병인(丙寅)일, 황제가 어찰(御札)을 내려, 흥헌제에 '황(皇)' 자를 더하도록 지시하였다. 양정화 등이 의견을 올렸다. "한나라 선제(宣帝)는 효소제(孝昭帝)의 뒤를 이어 사황손(史皇孫)·왕부인(王夫人)을 추시(追諡)하여 '도고(悼考)'·'도후(悼后)'라 하였을 뿐이고, 광무제(光武帝)는 위로 원제(元帝)의 뒤를 계승했으나, 거록(鉅鹿)의 남돈군(南頓君) 이상을 위해서는 별묘(別廟)를 장릉(章陵)에 세웠을 뿐, 모두 추존한 적은 없습니다. 오늘날 흥헌제와 흥헌후는 전대와 비교해보면, 존칭이 이미 지극합니다. 만약 황(皇) 자를 더하여 자수황태후(慈壽皇太后)와 효묘(孝廟)에 부여한다면, 이는 자신을 후사(後)로 삼아주신 분을 잊어버리면서 본래 낳아주신 분을 중시하는 것이요, 사적인 은혜를 갚으면서 대의를 저버리는 것입니다. 신 등은 그 책임을 변명할 수 없사오니, 부디 파직하여 귀가토록 하소서." 이부상서 교우 등이 아뢰었다. "황(皇) 자는 정통(正統)의 대의(大義)입니다. 만약 본래 낳아주신 부모님께 황 자를 더하면 정통과 뒤섞여 분별이 없어지니, 종묘를 존중하고 명분을 바르게 하는 방법이 아닙니다." 황상이 말했다. "자수황태후께서 '이제 황제의 혼례가 행해지려 하니, 그 (생부) 흥헌제에게 마땅히 황 호를 덧붙이고 생모는 흥헌황태후(興獻皇太后)로 높여야 한다'고 명령하셨다. 나는 감히 거역할 수 없으니, 너희 여러 신하들은 황태후의 명령을 받들도록 하라."

---

69 진·한 이후로~되었다: 사마광의 상소 내용은 다음과 같다. 司馬光, 『傳家集』(四庫全書本), 卷35, 章奏十八, 「與翰林學士王珪等議濮安懿王典禮狀」, 11b-12a. "秦漢以來, 帝王有自旁支入承大統者, 或推尊父母以爲帝后, 皆見非當時取議, 後世臣等不敢引以爲聖朝法."

70 사마광이~따르시겠습니까: 임준의 소는 林俊, 『見素集』(四庫全書本), 奏議卷五, 「議禮疏」, 6b-16b; 林俊, 「議禮疏(嘉靖元年)」(『明臣奏議』, 卷18, 叢書集成初編 917, 北京: 中華書局, 1985, ⑤:313-315)에 자세하게 보인다. 해당 문장은 다음과 같다. "司馬光謂, '秦漢而下, 自旁支入承大統, 或推尊所生父母, 爲帝爲后, 皆取譏當時, 貽笑後世.' 陛下純德之主, 何忍襲爲之?"

臣謹案, 三皇稱皇, 五帝稱帝, 自秦而降, 合稱皇帝, 總係天子之號. 帝非加貶, 皇非加尊, 皇帝非最尊, 旣許其帝, 不許其皇, 抑何義哉? 父故父之, 皇帝之父故皇之帝之, 皆不必爭. 唯稱宗入廟, 宜以死爭也.

| 삼가 생각건대, 삼황(三皇)은 '황'이라 부르고 오제(五帝)는 '제'라 부르며, 진(秦)나라 이후로는 '황제'라고 합쳐 부르는데, 모두 천자(天子)의 호칭과 연관된다. '제'가 더 낮추는 칭호도 아니요, '황'이 더 높이는 칭호도 아니며, '황제'가 가장 높이는 칭호도 아닌데, 이미 '제'라고 부르는 것을 허용하고 나서 '황'이라고 부르는 것을 허용하지 않는 것은 도대체 무슨 의리인가? 아버지이기 때문에 '아버지〔父〕'라 하고 황제의 아버지이기 때문에 '황'이라고 하고 '제'라고 하는 것이니, 모두 논쟁할 필요가 없다. 오직 '종(宗)'이라 부르고 태묘에 들이는 것〔稱宗入廟〕만큼은 마땅히 죽음으로써 맞서 간쟁해야 한다.

2:14

嘉靖元年春正月, 郊祀甫畢, 淸寧宮小房災. 楊廷和 · 蔣冕 · 毛紀 · 費宏上言: "火起風烈, 此殆天意. 况迫淸寧後殿! 豈興獻帝 · 后之加稱, 祖宗神靈, 容有未悅乎?" 給事中鄧繼曾上言: "五行火主禮.【節】" 帝覽之, 心動, 乃從廷和等議, 稱孝宗爲皇考, 慈壽皇太后爲聖母, 興獻帝 · 后爲本生父母, 而皇字不復加矣.

| 가정(嘉靖) 원년 봄 정월, 교사(郊祀)가 막 끝나자마자,[71] 청령궁(淸寧宮)의 작은 방

71 교사가~끝나자마자: 유교적 전통사회에서 하늘에 제사를 드리는 교사는 황제만 드릴 수 있는 제사였다. 여기서 세종 황제가 교사를 드린 것은 황제로 즉위한 것을 하

에 화재가 났다. 양정화, 장면, 모기(毛紀), 비굉(費宏)[72]이 의견을 올렸다. "화재가 일어나고 바람이 세차니, 이는 아마도 하늘의 뜻인 듯합니다. 하물며 청령궁 후전(後殿)에까지 들이닥쳤으니, 아마도 흥헌제와 흥헌후의 호칭을 더한 것에 대하여 조종(祖宗)의 신령이 아직 기뻐하지 않는 바가 있기 때문일 것입니다. 급사중 등계증(鄧繼曾)[73]이 의견을 올렸다. "오행(五行)의 화(火)는 예(禮)를 주관합니다.【생략】"[74] 황제가 소(疏)를 보고 마음이 움직여 드디어 양정화 등의 논의를 좇아서, 효종을 황고(皇考)라 부르고, 자수황태후를 성모(聖母)로 삼으며, 흥헌제와 흥헌후를 본생부모(本生父母)라 부르고 '황' 자를 다시 더하지 않았다.

臣謹案, 漢儒五行之學, 本多傅會. 掌禮之臣, 但當明禮以匡君. 災異之說, 雖能[75]感動於一時, 不足以爲萬世法也. 況世宗爲武宗後, 非爲孝宗後, 豈可以後武宗之故, 而稱孝宗爲皇考乎? 其在古禮, 孝宗者則世宗所後者之父也. 此義明而後可以言禮. 此義不明, 則天下之論不可以歸一也.

| 삼가 생각건대, 한유(漢儒)의 오행학(五行學)은 본래 견강부회한 것

---

늘에 고하고 천하에 알리는 공식적인 국가의례였다.

72 비굉(費宏, 1467~1535): 자는 子充. 시호는 文憲. 鉛山 사람. 成化 23년에 進士가 되었고, 修撰, 禮部右侍郞, 禮部尙書, 太子太保, 少保, 武英殿大學士, 戶部尙書, 吏部尙書 등을 역임했으며, 양정화와 함께 內閣의 首輔로서 활약하였다. 太保에 추증되었다. 『明史』, 卷193, 「費宏列傳」 참조.

73 등계증(鄧繼曾): 자는 士魯. 資縣 사람. 正德 12년에 進士가 되었고, 兵科給事中, 徽州知府 등을 지냈으며, 대례의 당시에는 간쟁하다가 하옥되어 고초를 당했다. 『明史』, 卷207, 「鄧繼曾列傳」 참조.

74 오행의~생략: 등계증은 五行 중 火가 주관하는 禮와 言에 문제가 있어서 廢禮失言한 결과, 1521년 日精門, 1522년 長安榜廊, 內廷小房 등에 화재가 난 것이라고 주장하였다. 해당 내용이 『明史』, 卷207, 「鄧繼曾列傳」, 5452에 자세히 보인다.

75 能: 新朝鮮社本에는 '能'이 빠져 있으나 奎章閣本에 따라 보충한다.

이 많다. 의례를 담당하는 신하들은 다만 예를 밝혀 군주를 바르게 이끌어야 한다. 재이설(災異說)[76]은 비록 일시적인 감동을 줄 수 있을지라도 만세(萬世)의 모범이 되기에는 부족하다. 더구나 세종은 무종의 후사가 된 것이지 효종의 후사가 된 것이 아니거늘, 어찌 무종의 후사가 되었다는 이유로 효종을 황고라고 부를 수 있겠는가? 고례(古禮)에 따르면, 효종은 곧 세종을 후사로 삼은 분의 아버지〔所後者之父〕인 것이다. 이 의리를 분명하게 한 뒤에야 예를 말할 수 있다. 이 의리가 밝혀지지 않는다면 천하의 논의는 하나로 귀결될 수 없다.

## 2:15

**巡撫湖廣都御史席書具疏曰: "邇者, 廷議比之宋事. 竊謂英宗入嗣, 在袞衣臨御之日, 皇上入繼, 當宮車晏駕之後, 比而同之, 似或未安. 故皇上非繼孝宗之統, 繼武宗之統也, 非繼武宗之統, 繼祖宗之統也. 以皇上承繼武宗, 仍爲興獻王子, 別立廟祀, 張璁·霍韜之議, 未爲迂也. 臣愚謂, 宜定號皇考, 別立廟於大内, 祭以天子之禮, 則尊尊·親親, 並行不悖. 至於慈聖, 應稱曰皇母某后, 不可以興獻字加之."**

| 순무호광도어사(巡撫湖廣都御史) 석서(席書)[77]가 소(疏)를 갖추어 말했다. "얼마 전 조정 논의에서는 그것을 송나라 고사에 비견하였습니다. 제 견해로는, (송나라) 영종

---

76 재이설(災異說): 위정자가 정치를 잘못하면 하늘이 재앙이나 이변을 일으켜 견책한다는 논리로서, 漢代 董仲舒에 의해 이론적으로 정립되었다.

77 석서(席書, 1461~1527): 자는 文同, 호는 元山. 시호는 文襄. 遂寧 사람. 弘治 3년에 進士가 되었고, 工部主事, 戶部員外郎, 南京兵部右侍郎, 太子太保, 少保, 武英殿大學士 등을 지냈으며, 『大禮集議』와 『獻皇帝實錄』 간행에 참여하였다. 사후 太傅에 추증되었다. 『明史』, 卷197, 「席書列傳」 참조.

(英宗)이 후사로 들어간 것은 선황제(先皇帝)께서 천자의 자리에 있을 때요, 황상께서 입계(入繼)하신 것은 선황제께서 돌아가신 뒤인데, 양자를 견주어 동일시한 것은 아무래도 적절하지 않은 듯합니다. 그러므로 황상께서는 효종의 통(統)을 이은 것이 아니라 무종(武宗)의 통을 이은 것이요, 무종의 통을 이은 것이 아니라, 조종(祖宗)의 통을 이은 것입니다. 황상께서 무종을 승계하였으니 여전히 흥헌왕의 아들이 됩니다. 그러므로 별묘를 세워 제사해야 한다는 장총과 곽도의 논의가 그릇된 것이 아닙니다. 제 생각으로는 마땅히 호칭을 '황고 흥헌제(皇考興獻帝)'로 정하고, 황궁(皇宮) 안에 따로 묘(廟)를 세워서 천자의 예로 제사하면, 존존(尊尊)과 친친(親親)이 함께 행해져서 어그러지지 않을 것입니다. 자성(慈聖)은 마땅히 '황모 아무개후(皇母 某后)'라 불러야 하고, 거기에 '흥헌'이라는 글자를 더하면 안 됩니다."[78]

○吏部員外郎方獻夫亦具疏曰: "興獻之得稱帝者, 以陛下爲天子也. 不得稱宗者, 以實未嘗在位也. 請布告天下, 稱孝宗曰皇伯, 稱興獻帝曰皇考, 別立廟祀之."

---

78 얼마 전~안 됩니다: 석서의 소는 『明史』, 卷197, 「席書列傳」, 5202-5204; 席書, 「議大禮疏(嘉靖二年)」(『明臣奏議』, 卷19, 叢書集成初編 917, 北京: 中華書局, 1985, ⑤:335-336)에 상세히 보인다.

79 방헌부(方獻夫, ?~1544): 자는 叔賢, 호는 西樵. 시호는 文襄. 南海 사람. 弘治 18년에 進士가 되었고, 王守仁의 제자가 되었으며, 禮部主事, 禮部尙書, 太子太保, 吏部尙書 등을 지냈다. 대례의 당시에는 장총, 계악 등과 함께 황제의 주장을 뒷받침하면서 內閣의 공론을 공격했다. 뒤에 太保로 추증되었다. 저서로는 『西樵遺稿』가 있다. 해당 내용은 『明史』, 卷196, 「方獻夫列傳」 참조.

80 홍헌을~제사하소서: 방헌부의 소는 『明史』, 卷196, 「方獻夫列傳」, 5186-5188; 方獻夫, 「議大禮疏(嘉靖元年)」(『明臣奏議』, 卷17, 叢書集成初編 917, 北京: 中華書局, 1985, ⑤:298-299)에 상세히 보인다.

81 순무호광도어사~못했다: 해당 부분은 『明史紀事本末』, 卷50, 「大禮議」, 740-741에 실려 있는 것으로, 『皇明肅皇外史』, 卷3, 29a-31a에 나오는 내용과 거의 같다. 그러나 『明世宗實錄』에는 나오지 않는다.

| ○ 이부원외랑(吏部員外郞) 방헌부(方獻夫)[79]도 소로 갖추어 말했다. "흥헌을 제(帝)라 부를 수 있는 것은 폐하께서 천자가 되셨기 때문이지만, 종(宗)이라 부를 수 없는 것은 실제로 흥헌왕께서 황제의 지위에 있지 않았기 때문입니다. 청컨대 천하에 포고하여, 효종을 황백(皇伯)이라 부르고 흥헌제를 황고(皇考)라 부르며 따로 묘(廟)를 세워서 제사하소서."[80]

○二疏俱中沮, 不果上.

| ○ 두 소(疏)는 모두 중간에 저지당해서 결국 올라가지 못했다.[81]

臣謹案, 此二疏, 深合古禮, 未可非也. 但古禮死而後立後, 子孫之不得生而稱後, 猶父祖之不得生而稱先.【義見前.】 後世生而立嗣者, 可曰養子, 不可曰立後. 雖使孝宗生時取世宗而養之, 世宗旣繼武宗之統, 則是爲武宗後, 非爲孝宗後也. 孝宗非所後者之父乎? 此義不可不明.

| 삼가 생각건대, 이 두 소는 고례(古禮)에 깊이 부합하니, 그르다고 할 수는 없다. 그러나 고례에는 죽은 다음에 후사〔後〕를 세우니, 자손이 살아 있을 때 후(後)로 칭할 수 없는 것은 아버지와 할아버지가 살아 있을 때 선(先)으로 칭할 수 없는 것과 같다.【뜻은 앞에 보인다.】 후세에는 살아 있을 때 후사를 세우면 양자(養子)라 할 수는 있어도, 입후(立後)라 할 수는 없다. 설사 효종이 살아 있을 적에 세종을 데려다가 (아들로 삼아) 키웠다고 하더라도, 세종은 이미 무종의 통(統)을 계승하였으니, 그는 무종의 후사가 되는 것이지 효종의 후사가 되는 것은 아니다. 효종은 후사로 삼아준 분의 아버지가 아니던가? 이 의리는 분명히 하지 않을 수 없다.

○臣又按, 興獻別廟, 但當建之於皇城之內, 何必大內乎? 斯又非矣.

| ○또 생각건대, 흥헌(興獻)의 별묘는 그저 황성(皇城) 안에 세우면 마땅한 것인데, 어찌 꼭 황궁 안이란 말인가? 이것 또한 그르다.

○臣又按, 皇伯二字, 雖見濮議, 於古無徵. 世宗稱孝宗, 當曰皇伯考, 然宗廟之中, 必擧屬稱, 亦非古禮.

| ○또 생각건대, '황백' 두 글자는 비록 복의(濮議)에 보이지만, 고례에는 증거가 없으니, 세종은 효종을 부를 때 마땅히 '황백고(皇伯考)'라고 해야 하겠지만, 종묘에서는 반드시 친속 호칭〔屬稱〕을 사용해야 한다는 것 또한 고례가 아니다.

2:16

先是, 司禮監傳諭興獻帝冊文, 宜稱孝子. 廷和等言: "冊文稱'長子本生', 文情自明, 請勉行正禮." 從之.

| 이에 앞서 사례감(司禮監)에서 흥헌제 책문(冊文)에는 마땅히 '효자(孝子)'라 일컬어야 한다고 전유(傳諭)하니, 양정화 등이 말했다. "책문에 '장자본생(長子本生)'이라 칭하면, 문식(文飾)과 인정(人情)이 저절로 분명해집니다. 청컨대 바른 예를 행하도록 힘쓰소서." 그대로 따랐다.

○朱輔上冊寶, 禮部侍郎賈詠題神主, 遵廷和指, 題曰興獻帝神主, 不稱考及叔, 亦不敍子名.

| ○주보(朱輔)[82]가 책보(冊寶)를 올리는데, 예부시랑(禮部侍郞) 가영(賈詠)[83]이 신주

에 제(題)하면서 양정화의 지시에 따라 '흥헌제 신주(興獻帝神主)'라고 제하고, '고(考)'와 '숙(叔)'이라 호칭하지도 않았으며, 자명(子名)도 쓰지 않았다.

臣謹案, 周·殷以上, 帝王家神主之制, 不見經傳. 要之, 神主者, 祫祭之所用, 其法必但書廟號, 以別昭穆而已, 屬稱非所著也. 程伊川作士大夫神主, 始於粉面, 書顯考·顯祖考, 又於其旁, 書孝子某·孝孫某奉祀. 帝王家神主, 必不當援用此例.【我邦宗廟神主不著屬稱, 唯祝文乃擧屬稱.】然苟欲著稱, 當曰皇考興獻王追崇獻皇帝神主, 不可有他稱也.

| 삼가 생각건대, 주나라와 은나라 이전에는 제왕가의 신주 제도가 경전(經傳)에 보이지 않는다. 요컨대 신주는 협제(祫祭)에서 쓰이는 것으로, 그 법식상 반드시 다만 묘호(廟號)를 써넣어서 소목(昭穆)을 구별할 뿐이다. 친속 호칭〔屬稱〕은 써넣을 것이 아니다. 정이천(程伊川)은 사대부의 신주를 만들었는데, 처음으로 분칠한 면에 '현고(顯考)' 또는 '현조고(顯祖考)'라고 써넣은 다음 그 옆에 '효자 아무개〔孝子某〕 봉사(奉祀)' 또는 '효손 아무개〔孝孫某〕 봉사(奉祀)'라고 써넣었다. 제왕가의 신주에는 결코 이 예를 원용해서는 안 될 것이다.【우리나라 종묘의 신주에는 속칭(屬稱)을 쓰지 않고 오직 축문에서만 속칭을 쓴다.】그러나 정말로 호칭을 쓰고 싶다면 '황고 흥헌왕 추숭 헌황제 신주(皇考興獻王追崇獻皇帝神主)'

---

82 주보(朱輔): 호는 杲庵. 시호는 恭僖. 建德 사람. 成國公으로, 簡州知州 등을 역임했으며, 저술로는 『韋弦自佩錄』이 있다. 뒤에 太傅에 추증되었다. 『明史』와 『明臣謚考』 참조.

83 가영(賈詠): 호는 南隖. 시호는 文靖. 河南 臨穎縣 사람. 吏部侍郎, 禮部侍郎, 禮部尙書, 文淵閣大學士 등을 역임했으며, 뒤에 太保에 추증되었다. 저술로는 『南隖集』이 있다. 『明史』와 『明臣謚考』 참조.

라고 해야지, 다른 호칭은 있을 수 없다.

## 2:17

二年春二月, 九卿等上言: "正統 · 本生, 義宜有間. 八佾旣用於太廟, 安陸樂舞似當少殺, 以避二統之嫌." 帝曰: "仍用八佾." 於是, 何孟春等各上言力爭, 不報.

| 2년(1523, 癸未年) 봄 2월, 9경(卿) 등이 의견을 올렸다. "정통(正統)과 본생(本生)은 의리상 차이가 있습니다. 팔일(八佾) 춤(천자의 예악으로 64명이 추는 춤)은 이미 태묘에서 사용되고 있으니, 안륙(安陸)[84]에 대한 음악과 춤은 마땅히 조금 등급을 낮추어서 통(統)을 이원화한다는 혐의를 피해야 마땅할 듯합니다." 황제가 말했다. "그래도 계속 팔일 춤을 사용하라." 그러자 하맹춘 등은 각각 의견을 올려 힘껏 간쟁하였다. 그러나 황제는 답하지 않았다.

臣謹案, 旣崇爲帝, 便當用天子禮樂八佾, 又何爭乎? 名 · 器雖皆重, 名益重而器次之. 帝者, 名也. 八佾者, 器也. 旣許其名, 不許其器, 何居? 我未之前聞也.

| 삼가 생각건대, 이미 제(帝)로 추숭하였으면 곧 천자의 예악인 팔일을 쓰는 것이 마땅하거늘, 또 무엇을 논쟁하겠는가? 이름〔名〕과 그릇〔器〕은 비록 모두 중요한 것이지만, 이름이 더욱 중요하고 그릇은 그 다음이다. '제'는 이름이고, '팔일'은 그릇이다. 이미 그 이름을 허용했는데 그 그릇을 허용하지 않는 것은 무슨 까닭인가? 나는 이제껏 그런 전

84 안륙(安陸): 홍헌왕의 封地가 安陸州이므로, 여기서 안륙은 홍헌왕과 그 사당을 가리키는 표현으로 쓰였다.

례(前例)를 들어본 적이 없다.

## 2:18

冬十一月,[85] 南京刑部主事桂萼, 日與張璁討論古禮. 至是, 上疏曰: "今禮官以皇上與爲人後, 而强附末世故事, 滅武宗之統, 奪興獻之宗. 夫孝宗有武宗爲子矣, 可復爲立後乎? 武宗以神器授皇上矣, 可不繼其統乎? 臣願皇上速發明詔, 循名考實, 稱孝宗曰皇伯考, 興獻帝曰皇考, 而別立廟於大內, 興國太后曰聖母, 武宗曰皇兄, 則天下之爲父子·君臣者定. 今皇上奉『祖訓』, 入繼大統, 果曾親受孝宗詔而爲之子乎? 則皇上非爲人後, 而爲入繼之主, 明矣. 然則考興獻帝, 母興國太后, 可以質鬼神, 俟百世者也."【此下引席書·方獻夫二疏.】 疏奏. 上曰: "此關係天理綱常, 仍會文武羣臣集議可否."

| 겨울 11월(→ 3년 정월), 남경형부주사(南京刑部主事) 계악(桂萼)이 날마다 장총과 함께 고례(古禮)를 토론하다가, 이때 이르러 상소하였다. "지금 예관들은 황상을 남의 후사가 된 경우〔爲人後〕에 포함시켜 말세의 고사를 억지로 갖다 붙이고는, 무종의 통(統)을 없애고 흥헌의 종(宗)을 빼앗았습니다. 저 효종께서는 무종을 아들로 두었는데, 다시금 후사를 세울 수 있겠습니까? 무종께서 신기(神器)를 황상에게 주셨는데, 그 통을 계승하지 않을 수 있겠습니까? 신이 바라건대 황상께서는 빨리 분명한 조칙을 발표하시어 명분에 따라 실정을 살피시고, 효종을 '황백고'라, 흥헌제는 '황고'라 부

85 十一月: 新朝鮮社本·奎章閣本에는 모두 '十月'로 되어 있으나 『明史紀事本末』, 卷50, 「大禮議」, 742-743과 『皇明肅皇外史』, 卷3, 28b-31a에 따라 바로잡는다. 그러나 『明世宗實錄』, 卷53, 世宗 3年 正月 丙戌條, 2b-3b에 따르면, 桂萼의 上疏는 世宗 2年 11月이 아니라 世宗 3年 正月에 있었다.

르시며, 대궐 안에 따로 묘를 세우시고, 흥국태후는 '성모'라, 무종은 '황형'이라 부르십시오. 그러면 천하의 부자관계와 군신관계가 확립될 것입니다. 지금 황상께서는 『황명조훈』을 받들어 대통을 입계하셨지만, 과연 효종의 조칙을 직접 받아서 그분의 아들이 된 것이겠습니까? 그러므로 황상께서는 남의 후사가 된 경우가 아니라 입계하여 군주가 된 경우임이 분명합니다. 그렇다면 흥헌제를 '아버지[考]'로 삼고 흥국태후를 어머니로 삼는 것은 귀신에게 물어보거나 백세를 기다려봐도 옳은 것입니다."【이 뒤에는 석서와 방헌부 두 사람의 소를 인용한다.】 소의 내용이 보고되자, 황상이 말했다. "이것은 천리(天理)의 강상(綱常: 불변의 원칙)과 관계된 것이므로 문무백관이 모여서 가부를 함께 논의하도록 하라."

臣謹案, 張璁·桂萼謂'世宗不爲人後', 我邦之相臣崔鳴吉謂'仁祖不爲人後', 斯皆非禮之言也. 世宗不爲人後, 則將云'世宗創業而垂統'乎? 旣云'世宗入繼武宗之統', 猶云'不爲人後', 天下有繼統而不爲後者乎? 漢 光武, 創業之君也. 然高皇帝以下之統, 不可以中絶. 故以身入繼乎元帝之統, 全用爲人後之禮.【光武宜繼平帝之統, 必計昭穆, 以元帝爲禰廟. 此其失禮者也.】 況於世宗乎? 璁·萼之誤, 在於此句, 而其餘未可非也.

| 삼가 생각건대, 장총과 계악이 '세종은 남의 후사가 되지 않았다'고 하고 우리나라 재상 최명길이 '인조는 남의 후사가 되지 않았다'고 한 것은 모두 예에 어긋난 말이다. 세종이 남의 후사가 되지 않았다면, 장차 '세종이 창업하고 대통을 전했다'고 말할 것인가? 이미 '세종은 무종의 통을 입계하였다'고 하고서도 오히려 '남의 후사가 되지 않았다'고 주장한다면, 천하에 통을 계승하고서도 남의 후사가 되지 않는 경우가 있단 말인가? 한나라 광무제는 창업군주였지만, 고황제 이하의 통을 중간에 단절시켜서는 안 되기에, 직접 원제의 통을 입계해서 온전

히 남의 후사가 되는 예〔爲人後之禮〕를 행하였다.【광무제는 평제의 통을 계승하는 것이 마땅했으나, 기어코 소목을 따지느라 원제를 예묘(禰廟)로 삼았으니, 이는 예에 어긋난 것이다.】 더구나 세종의 경우야 말할 필요가 있겠는가? 장총과 계악의 잘못은 이 구절에 있는 것이니, 그 나머지는 그르다고 할 수 없다.

○臣又按, 皇兄之稱, 有若親兄弟. 然旣以孝宗爲皇伯考, 則此稱未安. 大抵帝王家宗廟之禮, 宜稱先帝 · 嗣皇而已. 欲擧屬稱, 則往往有窒而不通者. 兄爲弟後者, 將云皇弟乎? 叔父爲從子後者, 將云皇從子乎? 從祖爲從孫後者, 將云皇從孫乎? 凡窒而不通者, 非聖人之法也. 其稱先帝 · 嗣皇, 不亦可乎? 大凡帝王之統, 與父子之屬, 其道截然不同. 自夏啓以來, 雖以父傳子, 其實堯傳舜受, 原是傳統之本法. 誠以天位者, 天下之公器, 不可限之以父子. 故或以兄而傳弟, 或以叔而傳姪, 或以祖而傳孫, 非如父子之屬, 子子孫孫, 直下直傳, 寧絶而無敧側也. 然則帝王之承統者, 以統爲主, 不以屬干之. 父子之接屬者, 以屬爲主, 不以統干之. 然後尊尊親親, 義盡仁至, 君臣定父子明, 以之定大禮決大議, 無往而不犁然也. 然則宗廟之內, 凡屬稱皆不宜也.

| ○또 생각건대, '황형(皇兄)'이라는 호칭에는 친형제라는 느낌이 있다. 그러나 이미 효종을 황백고로 삼았으므로, 이 호칭도 적합하지 않다. 일반적으로 제왕가 종묘의 예에서는 마땅히 '선제(先帝)', '사황(嗣皇)'으로 부를 따름이다. 친속 호칭〔屬稱〕을 사용하고 싶어도 막혀서 적용할 수 없는 경우가 종종 있다. 형으로서 아우의 후사가 된 사람이 장차 '황제(皇弟)'라고 부르겠는가? 숙부로서 조카〔從子〕의 후사가 된

사람이 장차 '황종자(皇從子)'라고 부르겠는가? 종조(從祖)로서 종손(從孫)의 후사가 된 사람이 장차 '황종손(皇從孫)'이라고 부르겠는가? 무릇 막혀서 적용할 수 없는 것은 성인의 법이 아니다. '선제', '사황'이라 부르는 것이 합당하지 않겠는가? 일반적으로 제왕의 통(統)과 부자의 속(屬)은 그 도리가 확실히 다르다. 하나라 계(啓) 이후로는 비록 아버지가 아들에게 통을 전했지만, 실제로는 요가 전하고 순이 받은 방식이 본래 통을 전하는 근본 법칙〔傳統之本法〕이다. 참으로 천자의 지위는 천하의 공기(公器)이므로 부자관계로 한정해서는 안 된다. 그러므로 제왕의 통은 더러는 형이 동생에게 전하기도 하고 더러는 숙부가 조카에게 전하기도 하며 더러는 할아버지가 손자에게 전하기도 하니, 부자의 속이 아들과 손자를 거쳐 직계로 전해지다가 비록 끊어질지언정 방계로 기울어지지 않는 것과는 다르다. 그렇다면 제왕끼리 통을 계승하는 것은 통을 주로 하여 속이 간섭하지 못하는 것이며, 부자끼리 속을 잇는 것은 속을 주로 하여 통이 간섭하지 못하는 것이다. 그런 뒤에야 존존(尊尊)과 친친(親親)이 행해지고, 의(義)와 인(仁)이 지극해지며, 군신관계가 정립되고 부자관계가 분명해진다. 그런 원칙에 입각해서 대례(大禮)의 중대한 논의를 결정하면, 어떤 경우라도 분명하지 않은 경우가 없다. 따라서 종묘 안에서는 일반적으로 친속 호칭〔屬稱〕은 모두 정당하지 않은 것이다.

**2:19**

三年春正月, 楊廷和罷. 禮部尚書汪俊, 得侯廷訓『大禮辨』, 喜曰: "違斯議者, 當斬." 於是, 吏部尚書喬宇率九卿上言: "必以孝宗爲考, 而後大宗爲不絶." 俊復會公卿及翰林臺諫上言: "『祖訓』'兄終弟及', 以同産言也. 皇上爲武宗親弟, 自宜考孝宗母昭聖. 前後章奏, 唯張璁 · 霍韜 · 熊浹與桂萼議同, 其他八十餘疏, 二百五十餘人, 皆如部議, 其當從違可知矣." 帝曰: "更議之." 給事中張翀等三十有二人, 御史鄭本公等三十有一人, 各抗章力論, 以爲當從衆議. 上怒其朋言亂政, 俱奪俸.

| 3년 봄 정월, 양정화가 파면되었다. 예부상서(禮部尙書) 왕준(汪俊)이 후정훈(侯廷訓)[86]의 『대례변(大禮辨)』을 얻고 기뻐하면서 "이 논의를 어기는 자는 사형에 처해 마땅하다."고 말했다. 이에 이부상서 교우가 9경(卿)을 이끌어 의견을 올렸다. "반드시 효종을 아버지[考]로 삼아야 대종(大宗)이 끊기지 않을 것입니다." 왕준이 다시 공경(公卿)과 한림(翰林)의 대간(臺諫)을 모아 의견을 올렸다. "『황명조훈』에서 '형이 죽으면 동생이 계승한다[兄終弟及]'고 한 것은 동복형제의 경우를 말하는 것입니다. 황상께서는 무종의 친아우이니, 효종을 아버지로 삼고 소성황후를 어머니로 삼는 것이 옳습니다. 전후의 장주(章奏) 가운데 오직 장총, 곽도, 웅협만 계악과 같은 의견이고, 그 밖의 80여 개 소(疏)를 올린 250여 인은 모두 예부와 같은 의견이니, 무엇을 따라야 할지 알 만합니다." 황제가 말했다. "다시 논의하라." 급사중(給事中) 장충(張翀)[87] 등 32여 인과 어사(御史) 정본공(鄭本公)[88] 등 31인은 모두 소(疏)로 맞서 힘껏 주장하

86 후정훈(侯廷訓): 欒淸 사람. 장총과 같은 郡 출신으로 함께 正德 연간에 進士가 되었으며 南京禮部主事에 제수되었으나, 大禮儀 당시 장총의 반대편에서 '考孝宗'을 주장하였다. 장총 등의 주장에 따라 대례가 진행되자 『大禮辨』을 지어 비판했다가 하옥되어 신문을 받기도 했다. 뒤에 풀려나 漳南僉事를 지냈다. 『明史』, 卷191, 「侯廷訓列傳」 참고.

87 장충(張翀): 자는 習之. 潼川 사람. 正德 6년에 進士가 되었고, 禮科都給事中을 지냈으며, 대례의 당시 황제의 노여움을 사서 귀양 갔다가 10여 년 만에 죽었다. 『明史』, 卷191, 「張翀列傳」 참고.

88 정본공(鄭本公, ?~1541): 朔州衛 사람. 正德 9년에 進士가 되었고, 御史를 지냈다. 대례의 당시 伏闕諫言을 주도하다가 하옥되어 심문을 받았으며, 뒤에 復官되었으나 稱病하고 벼슬을 사양하였다. 『明史』, 卷192, 「鄭本公列傳」 참고.

며 마땅히 중론(衆論)을 따라야 한다고 말했다. 황상은 그들이 무리지어 주장하며 정사를 어지럽히는 것에 격노하여 모두 봉록을 빼앗았다.

臣謹案, 論禮之法, 當陳列衆論, 以求至理. 今先之以威曰 '違斯議者, 當斬', 此大武斷也. 斬與不斬, 係乎人主, 人臣敢爲是乎? 孝宗自以武宗爲子, 世宗雖不考之, 何得云絶? 若考孝宗, 是滅武宗已受之統, 而直自承接於孝宗, 武宗之統眞絶矣. 自古以來, 帝王承統者, 未必皆子承父統. 苟一尋思, 自可開悟, 而楊廷和 · 汪俊之等, 唯以「濮王議」一篇, 奉爲天經, 肆其客氣, 欲以威制一世, 不亦謬乎? 武宗 · 世宗, 本非同産, 今硬謂之同産, 本非親弟, 今硬謂之親弟, 又何武也? 叔季以來, 愚者苦多, 賢者苦少, 昧禮者苦多, 知禮者苦少. 若必以衆寡決斯議, 則所謂衆者, 豈可恃乎?

| 삼가 생각건대, 예를 논의할 때는 모든 논의를 늘어놓고서 가장 타당한 이치를 찾아야 하는 것이다. 지금 (양정화 등은) 논의에 앞서 위협을 가해 '이 논의를 거스리는 자는 사형에 처해 마땅하다'고 했는데, 이것은 대단한 독단이다. 죽이고 죽이지 않고는 임금에게 달려 있는 것인데, 신하가 감히 이럴 수 있단 말인가? 효종이 스스로 무종을 아들로 삼았는데, 세종이 비록 그를 아버지〔考〕로 모시지 않는다고 하더라도, 어찌 '통이 끊겼다'고 할 수 있겠는가? 만약 (세종이) 효종을 아버지로 삼는다면, 이는 무종이 이미 받은 통(統)을 멸하고 스스로 효종에게서 직접 계승한 것이니, 무종의 통은 정말로 끊어지게 된다. 옛날부터 제왕이 통을 계승할 때 꼭 아들이 아버지의 통을 계승한 것은 아니다. 한번만 잘 생각해보아도 저절로 깨우칠 수 있는데, 양정화와 왕준 등은 오로지 「복왕의(濮王議)」 한 편을 천경(天經: 하늘의 보편적 원칙)으로 받들

며 그 객기(客氣)를 멋대로 부려 일세(一世)를 위세로 제압하려 하니, 역시 잘못이 아니겠는가? 무종과 세종은 본래는 동복형제〔同産〕가 아닌데도, 이제 굳이 동복형제라고 하고, 본래 친아우가 아닌데도, 이제 억지로 그를 친아우라고 하니, 이 또한 무슨 독단인가? 말세 이후로 어리석은 자는 심히 많지만 현명한 자는 심히 적으며, 예를 모르는 자는 심히 많지만 예를 아는 자는 심히 적어졌다. 만약 숫자가 많고 적음을 기준으로 이 논의를 결정한다면, 이른바 '많다〔衆〕'는 것이 어찌 믿을 수 있는 기준이겠는가?

2:20

三月, 奉興獻帝爲本生皇考恭穆獻皇帝, 興國太后爲本生母章聖皇太后.

| 3월, 흥헌제를 '본생황고 공목헌황제(本生皇考恭穆獻皇帝)'로, 흥국태후를 '본생모 장성황태후(本生母章聖皇太后)'로 추존하였다.

○璁·萼乃復上疏, 申明統·嗣之辨. 璁且曰: "今之加稱, 不在皇與不皇, 實在考與不考. 若徒爭一皇字, 則執政必姑以此塞今日之議, 臣恐天下知義禮者, 仍必議之不已也." 帝嘉納之.

| ○ 장총과 계악이 다시 상소하여 거듭 통(統)·사(嗣)의 구별을 밝혔다. 장총은 또 말했다. "지금 호칭을 더하는 것은 황(皇)이냐 황이 아니냐에 달려 있는 것이 아니라 실은 고(考)냐 고가 아니냐에 달려 있는 것입니다. 만약 그저 '황' 자 하나를 두고 다투는 것이라면, 조정에서는 반드시 이것으로 일단 오늘날의 논의를 덮으려 하겠지만, 천하의 의(義)와 예(禮)를 아는 이들은 그래도 반드시 논의를 계속하여 그만두지 않을 것으로 신은 생각합니다." 황제가 기꺼이 받아들였다.

臣謹案, 我邦崔相之議, 正與璁 · 萼之義同.

| 삼가 생각건대, 우리나라 재상인 최명길의 논의가 바로 장총 · 계악의 논의와 같다.

2:21

是日勑曰: "朕本生父母已有尊稱, 仍於奉先殿側, 別立一室, 盡朕追慕之情." 禮部尚書汪俊上議曰: "皇上入奉大宗, 不得祭小宗. 爲本生父立廟大内, 從古所無. 惟漢 哀帝嘗爲共王立廟京師, 師丹以爲不可. 請於安陸廟, 增飾爲百世不遷之廟, 俟他襲封興王子孫, 世世奉享. 陛下歲時遣官祭祀, 亦足以伸至情矣."

| 이날 조서를 내렸다. "내 본생부모(本生父母)께서 이미 존칭(尊稱)을 지니셨으니, 이제 봉선전(奉先殿) 곁에 따로 1실(室)을 세워 내 추모하는 정을 다하겠노라." 예부상서 왕준이 의견을 올렸다. "황상께서는 대종(大宗)에 들어와 받들고 계시니, 소종(小宗)을 제사하실 수 없습니다. 본생부(本生父)를 위해서 황궁 안에 묘(廟)를 세우는 것은 옛날에는 없는 방식을 좇는 것입니다. 오직 한나라 애제(哀帝)만이 공왕(共王)을 위하여 수도에 묘(廟)를 세운 적이 있으나 사단(師丹)은 그것도 불가하다고 했습니다. 청컨대 안륙(安陸)의 사당을 증식(增飾)하여 백세토록 신주를 옮기지 않는 사당〔百世不遷之廟〕을 세우시고, 작위를 이어받는 흥헌왕 자손을 기다려 대대로 제사를 받들게 하소서. 폐하께서는 때마다 관리를 보내어 치제하시는 것으로 지극한 정을 충분히 펴실 수 있습니다."

○吏部尚書喬宇等復奏曰: "皇上聖睿, 於宗法大小, 必洞然無疑, 故曰建室, 以避立廟之名也, 於奉先殿側, 以避大内之名[89]也. 推此, 則專於大宗, 必降於小宗. 安陸祭祀, 無庸改議矣."

| ○ 이부상서 교우 등이 다시 아뢰었다. "황상께서는 뛰어나고 통찰력이 있으셔서 종법(宗法)의 크고 작은 일에 반드시 명확하여 의혹이 없으십니다. 그러므로 '실(室)을 세운다'고 말하여 '묘를 세운다(立廟)'는 말을 피하고, 봉선전 곁으로 함으로써 '황궁 안'이라는 말을 피하셨습니다. 이를 미루어보건대, 대종에 전적으로 충실하려면 소종에 대한 예(禮)를 반드시 낮추어야 합니다. 안륙의 제사에 대해서는 논의를 고칠 필요가 없습니다."

臣謹案, 『禮』曰 '有大宗而無小宗者', 此帝王宗統之謂也.【義見『禮箋』「立後」條.】『禮』曰 '有無宗, 亦莫之宗者', 此公子之謂也. 古禮天子 · 諸侯之別子, 皆各自爲宗, 不敢以公室爲大宗, 公室亦不以別子爲小宗. 今乃以王室與興國, 謂之大宗 · 小宗, 其義非也. 且『禮』曰 '諸侯不敢祖天子', 興獻旣尊之爲帝矣, 誰敢襲奉, 世世奉享? 襲封爲帝, 則二天子矣, 襲封爲王, 則諸侯而祖天子矣, 將若之何? 且立廟不必爭也. 舜旣爲天子, 以文祖 · 藝祖爲宗廟, 凡天子之事, 行於此廟. 又立一廟, 以祭瞽瞍, 凡父子之情, 伸於此廟. 興獻之別立廟, 何損於大防乎? 『禮』曰: "天子七廟, 諸侯五廟, 大夫三廟, 官師一廟." 自天子達於官師, 其稱廟皆同. 今乃於興獻之祠, 不敢稱廟而貶之曰建室, 抑又何禮? 璁 · 萼務高一丈, 楊 · 汪壓下一丈. 唯以客氣求勝, 不以經禮折中, 豈不嗟哉?

| 삼가 생각건대, 『예기(禮記)』에서 "대종은 있으나 소종이 없는 경우가 있다."고 한 것은 제왕(帝王)의 종통(宗統)을 일컫는 것이다.【그 뜻은

89 名: 新朝鮮社本에는 '明'으로 되어 있으나 『明史紀事本末』, 卷50, 「大禮議」와 奎章閣本에 따라 바로잡는다.

『상례사전(喪禮四箋)』「입후(立後)」조에 보인다.】 『예기』에서 "자신이 속한 종(宗)이 없고 자신을 종으로 삼는 사람도 없는 경우가 있다."고 한 것은 공자(公子)를 일컫는 것이다.[90] 고례(古禮)에 천자와 제후의 별자(別子)는 각자 대종이 되어, 감히 공실(公室)을 대종으로 삼지 않고, 공실 역시 별자를 소종으로 삼지 않는다.[91] 따라서 이제 왕실(王室)과 흥국(興國)을

---

90 『예기』에서 "대종은~것이다: 다산은 『禮記』, 「大傳」에 보이는 "有小宗而無大宗者, 有大宗而無小宗者, 有無宗亦莫之宗者, 公子是也."에 대하여 논의하면서, 세 경우를 모두 公子로 본 鄭玄과 그 학설을 계승 발전시킨 孔穎達의 설을 반박하면서, 각각의 경우를 國君, 官師, 公子로 구분하였으며, 國君의 母弟를 大宗으로 삼고 庶弟를 小宗으로 삼는 鄭玄의 公子二宗之說도 비판하였다. 다산에 따르면, '자신이 속한 종도 없고 자신을 종으로 삼는 사람도 없는 경우'란, 公子와 王子는 別子가 되어 위로 公室, 즉 公이나 王을 宗으로 삼을 수 없고, 아래로 아직 후손을 두어 宗을 이루지 못하였으며, 그 형제들 역시 각각 祖가 되어 서로 별개의 宗을 이루는 것을 가리킨다. 全書, III-11, 『喪禮四箋』, 卷11, 「喪期別5」, 〈出後2: 大宗 · 小宗之辨〉, "余謂以小宗而無大宗者, 官師之一廟者也. 所尊唯禰, 不許尊祖. 雖嫡嫡相承, 只成繼禰之小宗, 其昆弟宗之. 其族人不以爲大宗. 此豈非小宗而無大宗者乎? 以大宗而無小宗者, 國君是已. 國君絶族.【下文云'絶族無施服', 蓋指國君而言.】其昆弟諸族, 不敢以公室爲宗, 不敢以戚戚其君. 唯公亦不得以昆弟諸族引之爲同宗. 雖其傍枝裔孫, 列如藩屛, 不名小宗. 此豈非大宗而無小宗者乎? 『詩』所云'大宗維翰', '無宗, 亦莫之宗' 者, 公子是已. 公子自爲別子, 將爲人祖. 上不敢以公室爲宗, 下未及有子姓成宗. 雖其昆弟衆多, 又莫不別自爲宗, 不相統攝. 此豈非'無宗, 亦莫之宗者' 乎?"; 全書, III-15, 『喪禮四箋』, 卷15, 「喪期別16」, 〈宗子4: 鄭玄爲大宗九月之謬法〉, "鏞案, 有大宗而無小宗者, 國君是也. 有小宗而無大宗者, 官師是也.【凡一廟之士皆無大宗.】國君立其母弟爲大宗, 立其庶弟爲小宗者, 本是鄭玄白撰之說. …… 凡宗者, 繼祖之名,【宗字從宀從示, 象廟有神也. 上有所承而後, 得有廟有神.】公子身爲人祖, 而上無所戴, 安得爲宗乎? 凡合宗收族之法, 必上有所戴, 而我與彼同, 所戴乃爲同宗. 故繼父者以昆弟爲同宗, 繼祖者以從父昆弟爲同宗, 溯而上之, 其法皆然. 今公子上無所戴, 其嫡庶昆弟, 平爲兄弟, 何得相宗? 經曰, '無宗, 亦莫之宗者, 公子是也.' 經所曰無, 鄭必曰有, 抑何故也?"; 『孟子要義』, 卷1, 「滕文公上」, 〈滕定公薨, 定爲三年之喪章〉, "然禮曰, '有無宗, 亦莫之宗者, 公子是也.' 誠以宗也者, 廟也.【象神在宀中.】繼禰者, 戴禰廟, 以主其祭者爲宗. 繼祖者, 戴祖廟, 以主其祭者爲宗. 故曰'別子爲祖, 繼別爲宗.' 若公子 · 王子旣不敢以王 · 公爲宗, 乃其兄弟又各自爲祖, 未及成宗. 故曰'無宗, 亦莫之宗', 其義昭然." 관련 내용이 『喪禮外編』, 卷1, 「檀弓箴誤3」, 〈禮問〉 第15條; 『論語古今注』, 卷1, 「八佾第三」, 〈子謂季氏, 八佾舞於庭, 是可忍也, 孰不可忍也章〉에도 보인다.

대종과 소종으로 일컫는 것은 그 뜻이 그릇된 것이다. 또한 『예기』에서 "제후는 감히 천자를 선조〔祖〕로 받들지 못한다."[92]고 했는데, 홍헌왕을 이미 높여서 제(帝)로 삼았으니, 누가 감히 그 작위를 이어받아 대대로 봉향하겠는가? 작위를 이어받아 제가 된다면 천자를 이원화하는 것이 되고, 작위를 이어받아 제후가 된다면, 제후로서 천자를 선조로 받드는 것이 된다. 장차 이를 어찌하겠는가? 또한 묘(廟)를 세우는 것은 다툴 필요가 없는 것이다. 순(舜)은 천자가 된 다음에 문조(文祖)와 예조(藝祖)를 종묘(宗廟)로 삼았는데, 무릇 천자의 일은 이 묘에서 행했다.[93] 또 묘를 하나 더 세워서 친부(親父) 고수(瞽瞍)를 제사 지냈는데, 무릇 부자의 정을 이 묘에서 펼쳤다. 홍헌왕을 위해 따로 묘를 세운 것이 어찌 대방(大防)[94]에 손해가 되겠는가? 『예기』에서 "천자는 7묘, 제후는 5묘,

---

91 고례에~않는다: 『禮記』에 따르면, 別子가 祖가 되고, 별자를 계승하는 繼別者가 宗이 되며, 繼禰者가 小宗이 된다. 이 경문에 대한 해석에서, 繼別者만 大宗이고 繼高祖 이하는 小宗이라는 전통적 견해에 대하여, 다산은 대종과 소종을 나누는 기준은 繼祖나 繼禰냐에 있으므로 繼祖 이상을 대종, 繼禰를 소종이라고 주장했다. 『禮記』, 「喪服小記」, "別子爲祖, 繼別爲宗. 繼禰者爲小宗. 有五世而遷之宗, 其繼高祖者也. 是故祖遷於上, 宗易於下. 尊祖故敬宗, 所以尊祖禰也."; 『禮記』, 「大傳」, "別子爲祖, 繼別爲宗, 繼禰者爲小宗. 有百世不遷之宗, 有五世則遷之宗. 百世不遷者, 別子之後也. 宗其繼別子之, 所自出者, 百世不遷者也. 宗其繼高祖者, 五世則遷者也. 尊祖故敬宗. 敬宗, 尊祖之義也." 대종/소종을 구분하는 전통적인 종법관과 다산의 종법 이해를 비교한 연구로는 장동우, 「『儀禮』「喪服」篇에 대한 茶山의 讀解 –『喪禮四箋』「喪期別」에 나타난 宗法과 立後에 대한 해석을 중심으로」(『다산학』 창간호, 다산학술문화재단, 2000) 참조.

92 제후는~못한다: 해당 내용이 『禮記』, 「郊特生」 11:10에 보인다.

93 순은~행했다: 순은 고수의 아들이지만 요임금의 왕위를 선양받았기 때문에 요임금의 태조인 문조와 예조의 묘를 종묘로 삼은 것이다. 『書經』, 「虞書 · 舜典」, "正月上日, 受終於文祖. …… 十有一月, …… 歸格于藝祖, 用特."; 『史記』, 卷1, 「五帝本紀」, "正月上日, 舜受終於文祖. 文祖者, 堯大祖也."

94 대방(大防): 防은 坊과 같다. 大坊은 잘못 표출될 수도 있는 人情을 적절하게 막고 제어하는 '禮'를 가리킨다. 『禮記』, 「坊記」 30:1-2, "君子之道辟則坊與? 坊民之所不足者也. 大爲之坊, 民猶踰之, 故君子禮以坊德, 刑以坊淫, 命以坊欲.", "小人貧斯約, 富斯驕.

대부는 3묘, 관사(官師)는 1묘"[95]라고 했으니, 천자로부터 관사에 이르기까지 그것을 묘라고 부르는 것은 모두 같다. 이제 와서 홍헌의 사당을 감히 묘라고 부르지 않고 폄하하여 '실(室)을 세운다' 고 하는 것은 또한 무슨 예란 말인가? 장총과 계악이 한 장(丈) 더 높이는 데 힘쓴 반면, 양정화와 왕준은 한 장을 눌러 내린 것이다. 오직 객기(客氣)로써 이기려고만 하고 경례(經禮)로써 절충하지 않으니 어찌 안타깝지 않겠는가?

## 2:22

**璁·萼乃復上疏, 極論兩考之非. 且曰: "臣知本生二字, 決非皇上之心所自裁定, 必出禮官之陰術. 皇上不察, 以爲親之之辭也, 不知禮官正以此二字爲外之之辭也. 必亟去二字, 繼統之義始明, 而人心信從矣." 疏入, 上命復召來京. 蔣冕言於帝前曰: "二人若來, 必撲殺之." 帝不問.**

| 장총과 계악이 이에 다시 소(疏)를 올려서 고(考)를 이원화하는 것이 잘못임을 끝까지 따져 논하였다. 그리고 또 말하였다. "신들은 '본생(本生)' 두 글자가 결코 황상이 스스로 헤아려 결정한 것이 아니요 반드시 예관(禮官)의 음술(陰術: 은밀한 술수)에서 나온 것임을 잘 알고 있습니다. 황상께서는 그 점을 제대로 살피시지 않으시고 ('본생' 두 글자를) 친(親)으로 대우하는 말이라고 하시지만, 예관들은 바로 이 두 글자를 남(外)으로 대우하는 말로 삼고 있음을 모르시고 계십니다. 반드시 빨리 두 글자를 없애야 통(統)을 계승하는 의(義)가 비로소 밝아져서 인심(人心)이 믿고 따를 것입니

---

約斯盜, 驕斯亂. 禮者, 因人之情而爲之節文, 以爲民坊者也. 故聖人之制富貴也, 使民富不足以驕, 貧不至於約, 貴不慊於上, 故亂益亡."

95 천자는~1묘: 해당 내용이 『禮記』, 「祭法」 23:5에 보이는데, 뒷부분인 "適士二廟, 官師一廟"가 『禮記』, 「王制」 5:30에는 "士一廟"로 되어 있다.

다.” 소가 들어오자, 황상이 그들을 다시 불러 수도로 오도록 명하였다. 장면(蔣冕)이 황제 앞에서 말했다. “두 사람이 만약 온다면, 반드시 쳐 죽일 것입니다.” 황제가 묻지 않고 덮어두었다.

臣謹案, 今而後, 知璁·萼爲讒賊納媚之小人也. 陰術二字, 豈論禮之言乎? 父則父之而已, 親之外之, 又何論乎? 其疏若云‘楊廷和等皆忠讜鯁直之臣也. 重宗統抑私恩, 皆出向國之血誠, 豈不偉哉? 但不知禮, 致多觸忤, 唯陛下察其忠, 而赦其愚焉’, 則天下之人豈有撲殺之心乎?

| 삼가 생각건대, 이제야 장총과 계악이 참소하고 해치며 아첨하는 소인배임을 알겠다. ‘음술’ 두 글자가 어찌 예를 논하면서 하는 말이겠는가? 아버지이면 아버지로 대우하면 그만이지, 친(親)으로 대우한다, 남〔外〕으로 대우한다는 것은 또한 무슨 논의인가? 그 소(疏)에 만약 “양정화 등은 모두 바르고 곧으며 강직한 신하입니다. 종통(宗統)을 존중하고 사은(私恩)을 억누르는 것은 모두 나라를 향한 정성에서 나온 것이니, 어찌 훌륭하지 않겠습니까? 다만 예(禮)를 알지 못하여 저촉되고 거슬린 일을 많이 초래하였을 뿐입니다. 오직 폐하께서는 그 충직함을 살피셔서 그 어리석음을 용서하소서.”라고 했더라면, 천하의 사람들이 어찌 그들을 쳐 죽일 마음을 가졌겠는가?

2:23

六月, 命桂萼·張璁爲翰林學士, 方獻夫爲侍講學士. 喬宇遂求去, 從之.

| 6월, 계악과 장총을 한림학사(翰林學士)로, 방헌부를 시강학사(侍講學士)로 명했다.

교우가 마침내 사직을 요청하니 (황상이) 그대로 따랐다.

○修撰楊愼, 廷和子也. 率同官[96]姚浹等上言: "君子・小人不並立, 正論・邪說不並行. 臣等所執者, 程頤・朱熹之緒也. 萼等所言者, 冷褒・段猶之餘也. 學術不同, 議論亦異. 臣等恥與萼等同列." 上罷其俸.

| ○ 수찬(修撰) 양신(楊愼)[97]은 양정화의 아들인데, 같은 관직에 있는 요협(姚浹) 등을 이끌고서 건의했다. "군자와 소인은 함께 설 수 없고, 정론(正論)과 사설(邪說)은 함께 행할 수 없습니다. 신 등이 주장하는 것은 정이(程頤)와 주희(朱熹)의 계통이지만, 계악 등이 말하는 것은 냉수(冷褒)와 단유(段猶)[98]의 계통입니다. 학술이 다르니, 논의도 다릅니다. 신 등은 계악 등과 같은 반열인 것이 부끄럽습니다." 황상이 그 봉록을 거두었다.[99]

---

96 官: 新朝鮮社本・奎章閣本에는 모두 '宮'으로 되어 있으나 『明史紀事本末』, 卷50, 「大禮議」에 따라 바로잡는다.

97 양신(楊愼, 1488~1559): 明나라 학자. 자는 用修. 시호는 文憲. 四川省 新都 출신. 楊廷和의 아들로, 1511년 과거에 장원으로 급제하여 翰林修撰이 되었다. 1524년 계악과 장총 등이 기용되었을 때 뜻을 같이하는 동지 36명과 함께 반대 의견을 황제에게 上疏하였으나, 이로 인해 황제의 미움을 사서 평민으로 전락하고 雲南으로 유배되었다. 經學과 詩文에 뛰어났으며, 박학하다는 평판이 높았다. 저서로는 『丹鉛總錄』, 『升菴集』 등이 있다. 『明史』, 卷192, 「楊愼列傳」 참조.

98 냉수(冷褒)와 단유(段猶): 漢나라 哀帝가 즉위했을 당시 벌어진 전례논쟁에서, 定陶共王의 追尊과 그 사당의 수도 건립에 반대하던 師丹과는 달리, 郎中令 冷褒와 黃門郎 段猶는 定陶王을 共皇으로, 傅太后를 共皇太后로, 丁后를 共皇后로 추존하고 수도에 共皇의 사당을 건립할 것을 주장했다. 해당 내용이 『漢書』, 卷86, 「師丹傳」, 3505-3506에 보인다.

99 수찬~거두었다: 해당 내용이 『明史』, 卷192, 「楊愼列傳」, 5082; 『明世宗實錄』, 卷40, 6月 乙卯條, 9b에 보인다.

臣謹案, 彼雖小人, 言禮, 或有可採. 此雖君子, 言禮, 不無所失, 不當但以君子 · 小人決斯訟也. 祝鮀, 小人也, 可治宗廟. 子路, 君子也, 號不知禮. 德與藝, 不同也.

| 삼가 생각건대, 저들이 비록 소인으로서 예를 논의했지만, 더러 채택할 만한 것도 있다. 이들은 비록 군자로서 예를 논의했지만, 예에 어긋나는 점도 없지 않다. 그저 군자와 소인이라는 구분에 따라 이 논쟁을 결정하는 것은 옳지 않다. 축타(祝鮀)는 소인이지만, 종묘 일을 다스릴 수 있었고, 자로(子路)는 군자이지만, 예를 모르는 사람이라고 불렸다. 덕과 재주는 다른 것이다.

2:24

秋七月, 璁 · 蕚旣拜新命, 復列十三事以上. 一曰, 三代以前, 無立後之禮. 二曰, 『祖訓』亦無立後. 三曰, 孔子射於矍圃, 斥爲人後者. 四曰, 武宗遺詔不言繼嗣. 五曰, 禮經無[100]本生父母. 六曰, 『祖訓』姪稱天子爲伯 · 叔父. 七曰, 漢 宣帝 · 光武俱爲其父立皇考廟. 八曰, 朱熹嘗論定陶事爲壞禮. 九曰, 古者遷國載主. 十曰, 『祖訓』皇后治內, 外事無得干預. 十一曰, 皇上失行壽安皇太后三年喪. 十二曰, 新頒詔令, 決宜重改. 十三曰, 臺諫連名上疏, 勢有所迫. 皆條列禮官欺罔之罪. 疏入, 留中. 何孟春爲論條辨, 帝切責之.

| 가을 7월, 장총과 계악은 이미 새로운 작명을 제수받고 다시 열세 가지 일을 열거하여 올렸다. 첫째, 삼대(三代: 夏 · 殷 · 周) 이전에는 후사를 세우는〔立後〕 예가 없었다. 둘째, 『황명조훈』에도 입후(立後)의 규정이 없다. 셋째, 공자는 확상(矍相)의 포(圃)

100 經無: 『明史紀事本末』에는 '輕'으로 되어 있다.

에서 사례(射禮)를 하면서 남의 후사가 된 자〔爲人後者〕를 배제했다.[101] 넷째, 무종(武宗)의 유조(遺詔)에 '계사(繼嗣)'라고 말하지 않았다. 다섯째, 예경(禮經)에 '본생부모(本生父母)'라는 말이 없다. 여섯째, 『황명조훈』에서 조카는 천자(天子)를 백·숙부(伯·叔父)라 부른다. 일곱째, 한나라 선제(宣帝)와 광무제(光武帝)는 모두 그 아버지를 위해서 황고묘(皇考廟)를 세웠다. 여덟째, 주희가 정도왕(定陶王)의 일에 대해 '예를 무너뜨렸다〔壞禮〕'고 논한 적이 있다.[102] 아홉째, 옛날에 국(國)을 옮길 때는 신주를 싣고 갔다. 열째, 『황명조훈』에 따르면 황후(皇后)는 안을 다스리게 되어 있어 바깥일에는 간섭할 수 없다. 열한째, 황상은 수안황태후(壽安皇太后)를 위해 삼년상을 행할 기회를 놓쳤다. 열두째, 새로 반포한 조령(詔令)은 결단코 다시 개정해야 한다. 열셋째, 대간(臺諫)에서 연명(連名)하여 소를 올린 것은 형세상 급박했기 때문이다. 이들은 모두 예관들이 기망(欺罔)한 죄를 조목조목 열거한 것이다. 소가 들어오자 궁중에 보류해두었다. 하맹춘이 그것을 조목조목 비판하자, 황제가 그를 몹시 책망하였다.

101 공자는~배제했다: 矍相은 山東省 曲部縣 城內 厥里 서쪽에 있는 魯나라의 지명인데, 공자는 이곳에서 射禮를 행하면서 패군의 장수와 망국의 대부와 더불어 남의 후사가 된 자를 배제했다. 『禮記』, 「射義」, "孔子射於矍相之圃, 蓋觀者如堵牆. 射至於司馬, 使子路執弓矢出延射, 曰, '賁軍之將·亡國之大夫與爲人後者不入, 其餘皆入.' 蓋去者半, 入者半."

102 주희가~있다: 해당 내용은 다음과 같다. 『朱子語類』, 卷第127, 「本朝一·英宗朝」, 3045. 亞夫問濮議. 曰, "歐公說不是, 韓公·曾公亮和之. 溫公·王珪議是. 范鎭·呂晦·范純仁·呂大防皆彈歐公. 但溫公又於濮王一邊禮數太薄, 須於中自有斟酌可也. 歐公之說斷不可. 且如今有爲人後者, 一日所後之父與所生之父相對坐, 其子來喚所後父爲父, 終不成又喚所生父爲父? 這自是道理不可. 試坐仁宗於此, 亦坐濮王於此, 使英宗過焉, 終不成都喚兩人爲父? 直緣衆人道是死後爲鬼神不可考, 胡亂呼都不妨, 都不思道理不可如此. 先時仁宗有詔云, '朕皇兄濮安懿王之子, 猶朕之子也.' 此甚分明, 當時只以此爲據足矣." 亞夫問, "古禮自何壞起?" 曰, "自定陶王時已壞了. 蓋成帝不立弟中山王, 以爲禮, 兄弟不得相入廟, 乃立定陶王, 蓋子行也. 孔光以『尙書』「盤庚」殷之及王爭之, 不獲. 當時濮廟之爭, 都是不爭好. 好讀古禮, 見得古人意思, 爲人後爲之子, 其義甚詳."

臣謹案, 此十三條, 唯第五條之外, 皆亂言悖說, 蔑倫壞綱, 罪不容誅. 苟使忠憤激切之人, 當之, 豈惟撲殺? 抑將手刃. 其誣罔聖經者, 臣於『禮箋』中, 具有論著, 其餘諸條, 義已見前, 不足辨也. 臣始見璁·萼所論, 或有偶合於古義者, 謂此二人亦嘗有管窺一二者, 今見十三條, 而後知其爲奸惡逢迎之小人, 雖天經地義, 一經此人之口, 便不光鮮矣. 立後之禮, 羲·農以來所本有也. 帝堯繼摯, 此弟爲兄後也. 太甲繼壬, 此從子爲叔父後也. 烏得曰'三代以前, 無立後也;? '爲人後者, 爲其父母不杖期', 載於聖經. 所謂壽安皇太后 邵氏者, 憲宗之妾也. 於世宗爲本生之祖妾母. 世宗雖爲藩王, 尙不當爲祖妾母承重三年. 況於入承大統之後乎? 凶悖逆理, 不容再言. 惜乎! 世宗不能明正其罪, 別求知禮之君子, 與之商確此禮, 唯以'遜于汝志'者, 認之爲忠言也.

| 삼가 생각건대, 이 13조는 제5조를 제외하고는 모두 도리에 어긋나는 주장으로서, 인륜을 업신여기고 강상(綱常)을 무너뜨리니, 그 죄가 주벌(誅罰)로도 부족하다. 참으로 충의로 절실히 격분한 사람이 대면하였다면, 어찌 쳐 죽일 뿐이겠는가? 아마도 손수 베어 처단하였을 것이다. 그들이 성인의 경전을 속인 것은 내가 『상례사전(喪禮四箋)』에서 두루 논의하여 드러냈으며, 그 나머지 여러 조목들 역시 그 뜻이 이미 앞에 나왔으니 더 논변할 것도 없다. 내가 처음 장총과 계악의 논의를 보았을 때는 더러 우연히 고의(古義)에 맞는 것도 있어서, 이 두 사람에게도 그 나름의 소견 한두 가지는 있다고 생각했는데, 지금 13조를 본 뒤로는 그들이 간악하고 영합 잘 하는 소인임을 알겠다. 비록 하늘의 보편적 원칙과 땅의 올바른 의리〔天經地義〕라도 이 사람들의 입을 한번 거치면 빛이 바래고 만다. 후사를 세우는 예〔立後之禮〕는 복희(伏羲)와 신

농(神農) 이후로 본래 있던 것이다. 제요(帝堯)가 지(摯)를 계승했는데, 이는 동생이 형의 후사가 된 것이고, 태갑(太甲)이 임(壬)을 계승했는데, 이는 조카〔從子〕가 숙부(叔父)의 후사가 된 것이다. 어찌 '삼대(三代) 이전에는 후사를 세우는 경우가 없었다' 고 말할 수 있겠는가? "남의 후사가 된 자는 그 부모를 위해서 부장기(不杖期)복을 한다."[103]는 것은 성인의 경전에 실려 있다. 이른바 수안황태후(壽安皇太后) 소씨(邵氏)는 헌종(憲宗)의 첩(妾)이다. 세종(世宗)에게는 본생(本生)의 조첩모(祖妾母)이다. 세종이 비록 번왕(藩王)일지라도 조첩모를 위해 승중(承重) 3년을 하는 것이 부당한 일이거늘, 하물며 대통(大統)에 들어와 계승한 후사임에랴? 흉악한 말로서 도리에 어긋남은 두말할 필요도 없다. 안타깝게도 세종은 그 죄를 명백하게 바로잡고 예를 아는 군자를 따로 구하여 함께 이 예를 상의해서 명확히 하지를 못하고, 다만 '자신의 뜻에 잘 맞는 것'[104]만을 충언(忠言)으로 인정했다.

## 2:25

**員外薛蕙著『爲人後解』, 以駁璁·萼之議曰: "'爲人後者爲之子', 雖出『公羊』, 實與『儀禮』相表裏. 旣爲之子, 則當稱父矣, 而可仍曰伯叔乎?" 帝覽之, 怒, 逮繫詔獄. 已而釋之.**

---

103 남의 후사가~한다: 해당 내용이 『儀禮』, 「喪服」, 〈不杖期條〉, "爲人後者爲其父母, 報."에 보인다.

104 자신의~맞는 것: 『尙書』에 따르면, 마음에 거슬리는 말이 있을 때는 도에 맞는 말인지를 알아보고 마음에 잘 맞는 말이 있을 때는 도에 어긋나는 것이 아닌지를 살펴보아야 하는데, 세종은 이와 반대로 행했음을 비판한 대목이다. 『尙書』, 「太甲下」, "有言逆于汝心, 必求諸道. 有言遜于汝志, 必求諸非道."

| 원외랑(員外郎) 설혜(薛蕙)[105]는 『위인후해(爲人後解)』[106]를 저술하여 장총과 계악의 논의를 반박하였다. "'남의 후사가 된 자는 그의 아들이 된다'는 구절은 비록 『춘추공양전(春秋公羊傳)』에 나오지만 참으로 『의례(儀禮)』와 서로 표리관계입니다. 이미 그의 아들이 되었으면 (그를) 아버지라 부르는 것이 마땅하거늘 '백·숙부(伯·叔父)'라고 불러서야 되겠습니까?" 황제가 그것을 보고 격노하여 그를 잡아다 옥에 가두었다. 얼마 후 그를 풀어주었다.[107]

臣謹案, 薛蕙之言, 非也. 豈唯『公羊』然矣? 「喪服傳」曰: "爲人後者, 爲所後者之祖父母·妻·妻之父母·昆弟·昆弟之子, 若子." 「喪服記」曰: "爲人後者, 於所爲後之兄弟之子, 若子." 凡禮皆若子, 則其謂之爲之子, 不亦可乎? 故魯僖公爲其弟閔公之後, 而孔子曰'子雖齊聖, 不先父食', 直取弟兄, 論以父子, '爲人後者爲之子', 非是之謂乎? 但立後之法, 不唯子列爲父列之後而已, 或弟爲兄後, 或兄爲弟後, 或叔爲姪後, 或孫爲祖後. 用子道則可矣, 稱子名則不可. 事之如父則可矣, 稱之爲父則不可. 天下有父其兄而母其嫂者乎? 天下有父其弟而母其弟之妻者乎? 天下有父其姪而母其姪婦者乎? 若此類皆不得父母之,

---

105 설혜(薛蕙, ?~1541): 자는 君采. 亳州 출신. 學行이 높아 西原先生으로 불렸다. 正德 9년에 進士가 되고 刑部主事에 임명되었으며 吏部考功郎中을 지냈으나, 大禮議 당시 세종 황제의 미움을 받아 곤혹을 치렀다. 저술로는 大禮議를 논한 『爲人後解』, 『爲人後辨』과 문집인 『考功集』이 있다. 『考功集』, 附錄, 「吏部郎中西原先生薛君墓碑銘」과 『明史』, 卷191, 「薛蕙列傳」, 5074-5077 참조.

106 『위인후해(爲人後解)』: 의 해당 내용은 『明史』, 卷191, 「薛蕙列傳」, 5074-5076에 보인다.

107 원외랑~풀어주었다: 해당 내용은 『明世宗實錄』, 卷40, 6月 辛亥條에 자세히 나와 있다.

則獨於父列必稱父母, 有是理乎?『儀禮』經傳名之曰所後者, 而終不見稱父母之明文, 名之曰父母, 而終不見生父母之明文. 凡以是也, 不必遠引古事明明 世宗皇帝爲武宗後, 而薛蕙之言欲令稱父於孝宗, 不亦拗乎?『公羊傳』曰'爲人後者, 爲之子', 未嘗曰'爲人後者, 爲所後者之父之子', 引彼證此, 不亦謬乎? 孝宗有後, 而欲贅立餘子, 武宗無後, 而欲奪去適嗣, 二帝不皆悲乎? 若使世宗爲孝宗後, 則是大位宗統, 由孝及世, 而武宗爲閏位旁枝, 天下其有是乎? 審如是也, 殷之時, 有三兄弟繼立者, 其二君閏位也, 有四兄弟繼立者, 其三君閏位也. 凡歷代帝王之不傳其子者, 皆作閏位, 天下其有是乎? 聖人爲萬世立法, 令行之而無[108]闕, 必不如是之迂疎也. 璁·蕚謂'世宗不爲人後, 而但繼宗統', 薛蕙謂'世宗爲孝宗後', 而忽忘武宗, 其失適均, 毫髮無所差矣. 朝廷大論, 其可以俗見亂之乎?

| 삼가 생각건대, 설혜의 주장은 그르다. 어찌 『춘추공양전』만 그렇겠는가? 『의례(儀禮)』「상복전(喪服傳)」에서는 "남의 후사가 된 자는 자신을 후사로 삼은 분의 조부모·처·처부모·형제·형제의 아들을 위해서 친아들이 하듯이 상복을 한다."고 했고, 『예기(禮記)』「상복소기(喪服小記)」에서는 "남의 후사가 된 자는 자신을 후사로 삼은 분의 형제의 아들에 대해서 친아들이 하듯이 상복을 한다."고 했다. 무릇 예(禮)에서 모두 '친아들이 하듯이 상복을 한다〔若子〕'고 했는데, 그것이 '그의 아들이 된다〔爲之子〕'는 뜻의 문구라고 하면 맞지 않겠는가? 그러므로 노나라 희공(僖公)이 그의 아우 민공(閔公)의 후사가 되었을 때, 공자는 "아들이 비록 훨씬 훌륭하더라도 아버지보다 먼저 제사를 받지는

108 無: 新朝鮮社本에는 '後'로 되어 있으나 奎章閣本에 따라 바로잡는다.

않는다."고 해서,[109] 아우와 형의 관계를 직접 취하여 아버지와 아들의 관계로 논했는데, '남의 후사가 된 자는 그의 아들이 된다'는 말이 이것을 일컫는 것이 아니겠는가? 그러나 후사를 세울 때는 아들 항렬이 아버지 항렬의 후사가 되는 경우만 있는 것이 아니라, 아우가 형의 후사가 되기도 하고, 형이 아우의 후사가 되기도 하며, 숙부가 조카의 후사가 되기도 하고, 손자가 할아버지의 후사가 되기도 한다. (그러므로 후사에게) 아들의 도리를 적용하는 것은 괜찮지만 아들이라 부르는 것은 옳지 않다. (후사를 삼은 분을) 아버지처럼 섬기는 것은 괜찮지만 아버지라 부르는 것은 옳지 않다. 천하에 자신의 형을 아버지로 삼고 그 형수를 어머니로 삼는 경우가 있는가? 천하에 자신의 아우를 아버지로 삼고 아우의 아내를 어머니로 삼는 경우가 있는가? 천하에 자신의 조카를 아버지로 삼고 조카의 아내를 어머니로 삼는 경우가 있는가? 이와 같은 경우에는 모두 부모로 삼을 수 없는 것인데, 아버지 항렬만 부모라 부르는 이치가 어디 있단 말인가? 『의례』의 경문(經文)과 전(傳)에서는 '후사를 삼은 분〔所後者〕'이라고만 말할 뿐 '칭부모(稱父母)'라는 문장은 끝내 보이지 않고, '부모(父母)'라고 말할 뿐 '생부모(生父母)'라는 문장은 끝내 보이지 않는다. 무릇 이러하니 멀리서 고사(古事)를 인용할 필요도 없다. 세종 황제가 무종의 후사임이 명명백백한데도 설혜는 효종을 아버지〔父〕라 부르게 하고자 하니, 비뚤어진 견해가 아니겠는가? 『춘추공양전』에서는 "남의 후사가 된 사람은 그의 아들이 된다."고 했을 뿐, "남의 후사가 된 자는 자신을 후사로 삼아준 분의 아버지의 아들이 된다."고 한 적은 없다. 전자를 인용하여 후자를 증명하다니 또한 잘못이 아니겠는가? 효종에게 후사가 있는데도 불필요하게 여분의 아들

---

109 노나라～해서: 해당 내용이 『春秋左傳』, 文公 2年 八月 丁卯條에 보인다.

을 세우려 하고, 무종에겐 후사가 없는데도 적통 후사를 빼앗아 없애려 고 하니, 두 황제 모두 슬프지 않겠는가? 만약 세종을 효종의 후사로 만든다면, 임금 자리〔大位〕의 종통(宗統)은 효종에서 세종에 이르게 되고, 무종은 윤위(閏位: 비정통의 제위)의 곁가지가 되는데, 천하에 이런 경우가 있겠는가? 정말로 이와 같다면, 은(殷)나라 때 세 형제가 이어서 즉위한 경우 두 임금이 윤위(閏位)가 되고, 4형제가 이어서 즉위한 경우 세 임금이 윤위가 된다. 무릇 역대 제왕(帝王) 가운데 그 아들에게 종통을 전하지 않은 경우는 모두 윤위가 되는데, 천하에 이런 경우가 있겠는가? 성인(聖人)은 만세(萬世)를 위해 법(法)을 세워 실행함에 막힘이 없도록 하였으니, 결코 이와 같이 엉성하지는 않았다. 장총과 계악은 "세종은 남의 후사가 된 것〔爲人後〕이 아니며 다만 종통(宗統)을 계승했다." 고 하였고, 설혜는 "세종은 효종의 후사가 되었다."고 하면서, 갑자기 무종을 잊어버렸으니, 그들이 어긋난 점은 똑같아서 조금도 차이가 없다. 조정의 중대한 논의를 저속한 견해로 어지럽힐 수 있단 말인가?

### 2:26

**帝諭毛紀等, 去冊文本生字. 紀等力言不可. 帝御平臺, 召紀等責之曰: "爾輩無君, 欲使朕亦無父乎?"**

| 황제가 모기(毛紀) 등에게 책문(冊文)에서 '본생(本生)'이라는 글자를 없애도록 지시하였으나, 모기 등이 안 된다고 힘껏 주장하였다. 황제는 평대(平臺)로 나와 모기 등을 불러 질책하였다. "너희들이 임금을 몰라본다고 해서 짐마저 아버지를 무시하게끔 하려는 것이냐?"

**○禮官朱希周等上言: "皇上考孝宗母昭聖. 已越三年, 今更定之,**

則明詔爲虛文, 不足取信於天下."

| ○ 예관 주희주(朱希周)[110] 등이 의견을 올렸다. "황상께서 효종을 아버지로, 소성황후(昭聖皇后)를 어머니로 모신 지 이미 3년이 넘었는데, 이제 와서 다시 개정한다면 밝은 조칙이 헛된 글이 되어 천하에 믿음을 얻을 수 없을 것입니다."

○金獻民等曰: "必改孝宗爲伯考, 則太廟無考, 正統有間矣."

| ○ 금헌민(金獻民)[111] 등이 말했다. "꼭 효종을 고쳐서 '백고(伯考)'로 삼는다면, 태묘에 '고(考)'가 없어 정통(正統)에 틈이 생길 것입니다."

臣謹案, 苟悟其非, 改之爲貴. 然璁·萼二人謂世宗不爲人後, 恃此而改之, 則悖矣.

| 삼가 생각건대, 자기 잘못을 깨달으면 그것을 고치는 것이 귀한 것이다. 그러나 장총과 계악 두 사람은 세종이 남의 후사가 되지 않았다고 말하고 그렇게 믿으면서 그것을 고쳤으니, 도리에 어긋난 것이다.

○臣又按, 周 桓王時, 太廟無考, 不害其爲正統. 漢 宣帝時, 太廟無考, 不害其爲正統. 奚獨於世宗疑之乎?

| ○또 생각건대, 주나라 환왕(桓王) 때 태묘에 아버지〔考〕가 없었지만 그가 정통이 되는 데 지장이 없었다. 한나라 선제(宣帝) 때 태묘에 아

---

110 주희주(朱希周): 자는 懋忠. 시호는 恭靖. 崑山 사람. 弘治 9년에 進士가 되었고, 修撰, 侍講, 經筵講官, 侍讀學士, 南京吏部右侍郎, 禮部右侍郎, 南京吏部尙書 등을 지냈으며, 뒤에 太子少保에 추증되었다. 『明史』, 卷191, 「朱希周列傳」 참조.

111 금헌민(金獻民): 자는 舜擧. 錦州 사람. 成化 2년에 進士가 되었고, 行人, 御史, 天津副使, 湖廣按察使, 南京刑部尙書, 左都御史, 刑部尙書 등을 역임하였다. 뒤에 卹如制로 추증되었다. 『明史』, 卷194, 「金獻民列傳」 참조.

버지가 없었지만 그가 정통이 되는 데 지장이 없었다. 어찌 유독 세종에 대해서만 의심하겠는가?

2:27

何孟春曰: "憲宗朝尚書姚夔率百官, 伏哭文華門, 爭慈懿太后葬禮. 此國朝故事也."

| 하맹춘(何孟春)이 말했다. "헌종조(憲宗朝)의 상서(尚書) 요기(姚夔)[112]가 백관(百官)을 이끌고 문화문(文華門)에 엎드려 곡(哭)을 하면서 자의태후(慈懿太后)의 장례에 대해서 간쟁했는데, 이는 우리 왕조의 고사입니다."

○楊愼曰: "國家養士, 百五十年, 仗節死義, 正在今日."

| ○ 양신(楊愼)이 말했다. "국가가 선비를 길러낸 지 150년이다. 절개를 지키며 의(義)를 위해 죽을 날이 바로 오늘이로다."

○王元正 · 張翀等遂遮留羣臣於金水橋南, 曰: "萬世瞻仰, 在此一擧. 今日有不力爭者, 共擊之!"

| ○ 왕원정(王元正)[113] · 장충(張翀) 등이 드디어 금수교(金水橋) 남쪽에서 여러 신하들을 가로막고서 말했다. "만세토록 우러러보는 것이 이 일거(一擧)에 달렸으니, 오늘

112 요기(姚夔, ?~1473): 자는 大章. 시호는 文敏. 桐盧 사람. 正德 7년에 進士가 되었고, 吏科給事中, 南京刑部右侍郞, 吏部尙書, 太子少保 등을 지냈으며, 대례의 당시 伏闕諫言을 주도하였다. 뒤에 少保로 추증되었다. 『明史』, 卷177, 「姚夔列傳」 참조.

113 왕원정(王元正): 자는 舜卿. 盩厔 출신. 1511년 進士가 되었다. 大禮議 당시 檢討로서 양신과 함께 행동하다가 茂州로 귀양 가서 죽었다. 隆慶 초에 修撰에 추증되었다. 『明史』, 卷192, 「王元正列傳」 참조.

힘껏 간쟁하지 않는 자가 있다면 함께 그를 공격합시다!"

○何孟春等復相號召. 於是, 秦金等 · 賈詠等共二百三十二人, 俱赴左順門跪伏, 有大呼高皇帝 · 孝宗皇帝者. 帝聞之, 命司禮監諭退, 不去, 自辰迨午. 帝怒, 命司禮監錄諸姓名, 收繫諸爲首者豐熙等八人於獄.

| ○ 하맹춘 등이 다시 서로 이름을 불렀다. 이에 진금(秦金)[114] 등과 가영(賈詠) 등 모두 232인이 함께 좌순문(左順門)에 나아가 꿇어 엎드려 고황제(高皇帝) · 효종 황제(孝宗皇帝)를 크게 부르짖었다. 황제가 그 소식을 듣고 사례감(司禮監)에 명하여 물러나도록 지시했으나 물러나지 않고 진시(辰時: 아침7~9시)부터 오시(午時: 오전11~오후1시)까지 버텼다. 황제가 노하여 사례감에 명하여 모든 참여자의 성명을 기록하고 우두머리 노릇을 하는 풍희(豐熙)[115] 등 8인을 붙잡아 옥에 가두도록 했다.

○楊愼 · 王元正乃撼門大哭, 一時羣臣皆哭, 聲震闕庭. 上大怒, 遂命繫馬理等凡一百三十有四人於獄. 何孟[116]春等二十有一人, 洪伊等六十有五人, 姑令待罪.

| ○ 양신과 왕원정이 이에 문을 흔들며 크게 곡하니 동시에 여러 신하들이 함께 곡하여, 소리가 대궐 뜰에 진동하였다. 황상이 크게 성내어, 마침내 마리(馬理)[117] 등

---

114 진금(秦金, 1467~1544): 자는 國聲. 시호는 端敏. 無錫 사람. 弘治 6년에 進士가 되었고, 戶部主事, 郎中, 戶部右侍郎, 南京禮部尙書, 戶部尙書, 太子少保, 太子太保 등을 지냈다. 뒤에 少保로 추증되었다. 『明史』, 卷194, 「秦金列傳」 참조.

115 풍희(豐熙): 자는 原學. 鄞 사람. 弘治 12년에 殿試에서 2등을 하였고, 編修, 侍講, 翰林學士 등을 지냈으며, 대례의 당시 伏闕諫言을 주도하다가 유배지에서 죽었다. 『明史』, 卷191, 「豐熙列傳」 참조.

116 孟: 新朝鮮社本에는 '孟'로 되어 있으나 『明史紀事本末』, 卷50, 「大禮議」와 奎章閣本에 따라 바로잡는다.

모두 134인을 옥에 가두도록 명하였으며, 하맹춘 등 21인과 홍이(洪伊)[118] 등 65인은 잠시 대죄(待罪)하도록 시켰다.

臣謹案, 此客氣也. 然其心耿然以爲非禮, 欲皇上重宗統抑私恩, 皆忠義激烈之士也. 人主宜奬諭以勸之, 不宜摧折過中也.

| 삼가 생각건대, 이것은 객기이다. 그러나 그 마음은 잘못될까 걱정하며 예에 어긋난다고 주장하고, 황상이 종통(宗統)을 존중하고 사은(私恩)을 억누르기를 바랐으니, 모두 충직하고 의로움이 넘치는 선비들이다. 임금이라면 마땅히 그들을 장려하는 말로 타일러 권면해야지, 지나치게 꺾고 억압해서는 안 된다.

2:28

己卯, 上聖母章聖皇太后冊寶.

| 기묘일(己卯), 모후(母后) 장성황태후(章聖皇太后)의 책보를 올렸다.

○錦衣衛初逮繫時, 有奔匿者. 至是, 悉追繫之. 併待罪者, 總二百二十人. 上責之, 命拷訊豐熙等八人編伍, 其餘四品以上者俱奪俸, 五品以下杖之. 於是, 編修王相等一百八十餘人各杖有差, 王

---

117 마리(馬理, 1474~1555): 호는 谿田, 자는 伯循. 시호는 忠憲. 陝西 三原 사람. 正德 9년에 進士가 되었으며, 楊一淸에게 발탁되어 考功郎中, 南京通政參議, 光祿寺卿 등을 지냈다. 대례의 당시에는 복궐 간쟁에 참여하였다가 하옥되기도 했다. 당시 呂柟과 함께 關中 학자의 대가로 꼽혔다. 뒤에 右副都御史에 추증되었다. 『明史』, 卷282, 「儒林 · 馬理列傳」; 『明儒學案』, 卷3, 「三原學案 · 光祿馬谿田先生理」 참조.

118 홍이(洪伊): 直隸歙縣 사람. 禮部司務, 禮部精膳司員外郎, 郎中 등을 지냈다. 대례의 당시 간쟁에 참여했다. 『禮部志稿』, 卷44 참조.

相等十九[119]人俱病創, 先後卒.

| ○ 금의위(錦衣衛)가 관련자들을 처음 체포하여 옥에 가뒀을 때 달아나 숨은 자가 있었는데, 이때 이르러 모두 추적하여 옥에 가두었다. 함께 대죄(待罪)하는 자가 모두 220인이었다. 황상이 그들을 질책하고, 풍희 등 8인을 고문하여 편오(編伍)[120]하고, 그 외의 4품 이상은 모두 녹봉을 빼앗으며, 5품 이하는 장형(杖刑)에 처하도록 시켰다. 이에 편수(編修) 왕상(王相)[121] 등 180여 명은 각기 정도에 따라 장형을 받았는데, 왕상 등 19명은 모두 창독(瘡毒)을 앓다가 앞뒤로 죽었다.

臣謹案, 此慘禍也. 禮之不講, 其禍天下如是矣.

| 삼가 생각건대, 이것은 참혹한 화(禍)이다. 예를 강구하지 않으면 이와 같이 천하에 화를 끼친다.

2:29

獻皇帝主至自安陸, 帝迎於闕内, 奉於觀德殿, 上冊寶號, 曰皇考恭穆獻皇帝, 不復言本生. 是日, 復趣席書來京.

| 헌황제(獻皇帝)의 신주가 안륙(安陸)에서 이르자, 황제가 궐 안에 맞아들여서 관덕전(觀德殿)에 모셨으며, 책보(冊寶)를 올려 존호(尊號)를 '황고 공목헌황제(皇考 恭穆獻皇帝)'라 하였으며, 다시 '본생(本生)'을 말하지 않았다. 이날 다시 석서(席書)를 불러 수도로 돌아오게 하였다.[122]

---

119 九: 『明史』, 卷191, 「何孟春列傳」에는 '八'로 되어 있다.

120 편오(編伍): 먼 지방으로 귀양 보내 해당 지방에 편입시켜서 지방관리로 하여금 管束토록 한 宋代 형벌의 하나로, '編管'이라고도 한다.

121 왕상(王相): 光山 사람. 正德 3년에 進士가 되었고, 御史, 編修 등을 지냈으며, 대례의 당시 고초를 겪었다. 뒤에 光祿少卿에 추증되었다. 『明史』, 卷191, 「王相列傳」 참조.

○南京祭酒崔銑, 以災異陳言: "議禮一事, 或擯斥, 或下獄, 非聖朝美事." 上不悅, 令致仕.

| ○ 남경좨주(南京祭酒) 최선(崔銑)[123]이 재이(災異)로써 진언하였다. "예를 논의하는 한 가지 일로 어떤 이는 내치고 어떤 이는 하옥한 처사는 성조(聖朝)의 아름다운 일이 아닙니다." 황상이 달가워하지 않으면서 그를 치사(致仕)하게 하였다.[124]

○陳洸先爲給事中, 言事忤旨, 出爲按察司僉事. 至是, 上言曰: "陛下察幾致決, 毅然去'本生'二字, 有人心者, 咸謂始全父子之恩, 無不感泣. 乞罷喬宇·夏良勝, 以息邪說." 帝悅, 復以洸爲給事中.

| ○ 진광(陳洸)[125]이 앞서 급사중(給事中)이 되었을 때 논의한 것이 (황상의) 뜻에 거슬려서 안찰사첨사(按察司僉事)로 좌천되었다가, 이때 이르러 의견을 올렸다. "폐하께서 기미를 살피고 결단을 내리셔서 의연하게 '본생' 두 글자를 제거하시니, 인심(人心)이 있는 자들은 모두 부자(父子)의 은혜가 이제야 온전해졌다고 하면서 감읍(感泣)

---

122 헌황제의~하였다: 해당 내용은 『明世宗實錄』, 卷41, 嘉靖 3年 7月 甲申日, 23b에 자세히 나와 있다.

123 최선(崔銑): 자는 仲鳧 또는 子鍾. 시호는 文敏. 安陽 사람. 弘治 18년에 進士가 되었고, 編修, 南京國子監祭酒, 侍讀學士, 南京禮部右侍郎 등을 지냈으며, 뒤에 禮部尙書에 추증되었다. 저술로는 『崔氏小爾雅』, 『讀易餘言』, 『彰德府志』, 『文苑春秋敘錄』, 『後渠庸書』, 『晦菴文鈔續集』 등이 있다. 『明史』, 卷282, 「儒林·崔銑列傳」과 『欽定四庫全書總目』 참조.

124 남경좨주~하였다: 최선이 진언하다가 황제가 노하여 벼슬에서 물러나게 된 것은 『明世宗實錄』, 卷42, 3년 8월 辛亥日에 있었던 일이다. 『明史紀事本末』에서 7月로 본 것은 잘못이다.

125 진광(陳洸): 潮陽 사람. 弘治 17년에 進士가 되었고, 대례의 당시 給事中으로 장총, 계악 등과 함께 황제의 의도에 영합하여 內閣 중심으로 公論을 펴는 인물들을 모함한 인물로 악명이 높다. 『明史』와 『廣東通志』 참조.

하지 않음이 없습니다. 바라건대 교우와 하량승(夏良勝)[126]을 파직하셔서 사설(邪說)을 그치게 하소서." 황제가 기뻐하면서 다시 진광을 급사중으로 삼았다.[127]

臣謹案, 禮之得失, 姑舍是, 崔銑, 君子也, 陳洸, 小人也. 世宗於陳洸之疏, 答之曰: "朕觀禮經, 無本生之稱, 謹於冊寶, 去此二字. 然彼議禮諸臣, 皆忠義敢言之士, 特疎於禮耳. 朕雖罪之, 亦知其心. 爾乃阿諛順旨, 以圖迎合, 豈達禮而然乎? 朕甚惡之, 其以爾謫戍海南, 以彰善惡." 如是, 則天下人心, 必翕然感悅, 惜乎! 其不出於此也.

ㅣ 삼가 생각건대, 예(禮)의 득실을 잠시 접어두면, 최선은 군자요, 진광은 소인이다. 세종이 진광의 소(疏)에 답하여 "내가 예경(禮經)을 보니, '본생' 이라는 호칭은 없어 책보를 올림에 신중히 하고자 이 두 글자를 삭제했다. 그러나 저 예를 논의하는 여러 신하들은 모두 충의(忠義)로 과감하게 말하는 선비들인데, 다만 예에 대해 어두웠을 따름이다. 내가 비록 그들을 죄주었지만, 그 마음은 안다. 너는 아첨과 임금의 뜻에 맞추는 것으로 영합하기만 도모하니, 어찌 예에 통달한 사람으로 그렇게 하는가? 내가 그 점을 몹시 미워하니, 너를 해남(海南)에 유배시켜서 선악을 드러낼 것이노라."고 말하면서, 말처럼 조처하였다면 천하의 인심이 매우 흡족히 느끼면서 기뻐하였을 것이다. 그러나 안타깝

126 하량승(夏良勝): 자는 于中. 南城 사람. 正德 2년에 鄕試에 일등을 하고 이듬해 進士가 되었으며, 刑部主事, 考功員外郎 등을 지냈다. 대례의 당시 공론을 주도하다가 朋黨을 결성했다는 給事中 陳洸의 비판 때문에 하옥되어 문초를 받고 귀양가서 죽었다. 뒤에 太常卿으로 추증되었다. 저술로는 『夏氏周易變卦傳』이 있다. 『明史』, 卷189, 「夏良勝列傳」 참조.

127 황제가~삼았다: 진광이 다시 급사중이 된 것은 8월 癸巳日이다. 『明史紀事本末』에서 7月로 본 것은 잘못이다. 『明世宗實錄』, 卷42, 1a 참조.

게도 그렇게 하지 않았다.

## 2:30

逮繫修撰楊愼等於詔獄, 復撲之. 謫楊愼 · 王元正 · 劉濟戍邊. 何孟春調南京工部. 毛紀罷.

| 수찬(修撰) 양신 등을 체포하여 옥에 가두고, 다시 매질하였다. 양신, 왕원정, 유제(劉濟)[128]를 변방으로 유배시켰다. 하맹춘은 남경공부(南京工部)에 배속되었고, 모기(毛紀)는 파직되었다.[129]

○南寧伯毛良上言: "楊廷和要定策功, 沮撓大禮, 使陛下失天倫之正." 留中, 不報.

| ○ 남령백(南寧伯) 모량(毛良)[130]이 의견을 올렸다. "양정화가 책훈(策勳)을 정하자고 요구하며 대례(大禮)를 막고 어지럽혀서 폐하로 하여금 천륜(天倫)의 올바름을 잃어버리도록 하였습니다." 황제는 궁중에 보류해두고 비답을 주지 않았다.[131]

---

128 유제(劉濟): 자는 汝楫. 正德 6년에 進士가 되었고, 吏科給事中, 刑科都給事中 등을 지냈으며, 대례의 당시 간언을 하다가 황제의 미움을 사서 귀양지에서 죽었다. 뒤에 復官되고 太常少卿에 추증되었다. 『明史』, 卷192, 「劉濟列傳」 참조.

129 수찬~파직되었다: 모기가 벼슬을 그만두고 금위위에서 신하들에게 형벌을 가하고 유배 보낸 것은 7월 辛卯日이지만, 하맹춘이 南京工部에서 일하게 된 것은 8월 丙申日이다. 『明史紀事本末』에서 이 두 가지를 일괄적으로 7月로 본 것은 잘못이다. 『明世宗實錄』, 卷41, 24a-26a; 『明世宗實錄』, 卷42, 2a, 7a-8a 참조.

130 모량(毛良): 자는 舜臣, 호는 兩山居士 또는 雨山. 北平 사람. 南寧伯으로, 詩書로 유명했으며, 저술로는 『心變稿』가 있다.

131 남령백~않았다: 모량이 예부에 상소한 것은 8月 庚戌日이다. 『明史紀事本末』에서 7月로 본 것은 잘못이다. 『明世宗實錄』, 卷42, 7a-8a 참조.

○八月, 席書至京. 以孝宗考名未正, 悉發諸議留中者, 命禮部集議. 鄭岳 · 徐文華力言: "孝宗祝享 · 昭聖冊寶, 尊奉已久, 不宜輕改." 帝切責之.

| ○ 8월, 석서가 수도에 도착했다. 효종을 고(考)라고 부르는 것이 바르지 않다는 이유를 들어 황제는 궁중에 두고 보류해둔 소(疏)들을 모두 내주며 예부(禮部)에서 함께 논의하도록 명하였다. 정악(鄭岳)[132]과 서문화(徐文華)[133]가 힘껏 말했다. "효종의 축향(祝享)과 소성(昭聖)의 책보(冊寶)는 높이 받든 지가 이미 오래이니, 가벼이 고쳐서는 안 됩니다." 황제가 그들을 몹시 책망하였다.[134]

○胡世寧居憂里中, 亦上言, 與璁等合. 帝嘉之.

| ○ 호세령(胡世寧)[135]이 집에서 거상(居喪)하는 중에 또한 의견을 올렸는데, 의견이 장총 등과 부합하였다. 황제가 아름답게 여겼다.

臣謹案, 毛良, 乘機陷大臣, 眞小人也.

---

132 정악(鄭岳, ?~1536): 자는 汝華. 莆田 사람. 弘治 6年에 進士가 되었고, 戶部主事, 刑部主事, 湖廣僉事, 廣西副使, 江西按察使, 右副都御史, 兵部右侍郎 등을 지냈으며, 대례의 당시 황제의 노여움을 샀다. 『明史』, 卷203, 「鄭岳列傳」 참조.

133 서문화(徐文華, ?~1527): 자는 用光. 嘉定州 사람. 正德 3년에 進士가 되었고, 大理評事, 監察御史, 河南按察副使 등을 지냈으며, 대례의 때 간쟁을 하다가 녹봉을 빼앗기고 그로 인해 李福達 옥사 때 연루되어 귀양 가서 죽었다. 뒤에 左僉都御史에 추증되었다. 『明史』, 卷191, 「徐文華列傳」 참조.

134 8월~책망하였다: 席書가 도착한 것은 8월 乙巳日이고, 禮部에 명을 내린 것은 庚戌日이다. 해당 내용이 『皇明肅皇外史』, 卷4, 22b-23a; 『明世宗實錄』, 卷42, 5a, 7a-8a에 자세히 보인다.

135 호세령(胡世寧, ?~1530): 자는 永淸. 시호는 端敏. 仁和 사람. 弘治 6년 進士가 되었고, 南京刑部主事, 江西副使, 兵部尙書 등을 지냈다. 南都四君子로 불렸고, 兵政10事와 備邊3事를 건의한 것으로 유명하다. 뒤에 少保로 추증되었다. 저술로는 『胡端敏奏議』가 있다. 『明史』, 卷199, 「胡世寧列傳」 참조.

| 삼가 생각건대, 모량은 기회를 틈타 대신을 모함하니, 참으로 소인이다.

2:31

九月, 改稱孝宗 敬皇帝爲皇伯考, 昭聖皇[136]太后爲皇伯母.

| 9월, 효종 경황제(孝宗 敬皇帝)를 황백고(皇伯考)로 개칭(改稱)하고, 소성황태후(昭聖皇太后)를 황백모(皇伯母)로 개칭했다.[137]

○初, 鄭岳等與璁等力辨可否. 於是, 書 · 蕚 · 璁及獻夫等六十有四人上言: "三代之法, 父死子繼, 兄終弟及. 人無二本. 孝宗, 伯也, 宜稱曰皇伯考. 昭聖, 伯母也, 宜稱曰皇伯母. 獻皇帝主, 別立禰室, 不入太廟, 尊尊 · 親親, 兩不悖矣." 議上, 從之.

| ○ 처음에는 정악(鄭岳) 등이[138] 장총 등과 더불어 힘껏 옳고 그름을 가렸다. 이에 석서, 계악, 장총, 방헌부 등 64인이 말씀드렸다. "삼대(三代)의 법(法)은 아버지가 돌아가시면 아들이 계승하고 형이 죽으면 아우가 잇습니다.[139] 사람의 근본이 둘일 수 없습니다. 효종은 백부(伯父)이니, 황백고라고 부르는 것이 마땅하고, 소성은 백모(伯母)이니, 황백모라고 부르는 것이 마땅합니다. 헌황제(獻皇帝)의 신주는 예실(禰室)

---

136 皇: 新朝鮮社本에는 '皇'이 빠져 있으나 『明史紀事本末』, 卷50, 「大禮議」와 奎章閣本에 따라 보충한다.

137 9월~개칭했다: 개칭의 조치는 『明世宗實錄』, 卷43, 世宗 3年 9月 丙寅日條에 보인다. 同月 丙子日에는 天地와 宗廟에 고하는 제사를 드리고 천하에 改稱을 포고했다.

138 정악(鄭岳) 등이: 『明史紀事本末』에는 '王偉, 鄭岳, 徐文華 등이'로 되어 있다.

139 삼대의~잇습니다: 三代는 중국 고대의 夏 · 殷 · 周 세 왕조를 말한다. 전통적으로 왕위 계승에서 殷이 '兄終弟及'의 형제상속을 하는 데 비해, 周는 '父死子繼'의 부자상속을 했다고 한다. 역대 왕조에서는 상황에 따라 두 원칙 중 하나를 적용했다.

을 따로 세우고 태묘에 들이지 않으시면, 존존(尊尊)과 친친(親親)이 모두 어그러지지 않습니다."[140] 논의가 올라오자, 그대로 따랐다.

臣謹案'父死子繼, 兄終弟及', 何說也? 專心於興國之緖, 忽忘於祖宗之統, 眞欲以世宗專繼興獻. 亂臣賊子, 非此而誰? 雖使其言, 或有剽竊一二於古經者, 其本源心術, 在於迎合, 而不在於正禮[141]也. 世宗爲武宗後, 不爲孝宗後, 但當據此而決之而已. 世宗旣以武宗爲禰, 不得復以興獻爲禰, 爲獻皇別立禰室者, 又何說也? 興獻別廟, 當名曰興獻廟, 而嗣天子, 世世享祀不絶而已, 惡得云禰室乎? 唯'不入太廟'四字, 猶是知禮之言也.

ㅣ 삼가 생각건대, "아버지가 돌아가시면 아들이 계승하고 형이 죽으면 아우가 잇는다."는 것은 무슨 말인가? 홍국(興國)의 서(緖)에 마음을 쏟으면서 갑자기 조종(祖宗)의 통(統)을 잊어버리니, 참으로 세종이 오로지 홍헌왕을 계승하도록 하려는 것이다. 이들이 난신적자(亂臣賊子)[142]가 아니면 누구이겠는가? 비록 그 말이 더러 옛 경전에서 한두 가지를 베낀 것이 있다고 하더라도, 그 본원적인 마음가짐은 영합(迎合)에 있는 것이지 정례(正禮)에 있는 것이 아니다. 세종은 무종의 후사이지 효종의 후사가 아니므로, 다만 이것에 근거하여 호칭을 결정해야 한다. 세종은 이미 무종을 아버지〔禰〕로 삼았으므로 다시 홍헌왕을 아버지로 삼을 수 없는데도, 헌황을 위해 따로 예실(禰室)을 세운다는 것은 또 무

140 헌황제의~않습니다: 世宗의 生父인 獻皇帝의 神主를 禰室에 봉안한 것은 親親을 고려한 것이고, 그 신주를 太廟에 들이지 않은 것은 尊尊을 반영한 것이다.

141 禮: 新朝鮮社本에는 '體'로 되어 있으나 奎章閣本에 따라 바로잡는다.

142 난신적자(亂臣賊子): 『孟子』, 「藤文公下」에 나오는 표현으로, 나라를 어지럽히는 신하와 어버이를 해치는 자식을 말한다.

은 말인가? 홍헌의 별묘(別廟)는 '홍헌묘(興獻廟)'라고 이름 짓는 것이 마땅하지만, (세종은) 천자〔嗣天子〕를 계승하였으니, 대대로 제사를 지내서 끊어지지 않도록 하면 그만이거늘, 어찌 '예실'이라고 하겠는가? 다만 '태묘에 들이지 않는다〔不入太廟〕'는 네 글자만이 그나마 예(禮)를 아는 말이다.

## 2:32

**百户隨全請改遷顯陵.【興獻墓】席書等上言: "乞治全罪." 帝曰: "先陵遠在安陸, 朕瞻仰哀切, 其再議之." 書與璁 · 萼等復上言: "擧大事, 當順人心. 今多官皆曰, '帝魄不可輕動, 地靈不可輕洩.' 臣等敢不盡言." 帝乃罷.**

| 백호(百戶) 수전(隨全)이 현릉(顯陵)【홍헌(興獻)의 무덤(墓)】을 옮길 것을 청했다. 상서(尙書) 석서 등이 말씀드렸다. "부디 수전의 죄를 다스리소서."[143] 황제가 말했다. "선친(先親)의 능(陵)이 멀리 안륙에 있어서 내가 우러러 바라보면서 애가 타니, 다시 논의하도록 하라." 석서가 장총, 계악 등과 더불어 다시 말씀드렸다. "대사를 거행할 때는 인심을 따르는 것이 마땅합니다. 지금 많은 관리들이 모두 '제백(帝魄)은 가벼이 움직여서는 안 되고, 지령(地靈)은 가벼이 새어나가면 안 됩니다'[144]라고 하니, 신들은 감히 말씀을 다 드릴 수 없습니다." 황제가 이에 (논의를) 그치게 했다.[145]

---

143 석서 등이~다스리소서: 해당 기사가 『明世宗實錄』, 卷43, 世宗 3年 9月 丁亥日條에 보인다.

144 제백은~안 됩니다: 世宗이 顯陵을 옮기고자 했을 때 신하들은 무덤의 發福 덕분에 황제가 될 수 있었으니 옮기면 안 된다는 논리로 반대했다. 본래 죽은 조상의 魂과 魄은 각각 사당과 무덤에서 제사의 대상이 되는데, 여기서 帝魄과 地靈을 중시한 것은 바로 風水의 同氣感應에 따른 發福의 매개가 魂이 아니라 魄이기 때문이다.

145 석서가~했다: 『明世宗實錄』, 卷43, 世宗 3年 10月條에 따르면, 甲辰日에 다시 上言하

臣謹案, 時議謂'顯陵, 吉地發蔭, 得以藩王入爲天子'. 故書言之, 帝從之, 無一非私意也.

| 삼가 생각건대, 당시의 논의는 "현릉은 길지(吉地)라서 조상의 음덕(蔭德)을 발하니, 번왕(藩王)으로서 대통을 입계하여 천자가 될 수 있었다."는 것이다. 그러므로 석서가 그렇게 말하고, 황제가 그대로 따랐으니, 하나도 사사로운 뜻이 아닌 것이 없었다.

2:33

十二月, 評事韋商臣上言: "議禮諸臣爲國家大獄, 上干天象, 下駭民俗. 請將『諸臣錄』復其官, 及其子孫, 庶不失欽恤之意." 疏入, 調外. 陳洪謨亦言之, 留中, 不報.

| 12월, 평사(評事)[146] 위상신(韋商臣)이 말씀드렸다. "전례를 논의하는 여러 신하들이 국가의 큰 옥사(獄事)를 당한 것은 위로 하늘의 상(象)을 범하고 아래로 백성들의 풍속을 어지럽힌 것입니다. 부디 『제신록(諸臣錄)』을 가지고서 그 관직을 회복시키시고 그 자손들에 이르기까지 흠휼(欽恤)하는 뜻을 잃지 마소서." 소(疏)가 들어가자, 위상신을 외직(外職)으로 전임(轉任)시켰다. 진홍모(陳洪謨)[147]도 그렇게 말했으나, 황제는 궁중에 보류해두고 비답을 주지 않았다.

臣謹案, 中外皆以爲大禮已畢, 而皇上心中, 猶有餘事, 故議禮諸臣, 猶錮之也.

---

고, 乙卯日에는 세종이 논의를 파하고 七陵의 예에 따라 顯陵에 제사하도록 명했다.

146 평사(評事): 大理寺 소속의 正7品 관직. 『明史』, 「職官志」 참조.

147 진홍모(陳洪謨): 당시 巡撫江西都御史였다.

| 삼가 생각건대, 중앙과 외지의 사람들은 대례(大禮)를 이미 마쳤다고 생각했으나, 황상의 마음속에는 아직도 남은 일이 있었기 때문에, 대례를 논의하는 신하들이 도리어 그것을 막았던 것이다.

## 2:34

四年春, 詔修『獻皇帝實錄』.

| 4년(乙酉, 1525) 봄, (황제가) 『헌황제실록(獻皇帝實錄)』를 만들도록 조칙을 내렸다.

○夏四月, 光祿寺丞何淵請立世室, 崇祀皇考於太廟. 帝命禮部集議.

| ○ 여름 4월, 광록시(光祿寺) 서승(署丞)[148] 하연(何淵)이 세실(世室)을 세우고 태묘에서 황고(皇考)를 받들어 제사할 것을 청하였다. 황제가 예부(禮部)에 논의를 모으도록 명했다.

○尚書席書等上議: "「王制」, '天子七廟, 三昭三穆.' 周以文·武有大功德, 乃立世室與后稷廟, 皆百世不遷. 我太祖立四親廟, 德祖居北, 後改同堂異室. 議祧, 則以太祖擬文世室, 太宗擬武世室. 今獻皇帝以藩王追崇帝號. 何淵乃欲比之太祖·太宗, 立世室於太廟, 甚無據." 不報.

| ○ 상서(尙書) 석서 등이 논의를 올렸다. "『예기(禮記)』「왕제(王制)」에 '천자는 7묘(廟)로, 3소(昭) 3목(穆)이다.'고 했습니다. 주(周)는 문왕(文王)과 무왕(武王)이 큰 공덕이

---

148 광록시(光祿寺) 서승(署丞): 光祿寺는 궁중에서 국가의 제사, 연회, 음식 등을 맡아보던 곳이고, 署丞은 光祿寺의 從7品 관직이다. 『明史』, 「職官志」 참조.

있다고 하여, 이에 후직(后稷)의 묘(廟)와 더불어 세실(世室)을 세웠는데, 모두 백세(百世)토록 조천하지 않았습니다. 우리 태조(太祖)께서는 사친묘(四親廟)를 세우셨는데, 처음에는 덕조(德祖)께서 북쪽에 자리 잡았다가, 뒤에 동당이실(同堂異室)[149]로 고쳤으며, 조묘(祧)에 대한 논의에서는 태조를 문세실(文世室)에 견주었고, 태종(太宗)을 무세실(武世室)에 견주었습니다.[150] 이제 헌황제(獻皇帝)께서는 번왕(藩王)의 처지로 제호(帝號)를 추숭했습니다. 하연이 이에 그를 태조와 태종에 견주어서 태묘에 세실을 세우고자 했으나, 전혀 근거가 없습니다." (황제가) 비답을 주지 않았다.

○張璁·桂萼俱言不可. 璁曰: "臣與廷臣抗論之初, 卽曰, '當改爲獻皇帝, 立廟京師.' 又曰, '別立禰廟, 不干正統.' 此非臣一人之私, 天下萬世之公議也. 今淵乃以獻皇帝爲自出之帝, 比周文·武, 不經甚矣. 上干九廟之威監, 下駭四海之人心, 臣不敢不爲皇上言之. 今淵請入獻皇帝於太廟, 不知序於武宗之上與? 武宗之下與? 昔人謂, '孝子之心無窮, 分則有限, 得爲而不爲與不得爲而爲之, 均爲不孝.' 別立禰廟, 禮之得爲者也, 此臣昧死勸皇上爲之. 入於太廟, 禮之不得爲者也, 此臣昧死勸皇上勿爲."

| ○ 장총과 계악이 모두 안 된다고 말했다. 장총이 말했다. "신은 조정의 신하들과 더불어 논쟁을 벌이던 초기에 곧 '마땅히 호칭을 헌황제로 고치고, 수도에 묘(廟)를 세워야 합니다.'고 말했고, 또 '따로 예묘(禰廟)를 세우면 정통(正統)을 범하지 않습

---

149 동당이실(同堂異室): 북쪽에 태조의 廟가 있고 서쪽과 동쪽에 昭와 穆의 廟를 각각 다른 건물로 독립시켜 배치하는 昭穆制와는 달리, 여러 신위를 같은 건물〔堂〕의 지붕 아래 있는 다른 방〔室〕에 모시는 제도. 조선의 宗廟는 同堂異室 방식을 채택하면서, 서쪽의 室이 가장 높은 西上法을 적용했다.

150 우리 태조께서는~견주었습니다: 明나라 건국 초기에는 同堂同室이었다가, 태조 8년(1575)에 同堂異室로 바뀌었으며, 태조 9년(1576)에는 同堂異室 昭穆制가 된다. 자세한 내용은 『明史』, 卷51, 「禮志」, 〈吉禮5·廟制〉 참조.

니다.' 라고 말했습니다. 이는 신 한 사람의 사적인 뜻이 아니라 천하 만세(萬世)의 공의(公議)입니다. 이제 하연이 이에 헌황제를 유래가 되는 황제〔自出之帝〕로 삼았는데, 주나라의 문왕과 무왕에 견주면, 심히 불경합니다. 위로는 9묘(廟)의 위감(威監)을 범하고, 아래로는 사해(四海)의 인심을 어지럽히니, 신은 감히 황상을 위해 말씀드리지 않을 수가 없습니다. 이제 하연이 헌황제를 태묘에 들이도록 청했는데, 그 차서(次序)를 잘 모르겠습니다만, 무종(武宗)의 위입니까? 무종의 아래입니까? 옛 사람[151]은 '효자의 마음은 끝이 없으나, 분수〔分〕에는 한계가 있으니, 할 수 있는데도 하지 않는 것과 할 수 없는데도 하는 것은 똑같이 불효다.' 라고 말했습니다.[152] 예묘(禰廟)를 따로 세우는 것은 예(禮)에 할 수 있는 것이니, 이는 신이 죽기를 무릅쓰고 상소하여 황상께 권한 것입니다. 태묘에 들이는 것은 예(禮)에 할 수 없는 것이니, 이는 신이 죽기를 무릅쓰고 상소하여 황상께 하시지 말라고 권한 것입니다."

○席書會羣臣, 復上議爭之. 大學士費宏等及九卿·臺[153]官, 各上疏力爭, 俱不報.

| ○ 석서는 여러 신하들을 모아놓고, 그것을 다시 상의하고 논쟁했다. 대학사(大學士) 비굉(費宏) 등과 구경(九卿)과 대관(臺官)들이 각각 상소하여 힘껏 논쟁하였으나, 모두 비답을 주지 않았다.

---

151 옛 사람: 北宋代 학자인 胡寅(1098~1156). 崇安人. 자는 明仲, 호는 致堂. 諡號는 文忠. 胡安國의 조카로 그의 양자가 되었다. 宣和 연간에 進士가 되었고, 관직은 徽猷閣直學士에 이르렀다. 北宋 高宗 때 金이 침입해오자 疏를 올려 主戰論을 주장하였으나, 主和派인 秦檜의 미움을 사서 좌천되었다. 저술로는 『讀史管見』, 『論語詳說』, 『斐然集』 등을 남겼다.

152 옛 사람은~말했습니다: 해당 전거는 다음과 같다. 朱熹, 『論語集註』, 卷2, 「爲政第二」. "胡氏曰, '人之欲孝其親, 心雖無窮, 而分則有限, 得爲而不爲與不得爲而爲之, 均於不孝. 所謂以禮者, 爲其所得爲者而已矣.'"

153 臺: 『明史紀事本末』에는 '臺諫'으로 되어 있다.

臣謹案, 帝心未已, 故何淵之兇論, 作矣. 宜明正其罪, 以謝天下, 不能出此, 惜哉!

| 삼가 생각건대, 황제가 아직 미련을 버리지 못했기 때문에, 하연의 흉한 논의가 일어났던 것이다. 그 죄를 밝히고 바로잡아서 천하에 사죄해야 마땅하거늘, 이를 할 수 없었으니, 안타깝도다!

○臣又按, 席書之議, 疎於禮矣. 周有二廟, 一曰先公廟, 后稷爲始祖, 一曰先王廟, 文王爲太廟. 柳下惠之言曰: "殷人祖契而宗湯, 周人祖文而宗武."『國語』·「祭法」, 其文歷然. 班固『白虎通』曰: "后稷爲始祖, 文王爲太祖." 鄭玄「雝」詩之箋, 亦以文王爲太祖. 敖繼公謂'周祖后稷, 又祖文王'者, 此也. 大抵柳下惠者, 魯之公族, 本以姬姓, 身具聖德, 顧不識周之宗廟, 孰爲太祖乎? 唯「周語」伶州鳩之言有云'我太祖 后稷'者, 后稷於先公之廟, 未嘗非太祖, 故其言如彼. 席書見朱子「昭穆圖」, 堅以后稷爲太祖, 文 · 武爲世室, 殆不然也. 後世得天下者, 皆立四親廟. 然四親廟者, 諸侯之禮也. 諸侯五廟, 未有太祖, 則非四親乎? 周之先公廟, 亦因諸侯之舊, 則得天下者, 於其先四, 第用諸侯之廟, 於禮宜然. 然周之后稷, 有聖德大功, 百世不遷, 可也. 皇明德祖, 本無功德, 安得百世不遷? 我邦宗廟之禮, 穆 · 翼 · 度 · 桓, 並皆祧遷, 祀有祧廟, 得禮之正也.

| ○또 생각건대, 석서의 논의는 예와 거리가 멀다. 주나라에는 두 가지 묘가 있었는데, 하나는 선공묘(先公廟)이니, 후직(后稷)이 시조(始祖)가 되고, 하나는 선왕묘(先王廟)이니, 문왕(文王)이 태묘가 된다. 유하혜(柳下惠)는 "은나라 사람은 설(契)을 조(祖)로 삼고 탕(湯)을 종(宗)으로 삼으며, 주나라 사람은 문왕을 조로 삼고 무왕을 종으로 삼는다."고 했

는데,[154] 『국어(國語)』와 『예기(禮記)』 「제법(祭法)」편에 그 문장이 뚜렷하게 나온다. 반고(班固)는 『백호통(白虎通)』에서 "후직이 시조가 되고 문왕이 태조(太祖)가 된다."고 했고,[155] 정현(鄭玄)의 「옹(雝)」 시(詩)에 대한 전(箋: 주해)에서도 문왕을 태조로 삼았으니,[156] 오계공(敖繼公)[157]이 "주나라는 후직을 조로 삼았는데, 또 문왕을 조로 삼았다."[158]고 말한 것이 이것이다. 대저 유하혜는 노나라 공족(公族)으로서, 본래 희(姬) 성(姓)을 쓰고, 몸소 성덕(聖德)을 갖추었는데도, 주나라의 종묘를 알지 못했으니, 누가 태조가 되겠는가? 다만 『국어』 「주어(周語)」에 영주구(伶州鳩)가 "우리 태조 후직"[159]이라고 한 말이 있는 것은 후직이 선공(先公)의 묘(廟)에서 태조가 아닌 적이 없었기 때문에, 그 말이 저와 같았던 것이다. 석서가 주자(朱子)의 「소목도(昭穆圖)」를 보고서, 굳게 후직을 태조로 삼고, 문왕과 무왕을 세실로 삼았으나, 대개 그렇지 않다. 후세에 천하를 얻은 자는 모두 사친묘(四親廟)를 세웠다. 그러나 사친묘는 제후의 예다. 제후는 5묘이니, 태조가 없다면, 사친(四親)이 아니겠는가? 주나라 선공묘(先公廟)도 제후의 옛 신분으로 인한 것이므로, 천하

---

154 유하혜는~했는데: 해당 내용이 『國語』, 卷4, 「魯語上」에 보인다.

155 반고는~했고: 해당 내용은 다음과 같다. 〔淸〕 陳立, 『白虎通疏證』, 卷12, 「闕文」, 「宗廟」(北京: 中華書局, 1994), 下~570. "周以后稷·文·武特七廟, 后稷爲始, 與文王爲太祖, 武王爲太宗." 『白虎通』에서 班固는 周나라 宗廟에 대해 위와 같이 설명하였는데, 앞의 한 구절은 『禮記』, 「王制」를 『禮記正義』에 근거하여 보충한 것이고, 뒤의 세 구절은 『舊唐書』, 「禮儀志」에 의거하여 보완한 것이다. 이에 대한 자세한 논의는 『白虎通疏證』, 卷12, 「闕文」, 「宗廟」, 下~570-573을 참조하라.

156 정현의~삼았으니: 해당 내용은 다음과 같다. 『毛詩正義』, 卷第19-3, 「周頌·臣工之什」 27-7, 「雝」, 9a(十三經注疏 2~734a). 〔毛序〕 雝, 禘太祖也. 〔鄭箋〕 太祖謂文王.

157 오계공(敖繼公): 元代 학자. 자는 君善. 長樂人. 저술로는 『儀禮集說』 17권이 있다.

158 주나라는~삼았다: 해당 내용이 敖繼公, 『儀禮集說』, 卷11, 「喪服第十一」에 보인다.

159 우리~후직: 해당 내용은 다음과 같다. 『國語』, 卷3, 「周語下」, 上~138. "我太祖后稷之所經緯也, 王欲合是五位·三所而用之."

를 얻은 자가 그 선조 4대에 대해 다만 제후의 묘를 쓰는 것은 예의 원칙상 당연하다. 그러나 주나라 후직은 성덕(聖德)과 대공(大功)이 있었으니, 백세토록 조천하지 않는 것이 옳지만, 황명(皇明)의 덕조(德祖)는 본래 공덕이 없었는데, 어찌 백세토록 조천하지 않겠는가?[160] 우리나라 종묘의 예에 목조(穆祖), 익조(翼祖), 도조(度祖), 환조(桓祖)를 아울러 모두 조천(祧遷)하여 조묘(祧廟)에 제사하는 것은 바른 예를 갖춘 것이다.[161]

○又按, 璁·萼於此, 庶可以少贖前罪, 但其云禰廟者, 又非禮也.

| ○또 생각건대, 장총과 계악은 이 대목에서 어쩌면 앞서 지은 죄를 조금이나마 속죄할 수도 있었을 테지만, 그(장총)가 말하는 '예묘(禰廟)'라는 것도 예가 아니다.[162]

## 2:35

璁·萼乃謂書曰: "觀德殿規制未備, 宜聖心未慊也. 須別立廟, 不干太廟, 尊尊·親親, 並行不悖." 書等遂上議: "宜於皇城內擇地, 別立禰廟, 不與太廟並列, 祭用次日, 尊尊·親親, 庶爲兩全." 從之.

---

160 그러나~않겠는가: 다산이 禮說에서 강조하는 功德의 실현 여부는 일관되게 百世不遷과 稱宗과 祔廟 등의 기준이 된다는 점에서 중요하다.

161 우리나라~것이다: 朝鮮에서는 太祖의 4대 선조들을 모두 宗廟 正殿이 아니라 祧廟인 永寧殿에 봉안했다.

162 장총과~아니다: 세종의 生父인 홍헌왕을 禰廟로 삼음으로써 親屬과 君統을 억지로 합치시켜서 결과적으로 君統을 親屬에 종속시킨 장총의 논리가 잘못임을 비판한 것이다.

| 장총과 계악이 이에 석서에게 말했다. "관덕전(觀德殿)의 규제(規制)가 아직 갖추어지지 않아서 성상의 마음이 흐뭇하지 않을 테니, (헌황제의) 묘를 따로 세워 태묘를 범하지 않고 존존과 친친을 병행하여 어그러짐이 없어야 합니다." 석서 등이 드디어 논의를 올렸다. "마땅히 황성 안에서 땅을 골라서 따로 예묘(禰廟)를 세우되 태묘와 병렬하지 않고 제사는 다음 날 올려야, 존존과 친친이 아마도 모두 온전해질 것입니다." (황제가) 그것을 따랐다.

臣謹案, 禰廟之名, 大非禮也. 漢 宣帝立悼皇廟, 不稱禰廟, 漢光武立南頓廟, 不稱禰廟, 何所據而稱禰乎? 父不可有二父者, 興獻也. 禰不可有二禰者, 武宗也.

| 삼가 생각건대, 예묘라는 명칭은 예에 크게 어긋나는 것이다. 한나라 선제(宣帝)가 도황묘(悼皇廟)를 세우고도 예묘라고 부르지 않았고, 한의 광무제(光武帝)가 남돈묘(南頓廟)를 세우고도 예묘라고 부르지 않았는데, 무슨 근거로 예(禰)라고 부르겠는가? 아버지는 두 분이 계실 수 없다고 할 때의 아버지는 홍헌이지만, 예묘가 둘일 수는 없다고 할 때의 예묘는 무종(武宗)의 예묘이다.[163]

## 2:36

六月, 作世廟.

| 6월, 세묘(世廟)를 지었다.

---

163 아버지는～예묘이다: 아버지〔父〕와 禰廟는 각각 親親과 尊尊, 親屬과 君統을 반영한다. 다산은 아버지와 예묘를 각각 興獻王과 武宗으로 철저하게 구분하였다.

○席書曰: "我朝德祖百世不遷, 懿祖以下隨世而祧. 獻皇帝與孝宗同世, 親盡同祧." 帝曰: "別廟不與祖宗序列, 他日奉祧, 藏於何所, 其再議之."

| ○ 석서가 말했다. "우리 왕조에서 덕조(德祖)는 백세토록 소천하지 않지만, 의조(懿祖) 이하는 세대에 따라 조천합니다. 헌황제와 효종은 세대가 같으므로 혈연관계가 다하면 함께 조천합니다." 황제가 말했다. "별묘는 조종(祖宗)의 서열과 다르니, 언젠가 나중에 받들어 조천할 적에 어느 곳에 (신주를) 모실지를 다시 논의토록 하시오."

○書曰: "宜藏主寢殿, 歲暮出祭."

| ○ 석서가 말했다. "침전(寢殿)에 신주를 모셨다가 세밑〔歲暮〕에 꺼내어 제사하시는 것이 마땅합니다."

○帝曰: "皇考生朕一人, 入繼大統, 今特立廟, 世世不遷, 伸朕孝思." 乃命工部相地, 於太廟左環碧殿旁立廟, 前殿後寢, 一如太廟, 而微殺其制, 名曰世廟.

| ○ 황제가 말했다. "황고(皇考)께서는 짐(朕) 한 사람을 낳으셔서 짐이 대통을 입계하였으니, 이제 특별히 묘(廟)를 세우고 세세(世世)토록 조천하지 않아서, 짐의 효성스런 심사를 펼치겠소." 이에 공부(工部)에 명하여 땅을 잘 살펴서, 태묘의 왼쪽 환벽전(環碧殿) 옆에 묘를 세우고, 전전(前殿)과 후침(後寢)은 태묘와 똑같이 하되, 그 제도는 조금 격을 낮추어서 세묘라고 이름 붙였다.

臣謹案, 興獻者, 天子之別子, 諸侯之太祖. 其在禮法, 當百世不遷. 今以爲天子父之故, 暫享皇帝之名, 而四世卽祧, 可乎? 其

所崇報不如無也, 其義豈可立乎?

| 삼가 생각건대, 홍헌은 천자의 별자(別子)이며 제후의 태조(太祖)이므로, 예법(禮法)상 백세(百世)가 지나더라도 조천하지 않아야 마땅하거늘, 지금 천자의 아버지라는 연고로 잠시 황제의 이름으로 제향을 드리다가 4세(四世)가 되어 조천해서야 되겠는가? 그 숭보(崇報)하는 바가 없는 것과는 같지 않지만, 그 의(義)가 어찌 세워질 수 있겠는가?

○臣又按, 太廟有前殿者. 古者政令, 皆發之於宗廟前殿, 爲天子視朔之所也. 興獻之廟, 安用前殿? 竊禮之不中者也.

| ○또 생각건대, 태묘(太廟)에는 전전(前殿)이 있다. 옛날에는 정령(政令)을 모두 종묘의 전전에서 발표했으니, 천자가 시삭(視朔)[164]하는 곳이다. 홍헌의 묘에 어찌 전전을 쓰겠는가? 그것은 예에 맞지 않은 짓을 하는 것이다.

## 2:37

給事中楊言等上疏[165], 乞罷世室, 略曰: "祖宗身有天下, 大宗也,

---

164 시삭(視朔): 시삭은 해마다 季冬에 천자가 제후들에게 册曆을 반포하면 제후들이 그것을 받아서 宗廟에 간직해두었다가 매달 초하루에 종묘에 고한 뒤 나라에 반포하는 정치-의례 행사였다. 다산은 시삭의 예에 대해서 곡삭, 조향, 시삭의 세 가지 의절로 나누어 다음과 같이 설명했다. 全書, II-8, 『論語古今注』, 卷2, 「八佾下」, "原夫視朔之禮, 厥有三節. 一曰告朔, 以天子所頒之告朔, 告于祖考, 而頒于百官者, 是也. 二曰朝享, 告朔旣訖, 以少牢之薦, 祭于祖禰者, 是也. 三曰視朔, 朝享旣訖, 國君皮弁, 以聽朔事於太廟之中, 是也." 참조.

165 疏: 新朝鮮社本에는 '統'으로 되어 있으나 『明史紀事本末』, 卷50, 「大禮議」와 奎章閣本에 따라 바로잡는다.

君也. 獻皇帝舊爲藩臣, 小宗也, 臣也. 以臣並君, 亂天下大分, 以小宗並大宗, 干天下大統, 無一可者不聽."

| 급사중(給事中) 양언(楊言) 등이 소(疏)를 올려 세실(世室)을 없앨 것을 간구하였는데, 대략 다음과 같이 말했다. "조송(祖宗)은 천하를 봄소 소유했넌 대송(大宗)이요 임금입니다. (그러나) 헌황제는 오랫동안 번신(藩臣)이었던 소종(小宗)이자 신하입니다. 신하가 임금과 맞먹으면 천하의 큰 분수를 어지럽히고 소종이 대종과 맞먹으면 천하의 큰 질서를 범하오니, 조금이라도 옳지 않은 일은 해서는 안 됩니다."

臣謹案, 張璁 · 桂萼之等, 終不能如此, 一言不免爲小人也.

| 삼가 생각건대, 장총과 계악 등은 끝내 이처럼 할 수 없어서 한마디도 소인임을 벗어나지 못했다.

2:38

五年夏六月,『獻皇帝實錄』成.

| 5년(丙戌, 1526) 여름 6월, 『헌황제실록(獻皇帝實錄)』이 완성되었다.

○秋七月, 移建世廟於奉先殿左. 丁丑, 世廟成, 帝自觀德殿奉獻皇帝主於世廟. 羣臣表賀, 上世廟樂章.

| ○ 가을 7월, 세묘를 봉선전(奉先殿) 왼쪽으로 옮겨 세웠다. 정축(丁丑)일, 세묘가 완성되니, 황제가 관덕전(觀德殿)부터 세묘까지 헌황제의 신주를 받들어 모셨다. 여러 신하들이 하례를 드리고 세묘의 악장(樂章)을 올렸다.[166]

---

166 가을~올렸다: 『皇明肅皇外史』, 卷6에는 해당 기사가 8月條에 보이는데, 8月 癸丑日

○九月, 帝奉章聖皇太后, 謁見世廟. 諸臣爭之, 璁·萼力贊之, 席書等不能難.

| ○ 9월, 황제가 장성황태후(章聖皇太后)를 모시고 세묘를 알현했다. 여러 신하들이 그것에 대해 논쟁했는데, 장총과 계악은 힘껏 찬성했으나, 석서 등은 비판할 수 없었다.

○命世廟時享與太廟同日次第擧行.

| ○ 세묘의 시향(時享)을 태묘와 같은 날 차례로 거행하도록 명했다.

○六年春正月, 諭修『典禮全書』. 張璁纂『要略』二卷以進, 上言: "此禮之失, 非今日也, 自漢·宋諸君失之. 故皇上之改, 改漢·宋諸君也."

| ○ 6년(丁亥, 1527) 봄 정월, 『전례전서(典禮全書)』를 짓도록 유시(諭示)했다. 장총이 『요략(要略)』[167] 두 권을 편찬하여 바치면서 말씀드렸다. "이 예(禮)의 잘못은 오늘날이 아니라 한(漢)과 송(宋)의 여러 군주들이 잘못한 데서 비롯된 것이므로, 황상께서 그 잘못을 고치는 것은 한과 송의 여러 군주들의 잘못을 고치는 것입니다."[168]

---

에 세묘의 악장을 짓고, 8月 丁丑日에 세묘를 완성하여 헌황제의 신주를 봉안했다고 기록하고 있다. 이에 비해 『明世宗實錄』, 卷66, 世宗 5年條에 따르면, 7月 庚子日, 壬寅日에 세묘가 완성되어 세종이 직접 세묘의 악장을 지었고, 9月 辛卯日에는 세묘에 헌황제의 신주를 봉안한 것으로 되어 있다. 이러한 기록은 모두 『明史紀事本末』과 차이를 보이는데, 『明世宗實錄』의 설이 타당하다.

167 『요략(要略)』: 1527년 장총이 『通鑑』의 凡例에 따라 編年體 서술로 大禮 관련 기록을 요약하여 정리한 책이다.

168 6년~것입니다: 『明史紀事本末』에는 『典禮全書』를 지으라는 유시에 따라 장총이 『要略』 두 권을 바쳤는데 황제가 이것을 받아들였다고 했으나, 『明世宗實錄』, 卷72, 世宗 6年 正月條에는, 辛卯日에 황제가 장총이 바친 『要略』을 史館에 받아들이라고 명한 다음 庚子日에 『大禮全書』를 짓도록 했다고 되어 있는데, 후자가 정확한 기록이다.

臣謹案, 璁 · 萼所謂改正者, 謂稱孝宗曰皇伯考, 而於興獻去本生二字也. 古禮雖然, 璁 · 萼等每云'皇上不爲人後', 豈亦古禮乎?

| 삼가 생각건대, 장총과 계악이 말하는 '개정(改正)'이란 효종을 '황백고(皇伯考)'라 부르고 홍헌에 대해서는 '본생(本生)' 두 글자를 없애는 것을 말한다. 고례(古禮)가 비록 그렇긴 하지만, 장총과 계악 등은 말끝마다 "황상께서는 남의 후사가 된 경우〔爲人後〕가 아닌데 어찌 고례대로 하겠습니까?"라고 말했다.

2:39

七年夏六月, 『明倫大典』成, 加張璁少傅兼太子太傅 · 吏部尚書 · 謹身殿大學士. 追奪議禮諸臣官, 勑曰: "大[169]學士楊廷和謬主濮議, 爲罪之魁, 以定策國老自居, 門生天子視朕, 法當僇市, 特寬宥削籍爲民. 毛澄 · 林俊俱已病故, 各奪其生前官職. 蔣冕 · 毛紀 · 喬宇 · 汪俊俱已[170]致仕, 各奪職閒住. 何孟春情犯特重, 夏良勝釀禍獨深, 俱發原籍爲民. 其餘兩京翰林 · 科 · 道部屬, 大小衙門各官, 附名入奏, 或被人代署而已[171]不與聞者, 俱從寬不究. 其先已正法典, 或編戍爲民者, 不問."

---

169 大: 奎章閣本 · 新朝鮮社本에는 모두 '太'로 되어 있으나 『明史紀事本末』, 卷50, 「大禮議」에 따라 바로잡는다.

170 已: 新朝鮮社本에는 '己'로 되어 있으나 『明史紀事本末』, 卷50, 「大禮議」와 奎章閣本에 따라 바로잡는다.

171 已: 奎章閣本 · 新朝鮮社本에는 모두 '已'로 되어 있으나 문맥상 『明史紀事本末』, 卷50, 「大禮議」에 따라 바로잡는다.

| 7년(戊子, 1528) 여름 6월, 『명륜대전(明倫大典)』이 완성되니,[172] 장총에게 소부(少傅) 겸 태자태부(太子太傅), 이부상서(吏部尙書), 근신전대학사(謹身殿大學士)의 벼슬을 더했다. 전례(典禮)를 논의하던 신하들의 관직을 추탈(追奪)하면서[173] 조칙을 내렸다. "대학사(大學士) 양정화는 복의(濮議)를 잘못 주장하여 죄인의 우두머리가 되었고, 천자 옹립을 도모한 국가원로를 자처하면서 문생(門生)의 천자(天子)로서 짐(朕)에 견주었으니, 법으로는 시(市)에서 죽여야 마땅하지만, 특별히 너그럽게 용서하여 (공신록 등에서) 삭적(削籍)하여 평민이 되게 한다. 모징(毛澄)과 임준(林俊)은 모두 이미 병들었으므로, 각각 그 생전의 관직을 추탈한다. 장면(蔣冕), 모기(毛紀), 교우(喬宇), 왕준(汪俊)은 모두 이미 벼슬을 그만두었으니, 각각 관직을 삭탈하고 벼슬 없이 지내게 한다. 하맹춘(何孟春)은 범법(犯法)의 정상(情狀)이 특히 무겁고, 하량승(夏良勝)은 화(禍)를 자아낸 책임이 특히 깊으니, 모두 원적(原籍)을 파내 평민이 되게 한다. 그 밖에 양경한림(兩京翰林) · 과(科) · 도(道)의 부속(部屬)들과 크고 작은 아문(衙門)의 각관(各官)들은 부명(附名)하여 상소했는데, 혹 남이 대신 서명하고 자기가 직접 참여하지 않은 경우에는 모두 너그럽게 선처하고 추궁하지 않는다. 앞서 이미 법전(法典)을 바르게 했거나 국경 수비에 편성되어 평민이 된 경우는 불문(不問)에 부친다."

臣謹案, 議禮諸臣本無可惡, 其罪不過疎於禮而已, 其心則爲宗國也. 前日所被已過, 而今又加律者, 帝之心中, 猶有餘事, 可知.

| 삼가 생각건대, 전례를 논의한 신하들은 본래 악하다고 할 만한 것은 없고, 그 죄는 예(禮)에 소홀한 데 지나지 않을 뿐이요, 그 마음은 종국(宗國)을 위하는 것이다. 이전에 입은 형률이 이미 지나친데도 이제

172 『명륜대전』이 완성되니: 『明世宗實錄』, 卷89, 世宗 7年 6月 辛丑朔條에 보인다.

173 전례를~추탈하면서: 해당 내용이 『明世宗實錄』, 卷89, 世宗 7年 6月 癸卯條에 자세히 나와 있다.

다시 형률을 더하는 것은 황제의 마음속에 아직도 남은 일이 있기 때문임을 알 만하다.

2:40

秋七月, 加上皇考·聖母尊號, 皇考爲恭睿淵仁寬穆純聖獻皇帝, 聖母爲章聖慈仁皇太后, 詔告天下.

| 가을 7월, 황고(皇考)와 성모(聖母)의 존호를 더하여 올리니, 황고는 '공예연인관목순성헌황제(恭睿淵仁寬穆純聖獻皇帝)'로 하고, 성모는 '장성자인황태후(章聖慈仁皇太后)'로 하여, 천하에 조칙을 내려 알렸다.

臣謹案, 天下之人, 方心非腹誹, 而務以虛名益加尊隆, 豈足以爲孝哉?

| 삼가 생각건대, 천하 사람들이 바야흐로 마음으로 비판하며 속으로 비방하는데도 헛된 이름으로써 더욱 높은 지위를 더하는 데 힘썼으니, 어찌 효라 할 수 있겠는가?

2:41

十五年冬十月, 更世廟爲獻皇帝廟. 帝諭夏言曰: "太宗, 百世不遷, 故名世室. 恐皇考亦斁讓太宗. 且世字, 來者或用作宗號, 今施於皇考, 徒擁虛名, 可議之." 夏言等欽定獻皇帝廟.

| 15년(丙申, 1536) 겨울 10월, 세묘를 고쳐서 헌황제묘(獻皇帝廟)로 삼았다. 황제가 하언(夏言)에게 유시(諭示)하였다. "태종(太宗)은 백세토록 조천하지 않으므로 세실(世

室)이라고 부른다. 아마도 황고(皇考)께서도 태종을 도탑게 사양할 것이다. 또한 세(世)자는 장래에 더러 종호(宗號)로 쓰이기도 할 텐데, 지금 황고께 적용하면, 그저 헛된 이름만을 갖게 되니, 그것에 대해 논의할 만하다." 하언(夏言) 등이 헌황제묘를 흠정(欽定)하였다.

○十二月, 九廟成. 獻皇帝廟, 止修時祀, 以避豐禰之嫌.

| ○ 12월, 9묘(廟)가 완성되었다. 헌황제묘는 다만 시사(時祀)[174]를 지내면서 예묘(禰廟)를 과도하게 모신다는 혐의를 피했다.

臣謹案, 世廟之名, 天下竊議十有餘年, 無一人敢言者, 帝乃自悟.

| 삼가 생각건대, '세묘'라는 명칭은 천하에서 가만히 논의한 지 10여 년 동안 한 사람도 감히 말하는 자가 없었는데, 황제가 이에 스스로 깨달은 것이다.

2:42

十七年五月, 揚[175]州府同知致仕豐坊上言: "'孝莫大於嚴父, 嚴父莫大於配天,' 宜建明堂, 尊皇考爲宗, 以配上帝." 坊, 熙子也.

| 17년(戊戌, 1538) 5월(→ 6월),[176] 양주부(揚州府) 동지치사(同知致仕) 풍방(豐坊)[177]이

174 시사(時祀): 계절마다 지내는 유교적 제사. 時享, 時祭로도 불린다.

175 揚: 新朝鮮社本·奎章閣本에는 모두 '楊'으로 되어 있으나 『明史紀事本末』, 卷50, 「大禮議」에 따라 바로잡는다.

176 5월(→6월): 『明史紀事本末』에는 '5월'로 되어 있으나 『明世宗實錄』, 卷213, 世宗 17年 6月 丙辰日條에 따라 6월로 바로잡는다.

177 풍방(豐坊): 豐熙의 아들. 嘉靖 2年에 進士가 되었고, 南京吏部考功主事, 揚州府通州同

말씀드렸다. "'효는 아버지를 존중하는 것보다 큰 것이 없으며, 아버지를 존중하는 것은 하늘에 배향하는 것보다 큰 것이 없으니',[178] 명당(明堂)을 세우고 황고를 높이며 종(宗)으로 삼아 상제(上帝)에 배향하는 것이 마땅합니다." 풍방은 풍희(豐熙)의 아들이다.

○尙書嚴嵩上言: "禮以爲萬物成形於秋. 故秋祀明堂, 以父配之. 自漢 武迨唐·宋諸君, 莫不皆然, 主親親也. 至於錢公輔·司馬光·孫抃·程·朱諸賢所論, 主祖宗之功德. 今以功德則宜配文皇, 以親則宜配獻皇. 揆以嚴父之旨, 以皇考而不得配, 陛下庸有所不寧矣? 至於稱宗之禮, 則未有帝宗而不祔太廟者. 臣不敢妄議, 以負陛下, 唯聖明裁擇."

| ○ 상서(尙書) 엄숭(嚴嵩)이 말씀드렸다. "예(禮)는 만물이 가을에 형태를 이룬다고 여기기 때문에 명당에서 가을 제사를 하여 아버지를 배향합니다. 한나라 무제(武帝)로부터 당나라와 송나라의 여러 임금들에 이르기까지 모두 친친(親親)을 주로 하였으며, 전공보(錢公輔), 사마광(司馬光), 손변(孫抃), 정자(程子), 주자(朱子) 등 여러 현인(賢人)들의 견해에 이르기까지 조종(祖宗)의 공덕(功德)을 주로 하였습니다. 이제 공덕으로는 문황(文皇)을 배향하는 게 마땅하지만, 혈연관계로는 헌황(獻皇)을 배향하는 게 마땅합니다. 아버지를 존중한다는 취지로 헤아려보면 황고인데도 배향할 수 없었는데, 폐하께 어찌 불편한 대상이 있겠습니까? 종으로 칭하는 예(禮)에 이르러서는 제(帝)·종(宗)으로서 태묘에 부묘하지 않은 자가 없었습니다. 신은 감히 망령되이 논의

---

知致仕 등을 지내다가 면직하고 귀향했다. 大禮議 당시에 張璁과 夏言의 논의에서 한 걸음 더 나아가 明堂을 건립하고 獻皇帝에게 廟號를 더하고 稱宗하여 상제에 배향하자는 주장을 펼쳤는데, 世宗이 이 의견을 좇아 결국 睿宗이란 廟號를 더하고 元極殿에 배향하였다. 『明史』, 「豐熙傳」 참조.

178 효는~없으니: 『孝經』, 「聖治」장을 인용한 것이다.

하여 폐하께 부담을 드릴 수 없사오니, 오직 성명(聖明)으로 헤아려 판가름하소서."

臣謹案, 『孝經』數句原自可疑, 朱子亦嘗論之, 果至世宗之時, 其禍天下如是矣. 『國語』曰 '夏后氏郊鯀', 則鯀配天矣. 然鯀本以崇伯, 有大功德於民. 雖以罪亟死, 而以死勤事, 法當崇報. 『國語』·「祭法」, 其文歷然. 况爲天子始祖, 同於稷·契, 王跡之所肇也, 其配天有義, 而興獻以支子藩王, 本無功德, 不爲始祖, 不爲王跡之所肇, 安得配天? 豐坊父子異論, 以誣上天, 嚴嵩首鼠兩端, 陰導主惡, 可誅可殺, 非此, 其誰也?

| 삼가 생각건대, 『효경(孝經)』의 몇 구절은 원래부터 의심스러운 것이어서 주자도 그것을 논한 적이 있었는데,[179] 과연 세종 때 이르고 보니, 그것이 천하에 이와 같이 화(禍)를 끼쳤다. 『국어(國語)』에서는 "하후씨(夏后氏)는 곤(鯀)에게 교사(郊祀)를 지냈다."고 했으니,[180] 곤을 하늘에 배향한 것이다. 그러나 곤은 본래 숭백(崇伯)으로서 백성들에게 큰 공덕이 있었다. 비록 사형을 당하여 죽었으나 죽음으로써 부지런히 일하였으니, 보답함이 마땅하다. 『국어』와 『예기』「제법(祭法)」에 그 문장이 분명하다. 하물며 천자의 시조가 되면 후직(后稷)이나 설(契)과 같이 왕적(王跡)의 시작이 되는 것이니, 하늘에 배향하는 것〔配天〕이 의(義)가 있겠지만, 홍헌왕은 지자(支子)인 번왕(藩王)으로서 본래 공덕이 없어서, 시조가 될 수 없고 왕적의 시작이 될 수 없거늘, 어찌 하늘에 배향할 수 있겠는가? 풍방 부자(父子)는 이상한 논의로 상천(上天)을 업신여기고, 엄숭은 쥐가 머리를 내밀고 이리저리 살피며 나갈까 말까 망설이

179 『효경』의~있었는데: 해당 내용이 『朱子語類』, 卷82, 「孝經」에 보인다.
180 『국어』에서는~했으니: 해당 내용은 다음과 같다. 『國語』, 卷4, 「魯語上」, 上~166. 展禽曰, "…… 夏后氏禘黃帝而祖顓頊, 郊鮌而宗禹. ……"

듯 하면서[181] 음(陰)으로 이끌어 악(惡)을 주장하니, 이들을 주살(誅殺)하지 않으면 그 누구를 주살하겠는가?

### 2:43

帝曰: "明堂秋饗, 宜於奉天殿行之, 其配享皇考稱宗, ……"

| 황제가 말했다. "명당(明堂)의 추향(秋饗)은 봉천전(奉天殿)에서 행해야 마땅하니, 그 황고를 배향하고 종(宗)으로 칭하는 것은……"

○戶部侍郎唐胄疏爭之曰: "'周人郊祀后稷以配天, 宗祀文王於明堂以配帝.' 未聞成王以嚴父之故, 廢文王配帝之祭, 移於武王也. 皇上嗣統之初, 廷臣執爲人後之說, 於是力正大倫者, 唯張孚敬·席書諸臣. 及何淵有建廟之議, 陛下云, '朕奉天法祖, 豈敢有干太廟?' 顧今日乃惑於豐坊耶? 臣謂明堂之禮, 誠不可廢. 唯當奉太宗配. 若獻皇帝得聖人爲之子, 不待稱宗議配, 而專廟之享, 百世不遷矣." 疏入, 上大怒, 下胄錦衣獄, 出爲民. 嚴嵩請以皇考配天, 帝嘉納之.

| ○ 호부시랑(戶部侍郎) 당주(唐胄)[182]가 소(疏)를 올려 간쟁했다. "'주나라 사람은 후직을 교(郊)제사하여 하늘에 배향하고, 명당에서 문왕을 종사(宗祀)하여 상제에 배향했지만',[183] 성왕(成王)이 아버지를 높이려는 목적으로 문왕을 상제에 배향하는 제사를 폐하고 무왕(武王)에게 전했다는 것은 들어본 적이 없습니다. 황상께서 황통을

---

181 쥐가~하면서: '首鼠兩端'은 『史記』, 「魏紀武安傳」에 나오는 故事로, 의심 많은 쥐가 구멍에서 머리를 내밀고 나갈까 말까 결정하지 못하는 모습을 나타낸다.

182 당주(唐胄): 瓊山 사람으로, 자는 平侯이며, 大禮議 당시 戶部侍郎이었다.

183 주나라~배향했지만: 『孝經』, 「聖治」장을 인용한 것이다.

계승하신 초기에 조정 신하들은 남의 후사가 되는 경우(爲人後)의 설을 견지했는데, 이에 대해 힘껏 대륜(大倫)을 바로잡은 것은 오직 장부경(張孚敬)·석서(席書) 등의 신하들이었습니다. 하연(何淵)이 건묘(建廟)를 논의하는 데 이르자, 폐하께서는 '짐이 하늘을 받들고 조상을 본받았거늘, 어찌 감히 태묘를 범하겠는가?'라고 말씀하셨는데, 어찌 오늘날 풍방에게 미혹되시겠습니까? 명당의 예(禮)는 진실로 폐해서는 안 된다고 신은 말씀드리옵니다. 다만 태종(太宗)을 받들어 배향하시는 것이 마땅합니다. 만약 헌황제(獻皇帝)께서 성인(聖人)[184]을 그 아들로 삼으신다면, 종으로 칭하거나 배향을 논의할 필요도 없으며, 오로지 태묘에서 제향하여 백세토록 조천하지 않습니다." 소(疏)가 들어가자, 황상이 크게 노하여 당주를 금의옥(錦衣獄)에 하옥하고 내쳐서 평민으로 만들었다. 엄숭이 황고를 하늘에 배향하자고 청하자, 황제가 그 청을 기쁘게 수용하였다.

臣謹案, 張孚敬者, 張璁也. 世宗御名厚熜, 似以是改之也.

| 삼가 생각건대, 장부경(張孚敬)은 장총(張璁)이다. 세종의 어명(御名)이 후총(厚熜)이니, 이 때문에 이름을 고친 듯하다.

**2:44**

秋七月, 議祔皇考於太廟. 又諭曰: "太宗靖難功, 與開創同, 當稱祖以別之." 嵩遂上議曰: "古者父子異昭穆, 兄弟同世次. 殷有四君一世而同廟, 不係父子故也. 晉則十一室而六世, 唐則十一室而九世. 宋眞宗詔議太廟禮, 學士宋湜議以太祖·太宗合祭同位, 其後「禘祫圖」, 又以太祖·太宗同居昭位, 皆古事之可據者. 皇考親

184 성인(聖人): 여기서는 당시 황제인 세종 가정황제를 뜻한다.

孝宗弟, 臣謂宜奉皇考於孝宗之廟. 我太祖卽位, 仁祖雖自布衣, 必饗天子之祀. 皇考獨闕, 聖心必有所不安." 嵩奏出, 羣臣翕然無異議. 時張孚敬死已六年矣.

| 가을 7월, 황고를 태묘에 부묘하는 것을 논의했다.[185] 또 (황세가 엄숭에게) 유시(諭示)했다. "태종께서 난(難)을 다스리신 공로는 왕조를 개창(開創)하신 것과 같으므로 조(祖)라고 불러서 구별해야 마땅합니다." 드디어 엄숭이 논의를 올렸다. "옛날에는 부자(父子)가 소목(昭穆)이 달랐고 형제는 세차(世次)가 같았습니다. 은(殷)나라에서 네 군주가 1세(世)로서 묘(廟)를 함께하였던 것은 부자관계가 아니었기 때문입니다. 진(晉)나라에서는 11실(室)에 6세(世), 당나라에서는 11실에 9세였습니다. 송나라 진종(眞宗)이 태묘례(太廟禮)를 논의하라고 조칙을 내리자, 학사(學士) 송식(宋湜)이 태조(太祖)와 태종(太宗)을 함께 제사하고 위(位)를 같이한다고 논의했다가, 그 뒤 「체협도(禘祫圖)」에서는 또 태조와 태종이 소위(昭位)에 같이 거한다고 했는데, 모두 고사(古事)에 근거가 있는 것입니다. 황고는 효종(孝宗)의 친아우님이었으니, 신은 효종의 묘(廟)에서 황고를 모셔야 마땅하다고 말씀드리옵니다. 우리 태조께서 즉위하셨을 적에, 인조(仁祖)께서는 비록 본래 포의(布衣: 일반 백성)이셨지만, 반드시 천자의 제사를 제향했습니다. 황고만을 유독 그런 경우에서 제외한다면, 성심(聖心)에 반드시 불안한 바가 있으실 것입니다." 엄숭이 올린 소(疏)가 드러나자, 여러 신하들이 함께 찬동하며 이의(異議)를 제기하지 않았다. 때는 장부경(장총)이 죽은 지 이미 6년째였다.

臣謹案, 昭穆之名, 本起於父子. 故『春秋傳』以泰伯·虞仲爲太王之昭, 虢仲·虢叔爲王季之穆.【僖五年】 以管·蔡·郕·霍爲

---

185 가을~논의했다: 『明史紀事本末』과 『皇明肅皇外史』에는 태묘 부묘를 논의한 일과 실행한 일이 모두 7월에 기록되어 있으나, 실제로는 6월에 논의가 있었고(『明世宗實錄』, 卷213, 17年 6月 丙辰日 참고), 7월에 그 구체적인 실행이 뒤따랐다.(『明世宗實錄』, 卷214, 17年 7月 丙戌日 참고).

文王之昭, 邘·晉·應·韓爲武王之穆.【僖廿年】 此以父子爲昭穆也. 然立後繼統, 實同父子. 故兄弟相承, 亦稱昭穆.『春秋傳』, 以閔·僖之逆祀, 謂'非昭穆'.【文二年『穀梁傳』】『左氏外傳』宗有司之言, 亦以爲'非昭穆',【見「魯語」.】 乃曰'工史書世, 宗祝書昭穆'. 所謂世者, 父子之世代也. 所謂昭穆者, 先君嗣君之位次也. 然則天子七世者, 以世而計之也.「王制」云'三昭三穆'者, 據常禮而言之也. 四兄弟同爲一昭, 合享於一廟, 三兄弟同爲一穆, 合享於一廟, 有是理乎? 宋湜議, 以宋 太祖·太宗合祭同位, 本是非禮. 嚴嵩引此爲說者, 正所以迎合上意也. 設使興獻嗣孝宗而爲天子, 尙不當與孝宗同奉一室, 況孝宗君父也, 興獻臣子也? 豈以追崇之故, 而擬議於同室哉? 大非禮也.

ㅣ 삼가 생각건대, 소목(昭穆)의 이름은 본래 부자관계에서 나온 것이다.『춘추전(春秋傳)』에서는 태백(泰伯)과 우중(虞仲)을 태왕(太王)의 소(昭)로 삼았고 괵중(虢仲)과 괵숙(虢叔)을 왕계(王季)의 목(穆)으로 삼았으며【희공(僖公) 7년】, 관(管), 채(蔡), 성(郕), 곽(霍)을 문왕(文王)의 소로, 우(邘), 진(晉), 응(應), 한(韓)을 무왕(武王)의 목으로 삼았다.【희공 20년】 이것은 부자관계에 근거해서 소목을 정한 것이다. 그러나 후사를 세워서 통(統)을 계승하는 것은 실제로는 부자관계와 같다. 그러므로 형제가 서로 계승하더라도 소목이라고 부른다.『춘추전』에서는 민공(閔公)과 희공(僖公)의 역사(逆祀)를 '소목이 아니다'라고 했다.【문공 2년『곡량전(穀梁傳)』】『좌씨외전(左氏外傳)』[186]에서 종유사(宗有司)도 '소목이 아니다'라고 하고 나서【「노어(魯語)」에 보인다.】, "악사〔樂師: 工〕·태사〔太史: 史〕는 세

186『좌씨외전(左氏外傳)』: 좌구명이 지은 역사책.『春秋左氏傳』을『春秋內傳』이라고 부르고『國語』를『春秋外傳』이라고 한다.

(世)를 기록하고, 종백〔宗伯: 宗〕과 태축〔太祝: 祝〕은 소목을 기록한다."고 하였다.[187] 이른바 '세'라고 하는 것은 아버지-아들의 세대이고, 이른바 '소목'이라고 하는 것은 선군(先君)-사군(嗣君)의 위차(位次)다. 따라서 '천자가 일곱 세대를 제사한다'는 것은 세대로 계산한 것이다. 『예기』「왕제」에서 '3소 3목'이라고 한 것은 보편적인 의례에 근거하여 말한 것이다. 4형제가 함께 1소가 되어 한 묘에 같이 제향되고 3형제가 함께 1목이 되어 한 묘에 같이 제향되는 데에 이런 이치가 있겠는가? 송나라 태조와 태종을 함께 제사하고 위차를 동일하게 하자는 송식의 논의는 본래 예에 어긋난 것이다. 엄숭이 이 견해를 인용한 것은 바로 황상의 뜻에 영합하려는 행동이다. 비록 흥헌왕이 효종을 계승하여 천자가 되었더라도 효종과 함께 한 방〔室〕에 모시는 것이 정당하지 않은 것인데, 더구나 효종은 군부(君父)이고 흥헌왕은 신자(臣子)이지 않는가? 어찌 추숭을 빌미로 내세워 같은 방에 모실 것을 판단한단 말인가? 예에 크게 어긋나는 짓이다.

○臣又按, 創業之君追王父祖者, 周公之禮也. 藩王入承者, 豈得援此爲例? 嚴嵩之言也.

| ○또 생각건대, 창업군주가 아버지와 할아버지를 추왕(追王)하는 것은 주공(周公)의 예이지만, 번왕의 처지로 입승한 경우에 어찌 이것을 끌어들여서 선례로 삼을 수 있겠는가? 이것은 엄숭의 견해일 뿐이다.

187 『좌씨외전』에서~하였다: 해당 전거는 다음과 같다. 『國語』, 卷4, 「魯語上」, 上~173-174. 夏父弗忌爲宗, 蒸將躋僖公. 宗有司曰, "非昭穆也." 曰, "我爲宗伯, 明著爲昭, 其次爲穆, 何常之有!" 有司曰, "夫宗廟之有昭穆也, 以次世之長幼, 而等冑之親疏也. 夫祀, 昭孝也. 各致齊敬於其皇祖, 昭孝之至也. 故工史書世, 宗祝書昭穆, 猶恐其踰也."

2:45

九月辛巳, 奉太宗文皇帝爲成祖, 皇考獻皇帝爲睿宗. 癸未, 祔皇考於太廟. 辛卯, 大饗上帝於玄極殿, 奉睿宗配享.

| 9월 신사(辛巳)일, 태종(太宗) 문황제(文皇帝)를 받들어 성조(成祖)로 삼고, 황고인 헌황제를 예종(睿宗)으로 삼았다. 계미(癸未)일, 황고를 태묘에 부묘하였다. 신묘(辛卯)일, 현극전(玄極殿)에서 상제에게 대향(大饗)하고 예종을 받들어 배향하였다.

臣謹案, 太宗之尊爲成祖者, 『孝經』曰 '宗祀文王於明堂, 以配上帝'. 太宗爲宗祀, 則太宗當配帝. 故推而上之, 令離宗位, 乃以睿宗居宗祀以配帝也. 唯天唯祖宗, 其肯受之乎? 太廟之火, 有所召矣.

| 삼가 생각건대, 태종을 높여 성조로 삼은 것은, 『효경(孝經)』에서 "명당(明堂)에서 문왕(文王)을 종사(宗祀)해서 상제(上帝)에 배향한다."[188] 고 했으니, 태종을 종사하면 태종을 상제에 배향해야 마땅하기 때문에, 그것을 미루어 올라가서 태종을 종(宗)의 자리에서 떼어내어야, 예종(睿宗)이 종사를 통해 상제에 배향될 수 있기 때문이다. 하늘과 조종(祖宗)일지라도 어찌 그것을 받고자 하겠는가? 태묘에서 화재가 일어난 까닭이 있는 것이다.

2:46

二十年夏四月辛酉, 九廟災. 時久暘不雨, 是日初昏, 陰雨驟至, 大

188 명당에서~배향한다: 해당 전거는 다음과 같다. 『孝經注疏』, 卷5, 「聖治」 9:2, 2a(十三經注疏 8-36c).

雷雹以風, 忽震火起仁廟. 烈風噓之, 須臾燬其主, 延及成祖主亦燬, 遂及太祖昭穆羣廟. 唯獻廟獨存.

| 20년(辛丑, 1541) 여름 4월 신유(辛酉)일, 9묘가 불탔다. 당시에 오랫동안 메마르고 비가 오지 않았는데, 이날 조저녁에 장맛비가 억수같이 퍼부었고, 큰 우레와 우박에 바람이 불다가, 갑자기 친 번개에 인묘(仁廟)에서 불이 일어났다. 세찬 바람이 불더니, 잠깐 동안 그 신주를 불태우고, 이어서 성조(成祖)의 신주까지도 불태웠으며, 마침내는 태조(太祖)의 소목(昭穆)에 해당하는 여러 묘(廟)까지 미쳤다. 오직 헌묘(獻廟)만이 홀로 남았다.

○帝手詔布告曰: "朕思報祖德, 先正太祖南面之尊, 備建七廟之制, 加薦尊謚, 用慶追崇, 賴二三大臣協恭力贊. 然非朕變更成典, 實本信任古道, 他悉罔忌, 自謂'報答本源之情少盡', 詎意有今日之變也?"

| ○ 황제가 조칙을 지어 포고했다. "짐(朕)은 조상의 은덕에 보답하고자 하여, 먼저 태조의 남면(南面)하는 존위(尊位)를 바로잡았고, 7묘의 제도를 갖추어 세웠으며, 높은 시호를 더하여 올림으로써 추숭(追崇)을 경하(慶賀)했는데, 두세 대신들이 화합하고 공경하여 힘껏 돕는 데 힘입은 것이오. 그러나 짐은 완성된 예전(禮典)을 변경한 것이 아니라, 진실로 본래 고도(古道)를 신임했고, 그들은 모두 꺼림이 없이 스스로 '본원(本源)에 보답하는 정을 조금이나마 다했다' 고 말했거늘, 어찌 오늘날의 변이 있으리라고 생각했겠소?"[189]

臣謹案, 詔旨專以火災由於廟禮, 則其心必惕惕然有悔矣. 追正

189 황제가~생각했겠소?: 해당 내용은 『明史紀事本末』에는 보이지 않고, 『明世宗實錄』에 보인다.

謬典, 正在此時, 而奸臣嚴嵩之等, 左右譬解, 謂'天變不足畏', 而彌飾浮辭, 以欺一世, 豈不惜哉?

| 삼가 생각건대, 조칙의 뜻은 오직 화재가 묘례(廟禮)에서 말미암았다는 것이니, 그 마음에 반드시 두려움으로 뉘우침이 있었던 것이다. 그릇된 예법을 뒤에 바로잡은 것은 바로 이때였는데, 간신 엄숭 등이 좌우(左右)에서 비유하여 알도록 하여 "하늘의 변은 두려워할 만한 것이 아니다."라고 말하면서 허황된 말을 더욱 꾸며서 일세(一世)를 속였으니, 어찌 안타깝지 않겠는가?

2:47

二十四年秋七月, 太廟成, 布詔天下.

| 24년(乙巳, 1545) 가을 7월, 태묘가 완성되어 천하에 조칙을 반포하였다.

○嚴嵩草詔曰: "曩因廷臣之議, 咸稱七廟之文. 是用創興, 以從周典, 乃所司討論不詳, 區畫失當. 成祖, 以六世未盡之親, 而遽遷世室, 不獲奉於三昭. 仁宗, 以穆位有常之主, 移就左宮, 遂致紊於班祔. 武宗, 朕兄也, 不得用爲一世, 顧居七廟之中, 有妨七世之祀, 揆之古義, 斯爲戾矣. 往者回祿之警, 天與祖宗實啓朕心. 玆當重建之辰, 所宜釐正. 玆乃建立新廟, 仍復舊制."

| ○ 엄숭이 (세종 황제가 내릴) 조칙을 초안하였다. "지난번에 조정 신하들의 논의로 모두 7묘의 문(文)을 칭하였다. 이는 창흥(創興)함으로써 주나라의 예전(禮典)을 따른 것인데, 도리어 맡은 바 토론은 상세하지 않고 처리는 마땅하지 않았다. 성조(成祖)는 6세(世)가 아직 지나지 않은 친속(親屬)이니, 갑자기 세실(世室)에서 조천하여 3소(昭)에 모실 수 없었다. 인종(仁宗)은 목위(穆位)로 일정한 신주(神主)이니, 좌궁(左宮)

에 옮겨두었는데, 마침내 문란함이 반부(班祔)[190]에 이르게 되었다. 무종(武宗)은 짐의 형이니, 함께 1세가 되지 못하는데도 오히려 7묘 가운데 거하여 7세의 제사를 방해하니, 고의(古義)에 따라 헤아려보면, 이는 어그러진 것이다. 과거에 회록(回祿)[191]의 경계는 하늘과 조종(祖宗)이 짐으로 심의 마음을 인도하는 것이니, 이는 중건(重建)하는 날을 맞아 마땅히 정리하여 바로잡아야 할 것이다. 이는 곧 새로운 묘를 세워서 옛날 옛 제도를 회복하는 것이다."[192]

臣謹案, 嚴嵩以此三事爲太廟召災之由, 上慰帝心, 下欺一世, 不亦奸乎? 武宗, 禰廟也. 若如嚴嵩之義, 則武宗之主, 將不入太廟, 待世宗陟方, 而一時同入, 使穆宗並宗爲禰乎? 嵩, 於汝何誅?

| 삼가 생각건대, 엄숭은 이 세 가지 일을 태묘에 화재가 난 연유로 여겼는데, 위로는 황제의 마음을 위로하고 아래로는 한 세상을 속였으니, 간사스럽지 아니한가? 무종(武宗)은 예묘(禰廟)이니, 만약 엄숭의 논의대로 한다면, 무종의 신주는 앞으로 태묘에 들일 수 없고 세종(世宗)이 돌아가시길 기다렸다가 동시에 함께 태묘에 들여야 할 터인데, (후왕인) 목종(穆宗)으로 하여금 무종과 세종을 함께 예묘(禰廟)로 삼도록 하겠는가? 엄숭, 그대를 어떻게 죽여야 하겠는가?

---

190 반부(班祔): 자손이 없이 죽은 사람의 신주를 조상의 사당에 함께 모시는 것이다.

191 회록(回祿): 南方 火神의 이름. 여기서는 火災를 뜻한다. 『春秋左氏傳』, 「昭公18年」과 『國語』, 「周語上」에 보인다.

192 엄숭이~것이다: 해당 내용은 『明史紀事本末』에는 보이지 않고, 『明世宗實錄』, 『欽定續文獻通考』, 『禮部志稿』 등에 보인다. 兪汝楫 編, 『禮部志稿』, 卷6, 「祀典之訓」에 따르면, 世宗은 嘉靖 22年 11月에 禮部와 工部에 엄숭이 초안한 조칙을 내려 유시했다.

穆宗隆慶元年春三月, 禮科左給事中王治上言: "獻皇帝入廟稱宗, 在今日猶有當議者. 蓋獻皇雖貴爲天子之父, 實未嘗南面臨天下, 而今乃與祖宗·諸帝並列, 雖親爲武宗之叔父, 然嘗北面武宗, 而今乃設位於武宗之右. 揆之古典, 終爲未合. 故先帝於獻皇帝祔廟之後, 世廟之享, 猶不忘設. 是先帝之心, 亦自有不安者. 臣以爲獻皇祔太廟, 千萬歲後, 不免遞遷, 若專祀世廟, 則億萬歲不改. 惟陛下議求至當, 以妥獻皇之靈, 以光先帝大[193]孝!" 章下所司, 格不行.

| 목종(穆宗) 융경(隆慶) 원년(元年, 丁卯, 1567) 봄 3월, 예과(禮科) 좌급사중(左給事中) 왕치(王治)가 말씀드렸다. "헌황제가 태묘에 들어가고 종으로 불리는 것은 요즈음도 여전히 논의해야 할 만한 것이 있습니다. 대개 헌황제는 비록 귀함으로는 천자의 아버지였지만, 실제로는 천자로서 천하를 다스린 적이 없는데도, 지금 와서는 조종(祖宗)과 여러 황제들과 자리를 나란히 했습니다. 비록 혈연적으로는 무종의 숙부이지만, 신하로서 무종을 섬겼는데도, 지금 와서는 무종의 오른편에 자리잡았습니다. 옛 예전(禮典)에 따라 그것을 헤아려보아도 적합하지 않습니다. 그러므로 선제(先帝; 世宗)께서는 헌황제를 부묘(祔廟)한 이후에도 여전히 세묘(世廟)의 제향을 베풀 것을 잊지 않으셨습니다. 이는 선제 또한 스스로 미안한 점이 있었기 때문입니다. 신의 생각으로는, 헌황제를 태묘에 부묘한다면 천만년 뒤라도 체천(遞遷)을 벗어나지 못할 것이고, 만약 세묘에만 제사를 드린다면 억만년이라도 고칠 수 없을 것입니다. 청컨대 폐하께서는 논의를 통해 지당함을 구함으로써 헌황제의 영

193 大: 新朝鮮社本·奎章閣本에는 모두 '之'로 되어 있으나 『明史紀事本末』, 卷50, 「大禮議」에 따라 바로잡는다.

(靈)을 편안케 하여 선제(先帝)의 대효(大孝)를 빛나게 하시옵소서!" 글을 담당기관에 내려보냈으나, 그만두고 시행하지 않았다.

○臣謹案, 穆宗之世, 猶宜追止, 何也? 魯 文公二年, 逆祀僖公, 至定公八年, 順祀先公, 乃正閔·僖之位次. 『春秋』貴之, 『左氏』·『公羊』皆謂之'順[194]祀', 『穀梁氏』曰'貴復正也'. 況定公八年, 孔子爲魯司寇, 而順祀之擧, 在於是冬, 厥明年, 誅少正卯, 則順祀之議, 孔子必與聞之, 不可但曰'陽虎之求, 媚於國人也'. 由是觀之, 事雖在於先朝, 苟其非[195]禮, 則後嗣王追正其禮, 卽聖人之達孝也.

| ○삼가 생각건대, 목종대에 그래도 뒤늦게나마 바로잡아야 한다고 했던 것은 무엇 때문인가? 노나라 문공(文公) 2년에 희공(僖公)을 역사(逆祀)하였다가, 정공(定公) 8년에 와서야 선공(先公)을 순사(順祀)해서 민공(閔公)과 희공의 위차를 바로잡았다.[196] 『춘추(春秋)』에서는 이것을 높이 평가했고, 좌씨(左氏: 左丘明)와 공양(公羊: 公羊高)은 모두 이것을 "순사"로 일컬었으며, 곡량씨(穀梁氏: 穀梁赤)는 "다시 바로잡은 것을 귀하게 여긴다."고 말했다. 하물며 정공(定公) 8(기원전 502)년에는 공자(孔

194 順: 新朝鮮社本에는 '古'로 되어 있으나 『春秋左氏傳』, 定公 8年條와 『春秋公羊傳』, 定公 8年條 및 奎章閣本에 따라 바로잡는다.

195 其非: 新朝鮮社本에는 '非其'로 되어 있으나 奎章閣本에 따라 바로잡는다.

196 노나라~바로잡았다: 형인 희공보다 아우인 민공이 먼저 임금이 되었는데, 문공 2년에 태묘에 희공을 민공보다 높여서 제사했다가, 정공 8년에 先公의 위차를 바로잡아서 민공을 희공보다 높여서 제사했다. 이 때문에 문공 2년의 '逆祀'에 비해 정공 8년의 '從祀'는 '順祀'가 된다. 해당 내용은 다음과 같다. 『春秋』, 文公2年條 經文, "秋八月丁卯, 大事於大廟, 躋僖公, 逆祀也."; 『春秋』, 定公8年條 經文, "冬, …… 從祀先公."

子)가 노나라 사구(司寇)가 되었고, 이 해 겨울에 순사가 거행되었으며, 그 이듬해에는 (공자가) 소정묘(少正卯)를 죽였으니, 곧 순사의 논의에는 공자가 반드시 관여했을 것이므로, 그저 "양호(陽虎)가 추구한 것은 국인(國人)에게 아첨한 것"이라고만 말해서는 안 된다.[197] 이로 말미암아 보건대, 사건은 비록 앞 조정에서 있었지만, 진실로 그것이 예(禮)가 아니면 뒤에 계승한 왕이 그 예를 뒤늦게나마 바로잡는 것이 바로 성인(聖人)의 지극한 효〔達孝〕이다.

谷應泰曰: "世宗旣兄武廟, 因欲並考孝宗, 則孝以無孫反[198]因得子, 於義爲誣, 稱子逼武, 二統嫌孝, 於理亦礙. 況父子至親, 豈可隔世軼代, 妄相附屬? 比之定陶·濮王, 生視寢膳, 死視斂含, 曾有鞠養之恩, 蚤定父子之分者, 逈相判也. 旣不考孝, 卽考興獻, 天下有無父之人乎? 漢宣不皇其父, 未嘗不考, 光武不皇其父, 未嘗不考."

| 곡응태(谷應泰, 1620~1690)[199]가 말했다. "세종은 이미 무종을 형으로 칭하고 나서 그것을 빌미 삼아 효종마저 아울러 아버지〔考〕로 삼고자 했으니, 효종이 손자가 없어지는 대신 도리어 아들을 얻게 된 것은

---

197 하물며~안 된다: 陽虎가 三桓을 제거하고 노나라의 권력을 장악하고 민심을 얻기 위해서 의례적 행사로 기존의 逆祀를 바로잡는 順祀를 했다는 것이 전통적인 해석이었으나, 다산은 孔子가 그 조치에 관여했다는 점을 강조하여 順祀가 逆祀를 바로잡는 의미 있는 행사였음을 지적하였다.

198 反: 奎章閣本에는 '及'으로 되어 있으나 『明史紀事本末』, 卷50, 「大禮議」와 新朝鮮社本에 따라 바로잡는다.

199 곡응태(谷應泰): 자는 賡虞, 別號는 霖蒼. 直隸 豊潤 사람. 順治 4(1647)年 進士, 順治 13(1656)年 提督浙江學政僉事 등을 지냈다. 저술로는 『築益堂集』, 『明史紀事本末補遺』 등이 있다.

의리를 더럽힌 것이요, 아들을 칭하면서 무종을 핍박하고 통(統)을 이원화하여 효종을 불만스럽게 한 것은 이치에도 어긋나는 것이다. 하물며 부자(父子)는 지친(至親)이거늘, 어찌 세대를 거르고 번갈아 대신하면서 망령되이 서로 부속(附屬)할 수 있겠는가? 그것을 정도왕(定陶王)이나 복왕(濮王)에게 견주면, 살아서는 잠자리와 반찬을 살펴보고 죽으면 염습과 반함을 살펴보는 것이니, 일찍이 길러주신 은혜가 있는 자와 일찍이 부자의 명분이 정해진 자는, 서로 크게 구별된다. 이미 효종을 아버지로 모시지 않았으면 곧 홍헌을 아버지로 모시는 것인데, 천하에 아버지 없는 사람이 있겠는가? 한나라 선제(宣帝)는 그 아버지를 황제로 모시지는 않았으나 아버지로 모시지 않은 적은 없으며, 광무제(光武帝)도 그 아버지를 황제로 모시지는 않았으나 아버지로 모시지 않은 적은 없었다."

○又曰: "湯不王商癸, 而周王王季, 光武不王南頓, 而世宗王興獻. 踵事增華, 禮以義起, 孝子之至也."

| ○또 말했다. "탕(湯)은 상(商)의 주계(主癸: 湯의 아버지)를 왕으로 삼지 않았으나, 주(周)는 왕계(王季)를 왕으로 삼았으며, 광무제는 남돈군(南頓君)을 왕으로 삼지 않았으나, 세종은 홍헌을 왕으로 삼았다. 화려한 것을 더하기를 좇고 일삼으며 예(禮)가 의(義)에 따라 일어나니, 효자의 지극함이다."

○又曰: "太廟者, 承統之地, 皇而不廟[200]者有異. 稱宗者, 繼統

200 廟: 新朝鮮社本에는 '宗'으로 되어 있으나 『明史紀事本末』, 卷50, 「大禮議」와 奎章閣本에 따라 바로잡는다.

之名, 皇而不宗者亦殊. 懿文太子亦得爲康皇帝, 英宗斥郕王, 然亦稱景泰帝. 不入廟, 則地不偪, 不稱宗, 則名不嫌."

| ○또 말했다. "태묘는 통(統)을 잇는 곳이니, 황(皇)이면서 묘(廟)가 아닌 경우는 다르며, 칭종(稱宗)이란 통을 계승하는 이름이니, 황(皇)이면서 종(宗)이 아닌 경우 또한 다르다. 의문태자(懿文太子)도 강황제(康皇帝)가 될 수 있었으며,[201] 영종(英宗)도 성왕(郕王)을 내쳤으나, 또한 경태제(景泰帝)라 칭했다.[202] 태묘에 들이지 않으면 땅이 궁핍하지 않고, 종으로 칭하지 않으면, 명칭이 혐의가 없다."

○又曰: "觀德殿足矣, 必欲遷近太廟, 與之同門, 獻皇帝足矣, 必欲削去興獻, 崇加徽號. 見太后於世廟, 著獻皇之實錄, 折衷禮經, 毋乃不倫? 興國皇太后聖旦, 則宴賚有加, 昭聖皇太后千秋, 卽傳免朝賀. 傳聞乖異, 存歿傷心. 卒之不加宗, 不入廟, 殺徽稱, 止遷葬, 則亦璁·萼有功於存統也."

| ○또 말했다. "관덕전(觀德殿)이면 충분하거늘, 기어코 태묘 가까이 옮겨서 태묘와 같은 문을 쓰려고 했으며, 헌황제(獻皇帝)면 충분하거늘, 기어코 흥헌이라는 칭호를 삭제하여 버리고 휘호를 높여 더하고자

---

201 의문태자도~있었으며: 明 太祖의 長子 朱標로, 일찍 죽었으나 興宗 康皇帝로 追尊되었다. 『明史』, 卷115, 「興宗孝康皇帝列傳」 참조.

202 영종도~칭했다: 英宗은 明의 제6대 황제로 正統帝이고, 郕王은 明의 제7대 황제로 景泰帝이다. 성왕은 형인 正統帝가 1449년 군대를 이끌고 몽골 지도자 에센을 평정하러 갔다가 도리어 포로가 된 뒤 경태제로 즉위했다. 1450년 에센이 정통제를 석방해서 정통제가 돌아왔지만, 정통제는 태상황제가 되고 경태제가 계속 통치했다. 1457년 경태제가 병들어 죽음에 이르렀을 때 정통제가 환관들의 도움으로 동생을 처단하여 폐위하고 성왕으로 삼고서 天順帝로서 복위했으나, 성왕은 시호가 경태제다. 『明史』, 卷12, 「英宗後紀」 참조.

하였다.[203] 세묘(世廟)에서 태후(太后)를 알현하고 헌황의 실록(實錄)을 지으며 예경(禮經)을 절충하니, 아마도 인륜에 어긋난 것이 아니겠는가? 흥국황태후(興國皇太后)의 성단절(聖旦節: 생일)에는 잔치에 내리는 하사품을 더하였고, 소성황태후(昭聖皇太后)의 천추절(千秋節: 생일)에는 곧 조하(朝賀)를 면하게 전했다. 전하여 들은 것이 괴이하니, 산 사람이나 죽은 사람이나 마음을 상하게 했다. 마침내 종(宗)을 더하지 않고 태묘에 들이지 않으며 휘칭(徽稱)을 줄여 없애고 천장(遷葬)을 그쳤으면, 역시 장총과 계악은 통(統)을 존속시키는 데 공(功)이 있는 것이다."

**又曰: "大禮未成, 大獄已起, 君臣交失, 君子譏焉. 而廷和戮及身後, 楊愼謫死貶所. 濮議諸臣, 旋蒙賜還, 興國之獄, 無復金雞. 此世宗乏錫類之仁, 亦璁・萼諸人無休休之量也."**

| 또 말했다. "대례(大禮)가 아직 이루어지지 않았거늘 큰 옥사가 이미 일어났고, 임금과 신하가 서로 잘못하였으므로, 군자(君子)가 그것을 비판했다. 양정화(楊廷和)의 형륙(刑戮)이 사후(死後)에 미쳤고, 양신(楊愼)은 귀양 가서 폄소(貶所: 귀양지)에서 죽었으나, 복의(濮議)의 여러 신하들은 곧 죄를 사하여 돌아오게 되었으며, 흥국(興國)의 옥사(獄事)에 다시는 금계(金雞)[204]가 없었다. 이는 곧 세종이 석류(錫類)의 인(仁)[205]

203 관덕전이면~하였다: 역대 황제를 모시는 관덕전에서 제사를 모시면 충분한데도 굳이 태묘에 祔廟하는 것과 흥헌왕을 헌황제라고 추존하면 충분한데도 굳이 왕호를 없애고 稱宗하는 것을 비판한 것이다. 別廟에서 제사하는 것과 황제 칭호까지는 허용하지만, 태묘에 부묘하는 것과 宗號를 부르는 것을 비판한 것이다.

204 금계(金雞): 天上에 산다고 알려진 닭. 朝廷에서 赦免令을 반포할 때 金雞를 꽂은 장대를 대궐 문에 설치한다. 따라서 사면령이라는 뜻으로 쓰임.

205 석류(錫類)의 인(仁): 類는 善이므로, 錫類는 좋은 善을 내려주는 것을 뜻한다. 『詩經』, 「大雅・旣醉」에 제사가 끝나고 잔치를 베풀며 天子의 복을 빌 때, 자손을 계속

을 버렸고 장총과 계악 등의 여러 사람들도 너그러운 도량[206]이 없었기 때문이다."

○又曰: "豐坊倡議, 嚴嵩附和, 嚴父之說興, 睿宗之號進. 孝宗幾疑逼宮, 武廟嫌躋新鬼, 以明察始, 以豐禰終. 蓋豐坊, 固子政之劉歆, 嚴嵩, 實議禮之林甫. 善作者不必善成. 惜乎! 不令張孚敬見也."

| ○또 말했다. "풍방(豐坊)이 논의를 일으키고 엄숭(嚴嵩)이 부화(附和)하여, 엄부(嚴父)의 설(說)이 일어났고, 예종(睿宗)의 호(號)가 진상되었다. 효종은 그 궁묘(宮廟)가 핍박당할까 걱정하며 두려워하고, 무묘(武廟)는 새로운 귀신이 위차(位次)를 거슬러서 자신보다 높아지는 것을 꺼리니, 밝게 살피는 것으로 시작하고, 예묘(禰廟)를 넉넉하게 하는 것으로 마친 것이다. 대개 풍방은 참으로 자정(子政)의 유흠(劉歆)[207]이요, 엄숭은 참으로 전례를 논의하는 임보(林甫)다.[208] 시작을 잘 하는 자가

---

이어가는 좋은 복을 누린다는 의미로 쓰였다. 따라서 석류의 인이란 좋은 복을 누릴 만큼 훌륭한 仁을 말한다.

206 너그러운 도량: 休休之量이란 『大學』, 10장에서 『書經』, 「秦誓」편을 인용한 내용으로 군자가 갖추어야 할 포용력을 가리키는 말로 쓰인다. "「秦誓」曰, '若有一介臣, 斷斷兮, 無他技, 其心休休焉, 其如有容焉. 人之有技, 若己有之, 人之彦聖, 其心好之, 不啻若自其口出, 寔能容之, 以能保我子孫黎民 尙亦有利哉!"

207 자정(子政)의 유흠(劉歆): 子政은 劉歆(기원전 53?~25)의 아버지 劉向(기원전 79?~기원전 8?)이다. 유흠은 아버지인 유향의 『別錄』을 이어받아 『七略』을 저술했고, 부자가 經學의 전통을 계승한 것으로 유명하다.

208 엄숭은~임보다: 엄숭을 唐 玄宗代 재상이자 奸臣으로 유명한 李林甫(?~752)에 빗대어 비판한 말이다. 이임보는 高祖(李淵)의 사촌동생인 長平王 李叔良의 증손으로서, 禮部尙書, 同中書門下平章事 등을 역임했고, 晉國公으로 봉해졌다. 19년간 재상을 지내며 음험한 계략으로 반대파를 제거하고 권력을 유지해서, '口蜜腹劍'으로 평가받았다. 『新唐書』와 『十八史略』 등 참조.

반드시 완성을 잘 하는 것은 아니거늘,[209] 안타깝게도 그들이 장부경(張孚敬)으로 하여금 제대로 보지 못하게 했도다."

○臣謹案, 『明史』稱建文皇帝, 追尊其父懿文太子, 爲興宗 康皇帝. 今觀谷應泰之說, 有若不稱宗入廟者, 然甚可疑也. 然懿文本是太子, 設令稱宗入廟, 比之蕃王, 亦有間矣.

| ○삼가 생각건대, 『명사(明史)』에서는 건문황제(建文皇帝)가 그 아버지 의문태자(懿文太子)를 추존하여 흥종 강황제(興宗 康皇帝)로 삼은 것을 칭송하였는데,[210] 이제 곡응태의 학설을 보니, 종이라 부르지 말고 태묘에도 들이지 말자는 듯한 점도 있긴 하지만, 퍽 의심스럽다. 그러나 의문태자는 본래 태자였으니, 만약 종이라 부르고 태묘에 들인다고 하더라도 번왕(蕃王)에 견주어보면 역시 차이점이 있다.

○臣又按, 谷應泰之說, 於璁·萼諸人, 都無貶辭, 亦豈爲公論乎? 璁·萼每謂'世宗不爲人後'. 此悖惡之論也. 其十三事條列之疏, 不免爲千古小人, 其或於古禮, 剽竊一二者, 何足多哉?

| ○또 생각건대, 곡응태의 학설은 장총과 계악 등에 대해서는 도무지 비판하는 말이 없으니, 어찌 공론(公論)이라고 하겠는가? 장총과 계악은 늘 '세종은 남의 후사가 되지 않았다' 고 했는데, 이것은 그릇되고

---

209 시작을~아니거늘: 전거는 다음과 같다. 『史記』, 卷80, 「樂毅列傳」, "善作者不必善成, 善始者不必善終."

210 『명사』에서는~칭송하였는데: 明의 2대 황제인 惠帝 建文皇帝는 太祖의 長子인 懿文太子의 친아들로서, 생부인 의문태자가 일찍 죽었기 때문에 할아버지 태조를 이어서 황제의 자리에 올랐다. 해당 내용이 『明史』, 卷115, 「興宗孝康皇帝列傳」에 보인다.

잘못된 논의다. 그들이 올린 열세 조목의 소(疏)는 천고(千古)의 소인이 되는 것을 벗어나지 못하는데, 그 가운데 더러 고례(古禮)에서 한두 가지 표절한다고 한들 어찌 많다고 할 수 있겠는가?

嘉慶二十二年四月二十三日, 書于茶山草菴.[211]

| 가경(嘉慶) 22(丁丑, 1817)년 4월 23일[212]에 다산초암(茶山草菴)[213]에서 썼다.

211 嘉慶~草菴: 新朝鮮社本에는 빠져 있으나 奎章閣本에 따라 보충한다.

212 가경 22년 4월 23일: 嘉慶은 淸 仁宗(1796~1820)의 年號. 嘉慶 22年은 1817년으로 朝鮮의 純祖 17년에 해당한다. 丁奎英 編, 『俟菴先生年譜』에는 "十八年戊寅, 公五十七歲, …… 夏, 『國朝典禮考』成.〔凡二卷〕"으로 기록되어 있다. 奎章閣本 『國朝典禮考』의 1817년설과 『俟菴先生年譜』의 1818년(戊寅, 純祖 18年)설의 차이는 奎章閣本 필사자가 二十三年을 二十二年으로 잘못 필사했거나 丁奎英이 二十二年을 二十三年으로 혼동했을 두 가지 가능성으로 설명할 수 있는데, 奎章閣本의 자료적 우월성을 고려할 때 후자의 가능성이 훨씬 높으므로, 1817년에 초고가 완성된 것으로 판단하는 것이 타당하다.

213 다산초암(茶山草菴): 강진 남쪽 귤동의 뒷산 茶山에 지은 草菴.

# 참고 문헌

## 1. 원전

### 1-1. 정약용의 저술과 번역

新朝鮮社本: 丁若鏞, 『與猶堂全書』, 新朝鮮社 影印本.
奎章閣本: 丁若鏞, 『與猶堂集』, 서울대학교 奎章閣 소장 필사본, 奎 11894.
丁奎英 編, 『俟菴先生年譜』, 서울대학교 奎章閣 소장 필사본, 古4650-167.
박종천 譯註, 「『國朝典禮考』 譯註 1-4」, 『泰東古典研究』 20-23, 남양주: 翰林大學校附設 泰東古典研究所, 2004～2007.
실시학사 경학연구회 역주, 『역주 正體傳重辨』, 한길사, 1995.

### 1-2. 한국과 중국의 원전(經史子集 순)

#### 1-2-1. 經部

『經書』(四書), 朝鮮 內閣本, 성균관대 대동문화연구원 영인본.
『十三經注疏』, 全26冊, 北京: 北京大學校出版社, 2000.
『十三經注疏』, 重刊宋本, 全8冊, 臺北: 新文豐出版公 司, 民國77.
『十三經淸人注疏本』, 北京: 中華書局.
〔元〕 敖繼公, 『儀禮集說』, 通志堂經解本.
〔元〕 陳澔, 『禮記集說大全』, 보경문화사 影印本.
〔淸〕 王聘珍 撰, 『大戴禮記解詁』, 北京: 中華書局, 1983.
〔淸〕 孫詒讓 撰, 『周禮正義』, 全14冊, 十三經淸人注疏, 北京: 中華書局, 2000.
楊伯峻 編著, 『春秋左傳注』, 修訂本, 全4冊, 北京: 中華書局, 1990.
黃懷信 主撰, 『大戴禮記彙校集注』, 全2冊, 西安: 三秦出版社, 2004.

#### 1-2-2. 史部

25史, 中華書局 표점본.
〔宋〕 王林, 『燕翼詒謀錄』, 四庫全書本.
〔宋〕 李燾 撰, 〔淸〕 黃以周 輯補, 『續資治通鑑長編』, 上海: 上海古籍出版社, 1986.
〔明〕 範守己 撰, 『皇明肅皇外史』, 全46卷, 淸 看雲憶弟居抄本.

〔明〕 俞汝楫 編, 『禮部志稿』, 四庫全書本.
〔明〕 鮑應鼇, 『明臣諡考』, 四庫全書本.
〔淸〕 谷應泰, 『明史紀事本末』, 叢書集成初編 3918-3927, 北京: 中華書局, 1985.
〔淸〕 趙翼, 『二十二史箚記』, 臺北: 世界書局, 1962.
〔淸〕 陳立, 『白虎通疏證』, 北京: 中華書局, 1994.
〔淸〕 黃宗羲, 『明儒學案』, 제2판, 수정본, 北京: 中華書局, 2008.
〔淸〕 黃宗羲, 『宋元學案』, 臺北 : 國立編譯館, 民國43(1954).
徐元浩, 『國語集解』, 北京: 中華書局, 2002.
中央硏究院歷史言語硏究所 編, 『明實錄』, 臺北: 明和美術印刷廠, 民國53(1964).
馮琦 原編, 陳邦瞻 纂輯, 張溥 論正, 『宋史紀事本末』, 臺北: 臺彎商務印書館, 民國 57 (1968).
『皇明祖訓』, 明朝開國文獻本, 臺北: 臺灣學生書局, 1966.
『高麗史』
『高麗史節要』
『國朝寶鑑』, 奎章閣 所藏本, 全90卷 28冊, 壬辰活字本, 隆熙 3年(1909).
『文獻備考』
『三國史記』
『璿源系譜記略』
李肯翊 編, 『燃藜室記述』, 京城: 朝鮮光文會, 大正 2(1913).
민족문화추진회 편, 『신편국역 國朝寶鑑』, 전14권, 파주: 한국학술정보, 2006.
『조선왕조실록』 http://sillok.history.go.kr/

1-2-3. 子部

『荀子』

1-2-4. 集部

〔漢〕 王逸, 『楚辭章句』, 四庫全書本.
〔宋〕 歐陽修, 『歐陽文忠公集』, 四部叢刊本.
〔宋〕 司馬光, 『傳家集』, 四庫全書本.
〔宋〕 黎靖德 編, 『朱子語類』, 全8冊, 北京: 中華書局, 1983.
〔宋〕 程顥 · 程頤, 『二程集』, 全2冊, 台北: 漢京文化事業有限公司, 1983.
〔宋〕 朱熹 撰, 『朱子全書』, 全27冊, 上海: 上海古籍出版社, 2002.
〔宋〕 朱熹 撰, 『朱熹集』, 全10冊, 成都: 四川教育出版社, 1996.
〔宋〕 曾鞏, 『元豐類稿』, 四庫全書本.
〔明〕 霍韜, 『渭厓集』

〔明〕毛澄,『毛文簡集』
〔明〕薛蕙,『考功集』
〔明〕楊愼,『升菴集』
〔明〕楊一淸,『關中奏議』
〔明〕楊廷和,『楊文忠公三錄』, 四庫全書本.
〔明〕林俊,『見素集』, 四庫全書本.
〔明〕何孟春,『何文簡疏議』
〔淸〕高宗 勅撰,『明臣奏議』, 叢書集成初編 917, 北京: 中華書局, 1985.

*『明臣奏議』에 실려 있는 嘉靖大禮議 관련 상소문들
桂蕚,「議大禮疏(嘉靖二年)」(『明臣奏議』, 卷19, 叢書集成初編 917, 北京: 中華書局, 1985, ⑤:336).
方獻夫,「議大禮疏(嘉靖元年)」(『明臣奏議』, 卷17, 叢書集成初編 917, 北京: 中華書局, 1985, ⑤:298-299).
席書,「議大禮疏(嘉靖二年)」(『明臣奏議』, 卷19, 叢書集成初編 917, 北京: 中華書局, 1985, ⑤:335-336).
林俊,「議禮疏(嘉靖元年)」(『明臣奏議』, 卷18, 叢書集成初編 917, 北京: 中華書局, 1985, ⑤:313-315).
張璁,「議大禮疏(嘉靖元年)」(『明臣奏議』, 卷17, 叢書集成初編 917, 北京: 中華書局, 1985, ⑤:297-298).
〔淸〕毛奇齡,『辨定嘉靖大禮議』, 叢書集成初編 1041, 北京: 中華書局, 1985.

金墍,『北渚集』
金長生,『沙溪全書』
朴知誠,『潛冶集』
吳允謙,『楸灘集』
兪伯曾,『翠軒疏箚』
李貴,『默齋日記』
李元翼,『梧里集』
李瀷,『星湖全書』
李廷龜,『月沙集』
李滉,『退溪全書』
張維,『谿谷集』
鄭經世,『愚伏集』
趙翼,『浦渚集』

崔鳴吉,『遲川集』

1-2-5. 기타
中國歷史大辭典明史卷編纂委員會 篇,『中國歷史大辭典』, 明史卷, 上海: 中國辭書出版社, 2000.
『(莊祖)顯隆園園所都監儀軌』, 규장각 소장본, 奎 13627, 奎 13628, 奎 13630.
『莊祖顯隆園遷園儀軌』, 규장각 소장본, 奎 13629.
한국고전번역원의 한국고전종합DB http://db.itkc.or.kr/itkcdb/

## 2. 단행본

金勝惠,『原始儒教』, 民音社, 1990.
김용천,『전한후기 예제담론』, 선인, 2007.
김용천 · 장동우,『중국고대 상복의 제도와 이념』, 동과서, 2007.
박종천,『다산 정약용의 의례이론』, 신구문화사, 2008.
裵相賢,『朝鮮朝 畿湖學派의 禮學思想에 關한 硏究』, 高麗大學校 民族文化硏究所, 1996.
李迎春,『朝鮮後期 王位繼承 硏究』, 集文堂, 1998.
曺永祿,『中國近世政治史硏究 – 明代 科道官의 言官的 機能』, 지식산업사, 1988.
池斗煥,『朝鮮前期 儀禮硏究 – 性理學 正統論을 中心으로』, 서울대학교출판부, 1994.
錢玄,『三禮通論』, 南京: 南京師範大學出版社, 1996.
Eliade, Mircea,『종교형태론』, 이은봉 역, 한실사, 1996.
Eliade, Mircea(ed.), *Encyclopedia of Religion*, New York: Macmillan, 1987.
Smith, Wilfred. C., *The Meaning and End of Religion* (길희성 역,『종교의 의미와 목적』, 왜관: 분도출판사, 1991).
Yu-lan, Fung, *A History of Chinese Philosophy*, tr. by Derk Bodde, 2vols., Princeton, N. J.: Princeton University Press, 1952.

## 3. 연구논문

김용천,「前漢 元帝期 韋玄成의 宗廟制論」,『동양사학연구』 95, 동양사학회, 2006.
김인숙,「淸儒 毛奇齡의 嘉靖大禮議 비판 검토」,『東西文化硏究』 10, 대전: 한남대학교 인문과학연구소, 2005.
박종천,「仁祖代 典禮論爭(1623-1635)에 대한 宗敎學的 재평가」,『종교학연구』 17, 서

울대학교 종교학연구회, 1998.
______, 「다산 정약용의 典禮論爭 비평에 대한 연구 – 『國朝典禮考』를 중심으로」, 서울대학교 석사학위논문, 2000.
______, 「『國朝典禮考』에 나타난 茶山 丁若鏞의 禮論」, 『韓國思想史學』 16, 한국사상사학회, 2001.
______, 「조선시대 典禮論爭에 대한 재평가 – 入承大統의 전례문제를 중심으로」, 『한국사상과 문화』 11, 한국사상문화학회, 2001.
______, "A Ritual Succession, or a Social Relief? – Tasan's discourse on adoption and fosterage in the late Chosŏn period", *Society and Culture in Tasan's time in Korea and in East Asia (1762~1836)*, The 5th Biennial Tasan International Conference, 1-2 October 2009, Paris, pp.35-38.
裵相賢, 「沙溪 金長生의 禮學思想考」, 『沙溪思想研究』, 沙溪・愼獨齋兩先生紀念事業會, 1991.
徐仁漢, 「仁祖初 服制論議에 대한 小考」, 『北岳史論』 창간호, 국민대학교 사학과, 1989.
李康根, 「朝鮮王朝의 神殿 宗廟」, 『美術史學研究』 216, 韓國美術史學會, 1997.
李基白, 「新羅時代의 葛文王」, 『歷史學報』 58, 歷史學會, 1973.
이봉규, 「규범의 근거로서 혈연적 연대와 신분의 구분에 대한 古代儒家의 인식」, 『泰東古典研究』 10, 남양주: 翰林大學校附設 泰東古典研究所, 1993.
______, 「예송의 철학적 분석에 대한 재검토」, 『大東文化研究』 31, 成均館大學敎 大東文化研究院, 1996.
______, 「조선후기 禮訟의 철학적 함의 – 17세기 喪服論爭을 중심으로」, 『한국학 연구』 9, 仁荷大學校 韓國學研究所, 1998.
______, 「金長生・金集의 禮學과 元宗追崇論爭의 철학사적 의미」, 『韓國思想史學』 11, 韓國思想史學會, 1998.
李成茂, 「17세기 禮論과 黨爭」, 『朝鮮後期 黨爭의 綜合的 檢討』, 研究論叢 92-7, 韓國精神文化研究院, 1992.
이승준, 「濮議(1065~1066)와 臺諫 세력의 대두 – 北宋 舊法黨 형성의 정치적 맥락과 관련하여」, 『學林』 23, 延世大學校史學研究會, 2002.
李迎春, 「潛冶 朴知誡의 禮學과 元宗追崇論」, 『淸溪史學』 7, 1990.
______, 「沙溪禮學과 國家典禮 – 『典禮問答』을 중심으로」, 『沙溪思想研究』, 沙溪・愼獨齋兩先生紀念事業會, 1991.
______, 「朝鮮後期 王位繼承의 正統性論爭 研究」, 韓國精神文化研究院 韓國學大學院 博士學位論文, 1994.
이용주, 「동아시아 유학의 지평에서 본 다산의 예론: '위인후爲人後' 문제를 둘러싼 청유[清儒]와 다산[茶山]의 해석」, 『다산학』 5, 다산학술문화재단, 2004.
李賢珍, 「仁祖代 元宗追崇論의 推移와 性格」, 國民大學校 석사학위논문, 1998.
張東宇, 「茶山 禮學의 硏究 – 『儀禮』 「喪服」과 『喪禮四箋』 「喪期別」의 比較를 中心으로」, 延世大學校 박사학위논문, 1997.
______, 「茶山 禮學의 性格과 哲學的 含意 – 禮訟에 대한 비판적 재검토를 중심으로」, 『韓國思想史學』 11, 韓國思想史學會, 1998.
______, 『『儀禮』 「喪服」편에 대한 다산의 해석 – 『喪禮四箋』 「喪期別」에 나타난 宗法과 立後에 대한 해석을 중심으로」, 『茶山學』 창간호, 다산학술문화재단, 2000.
張世浩, 「金長生의 禮學에 있어서의 正統 問題」, 『哲學硏究』 10, 고려대학교 철학회, 1985.
______, 「沙溪 金長生의 禮說의 硏究」, 고려대학교 박사학위논문, 1993.
______, 「沙溪 金長生의 예설과 正統觀」, 『愼獨齋思想硏究』, 沙溪·愼獨齋兩先生紀念事業會, 1993.
정태섭, 「明代の典禮問題とその政治思想」, 京都: 京都大學校 碩士學位論文, 1984.
______, 「大禮議의 典禮論 分析」, 『동국사학』 24, 동국사학회, 1990.
______, 「명말의 예학」, 『동국사학』 28, 동국사학회, 1994.
______, 「청초의 예학(1)」, 『동양사학연구』 52, 동양사학회, 1995.
______, 「청초의 예학(2)」, 『명청사연구』 16, 명청사학회, 2002.
趙誠乙, 「『與猶堂集』 禮學關聯 著作의 再構成과 年代考證 – 「自撰墓誌銘」 體制에 依據한 『喪禮四箋』·『喪禮外編』·『四禮家式』·『典禮考』의 復元」, 『서지학보』 29, 한국서지학회, 2005.
曺永祿, 「嘉靖初 政治對立과 科道官 – 「大禮議」를 中心으로」, 『東洋史學硏究』 21, 동양사학회, 1985.
池斗煥, 「朝鮮前期 廟制에 관한 一考察」, 『韓國文化』 4, 한국문화연구소, 1983.
______, 「谿谷 張維의 生涯와 思想 – 朝鮮陽明學 성립과 관련하여」, 『泰東古典硏究』 7, 1991.
최진덕, 「茶山 實學의 構造와 그의 喪服制度論」, 『茶山의 사상과 그 현대적 의미』, 한국사상가대계 5, 韓國精神文化硏究院, 1998.
中山八郎, 「明の嘉靖祖の大禮問題の發端」, 『人文硏究』 8-9, 大阪市立大文學會, 昭和 32.
______, 「再び「嘉靖祖の大禮問題の發端」に就いて」, 『淸水博士追悼記念 明代史論叢』, 淸水博士追悼記念明代史論叢編纂委員會 編, 東京: 大安, 昭和37.
盛冬鈴, 「中國古代的宗法制度和家族制度」, 陰法魯·許樹安 主編, 『中國古代文化史』 1, 北京: 北京大學出版社, 1989.

胡厚宣,「釋‘余一人’」,『歷史研究』1957年 第1期.
______,「重論‘余一人’問題」,『古文字研究』6, 1981.

# 찾아보기

ㄷ



ㅁ

ㅂ

## ㅇ

ㅊ

## 박종천

서울대학교 종교학과 졸업
서울대학교 대학원 철학박사
태동고전연구소 한학연수과정 수료
현재 충북대학교 우암연구소 전임연구원
　　실시학사 경학연구회 회원
2008년 제9회 다산학술상 우수연구상 수상

**논저**
『다산 정약용의 의례이론』
『역주 시경강의』(공역)
「다산의 제사관」
「한국적 이미지의 인드라망」
「16~17세기 예문답으로 살펴 본 퇴계와 퇴계학파 예학」 외 다수

## 역주 국조전례고

초판 1쇄 발행일 2010년 3월 1일

지은이 | 정약용
옮긴이 | 박종천
편　집 | 지태진 · 김자영
발행인 | 최원필
발행처 | 심산출판사
주　소 | 서울시 은평구 불광동 219-7 예은 101호
전　화 | 0502-324-6280, 02-357-0633
팩시밀리 | 02-357-0631
E-mail | simsan@korea.com
등록번호 | 제1-2114호(1996년 11월 28일)
ISBN 978-89-89721-92-5 93140